새 문화사전

일러두기

• 각 글의 도입부에 실린 이미지는 타이완 고궁박물원의『청궁조보淸宮鳥譜』, *Histoire Naturelle*, 가회민화박
  물관 소장 민화, 박웅의 사진 등이다.

• 이 책에 실린 사진들은 박웅 작가와 그 외에 http://www.mrwallpaper.com에 개제된 작가들의 것이다.

새 문화사전

정민 지음

글항아리

『새 문화사전』은 옛 한시와 설화 및 회화 속에 담긴 새에 관한 이야기를 모아 정리한 책이다. 따라서 이 책은 문학과 회화, 조류학 등 세 분야에 걸쳐 있다. 필자는 문학 연구자여서 조류에 대한 전문 정보와 회화의 독법에 대한 이해가 부족하다. 그럼에도 이 책을 저술하게 된 계기를 설명하는 것으로 머리말을 대신할까 한다.

15년이나 지난 얘기지만 한시 관련 연구를 하다가 새 울음소리를 빌려 노래하는 금언체禽言體 한시에 대해 흥미를 갖게 되었다. 시의 내용을 이해하기 위해 새에 대한 공부를 시작했다. 자료가 늘어나면서 생각이 깊어지고 넓어져서 이 책을 썼다. 처음 작업을 시작할 때만 해도 새에 대해 아는 것이 전혀 없었다. 전문 서적을 구해 읽고 새소리 녹음 테이프를 찾아 들었다. 중국과 타이완, 일본과 미국을 다니면서도 새에 관한 책만 잔뜩 구해왔다. 타이완 방문 당시 야생조류협회를 무작정 찾아가서 관련 자료를 구해오고 일본 삿포로의 헌책방을 뒤져서 새 도감 자료를 잔뜩 사온 일, 여러 경로를 통해 세계의 새 그림 우표를 600장 넘게 모았던 일 등이 특별히 기억에 남는다.

그래도 막상 새에 관한 전문 지식이 부족해 작업 과정에서 종종 난관에 부딪혔다. 당시 파랑새야생조류동호회에 가입해서 글을 쓸 때마다 동호회 사이트에 올렸다. 그림 속의 새는 정체가 모호한 경우가 적지 않았고 문학작품 속 새의 생태에 관한 설명은 전혀 과학적이지 않앉을 뿐 아니라 사실이 아닌 것이 많았다. 몰라 궁금한 점을 물으면 곧바로 정확한 대답이 올라왔다. 이 과정에서 문헌과 실제의 괴리, 기록에 접근하는 태도에 대해 많은 생각을 하게 되었다.

분야별로는 저마다 나름의 연구 성과가 축적되어 있었다. 하지만 내가 문학과 회화작품을 읽다가 생긴 궁금증을 해소해주지는 못했다. 조류학자들이 쓴 새에 관한 책이 적지 않지만 우리 옛 문헌 속에 등장하는 시가나 설화 또는 회화 자료는 전혀 다루지 않았다. 영모도翎毛圖, 즉 새 그림에 관한 회화 전공자들의 연구도 상당했다. 하지만 그림이 발신하는 의미를 해독하기보다는 채색과 구도와 붓질에 더 흥미를 두는 듯했다. 그림 속의 새는 대부분 도상 코드로 읽어야 하는데 독화讀畫의 원리에 대한 이해 면에서 아쉬움을 많이 느꼈다. 새 도상의 상징성을 이해하려면 한자문화권에 대한 충분한 이해와 전거의 활용이 필수적이다. 뭔가 새로운 접근이 필요하다는 생각이 들었다. 이것이 내가 회화나 조류학 전공자가 아니면서 새 공부에 손을 대게 된 까닭이다.

이 책은 2003년 『한시 속의 새 그림 속의 새』란 표제를 달고 2책으로 간행되었다. 출간 후의 긍정적인 반응들은 필자를 상당히 고무시켰다. 회화 연구자들은 그림 읽기에서 기존 논의가 해결하지 못한 독법이 정리된 점을 평가해주었다. 조류학자들은 우리 옛 문헌 속에 새에 관한 논의가 이토록 풍부하게 남아 있는 줄 몰랐다며 놀라워했다. 문학 연구자들은 실제 조류에 대한 정보를 통해 문학작품을 바라볼 때 달라지는 관점을 신기해했다. 그래도 부족한 점은 분야별로 더 심화된 연구를 통해 보완해나갈 수밖에 없다.

책이 여러 해 전에 출판사의 사정으로 절판되었다. 이후 책을 찾는 문의가 꾸준히 이어졌고 간행 이후 새로운 도판 자료들을 더 살피게 되면서 글을 손보고 그림도 전면적으로 교체해서 면모를 일신했다. 작업 과정에서 여러 분의 도움을 받았다. 가회민화박물관의 윤열수 관장

께서는 우리 민화 속의 여러 새 그림들을 일부러 간추려 뽑아주셨다. 덕분에 민화 사료가 밍밍 부분 보완될 수 있었나. 싶는 심사를 느낀다. 아울러 아름다운 새 사진을 제공해준 박웅 선생께도 고마움의 뜻을 전한다. 혹 본의 아니게 예를 갖추지 못한 점이 있을 것이다. 너른 양해를 부탁드린다.

이 책이 새를 매개로 한 인문학 가로지르기의 한 사례로 기억되었으면 한다. 우리 옛 글 속에는 무진장無盡藏의 콘텐츠들이 곳간마다 가득가득 쌓여 있다. 이런 정보들은 인터넷에서는 결코 찾을 수 없다. 단지 한문으로 쓰였다는 이유만으로 먼지더미 속에 방치되는 것은 참으로 슬프고 안타깝다. 세월 속에 잊힌 코드를 회복해서 새 길을 내고 이들 사이에 소통의 네트워크를 마련해주는 일이 긴요하다.

이 작업을 통해 새들과 가깝게 된 것이 기쁘다. 비만 오면 연구실 창턱에서 골골 울어대는 비둘기도, 겨우내 꺽꺽대며 시끄럽던 직박구리도 예사롭게 보이지 않는다. 글항아리의 이은혜 편집장이 수많은 도판으로 정리가 어려웠을 작업을 인내심을 갖고 진행해준 점을 감사하게 생각한다.

2014년 10월 행낭서실에서
정민

머리말 _005

서설 | 우리에게 새는 무엇인가 _013

하나 까치가 전하는 기쁜 소식 _024

까치호랑이 그림에 담긴 뜻 | 까치 소리에 부친 그리움 | 과거급제의 소원 | 은혜를 갚을 줄 아는 새 | 흰까치의 슬픈 사연 | 까치의 집단행동 | 까치둥지를 빼앗는 때까치 | 얼음을 쪼는 까닭 | 까치 그림 읽기

둘 의리 있는 닭 _054

광명을 알리는 힘찬 울음 | 사람보다 나은 닭의 의리 | 닭을 기르는 이유 | 닭 그림 속에 담긴 뜻 | 싸움닭의 투지

셋 마당에서 노는 학 _082

신선들의 탈것 | 세화 속 학의 의미 | 학을 길들이는 방법 | 학과 함께하는 생활

넷 제비의 하소연 _106

옛 둥지를 다시 찾는 신의 | 세상 속에 몸을 감추고 | 『논어』를 읽을 줄 안다 | 시시비비를 가려보자 | 새끼를 죽인 엽기적인 비정

다섯 골칫거리 참새 _130

농사를 망치는 고약한 녀석 | 위험을 자초하는 어리석음 | 그림 속 참새

여섯 지혜로운 거위 _144

개 대신 집 지키던 새 | 스스로를 지킨 지혜

일곱   새 그림 속의 온갖 새 _154

온갖 잡새가 날아든다 | 그림 속 새들의 잔치

여덟   생각에 잠긴 백로 _166

희지 않은 해오라기 | 연밥과 백로 한 마리 | 결백함의 표상

아홉   물총새가 돋운 시정 _180

솜씨 좋은 사냥꾼 | 고독한 기다림 | 시정詩情을 돋우는 소리 | 물총새의 사냥법

열   딱따구리 나무를 쪼네 _196

나무를 쪼지 마라 | 나무를 지키는 수호신 | 한밤중의 노크 소리

열하나   후투티의 멋진 모자 _210

뽕나무를 좋아하는 오디새 | 천시를 아는 도사 | 냄새나는 할망구

열둘   앵무새의 재롱 _220

말 잘해도 새일 뿐 | 영험한 깨달음 | 재주가 자초한 불행

열셋   천사의 깃털, 공작새 _236

자아도취의 왕자병 | 섬으로 귀양 보내라 | 불이 붙는 꼬리 깃

열넷   금계, 봉황도 나만은 못해 _250

새에게서 읽는 오륜의 의미 | 다섯 가지 덕을 갖춘 새 | 제 모습에 제가 취해

열다섯   안분자족하는 메추리 _260

만족할 줄 알면 | 화락하고 편안하게

열여섯   백년해로합시다, 백두조 _272

산초나무 위의 두 마리 새 | 백두조와 꽃나무

열일곱   방정맞은 할미새 _286

어려울 때 돕는 형제 | 상서로움을 불러오는 사자使者

열여덟 박고지를 훔쳐 먹는 밀화부리 _294

부리에 밀랍을 바른 새 | 서양 선교사의 밀화부리 그림

열아홉 눈가에 수를 놓은 동박새 _302

매화 가지에 앉은 봄빛 | 귀엽고 깜찍한 장난꾸러기

스물 태평성세를 알리는 황여새 _310

열두 가지 고운 빛깔 | 봄을 여는 설렘

스물하나 매사냥 이야기 _318

고분벽화 속의 매사냥 | 매의 다양한 종류와 이름 | 매 잡는 법 | 매 기르는 사람의 교훈 |
사냥 매의 날랜 용맹 | 멍청한 독수리

스물둘 꿩, 선비의 폐백 _344

길들이기 힘든 새 | 덫에 걸린 꿩 | 흰 꿩의 상서로움

스물셋 뻐꾸기가 우는 사연 _364

울음에 얽힌 전설 | 씨 뿌려라 씨 뿌려라 | 헌 바지 벗자 | 나라 찾자 복국조復國鳥 |
꼭꼭 숨어라 숨바꼭질 새 | 탁란하는 얌체족

스물넷 돌아감만 못하리, 두견이 _378

소쩍새와 두견이의 혼동 | 우리나라에는 두견이가 없다는 주장 | 고향으로 돌아가자 |
쫓겨난 임금의 원한

스물다섯 솥이 작아 소쩍새 _396

애잔한 울음소리 | '솥텡'과 '솥작' | 나 죽겠다, 주걱새 | 접동새의 정체 | 죽 마시는 홀짝새

스물여섯 아내를 내쫓는 비둘기 _412

하늘을 나는 하인 | 관상용 비둘기의 종류와 성질 | 비를 부르고 아내를 내쫓는 새 | 장수의 상징

스물일곱 기러기가 물어온 소식 _440

갈대들이 손을 저어 | 갈대를 무는 까닭 | 결혼 예물

스물여덟 희망의 새, 파랑새 _462
가까이에 있는 행복 | 이룰 수 없는 안타까운 꿈 | 녹두밭에 앉지 마라

스물아홉 고자질쟁이 종다리 _476
동창이 밝았느냐 | 시어머니 아파요! | 노구솥을 진 사람 | 새야 새야 무당새야

서른 금슬 좋은 부부, 원앙 _486
죽음으로 지킨 사랑 | 연밥 따는 아가씨의 심술

서른하나 까마귀가 있는 풍경 _500
무덤가의 청소부 | 가을 들판 저물녘의 적막함 | 시어머니 못됐다 | 극성스런 제주도의 까마귀 떼

서른둘 수다스런 꾀꼬리 _516
사랑을 잃고서 | 비단을 짜는 황금 북 | 보리밭에 말 들어갔다 | 애끊는 새끼 사랑 |
꾀꼬리의 방언학

서른셋 솔개의 남의 둥지 빼앗기 _538
탐관오리의 화신 | 병아리를 채가는 폭군 | 비 소식을 몰고 오는 전령

서른넷 불효의 새, 올빼미 _548
못된 새를 죽인 이야기 | 재앙을 불러오는 재수 없는 새 | 어미를 삽아먹는 패륜 |
부엉부엉 울어야 속이 풀리지

서른다섯 무채를 잘 써는 쏙독새 _562
모기를 토해내는 새 | 채칼질이 능숙해서 | 머슴의 죽은 넋 | 빨리빨리 서두르자

서른여섯 뜸부기, 진창이 미끄러워 _572
오빠 생각 | 미끄러운 진흙탕

서른일곱 피죽 달라 우는 직박구리 _578
배고픈 호로록피죽새 | 술 한잔 먹자 제호로

찾아보기 _587

🐦 서설

우리에게 새는 무엇인가

1

도롱이옷 풀빛과 뒤섞여 있어	簑衣混草色
백로가 시냇가 내려앉았네.	白鷺下溪止
놀라서 날아갈까 염려가 되어	或恐驚飛擧
일어날까 다시금 가만있었지.	欲起還不起

조선 후기 이양연李亮淵의 「백로白鷺」란 시다. 도롱이를 입은 농부가 들일을 마치고 집으로 돌아온다. 호미를 씻고 손발에 묻은 흙을 닦아 내려고 냇가에서 고개를 숙이는데, 해오라기 한 마리가 도롱이를 풀더미로 알고 그 곁에 내려앉는다. 난처하다. 일어서자니 백로가 놀라겠고, 그대로 있자니 저 녀석은 아예 마음을 턱 놓고 몇 시간이고 버틸 기세다. 일어설까? 아니, 조금만 더 있어보자. 비는 하염없이 내리고 도롱이도 빗물에 젖어만 간다. 마침내 자욱한 안개 속에 백로도 도롱이도 지워져간다. 참 따뜻하고 아름다운 정경이다. 미물인 새 한 마리의 가슴이 철렁 내려앉을까봐 빗속에 기다려준 그 마음이 참 고맙다.

새는 우리에게 어떤 의미일까? 허공을 자유로이 나는 새는 지상을 벗어나지 못하는 인간에게 늘 선망과 동경의 대상이었다. 새를 바라보는 눈에는 이룰 수 없는 비상의 꿈이 묻어난다. 새는 허공을 날지만 늘 인간 가까이에 있다. 사람들은 새소리를 들으며 하루를 시작하고,

둥지에 깃드는 새를 보며 하루 일과를 접었다. 아침 까치 울음소리에 마음이 설레었고, 올빼미가 울면 불길한 예감에 잠을 설쳤다.

봄이 가고 여름이 오며 가을이 지나 겨울이 오는 소식을 물어오는 것도 언제나 새였다. 뻐꾸기 소리를 듣고 씨 뿌릴 때가 되었음을 알았다. 편대를 지어 날아오는 기러기 떼를 보며 겨울을 예감했다. 마당에 학을 길러 그 고고한 정신을 닮으려 했고, 닭의 행동을 관찰하며 인간 삶의 면면을 곱씹었다. 소쩍새 소리를 듣고 풍년과 흉년을 점쳤다. 두견이 울음은 늘 근원 깊은 슬픔을 일깨워주었다.

어떤 새들은 특이한 깃털의 빛깔 때문에, 혹은 고운 목소리로 인해 사람들의 사랑을 한 몸에 받았다. 예쁜 겉모습과 달리 고약한 냄새를 풍기는 새도 있고, 다른 사물을 연상시키는 특이한 울음으로 사람들 뇌리에 깊은 인상을 심어준 새도 있다. 어떤 새들은 선입견이나 엉뚱한 오해 때문에 미움을 받았다. 문학작품 속에 그려진 새들의 모습은 무척이나 다채롭다. 새에 대한 그들의 관찰은 정확하고도 섬세해서 오늘날 조류학자들에게도 유용한 정보를 제공해준다.

새는 우리 선인들의 삶 속에 늘 함께 있었다. 고구려 고분벽화 속의 학이나 봉황, 세 발 달린 까마귀는 하늘과 인간을 이어주는 매개자로 그려진다. 유리왕의 「황조가」를 비롯하여, 고려 예종이 지은 「유구곡」의 뻐꾸기, 「정과정곡」의 접동새 등 우리 옛 노래에서도 이른 시기부터 새는 인간의 삶 가까이에서 기쁨과 슬픔을 함께해왔다. 수많은 한시와 설화 속의 새들은 참으로 다양한 형상과 의미로 우리의 삶에 끼어들고 있다.

2

이 책은 모두 36종의 새 이야기를 담았다. 우리 문화 속에 자리잡은 새들과 관련된 기록들을 다양한 프리즘을 통해 들여다보았다.

가장 먼저 인간의 삶 가까이에서 희로애락을 함께했던 새들의 이야기를 모았다. 가금家禽으로 기른 닭, 학, 거위와 생활 가까이에서 함께한 까치, 제비, 참새 등의 이야기를 정리했다.

까치는 기쁜 소식을 상징한다. 까치호랑이 그림은 사실상 까치와 표범이라야 옳다. 한자음을 따서 신년보희新年報喜의 뜻이 된다. 까치 두 마리를 그리면 기쁨 겹칠 희囍가 된다. 길러준 은공을 간직해 은혜 갚는 까치 이야기나, 새끼를 지키기 위한 집단행동을 지켜보면서 옛사람들은 사람 사는 도리를 되새겼다. 까치가 집에 둥지를 틀면 주인이 과거에 급제한다는 속신 때문에 벌어진 웃지 못할 이야기도 있다. 그 밖에 까치 그림 속에는 여러 상징적 의미가 담겨 있다.

닭은 어둠을 뚫고 광명을 선포한다. 사람과 생활공간이 같다보니, 닭에 대한 섬세한 관찰 기록이 적지 않다. 닭이 알을 품고 병아리를 까서 기르는 것에서 함양涵養하고 양육하는 마음가짐을 다잡았다. 제 짝을 죽인 이웃 수탉을 새끼들을 끌고 찾아가 숙여 복수한 암탉 이야기도 있다. 닭에 얽힌 재미난 이야기들은 이밖에도 많다. 닭은 오덕五德을 갖춘 새다. 닭 그림 속에도 여러 상징 의미가 숨어 있다. 예를 들어 닭계鷄자는 길할 길吉자와 중국 음이 같다. 그러니까 장닭, 즉 대계大鷄는 대길大吉의 뜻이 된다. 이것이 바위 위에 올라서 있으면 석상대계石上大鷄가 되는데, 정작은 같은 음인 실상대길室上大吉의 뜻이 되어, 집에 좋은 일이 많이 생기라는 축원을 담는다.

학은 옛 그림 속에서 신선들의 탈것으로 등장한다. 장수를 축원하는 세화歲畫로도 즐겨 그려졌다. 학을 잡아 집에서 기르는 것은 선비의 아취雅趣로 숭상되었다. 학이 도망가지 못하도록 깃촉을 자른다거나, 우리에 가둬놓고 기르는 것은 오늘날의 관점에서 보면 명백한 동물 학대다. 하지만 매처학자梅妻鶴子란 말에서도 보듯 자식을 기르는 정성으로 학에 사랑을 쏟았던 선인들의 학 애호를 보면 그렇게만 말하기도 어렵다. 그들은 학을 건강하게 기르는 방법, 질병 예방법, 먹이를 주고 춤을 가르치는 방법에 이르기까지 모두 자세한 기록으로 남겼다.

제비는 신의의 상징이다. 주인집이 가난해도 이듬해에 다시 찾아주는 믿음을 노래한 시가 많다. 제비의 울음소리가 떠올리게 하는 이런저런 연상도 재미있다. 제비 목구멍에 돋은 역류를 방지하는 돌기를 보고 새끼를 죽이려고 가시를 먹였다고 생각한 엉뚱한 오해도 흥미롭다.

참새는 애써 지은 농사를 망치는 얄미운 새다. 약삭빨라 허수아비 머리 위에 올라앉는 새이지만, 그 약삭빠름 때문에 새총에 맞아 죽기도 한다. 하지만 그림 속의 참새는 까치와 발음이 같아 기쁜 소식을 상징한다.

거위는 개 대신 집을 지키던 새다. 의리가 있어 제 짝이 죽으면 상심해서 목이 메도록 울었다. 지혜로워 제 몸을 지킬 줄도 안다. 옛 그림 속에도 비교적 자주 등장한다.

3

이어서 주로 옛 그림 속에 등장하는 새들을 다루었다. 백로, 물총새, 딱따구리, 후투티, 앵무새, 공작새, 금계, 메추리, 백두조, 할미새, 밀화부리, 동박새, 황여새 등이다.

새 그림은 영모화翎毛畫라 하여 옛 그림의 한 장르를 구성한다. 그림 속의 새들은 많은 경우 상징적 의미를 담고 있다. 독화讀畫의 원리를 알고 새 그림을 보면 지금까지 바라보던 것과 완전히 다른 그림이 된다. 그림 속에 등장하는 풀과 나무, 꽃과 새는 하나하나가 모두 특별한 의미를 담고 있다. 그러니까 새 그림 속에는 옛사람의 문화를 읽는 지도가 숨겨져 있는 셈이다. 영모화가 대부분 정형성을 띠고 있는 것은 이런 까닭에서다. 한편 공작이나 원앙, 후투티, 꾀꼬리처럼 화려한 빛깔과 외모 때문에 화가들의 눈실을 사로잡은 새도 많다. 옛 그림 속의 새는 대강 관념적으로 그려진 것이 아니다. 꼼꼼히 관찰하고 사생했다. 어떤 것은 조류 도감에 보이는 그림보다 더 사실적이다.

백로의 순우리말은 해오라기다. 원래는 흰 오리라는 뜻이었다. 요즘은 백로와 해오라기가 다른 새를 일컫는 이름이 되었다. 백로 한 마리가 연밥 아래 서 있으면 일로연과도一路連科圖가 되어, 과거에 곧장 급제하라는 축원의 뜻이 담긴다. 세 마리를 그리면 삼사도三思圖다. 선비가 간직해야 할 세 가지 생각을 나타낸다. 아홉 마리를 그리면 구사도九思圖다. 해오라기의 한자가 노사鷺鷥여서 사思자와 쌍관雙關된다. 군자가 가져야 할 아홉 가지 생각이다.

물총새는 고기를 잘 잡는 솜씨 좋은 사냥꾼이다. 물총새는 옛 그림 속에 자주 등장한다. 특별한 상징 의미보다는 앙증맞고 선명한 깃털의 아름다움 때문이다. 물총새는 기다릴 줄 아는 고독자의 모습으로 그려지거나 시정詩情을 돋우는 촉매로 등장한다.

딱따구리도 아름다운 빛깔 때문에 그림 속에 자주 나온다. 멀쩡한 나무를 쪼아 죽게 만드는 못된 새로 그려지는가 하면, 거꾸로 나무를 해치는 벌레를 죽이려고 고군분투하는 수호신으로 노래되기도 한다. 깊은 산속에 숨어 사는 고독자들은 딱따구리가 나무 쪼는 소리를 종종 이웃 벗이 마실 와서 대문을 노크하는 사람 그리운 소리로 착각하기도 했다.

후투티는 뽕나무 열매를 좋아해서 오디새라고도 했다. 멋진 머리깃이 화가들의 주목을 끌었다. 계절의 변화를 미리 알아 알려주는 도사의 풍모를 지녔고, 분비물에서 풍기는 지독한 악취 때문에 냄새나는 할망구라는 고약한 별명도 얻었다.

앵무새는 사람 말을 잘 흉내낸다. 한편으로 화려하고 아름다운 깃털 때문에도 그림 속에 자주 모습을 드러낸다. 사람 말을 잘하다 못해 사람처럼 지혜를 깨우친 앵무새 이야기, 또 말 잘하는 재주 때문에 사람에게 잡혀와 조롱에 갇힌 불행한 새의 이미지로도 문학작품 속에 등장한다.

공작새는 천사의 깃털에 악마의 목소리, 도둑의 지혜를 지닌 새로 알려졌다. 이 새는 제 깃털에 제가 반하는 자아도취의 왕자병이 있다. 불 붙는 듯한 꽁지깃의 광휘와 더할 나위 없이 화려한 꽁지 덮깃으로 새 중의 왕으로 대접받았다. 이와 비슷한 금계는 다섯 가지 덕을 갖춘 새로 사랑받았다. 역시 화려한 깃털 때문에 단연 주목을 받았다. 성질이 뻣뻣하고, 공작새처럼 자아도취의 경향도 다분하다.

메추리는 안분자족安分自足을 상징한다. 깃털의 모양이 조각천을 잇댄 듯해 백결百結 선생의 옷과 같다. 성질이 순박하고 정한 짝이 있어 그림 속 메추리는 늘 두 마리가 함께 그려진다. 메추리의 한자 음에서 따와 메추리가 조 이삭 아래 서 있는 그림은 안화도安和圖라 불린다.

백두조 역시 두 마리를 함께 그려 부부가 백두해로白頭偕老하라는 축원을 담는다. 열매가 주렁주렁 매달린 산초나무 위에 앉는 것은 자식 많이 낳으라는 뜻이다. 이에 반해 할미새는 『시경詩經』의 고사로 인해 어려울 때 돕는 형제를 상징한다. 할미새의 꽁지 방정이란 말이 있듯이 꽁지를 흔들며 수선을 떠는 모습에서 그런 재미난 연상을 했다. 또 할미새는 상서로움을 불러오는 사자使者로도 인식되었다.

밀화부리와 동박새는 아름다운 색깔로 인해 사랑받았다. 밀화부리는 부리에 밀랍을 바른 듯 윤이 난다 해서 붙은 이름이다. 그림 자체에 특별한 상징적 의미는 없다. 동박새는 귀엽고 깜찍한 모습, 매화 가지에 앉아 봄을 불러오는 귀여운 몸짓으로 그림에 자주 등장했다.

황여새는 한자 이름이 태평작太平雀이다. 그런 까닭에 이 새는 태평성세를 상징한다. 깃털에 깃든 열두 가지 빛깔 때문에 십이황十二黃이란 별칭도 있다. 역시 봄을 여는 설렘과 관련이 있다.

4

다음으로 문화적 의미를 띤 새들을 모아 살펴보았다. 매, 꿩, 뻐꾸기, 두견이, 소쩍새, 비둘기, 기러기, 파랑새, 종다리, 원앙, 까마귀, 꾀꼬리, 솔개, 올빼미, 쏙독새, 뜸부기, 직박구리 등의 이야기가 실려 있다.

매는 사냥 문화와 관련된다. 고구려 고분벽화에도 매사냥이 보인다. 매의 사육과 사냥을 위한 훈련법, 다양한 종류에 이르기까지 상세한 기록들이 남아 있다. 시치미를 뗀다는 말도 매사냥에서 나왔다. 매 기르는 사람이 들려주는 교훈은 경청할 만한 처세의 처방이다.

꿩은 야생 조류 중에 길들이기가 가장 힘든 새다. 길들일 수 없는 정신을 높이 사서 선비의 폐백으로 썼다. 장끼와 까투리, 그 사이에서 난 새끼는 꺼병이다. 오늘날 어딘가 멍청해 보이는 사람을 두고 하는 말이 여기서 나왔다. 흰 꿩은 태평성대의 상징으로 기려졌다. 하시만 먹이 욕심 때문에 죽음을 자초하는 탐욕을 경계했다.

뻐꾸기 울음처럼 다양한 이야기를 만들어낸 새도 없을 것이다. 봄철 어디서나 들려오는 뻐꾸기 울음을 들으며 사람들은 온갖 상상을 다 했다. 때로 씨 뿌리는 독촉으로 듣기도 하고, 배고프니 떡국 달라는 소리로도 들었다. 나라 잃은 백성은 복국復國, 즉 나라 찾자는 소리로 들었다. 하지만 남의 둥지에 제 알을 낳아 양육을 떠넘기는 얌체족도 뻐꾸기다.

두견이와 소쩍새는 옛글 속에서 언제나 혼동된다. 접동새는 두견이인지 소쩍새인지 의견이 분분하다. 두견이라 해놓고 실제로는 소쩍새를 노래했고, 소쩍새를 그저 두견이인 줄로 알았다. 두견이 울음소리에는 나라를 빼앗긴 촉蜀 망제望帝의 슬픈 전설이 깃들어 있다. 이것이 우리나라에서는 단종의 슬픈 역사와 오버랩되었다. 소쩍새의 울음소리를 들으며 사람들은 한 해의 풍흉을 점쳤다. 소쩍새의 울음소리를 나 죽겠다는 비명으로도 들었다. 접동새도 사실은 소쩍새다.

비둘기는 18세기에 애완용 조류로 본격 수입되어 서울 지역에서는 사육이 제법 성행했다. 『발합경』이란 책은 비둘기의 품종과 사육에 관한 모든 것을 적고 있다. 애완용 조류의 사육 취미는 참 흥미롭다. 비둘기는 부부간의 다정함을 상징하지만, 비가 오면 아내를 쫓아내는 매정한 새로도 여겨졌다. 또 지팡이 끝에 조각으로 새겨 장수를 축원하기도 했다.

기러기는 혼인의 예물로 쓰였다. 한 번 짝을 정하면 죽을 때까지 변치 않기 때문이다. 안항雁行은 행렬을 지어 나는 기러기의 행렬을 일컫는 말이다. 위아래의 질서가 엄격하고, 협동정신을 자랑한다. 잠잘 때는 보초까지 세우는 집단생활의 질서를 존중하는 새다.

파랑새는 서양에서는 행복을 상징하는 새다. 동양에서는 서왕모西王母의 시자侍者로 인간 세상과 신선세계를 이어주는 메신저 역할을 맡는다. 그러던 것이 갑오동학혁명 때는 전봉준을 상징하는 새로 거듭났다. 민중의 희망과 좌절을 상징하는 새가 된 것이다.

종다리는 노고지리란 이름으로 더 잘 알려졌다. 노고질老姑疾로 읽어 시어머니 아프다며 안타까워하는 며느리의 노래로 읽은 것이 많다. 혹은 먹을 것이 없어 유리걸식하는 민중의 하소연으로도 들었다.

원앙은 지금도 신혼부부의 이불과 베개에 단골로 등장한다. 금슬 좋은 다복한 부부의 소망을 대변한다. 원앙에 얽힌 이야기에는 죽음으로 지킨 사랑의 갸륵한 사연이 여럿 전해진다.

까마귀가 등장하는 풍경은 대체로 서글프고 적막하다. 무덤가를 떠도는 청소부, 가을 들판 저물녘에 떼지어 깍깍대는 구슬픈 울음소리, 인생의 갖은 비애를 다 떠올리게 한다. 여러 문헌 속에는 가공할 만한 제주도의 까마귀 떼 이야기도 자주 보인다.

꾀꼬리는 그 선명하게 고운 노란 빛깔 때문에 화가들의 사랑을 한 몸에 받았다. 연둣빛 물오른 버들가지 사이를 부산하게 오가는 그 모습을 보고 사람들은 비단을 짜는 황금북金梭을 연상했다. 쉴새없이 조잘대는 울음소리에서 여러 가지 재미난 연상을 했다. 꾀꼬리의 남다른 새끼 사랑은 또 이런저런 이야기를 남겼다.

솔개나 올빼미는 본의 아니게 미움을 한 몸에 받은 새들이다. 병아리를 채가는 솔개는 나약한 백성의 재물을 토색질하는 탐관오리로 비유되었다. 한편으로 솔개의 울음에서 사람들은 비 소식의 조짐을 읽기도 했다.

올빼미가 집에 와 울면 주인이 죽거나 집에 불이 난다는 속신도 널리 퍼져 있었다. 그래서 눈에 띄기만 하면 올빼미는 죽임을 당했다. 재앙을 불러오는 재수 없는 새, 불길한 새, 거기에다 제 어미의 눈을 파먹는 패륜의 상징으로까지 낙인찍혀 이래저래 많은 수난을 당했다. 서양에서 지혜의 상징으로 등장하는 것과 정반대다.

쏙독새에 얽힌 전설도 적지 않다. 혀를 차는 소리 또는 무채 써는 소리 같은 독특한 울음소리 때문에 소 잃은 머슴의 죽은 넋이 새로 화하여 지금도 소를 찾아 숲속을 헤맨다는 이야기며, 시장한 나그네가 무채 써는 소리에 군침이 도는 이야기까지 많은 이야기를 낳았다.

뜸부기나 지빠귀는 모두 춘궁기에 우는 새다. 뜸부기의 울음은 미끄러운 진흙탕 길을 투덜대는 푸념으로 들었고, 직박구리는 호로록피 죽새라 하여 피죽 달라고 보채는 백성의 울음소리로 들었다. 가쁜 삶의 애환이 녹아든 울음들이다.

옛사람들의 새에 대한 이해 방식은 지금과 사뭇 달랐다. 그들은 새에 서 새를 보기보다는 인간을 보았다. 새들의 행동을 하나하나 관찰하면 서 끊임없이 인간의 삶을 반추해보았다. 학을 마당에 놓아기르면 학의 무궁한 생명력과 흰 깃털의 고결함이 내 삶 속에 깃들 것으로 믿었다. 내 집에 까치가 둥지를 틀면 까치가 물고 올 반가운 소식이 언제나 함 께할 것으로 여겼다. 위아래의 차례를 지키고 한 번 정한 배필은 죽어 도 바꾸지 않는 기러기를 혼인의 예물로 바쳐 새 언약의 징표로 삼았 다. 절대로 길들여지지 않고 자기 갈 길을 지키는 정신을 살려 꿩은 선 비의 폐백이 되었다. 붉은머리오목눈이가 탁란한 뻐꾸기 새끼를 기르 는 것을 보고 작은 것이 큰 것을 낳았으니 장차 큰일을 이룰 조짐이라 며 기뻐했다.

이런 시선은 때로 새에게는 불공정한 폭력으로 작용하기도 했다. 올 빼미가 울면 주인이 죽거나 그 집에 불이 난다 해서 보기만 하면 죽였 다. 올빼미가 까치집을 차지한 것은 내게 올 기쁨을 빼앗는 것이라 여 겼다. 병아리를 채가는 솔개는 탐관오리의 화신으로 낙인찍혀 증오의 대상이 되었다. 나무속을 파먹어 동량으로 쓸 재목을 망치는 딱따구 리는 가증스런 파괴자로 미움받기도 하고, 나무를 좀먹는 벌레를 잡아 먹어 나무를 지켜주려는 수호신으로 생각되어 칭찬받기도 했다. 새의 행동, 새의 생태 하나하나는 모두 인간세계의 도덕적 준칙에 따라 판 단되어 좋고 나쁨이 결정되었다.

작업 과정에서 새로운 사실을 많이 알게 되었다. 두견이와 소쩍새 의 혼동은 워낙 뿌리 깊은 것이어서 문헌적 근거만으로 구별할 수 없 을 만큼 복잡했고, 이러한 착종은 상당한 논란이 되었다. 파랑새는 일 반적 이미지와 실제 새의 모습이 무척 달라 당황스러웠다. 꾀꼬리의 한 자 이름이 유리流離 또는 율류栗流인 것을 알고 「황조가」를 지은 유리왕을 생각해보니 그의 이름은 결국 꾀꼬리 왕이었다. 선조 때 일본에서 주공으로 보내온 공작새를 왕실 동물원에서 사육하기 않고 섬에 풀어놓아주는 장면은 인상적이었다. 새에게는 큰 비극이겠지만 말이다. 하지만 철새의 개념이 없어 새가 공처럼 웅크린 채 땅속에서 겨울잠을 잔다고 생각한 것이나, 탁란이나 새들의 모방 행동을 오해해서 참새가 변해 새매가 된다고 착각한 것들은 옳고 그름을 떠나 그것대로 생각할 거리를 준다.

18세기 애완용 비둘기나 앵무새 사육에 관한 자료를 처음 소개한 것도 나름대로 뜻깊게 생각한다. 그 밖에 이런저런 문헌에 산재된 새 관련 문헌 설화와 시문들을 한자리에 모아 소개한 것은 이 책이 거둔 작은 성과라고 생각한다. 다만 저자가 조류학과 회화를 공부한 전공자가 아니다보니 새에 관한 생태 설명에서 잘못되거나 그림 이해에 부족한 점이 없지 않을 것이다. 많은 질정을 바란다.

까치는 희작喜鵲이라 하여 통상 기쁜 소식을 알려주는 전령이다. 까치와 함께 참새가 그려지기도 한다. 까치 작鵲과 참새 작雀은 발음이 같기 때문이다. 그림 속 까치와 참새는 모두 기쁜 소식을 상징한다. 표범은 한자로는 표豹인데, 중국어로는 '바오'라 읽는다. 알린다는 뜻의 보報와 발음이 같다. 까치와 표범을 합치면 '기쁜 소식을 알린다', 즉 보희報喜의 뜻이 된다.

🐚 하나

까치가 전하는 기쁜 소식

까치호랑이 그림에 담긴 뜻

민화 중에 호작도虎鵲圖, 즉 까치호랑이 그림이 있다. 소나무 위에 까치가, 나무 아래엔 호랑이가 앉아 있는 그림이다. 설날 아침 대문에 붙이던 세화歲畫다. 조선 전기 성현의 『용재총화』에 이미 호랑이 그림을 새해 첫 새벽에 대문에 그려 붙이곤 했다는 기록이 있고, 조선 후기 홍석모의 『동국세시기』에서도 벽에다 닭이나 호랑이 그림을 붙여 나쁜 기운을 물리친다고 적고 있다. 호랑이의 용맹함에 힘입어 벽사僻邪, 즉 나쁜 기운을 물리치려는 속신에서 나온 것이다.

또 다른 설명은 1월이 인월寅月, 즉 호랑이의 달이기 때문에 호랑이를 그려 잡귀를 쫓아내고 좋은 일이 많이 생기기를 빌었다고도 한다. 그런데 이 까치호랑이 그림을 가만히 보면 호랑이의 무늬는 얼룩무늬가 아니고 점박이 무늬인 경우가 많다. 점박이는 호랑이가 아니고 표범이다. 그래서인지 어떤 그림은 이마가 줄무늬이고 몸뚱이는 점박이 무늬로 그려놓기도 했다. 줄무늬로 그렸을 때도 그 두상은 영락없는 표범의 모습이지, 우렁찬 호랑이의 모습이 아니다.

뒤쪽에 이어지는 두 민화를 보면 하나는 분명히 호랑이로 그렸고, 다른 하나는 표범으로 그렸다. 호랑이 그림에는 새끼 호랑이 세 마리가 함께 그려져 있는데, 작은 글씨로 '슬하손膝下孫', 즉 슬하에 있는 자식이라 했다. 호랑이 등 뒤에는 '삼산불로초三山不老草'란 글자가 쓰어 있다. 또 '범이 남산에서 울부짖자 뭇 까치가 모두 모인다虎嘯南山, 群鵲都會'는 글귀도 있다. 표범 그림에도 어김없이 까치와 소나무 가지가 등장한다. 과연 어느 것이 옳을까?

까치와 함께 그려진 동물은 사실 표범이래야 옳다. 까치는 희작喜鵲이라 하여 통상 기쁜 소식을 알려주는 전령이다. 까치와 함께 참새가 그려지기도 한다. 까치 작鵲과 참새 작雀은 발음이 같다. 그림 속 까치와 참새는 모두 기쁜 소식을 상징한다. 표범은 한자로는 표豹인데, 중국어로는 '바오'라 읽는다. 알린다는 뜻의 보報와 발음이

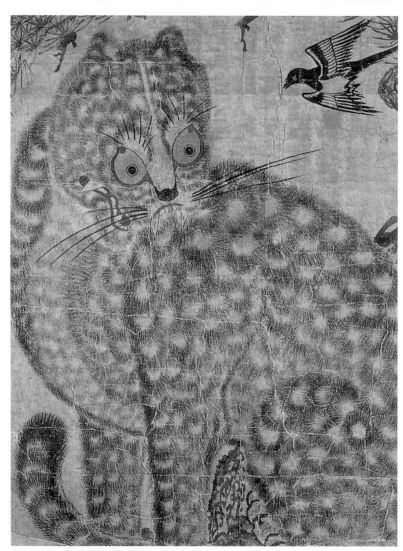

「신년보희新年報喜」, 작가미상.

「호작도(虎鵲圖)」, 작가미상.

같다. 까치와 표범을 합치면 '기쁜 소식을 알린다', 즉 보희報喜의 뜻이 된다. 까치는 소나무松에 앉아 있는데, 송松은 정월을 뜻한다. 그러니까 이 그림은 묵은해를 보내고 새해 기쁜 소식을 알린다는 신년보희新年報喜의 뜻이 된다. 소나무는 천년한송千年寒松의 매운 절개로 장수 축원의 상징으로 읽을 수도 있다. 표범이 호랑이로 둔갑한 것은 우리나라에서 호랑이와 표범을 통틀어 범이라고 불렀기 때문이 아닐까 싶다. 그리고 호랑이에 대한 우리 민족의 애호와도 무관치 않을 것이다.

까치 소리에 부친 그리움

옛 한시에 까치를 기쁜 소식의 상징으로 노래한 것은 너무 많아 일일이 꼽을 수 없을 정도다. 먼저 조선 전기 정수강丁壽崗(1454~1527)의 「희작喜鵲」을 보자.

쓸쓸한 사랑채에 해가 막 기우는데	寂寂西軒日欲斜
벽오동 가지 위에 까치가 깍깍댄다.	碧梧枝上鵲查查
은근히 주인에게 기쁜 소식 알려주니	殷勤爲報主人喜
집안에 즐거운 일 생길 줄 알겠도다.	知有家中樂事加

하루 종일 일이 없더니 저물녘에 난데없이 까치가 깍깍대며 운다. 주인은 까치의 울음소리를 들으며 까치가 물어다줄 기쁜 소식이 과연 무얼까 싶어 흐뭇한 마음을 지우지 못한다. 하필 벽오동 가지에 앉아 우짖는 것도 상서롭기 그지없다.

고려 이제현李齊賢(1287~1367)은 소악부小樂府 연작을 남겼다. 당시의 민간 민요를 한시로 옮긴 것이다. 이 가운데 「거사련居士戀」이란 작품이

歲朝徵吉例題
圖披繪心祈嘉
應符河復工成
雙報喜兆民樂
業寸懷愉
御題王維烈雙喜圖

勅敬書

臣黃鉞奉

「쌍희도雙喜圖」, 왕유열, 118.7×63.1cm, 명나라.

있다. 멀리 나랏일로 부역 나간 사람의 아내가 남편을 그리며 불렀다는 노래다. 여기서도 까치는 기쁜 소식의 상징으로 쓰였다. 까치의 의미는 그 연원이 이미 오래된 것이다.

울타리 옆 꽃가지서 까치가 울고	鵲兒籬際噪花枝
침대맡 갈거미는 거미줄 친다.	蟢子床頭引網絲
우리 님 오실 날 가까운 게지	余美歸來應未遠
정신이 먼저 와 알리신 게야.	精神早已報人知

여기서도 까치는 '보희'의 상징으로 읽힌다. 갈거미는 한자로 '희자蟢子'라 하는데, 역시 '희喜'자와 통하므로 기쁜 소식의 표징으로 쓰인 것이다. 난데없이 까치가 우짖고 갈거미가 줄을 친다. 한꺼번에 두 가지 기쁜 조짐이 나타나므로 그녀는 한번 떠난 후 돌아올 줄 모르는 낭군이 머잖아 돌아오실 게 틀림없다며 마음을 설레고 말았다. 기쁠 희喜자가 두 번 겹쳤으니 기쁨 겹칠 희囍자가 된다. 그녀에게 기쁜 소식이란 임 소식밖에는 없다.

하지만 까치가 운다고 해서 바로 기쁜 소식으로 이어질 리는 없었을 테고, 여기서 간절한 소망과 어긋남의 안타까움이 애정 한시의 잦은 제재로 등장하게 되었다. 다음은 이옥봉李玉峯의 「규정閨情」이다.

약속을 두시고선 왜 안 오시나	有約來何晚
뜰의 매화도 시드는 이때.	庭梅欲謝時
가지 위 까치 소리 들려오기에	忽聞枝上鵲
거울 보며 부질없이 눈썹 그려요.	虛畫鏡中眉

금세 오마던 님은 겨울이 다 가고 봄이 다 가도록 아무 기별이 없다.

「작작圖圖」, 김홍도, 27.2×20.2cm, 서울대박물관.

저 매화마저 져버리면 님이 영영 안 오실 것만 같아 마음이 여간 조마 조마한 것이 아니다. 자꾸 조바심이 난다. 문득 마당에서 까치 울음소 리가 들린다. 갑자기 가슴이 두근댄다. 까치가 아침부터 저리 울어대 니, 오늘은 임이 오시려는 게 틀림없다. 그녀는 거울 앞에 앉는다. 정성 스럽게 눈썹을 그리며 고운 단장을 서두른다. 시름에 겨워 시든 얼굴 로 임 앞에 나설 수는 없다.

그대 생각 않으려도 생각이 절로 나네	不欲憶君自憶君
그대는 무슨 일로 언제나 멀리 있나.	問君何事每相分
까치가 기쁜 소식 전한다 말을 마오	莫言靈鵲能傳喜
공연히 저녁까지 놀래기를 몇 번인고.	幾度虛驚到夕曛

여류 시인 박죽서朴竹西의 「술회述懷」란 작품이다. 지우려고 하면 자꾸 만 더 떠오르는 게 사랑하는 사람의 얼굴이다. 가슴에 맺힌 답답하고 울적한 심회를 어찌해볼 수가 없다. 우리는 사랑하는데 왜 언제나 헤어 져서 이렇듯이 가슴을 태우는가. 까치의 기쁜 소식도 이제 더는 믿을 수가 없다. 아침에 그 소리 듣고 혹시 임이 오실까봐 어스름 땅거미가 밀려올 때까지 가슴 두근대며 기다린 날들이 하루 이틀인가 말이다.

김홍도의 그림도 까치 한 마리를 그렸는데, 그 설명에는 "마른 나무 등걸에 앉아서 깍깍대니, 우는 것은 삼가 기쁜 소식 알리기 위함일세" 라고 적혀 있다.

과거급제의 소원

까치가 기쁜 소식을 뜻하다보니, 이와 연관하여 집 남쪽에 있는 나무에 까치가 둥지를 틀면 그 집 주인이 과거에 급제하거나 벼슬길에 오른 다는 믿음이 널리 퍼져 있었다. 옛 문헌 설화를 보면 이 까치집에 얽힌 웃지 못할 이야기가 많다.

이륙李陸(1438~1498)의 『청파극담靑坡劇談』에 실린 이야기다. 집 남쪽에 까치가 집을 지으면 주인이 벼슬길에 오른다는 속신을 믿고 태종의 친구 한 사람이 임금의 행차를 기다려 종에게 집 남쪽에다 까치집을 짓게 했다. 임금이 이상하게 여겨 그 연유를 묻고는 그 뜻을 헤아려 벼슬을 내렸다. 또 그가 어린 시절 아이들과 놀다가 새끼가 든 까치집이 땅에 떨어진 일이 있었다. 그래서 그 까치집을 집 남쪽 느티나무에 걸어두어 새끼 까치를 길렀다. 그랬더니 그해 겨울 부친이 출세하여 예외적인 진급을 했다.

차천로車天輅(1556~1615)의 『오산설림초고五山說林草藁』에도 이런 이야기가 있다. 성종이 미행을 나섰다가 어떤 사람이 까치집 있는 나무를 베어다가 집 앞에 세우는 것을 보았다. 급제를 빌자는 뜻이란 설명을 듣고 안쓰럽게 여긴 임금이 그에게 급제를 내렸다. 『한거잡록閑居雜錄』에는 아예 늙은 선비가 털모자를 쓰고 뜰의 나무 위로 올라가 나뭇가지로 직접 까치집을 얽는 것을 보고 임금이 급제를 내렸다는 이야기로 확대되어 나온다.

조선 말기의 설화집인 『계서야담溪西野譚』에 나오는 까치집 짓는 이야기는 좀더 복잡한 서사를 보여준다. 역시 성종이 밤에 미행을 하다가 외딴 마을에 이르렀다. 어떤 집에 사립문이 열려 있는데 집 앞의 나무에서 까치 소리가 났다. 그러자 집 안에서 한 여자가 나와서 나무 아래에 서더니 역시 까치 소리를 내면서 나뭇가지를 가지고 나무 위로 올라가는 것이었다. 나무 위에도 어떤 사람이 연신 까치 소리를 내면서 아래에서 건네주는 나뭇가지를 받고 있었다. 이상하게 여겨 헛기침을 하며 다가가자 두 사람은 놀라 황급히 집 안으로 들어가버렸다. 임금이 그 집으로 들어가 사정을 물었다. 나이 쉰이 넘도록 급제를 못 했는데 집 앞에 까치집이 있으면 급제한단 말을 듣고 10년 전에 집 앞에 나무를 심었으나 까치가 집을 짓지 않으므로 부부가 까치 소리를 내며 직접 까치집을 짓던 중이라고 했다. 임금은 돌아와 과거를 실시하여 시험 제목을 '인작人鵲', 즉 사람 까치로 내렸다. 아무도 그 의미를 몰라 어리둥절해할 때 그 선비만 답안을 작성해서 급제했다.

조선 후기 이덕무李德懋(1741~1793)는 「작소상량문鵲巢上樑文」, 즉 까치 둥지 상량문이란 재미난 글을 남겼다. 그의 외삼촌 댁 마당에는 큰 산수유나무가 있었다. 1759년 겨울 11월에 나무 꼭대기에 까치가 집을 짓다가 절반쯤만 만들고는 돌아오지 않았다. 외삼촌이 이덕무에게 글을 지으면 까치가 돌아와 둥지를 완성할 것이라 하여 상량문을 짓게 했다. 그러자 정말로 까치가 곧 돌아와서 집을 완성했다는 이야기다. 워낙 고사를 많이 사용한 어려운 글이므로, 까치의 생태를 설명한 부분만 조금 보이면 다음과 같다.

> 지지배배 높은 집서 진흙 물어오는 제비를 비웃고,
> 빈 성에서 쌕쌕대며 낟알 쪼아먹는 참새를 우습게보네.
> 때를 알아 기쁜 소식 알려주니 사람이 절로 사랑하고,
> 세살歲殺 등져 집 지으니 천성이 본시 슬기로워서일세.
> 교목喬木의 오랜 집서 펄펄 날아 높은 데를 밟고
> 큰 나무의 남은 풍도라 어이 구차하게 낮은 곳을 좇으리.

제비와 참새를 우습게보는 고고한 태도와, 기쁜 소식을 알려주고 세살歲殺의 방향을 일러주어 액을 막는 까치의 영물스러움을 칭찬한 후, 나무 높은 곳에 둥지를 틀고 낮은 곳을 붙좇기 부끄러워하는 자태를 높인 내용이다.

백자청화작호문항아리, 높이 42.5cm, 18세기, 국립경주박물관.

여기서 세살을 등진다는 말은 까치가 집을 지을 때는 삼살방三殺方, 즉 액이 들어오는 방향을 피해 문을 낸다는 속신을 일컫는다. 『설문說文』에는 "까치가 그해의 세살을 안다"고 했고, 『박물지博物志』에도 "까치집은 세살을 등져 문을 낸다"는 언급이 있다. 이밖에 까치집의 위치만 보아도 그해의 날씨를 점칠 수 있다고도 했는데, 나무 꼭대기에 집을 지으면 그해에는 날씨가 괜찮고, 나무 중턱의 굵은 가지에 둥지를 얽으면 그해에 태풍이 든다고 여겼다.

은혜를 갚을 줄 아는 새

지금도 까치를 길들여 함께 생활하는 모습이 이따금 텔레비전에 나오곤 한다. 까치는 머리가 아주 좋은 새다. 아이큐가 60~70 정도는 되고, 세 살 된 어린아이의 지능을 가졌다고도 한다. 그리고 무엇보다 은혜를 갚을 줄 아는 새다. 옛 문헌 설화에는 까치가 은혜를 갚을 줄 아는 의로운 새로 자주 등장한다.

조선 후기 실화집인 『잡기고담雜記古談』에 「보은작報恩鵲」, 즉 은혜 갚은 까치 이야기가 실려 있다.

황해도 장단의 교생校生 중에 매를 기르는 자가 있었다. 날마다 새를 잡아다가 먹여 길렀다. 숲속 둥지나 집의 새집을 온통 뒤져서 잘 날지 못하는 새끼를 잡아온 것이 새장에 늘 가득했다. 교생에게는 열네댓 살 된 딸이 있었다. 새끼 까치 한 마리를 가져다가 상자 속에서 길렀다. 벌레나 개미를 잡아다가 이를 먹였다. 점차 남은 밥이나 고기 찌꺼기를 먹이며 몹시 아꼈다. 항상 내 까치라고 불렀고, 까치도 재롱을 부렸다. 딸이 손바닥 위에 밥을 얹어놓고 부르면, 고개를 까딱이며 날갯짓을 하면서 입을 벌

리고 달려왔다. 마치 제 어미에게 먹을 것을 받으러 오는 것 같았다. 깃털
이 다 자라자, 낮에는 날아다니며 밖에서 먹이를 먹고, 저녁에는 반드시
돌아와 상자 속에서 잤다.

딸이 출가한 뒤로는 다시 돌아오지 않았다. 이따금씩 딸이 사는 곳을 찾
아갔는데 한 달에 한 번이나 두 달에 한 번씩 그렇게 했다. 딸 또한 능히
그 모습을 알아보고 기쁘게 맞이하면서 "내 까치가 왔구나"라고 부르곤
했다. 그러면 까치는 품속으로 뛰어들면서 부리로 그 옷깃과 띠를 부비
기도 하고, 어깨 위에 앉아 머리카락에 붙은 것을 쪼아먹기도 하면서 몹
시 기뻐하고 사랑하였다. 딸 또한 어루만져 안고는 한참을 놀았다. 그런
뒤에 다시 날아갔다. 나중에는 점차 소원해져서 몇 년 동안 소식이 끊기
고 말았다.

얼마 안 있어 딸은 청상과부가 되고 유복자는 겨우 세 살이 되었다. 아이
는 마마에 걸려 병세가 아주 위중하였다. 남편 집에는 마마를 아직 앓지
않은 어린아이가 많았으므로 딸은 병든 아이를 데리고 이웃 마을로 피
해 나왔다. 시골이라 의원도 없고 약도 없었다. 병이 점점 더 깊어져서 열
이 심하고 얼굴이 검게 되어 마침내 구해볼 도리가 없는 지경이 되었다.
딸은 시신을 방 안에 두고 이불로 덮어놓은 채 창밖에 혼자 앉아 하늘
을 부르며 곡하였다. 갑자기 울타리 사이에서 까치 울음소리가 깍깍 하
고 들렸다. 딸이 눈물 가득한 눈으로 살펴보며 말했다. "내 까치가 또 왔
구나." 딸이 막 슬픈 원망이 터져나오던 중에 하소연할 곳이 없는지라 막
바로 까치를 향해 곡을 하며 하소하였다. "내 운명이 기박해서 남은 생
을 자식 하나에 의지하려더니 그나마 지키지 못했구나. 네가 나의 하늘
에 닿고 뼈에 새길 이 아픔을 알기나 하겠느냐?" 까치가 번드쳐 품속으
로 날아들더니, 또 격자창으로 날아올라 날개를 퍼덕여 치면서 방 안으
로 들어가려는 듯이 하였다. 딸이 말했다. "네가 들어가보고 싶은 게로구
나." 손을 당겨 반쯤 열자, 시신 곁으로 뛰어가더니 이불깃을 당겨, 부리

로 콧구멍을 쪼았다. 네댓 번 연거푸 쪼자 갑자기 검붉은 피가 솟는데, 한 종지 남짓 쏟아졌다. 아이는 바로 소생하였다. 까치는 밖을 향해 날아가더니 이로부터 다시는 오지 않았다.

장단 교생의 딸이 새끼 까치를 길러 까치와 평생 정을 나누다가 그 자식을 구해주어 은혜를 갚은 마음을 울리는 이야기다. 『청구야담靑邱野談』에도 박우원이란 사람의 부인이 나무에서 떨어진 새끼 까치를 기른 이야기가 나온다. 아침저녁으로 밥을 먹여 기르자 까치는 다 자란 뒤에도 부인의 어깨에 앉으며 재롱을 부리곤 했다. 그 뒤 박우원이 장성 현감이 되어 떠났는데 장성에 도착하니 까치가 먼저 와 관아의 대들보 위에서 지저귀며 부인 앞에 앉았다. 남편의 부임지가 바뀔 때마다 까치는 함께 따라다녔다. 뒤에 부인이 세상을 뜨자 까치는 부인의 관 위에 앉아 산에까지 갔고, 묘각 위에서 계속 울다가 하관할 때는 다시 내려와 관 위에서 울었다. 그 뒤로 어디론가 사라져버렸는데 그 까치의 일을 보고 감동한 사람들이 이 까치를 '영작靈鵲', 즉 신령스런 까치라 하여 시를 지어준 일이 있다.

흰까치의 슬픈 사연

까치와 관련된 시문 중에는 지극한 새끼 사랑을 노래한 것이 유난히 많다. 충남 서산에서는 십수 년 전 흰 제비가 발견되어 화제가 된 일이 있었다. 조선시대에는 흰 꿩이나 흰 사슴이 잡혀 상서로운 조짐이라며 온 나라가 기뻐한 일이 많았다. 새나 짐승의 깃털이 온통 희게 변하는 백화白化 현상은 이따금 관찰된다. 『삼국사기』를 보면 문무왕 2년 남천주南川州에서 흰까치를 바친 것을 포함해서 모두 네 차례나 흰까치를 임금께 올린 기록이 보인다.

고려 때 최자崔滋의 『보한집補閑集』에도 흰까치 이야기가 나온다. 그런데 이 글에 보이는 흰까치는 흔히 그렇듯이 시대의 길조를 미리 알려주는 상서로움의 상징이 아니라 안타까운 모성의 이야기다.

수선사修禪社의 탁연卓然 스님은 재상의 아들로 글씨를 매우 잘 썼다. 갑진년(1184) 봄에 경사京師에서 강남으로 돌아가다가 계룡산 아래 한 마을을 지나는데 나무 위에 까치가 깃들어 있는 것을 보았다. 몸은 하얗고 가슴은 붉은데 꼬리는 검었다.

마을 사람 장복張福이 말했다. "이 까치가 와서 둥지 튼 것이 이미 일곱 해나 됩니다. 그 새끼를 매년 올빼미가 잡아먹으니, 소리쳐 울기를 그치지 아니하여 슬픈 마음을 자아냈지요. 첫해에는 머리가 처음으로 희어지더니, 둘째 해에는 머리가 온통 희어지고, 셋째 해가 되자 몸이 온통 희게 되었습지요. 금년에 요행히 그 재앙을 면하자 꼬리가 점차 도로 검게 되었답니다." 탁연 스님이 이를 기이하게 여겨 같은 절의 천영天英 스님에게 말했다. 천영 스님이 말했다. "아! 이것은 이른바 금두인禽頭人, 즉 새의 머리를 한 사람이라는 것이다." 그러고 나서 시를 지었다.

원망 기운 머리에 쌓여 눈 덮인 산 이루었고	怨氣積頭成雪嶺
핏자국 가슴 적셔 단전이 되었구나.	血痕沾臆化丹田
네가 만약 남의 자식 괴롭히지 않는다면	渠如不腦他家子
사해의 흰머리가 하루 만에 검게 되리.	四海霜毛一日玄

겉모습은 새이지만, 그 안에 사람의 마음을 지녔다고 해서 금두인禽頭人이라고 했다. 까치가 털이 희게 변한 것은 새끼를 잃은 근심을 견디지 못해서였다. 가슴이 붉게 물든 것은 가슴이 아프다 못해 피멍이 든

『청궁조보淸宮鳥譜』에 실린 흰까치. 타이완 고궁박물원.

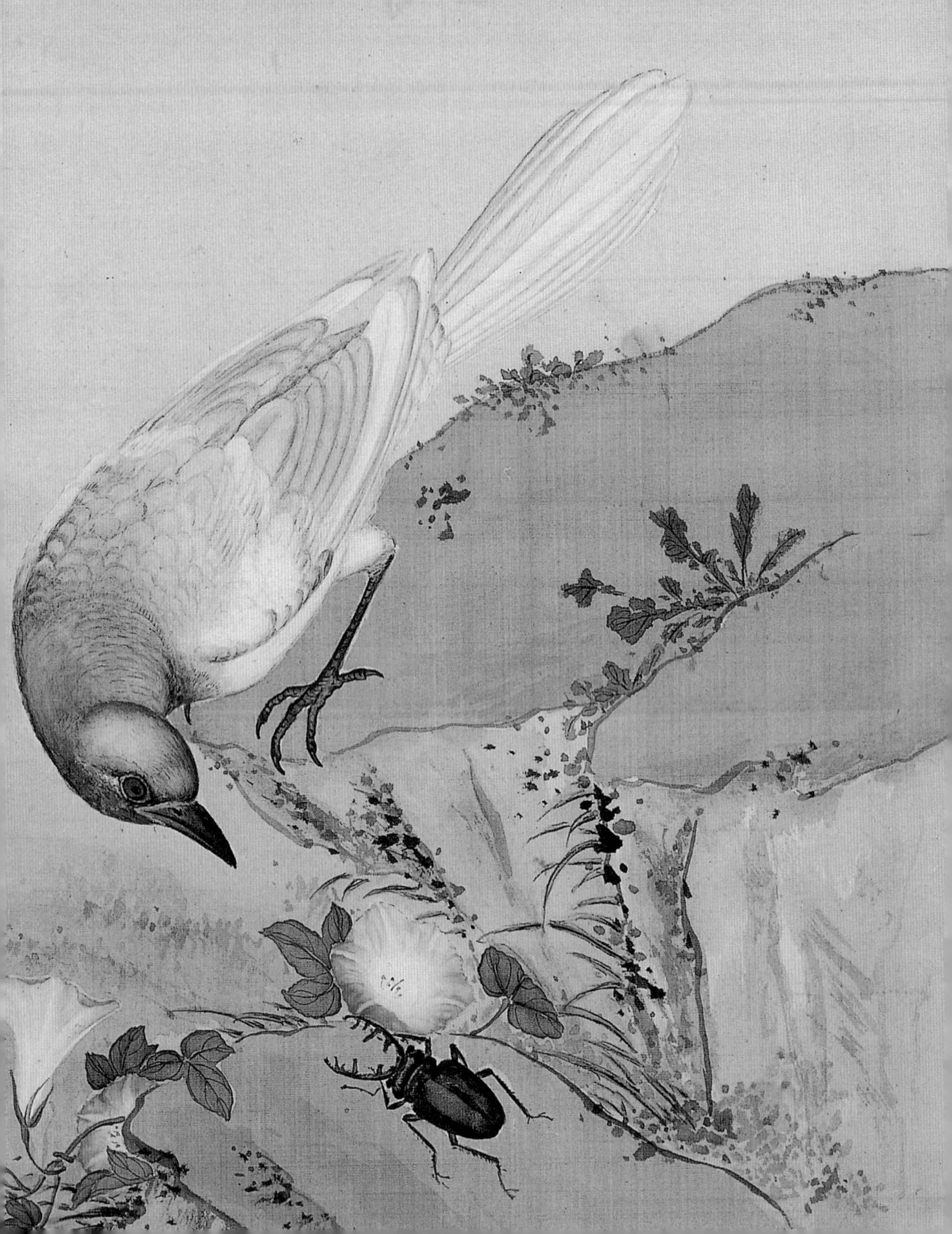

것이었다. 꼬리가 조금 검은 것은 이제 새끼를 기를 수 있게 된 것이 기뻐 본래의 마음을 되찾았기 때문이다. 천영은 까치를 괴롭히는 올빼미를 나무라면서 시를 맺었다. 이 또한 옛사람들이 까치를 신령스럽게 생각했음을 잘 알게 해주는 이야기다.

까치의 집단행동

올빼미가 다른 새의 새끼를 잡아먹는 못된 습성을 지니고 있다는 것은 널리 알려져 있다. 말하자면 남의 가슴에 못을 박는 새다. 뒤에서 살펴보겠지만 조선시대 조관빈 같은 이는 까치둥지를 빼앗은 올빼미를 총으로 쏘아 죽이기도 했다. 한시 중에는 떼를 지어 몰려와 새끼를 지킨 까치 이야기도 있다.

펄펄 나는 까치가 있어	飛飛爰有鵲
내 집 서편 나무서 새끼를 쳤네.	雛我屋西樹
황소같이 건장한 이웃집 아이	鄰童健如犢
나무 올라 둥지 밑에 이르렀다네.	上樹巢底赴
어미가 먹이를 구해와서는	其母求食來
가까이 다가가도 놀라지 않고.	逼近無驚懼
사생결단 사람 향해 곧장 내달아	生死直向人
제 몸이 으깨져도 알지 못할 듯.	滅身不自悟
아이의 머리를 쪼려다가는	庶欲啄頭腦
갑자기 멀리로 날아가누나.	欻爾遠馳騖
한 마리 까치가 동에서 오고	一鵲自東至
서너 마린 서편에서 몰려들었지.	三四自西聚

잠깐 만에 열 마리 백 마리 되어 　須臾成十百

변방 병사 난리에 나아가는 듯. 　赴難如邊戍

깍깍깍깍 시끌벅적 깍깍대면서 　嘖嘖復嘖嘖

이리저리 날며 새끼 지키네. 　爭飛復爭護

동편 나무 있던 놈은 서편 나무로 　東樹者西遷

서편 가지 있던 놈은 남쪽 편으로. 　西枝者南遇

갑작스레 나뭇가지 떨쳐 일어나 　忽然起木梢

몸 번드쳐 구름 안개 속으로 들어, 　飜身入雲霧

깍깍대며 다투어 날아드는데 　嘖嘖復爭飛

물 다 마른 구덩이의 물고기 같네. 　如魚水將涸

다급하게 올라갔다 내려오면서 　急急上復下

잠시도 여유를 주지 않았지. 　頃刻不能裕

둥지를 에워싸 한 바퀴 둘러 　繞巢成一帀

까치 떼 있는 대로 성내며 노해. 　群鵲恣嗔怒

남아 있는 새끼들은 둥지 곁에서 　餘雛坐巢邊

목 빼어 먹이 주길 기다린다네. 　延頸求其哺

어미가 동편으로 오면 그리 가 앉고 　母東雛東坐

서편으로 오면 서편을 돌아본다네. 　母西雛西顧

아이 녀석 머쓱해져 내려왔지만 　兒憮然下來

성 덜 풀린 까마귀는 여태 화낸다. 　餘嗔猶自固

무리로 모여선 소리지르며 　團聚聲相雜

성공을 서로에게 알려주는 듯. 　功成如告訴

흩어져 날아가 뵈지 않더니 　分飛失所往

두 마리 까치 한가로이 깃털 다듬네. 　雙鵲閒調羽

기쁜 듯 새끼 곁에 가까이 가서 　怡然近雛傍

머리 털며 모이를 먹이는구나. 　刷頭與其嗉

정약용의 강진 유배 시절 제자인 황상黃裳이 지은 「군작행群鵲行」이란 작품이다. 요컨대 동네 장난꾸러기 머슴 녀석이 높은 나무 위에 있는 까치둥지까지 올라가 새끼 까치를 잡으려 하자, 그 어미가 처음엔 있는 힘껏 사람을 공격하여 머리를 쪼다가 힘이 부치자 제 무리를 불러와 협동작전을 감행하여 새끼를 구한 이야기다.

처음 서너 마리가 오는가 했더니 잠깐 사이에 수십 마리의 까치가 한꺼번에 몰려들었다. 둥지를 새까맣게 에워싸고 하늘을 오르내리며 깍깍 괴성을 질러 위협하자 아이는 제풀에 겁을 집어먹고 나무를 내려오고 말았다. 그 와중에도 어미는 부지런히 새끼에게 먹이를 실어 날랐다. 아이가 나무를 내려오자 까치 떼는 마치 승리를 확인이라도 하려는 듯이 저희끼리 무어라 떠들어대더니 원래 왔던 곳으로 뿔뿔이 흩어지고 말았다. 둥지에서는 아무 일도 없었다는 듯 까치 부부가 제 새끼에게 고개를 끄덕이며 평화롭게 먹이를 주고 있다.

우선 까치의 생태에 대한 묘사가 사실적이다. 까치가 자신의 둥지를 습격하는 사람을 공격하는 행위를 모빙mobbing이라고 하는데, 야생조류들이 자신의 둥지나 새끼에게 위협을 가하는 대상에게 공격하는 척하는 행동을 가리키는 말이다. 일반적으로 까치는 둥지뿐 아니라 자신의 세력권 안에 들어오는 침입자나 다른 수컷에 대해서도 이 같은 공격 행위를 한다. 다만 이런 공격에서 침입자와 직접 부딪치는 일은 거의 없고 근접거리까지 다가왔다가 급선회해서 돌아가는 행위를 반복한다. 그래도 침입자가 후퇴하지 않으면 까치는 부리로 쪼거나 자신보다 힘이 더 센 상대로 인식하고 도망간다. 아주 위급한 상황이 아니면 직접적인 몸싸움은 피한다.

앞의 시에서는 까치의 집단방어 행동이 특이하게 여겨진다. 일반적으로 까치는 한 쌍의 부부가 반경 200미터 내외의 영토를 차지한다. 이 지역은 한 부부의 독점적인 영토로 다른 까치가 들어올 수 없는 구역이다. 평상시에는 이웃 영토의 까치가 침범하면 격렬한 싸움을 해서 쫓아 버린다. 그러다가 자신의 둥지나 새끼가 사람이나 고양이의 습격을 받으면 까치는 위급 상황을 알리는 특정한 울음소리를 낸다. 이를 듣고 평소에는 서로의 영토를 침범하지 않던 이웃 까치들이 모두 몰려들어 집단적으로 방어를 한다. 까치들은 이런 방식으로 서로서로 도와주면서 살아간다. 침입자가 물러나고 전투가 종료되면 이웃집 까치들도 다시 자신의 영토로 돌아간 뒤 서로의 영역을 침범하지 않는다.

까치둥지를 빼앗는 때까치

하지만 형편이 여의치 못할 때도 있다. 다음은 정지용의 「때까치」란 수필이다. 까치의 둥지를 차지해버린 때까치 이야기다.

평나무 위에 둥그런 것은 까치집에 틀림없으나 드는 것도 까치가 아니요 나는 놈도 까치가 아닙니다. 몸은 가늘고 길어 가슴마저 둥글지 못하고 보니 족제비처럼 된 새입니다. 빛깔은 햇살에 번득이면 남색이 짜르르 도는 순흑색이요 입부리는 아조 노랗습니다. 꼬리도 긴 편이요 눈은 자색이라고 합디다. 까치가 분명히 조선 새라고 보면 이 새는 모양새가 어딘지 물 건너적이 아니오리까? 벙어리가 아닌가고 의심할 만치 지저귀는 꼴을 볼 수가 없고 드나드는 꼴이 어딘지 서툴러 보이니 까치집에는 결국 까치가 울어야 까치집이랄 수밖에 없습니다.
음력 정2월에 까치가 마른 나뭇가지와 풀을 물어다가 보금자리를 둥그렇게 지어놓고, 3~4월에 새끼를 치는 것인데 뜻하지 아니한 침략을 받아 보금자리를 송두리째 빼앗긴다는 것입니다. 이 침략자를 강진골에서는 '때까치'라고 이르는데, 까치가 누구한테 배운 것도 아닌 보금자리를 얽는

「복사꽃과 때까치」, 이징, 비단에 수묵, 68.6×56.7cm, 17세기, 국립광주박물관.

정교한 법을 타고난 것이라고 하면, 그만 재주도 타고나지 못한 때까치는 남의 보금자리를 빼앗아 드는 부쟁력을 가질 뿐인가봅니다.

알고 보면 때까치는 조금도 맹수류에 들 수 있는 놈이 아니요 다만 까치가 몹시도 순하고 독하지 못한 탓이랍니다. 우리 인류의 도의로 따질 것이면 죄악은 확실히 때까치한테 돌릴 것이올시다. 그러나 이 한더위에 나무를 타고 올라가 구태여 때까치를 인류의 법대로 다스리고 까치를 다시 불러올 맛도 없는 일이고 보니 때까치도 절로 너그러운 인류의 정원을 장식하게 되는 것입니다.

그러나 만일 보금자리를 빼앗긴 까치 떼가 대거 역습해와서 다시 탈환하는 꼴을 볼 수가 있을 양이면 낮잠이 달아날 만치 상쾌한 통쾌를 느낄 만한 것입니다.

까치가 애써 지은 제 둥지를 때까치에게 **빼앗긴** 이야기다. 그런데 실제로 때까치가 까치둥지를 빼앗아 차지하는 경우는 거의 없다. 정지용이 새의 모습을 설명한 것을 보거나 실제로 파랑새가 까치둥지를 차지하는 일이 적지 않은 것으로 미루어볼 때, 여기서 말하는 때까치는 진짜 때까치가 아니라, 파랑새를 밀한 것이지 싶다.

까치는 솔개나 파랑새에게 제 둥지를 툭하면 빼앗기는 조금 멍청한 새이기도 하다. 이들은 까치가 살다가 버리고 간 빈집을 차지할 때도 있지만, 간혹 살고 있는 집을 차지하고 들어오는 일도 없지 않다. 달리 보면 까치의 집 짓는 솜씨가 그만큼 야무지기 때문이기도 할 것이다.

얼음을 쪼는 까닭

앞서 읽은 황상의 「군작행」은 시인이 자기 집 앞마당에서 벌어진 뜻밖의 소동을 보고 흥미로워 관찰한 것을 상세히 적은 작품이다. 그 묘사가 사실적이어서 까치의 생태를 이해하는 데 도움을 준다. 조경趙絅이 「작탁빙鵲啄氷」이란 시도 있다.

까치가 얼음 쪼네 까치가 얼음 쪼네	鵲啄氷鵲啄氷
얼음 쪼아 잡으려도 고기 못 잡네.	啄氷求魚魚不得
상류엔 얼음 쪼개 물고기 떠서 잡고	上流氷坼魚汕汕
붉은 다리 늙은 황새 고기 주워 먹건만.	赤脛老鸛拾魚食
까치야 너는 왜 아래쪽 나루에 있느냐	爾鵲胡爲在下渡
아침 내내 얼음 쪼는 소리 정말 듣기 괴롭다.	終朝啄氷聲正苦

아침 내내 까치가 강물 위 얼음판에 올라서서 얼음을 쪼고 있다. 탁탁 쪼는 소리가 쉴새없이 들린다. 까치는 왜 저렇게 두터운 얼음을 쪼고 있는 걸까? 시인은 까치가 배고파 얼음 밑에서 노는 물고기를 잡아 먹으려고 저러는 것이라고 생각했다.

겨울철이었고 상류에선 얼음에 구멍을 뚫고 물 위로 떠서 노니는 빙어 따위의 생선을 뜰채로 떠서 잡느라 한바탕 소동이 벌어졌던 모양이다. 다리가 붉은 늙은 황새는 사람들이 고기 잡는 그 곁에 서 있다가 혹 물고기가 밖으로 튀기라도 하면 날름날름 먹어치운다. 그런데 까치는 왜 굳이 멀리 떨어진 아래편 나룻가 두터운 얼음장 위에서 아침 내내 힘들게 얼음을 쪼고 있느냐는 것이다.

여기서 까치가 얼음을 쪼는 행동은 정말 물고기를 잡기 위한 것이었을까? 까치같이 영리한 새가 얼음을 쪼아서는 물고기를 잡을 수 없는 것을 잘 알 텐데 무모하게 아침 내 그러고 있었을 것 같지는 않다. 아마도 까치는 얼음과 함께 얼어 있는 동물의 사체를 파먹기 위해 얼음을 쪼고 있었을 것이다. 추운 날씨를 견디지 못하고 오리가 죽으면 죽은 오리는 얼음에 갇혀 함께 언다. 이런 사체를 가장 즐겨 먹는 것이 까마귀인데, 까치 또한 까미귀되는 사촌이므로 얼음 속에 힘께 일어붙은 동물의 사체나 그 밖에 이런저런 먹을거리를 찾아 얼음을 쪼았던 것이다. 까치는 물속 고기를 잡자고 얼음을 쫄 정도로 머리가 나쁘지는 않다.

까치는 은혜를 갚을 줄 아는 갸륵한 마음을 지녔고, 새끼 사랑이 지극한 새다. 또 머리가 좋아 어떤 어려운 환경 속에서도 살아남는 강한 적응력을 지녔다. 다른 새들이 환경의 변화를 못 견뎌 그 수효가 급격히 줄어가는 데 반해 까치만은 날로 개체가 늘어나고 있는 것만 보아도 잘 알 수 있다. 한국전력에서는 전봇대에 집을 지어 합선의 원인을 제공하는 까치가 밉다고 까치 퇴치법까지 소개하면서 까치와의 전쟁을 벌인 바 있다. 과수 재배 농가에서도 까치는 애써 가꾼 과일을 다 망치는 애물단지가 되었다. 까치집 상량문을 짓고, 까치가 둥지 튼 나무를 마당에 옮겨 심으며 수선을 떨던 옛사람들의 까치 사랑과 비교해보면 참 금석今昔의 감회가 새롭다.

까치 그림 읽기

이재관李在寬(1783~1837)의 「쌍작보희도雙鵲報喜圖」에서는 까치 두 마리가 오동나무 가지에 앉아 있다. 화제畵題에는 "응당 장차 기쁜 소식 주인 앞에 알리리應將喜報主人前"라고 써놓았다. 두 마리 까치는 쌍희雙喜, 즉 희囍자를 뜻하고, 오동나무 동桐자는 한가지 동同과 음이 같아서, 오동나무에 앉은 두 마리 까치는 동희同囍의 뜻이 된다.

또 중국 화가 쑨치펑孫其峯의 「사희도四喜圖」에는 봄 숲을 까치 네 마리가 기운차게 나는 모습을 그려놓았다. 제목에서 네 가지 기쁨을 말

「쌍작보희도雙鵲報喜圖」, 이재관, 송이에 엷은색, 37.5×68.0cm, 19세기, 산농미술관.

했으니, 까치 한 마리 한 마리가 각각 한 종류의 기쁨을 상징하는 셈이다. 여기에도 역시 고사가 있다. 사희四喜란 사람이 살아가면서 가장 기쁜 네 가지 득의로운 일을 말한다. 송나라 홍매洪邁의 『용재수필容齋隨筆』 가운데 「득의시得意詩」에 보인다.

오랜 가뭄 끝에 단비가 오고	久旱逢甘雨
타향에서 고향 친구 만나보았네.	他鄕遇故知
동방洞房에서 화촉을 밝힌 첫날 밤	洞房花燭夜
금방金榜에 이름이 걸리는 그때.	金榜掛名時

가뭄에 단비가 오고, 낯선 타향에서 고향 친구를 만난다. 예쁜 아내와의 첫날밤, 과거에 급제하여 내 이름이 합격자 명단에 올랐을 때, 참으로 생각만 해도 기분 좋은 일이다. 따라서 「사희도」는 이렇듯 즐겁고 유쾌한 일이 많이많이 생기라는 축하의 뜻을 담은 그림이다.

「희상미초喜上眉梢」란 제목이 붙은 그림도 있다. 글자 그대로 풀면 기쁜 일이 눈썹 가로 올라온다는 뜻이니, 기쁜 일이 많이많이 생기라는

「사희도四喜圖」, 쑨치펑, 중국 현대.

「희상미초喜上眉梢」, 쉬런충,
중국 현대.

「화조도」, 종이에 채색, 78.0×32.0cm, 가회민화박물관.

의미를 담고 있다. 어떻게 해서 이 그림을 이렇게 읽었을까? 까치는 기쁜 일이고, 미초眉梢, 즉 눈꼬리는 까치가 지금 앉아 있는 매화나무 가지 끝, 곧 매초梅梢와 발음이 같기 때문에 이런 독법이 가능하다.

이렇듯 옛 문헌에 보이는 까치는 기쁜 소식을 알려주는 전령이고, 집에 둥지를 틀면 주인이 과거에 급제하거나 승진하게 해주는 영물로 나온다. 까치가 둥지를 짓지 않으면 아예 사람이 올라가 둥지를 지어주기까지 했다. 짓다가 떠나가 돌아오지 않으면 까치집 상량문까지 지어주면서 집안에 행운을 가져다주기를 바랐다. 그렇게 사랑받고 기쁨을 주던 까치가 이제는 애물단지가 되고 말았다.

아아! 이상도 하다. 대저 닭은 무리지어 살면서 정한 배필이 없다. 수탉이 힘이 있으면 암탉은 문득 이를 좇는다. 그러나 수탉이 죽으면 다시 다른 놈을 따른다. 그런데 지금 이 암탉은 능히 그 수탉을 위해 복수했다. 새끼 열한 마리도 그 어미를 따라 아비의 원수를 갚았고, 어미가 죽자 그 뒤를 따라 죽었다. 새는 말을 해서 그 새끼를 가르칠 수 있는 것이 아니다.

둘

의리 있는
닭

광명을 알리는 힘찬 울음

닭은 어둠 속에 떠오르는 광명의 빛을 가장
먼저 알아 힘찬 울음소리로 맞이한다. 닭이 울
면 어둠의 권세가 물러나고 광명한 세상
이 오므로, 닭은 예로부터 사악한 기
운을 물리치는 벽사辟邪의 능력을

지녔다고 사람들은 믿었다. 상서로움과 희망의 소식을 전해주는 닭은 그래서 정월 초하루에 든 삽입의 새벽을 물리치릴타고 서는 세화威畫로 많이 그려졌다. 고대 건국신화에도 닭이 등장하는 데, 역시 상서로움을 맞이하는 신령한 존재로 나타난다. 『삼국사기』「신라본기」에 나오는 김알지의 탄생설화가 그것이다.

65년 봄 3월, 왕이 밤에 금성 서쪽에 있는 시림始林의 나무 사이에서 닭 우는 소리가 나는 것을 들었다. 새벽녘에 호공을 보내 살펴보게 했다. 금빛 나는 작은 궤가 나뭇가지에 걸려 있고, 흰 닭이 그 밑에서 울고 있었다. 호공이 돌아와서 아뢰었다. 왕은 사람을 시켜 그 궤를 가져오게 했다. 열어보니 작은 사내아이가 그 속에 있었다. 자태와 용모가 기이하고 컸다. 왕은 기뻐하며 좌우의 신하에게 말했다. "이 어찌 하늘이 내게 아들을 준 것이 아니겠는가?" 거두어 길렀는데, 자라면서 총명하고 지략이 많았다. 그래서 이름을 알지라 하고, 금궤에서 나왔으므로 성을 김씨로 삼았다. 시림을 고쳐 계림鷄林이라 하고, 나라 이름으로 삼았다.

신라를 흔히 계림이라 부른다. 이는 김씨의 시조인 김알지가 하늘에서 내려온 금궤에서 나올 때 그 아래서 흰 닭이 울어 강림을 알린 것을 기념하기 위해서였다. 조속趙涑이 그린 「금궤金櫃」는 어명에 의해 위 고사를 그림으로 그린 것이다. 나뭇가지에 금궤가 걸려 있고, 그 아래에서 흰 닭이 울고 있다. 화면 아래쪽에는 일산을 들고 그 장면을 바라보는 호공의 모습을 그려놓았다.

그런가 하면 닭은 생활공간에서 늘 함께하는 가금家禽이었으므로 닭

御製

此新羅敬順
王金傅始祖
金櫃中得之
仍姓金氏者
金櫃掛于樹
上其下白鷄
鳴故見而取
來金櫃中有
男子繼昔氏
為新羅君也
其孫敬順王
入高麗嘉其
來順謚敬順
命畵見三國史
歲乙亥翌年春

吏曹判書臣金益熙
奉教書
掌令臣趙涑奉
教繕繪

「금궤金櫃」, 조속, 비단에 채색, 105.4×57.5cm, 1636, 국립중앙박물관.

「병아리를 채가는 고양이野猫盜雛」, 김득신, 종이에 엷은색, 22.4×27.0cm, 18세기 말~19세기 초, 간송미술관.

그림뿐 아니라 닭에 얽힌 이야기도 적지 않게 남아 있다. 먼저 김득신金得臣(1754~1822)의 그림을 보자. 고양이가 병아리 한 마리를 입에 물고 달아난다. 어미 닭은 대경실색 기겁을 해서 꼬꼬댁거리며 고양이를 좇아간다. 나머지 병아리 네 마리는 혼비백산하여 사방으로 꼬꾸라진다. 주인은 마루에 앉아 발을 짜고 있었다. 난데없는 소동에 놀란 주인은 앞에 세워져 있던 발틀을 밀쳐버리고, 버선발로 마당으로 내달으며 담뱃대를 휘두른다. 그 서슬에 머리에 썼던 탕건은 땅 위로 떨어졌다. 안쪽에 있던 아내도 맨발로 달려나온다. 고양이란 녀석은 병아리를 입에 꽉 문 채로 주인 쪽을 돌아보며 정신없이 달아난다. 한갓진 대낮에 때 아닌 소동이 벌어졌던 것이다. 아주 생동감 넘치는 장면을 포착했다.

사람보다 나은 닭의 의리

고양이나 족제비가 닭을 물어간 이야기는 옛글 속에 수도 없이 나온다. 이 글에서는 닭과 관련된 재미난 글 몇 편을 소개해본다. 먼저 볼 이야기는 김정국金正國(1485~1541)의 『사재척언思齋摭言』에 실려 있는 의계義鷄 이야기다.

형님인 김안국金安國이 이호梨湖에 살 때 어미 닭 몇 마리를 길렀다. 한 마리가 열대여섯 마리의 병아리를 깠다. 솜털이 겨우 말라 깃털이 나지도 않았는데, 어미 닭이 갑자기 고양이란 놈에게 채여가 죽고 말았다. 병아리들이 흩어져 내달리며 슬피 울었다. 저녁때가 되자 우는 소리가 더욱 슬펐다. 모두 고개를 떨구고 눈을 감아 숨이 끊어질 듯하였다. 땅에 엎어져 죽어가는 놈도 있었다. 암탉 한 마리가 밖에서 날개를 퍼덕이며 오더니 둘러보며 병아리들을 불렀다. 마치 측은해하는 듯한 모습이었다. 서

둘러 앞으로 나아가더니 날개를 들어 이를 감싸주었다. 병아리 중에 조금이라도 스스로 걸을 수 있는 것은 부르는 소리를 듣고 다투어 품안으로 들어갔다. 거의 숨이 끊어져 움직일 수 없는 것들은 사람을 시켜 가져다가 안겨주거나 홰대 위에 올려주었다. 이튿날 홰대를 내려설 때는 모두 소생해 있었다. 뜰에 낟알을 뿌려주자 모두 날갯짓을 하면서 뛰어와 먹이를 쪼았다. 이로부터 날마다 감싸 안아 기르기를 꼭 같이 했다. 마침내 장성하여 한 마리 병아리도 잃지 않았다. 형님이 몹시 기이하게 여겨 의계義鷄라 이름짓고, 지켜 기르며 잡아먹지 못하게 했다. 오랜 뒤 어느 날 밤에 족제비인지 고양이인지가 낚아채서 달아났다. 사람을 시켜 쫓아가 찾아서 묻어주려 했으나 결국 찾지 못했다고 한다. 미물의 성품이 비록 편벽되지만 또한 통하는 곳도 있다. 사람은 만물의 영장이라 하면서도 미물에게 부끄러운 점이 참 많다. 공자께서 사람이 새만도 못하다는 탄식을 한 것이 마땅하다 하겠다.

고양이에게 물려간 어미 닭을 대신해서 새끼를 끝까지 길러준 암탉의 이야기다. 의계에 대한 이야기는 이밖에도 참 많다. 닭들의 행동은 가정 안에서 일상적으로 관찰할 수 있었으므로 그 묘사도 아주 자세하다. 임상덕林象德(1683~1719)의 「잡설雜說」이란 글에도 흥미로운 닭 이야기가 나온다.

집에서 예전부터 닭을 길렀다. 매년 여름과 가을 사이가 되면 병아리를 까서 떼 지어 무리를 이루곤 했다. 어떤 사람이 늙은 장닭을 보내왔는데 체구가 우람하고 특히 싸움을 아주 잘했다. 대개 제 힘을 믿는 데다 나이도 많아서 새끼 닭들이 버릇없이 구는 것을 보면 무리를 몰아내고 먹을 것을 빼앗으므로 뭇 닭이 괴로움을 견딜 수 없었다.
어느 날이었다. 장닭이 밭에서 먹잇감을 사냥하고 몹시 뻐기며 오다가 뭇 닭을 보더니 기뻐하며 먼저 하던 대로 호령하려 했다. 뭇 닭이 갑자기 줄지어 서더니, 끄트머리에 있던 놈이 뛰쳐나와 맞서 싸웠다. 장닭이 대수롭지 않게 그 정수리를 차자 곧 달아났다. 그러자 그다음 끝에 있던 놈이 잇달아 나왔다. 두세 번 싸우고는 역시 달아났다. 달아나면 또 그다음 끝에 있던 놈이 나왔다. 앞선 놈이 나가면 뒤에 있던 놈은 들어왔다. 장닭은 성이 나서 더욱 힘을 내어 때렸다. 새끼 닭들이 더욱 차례로 나아가며 싸우니 나중에는 그 줄조차 없어져버렸다. 모두 한 번씩 싸웠는데 싸움은 이미 30~40차례나 되었다. 이때 제일 먼저 졌던 놈이 또 나왔다. 장닭은 더욱 화가 났다. 하지만 힘이 빠진지라 후려치는 기술이 점점 처음만 못했다. 뭇 닭은 장닭이 견디지 못할 줄 헤아리고 마침내 무리 지어 함께 달려들어 좌우에서 공격했다. 장닭은 형세가 대적할 수 없게 되자 날개를 끌면서 마당 북쪽을 돌며 달아났다. 닭들은 승세를 타서 다투어 추격하여 담 사이에 몰아넣고 마구 차서 죽여버렸다.

아아! 저 닭들은 불러 모아 이 일을 모의한 것이 아니다. 다만 자신들을 능멸하고 횡포하게 구는 것을 분하게 여기다가 자신의 힘이 약한 것을 살펴 무리의 힘을 모아 군색하게 할 생각으로 차례로 쉬면서 공격하여 마침내 흉악한 강적을 죽여 치욕을 씻을 수 있었다. 이 얼마나 지혜로운가. 전국시대에 여섯 나라가 천하의 7분의 6이나 되는 무리를 가지고도 진나라 사람의 깃발이나 꽹과리 북을 바라만 봐도 벌벌 떨며 스스로 그 목을 매고 서로 기어가서 항복을 청하였다. 이 닭들의 지혜만도 못했던 것이다. 비록 그러나 또한 힘에 기대 강한 것만 믿고서 무리에게 불의한 일을 행하는 자는 패하지 않음이 드물었다. 항우와 여포 같은 자가 바로 그렇다.

닭들이 나중에 온 힘센 장닭의 폭압에 견디다 못해 일제히 궐기하여 장닭을 내몰아 죽인 이야기다. 실제로 그가 눈으로 관찰한 일이다.

닭들의 집단행동에 대해서는 다른 글에도 재미있는 예가 있다. 김약련
兪若鍊(1730~1802)의 「역계전烈鷄傳」이 그것이다. 그의 문집인 『두암집斗庵
集』에 실려 있다.

문소聞韶 사람이 닭을 길렀다. 암탉 세 마리가 수탉 한 마리를 따랐다. 그
런데 이웃 닭이 그 수컷과 싸워 이를 죽였다. 암탉 두 마리는 이웃 수탉
을 따랐으나, 암탉 한 마리만은 이웃 닭을 보면 반드시 피했다. 이에 앞서
암탉은 이미 알 열 개를 낳았는데, 수탉이 죽은 뒤 다시 알 두 개를 낳
았다. 이를 품어 기한이 되자 알 열두 개를 모두 병아리로 깠다. 이때가
1779년 정월이었다. 암탉은 그 새끼를 부지런히 먹였다. 꼭 부엌과 변소
에서 먹을 것을 구했다. 변소에서는 파리 같은 벌레가 나오고, 부엌에서
는 남은 낟알이 있기 때문이었다. 두 달이 못 돼서 병아리는 자라 혼자서
도 먹을 수 있게 되었다. 암탉은 그래도 새끼 곁을 떠나지 않았고, 다시
알을 낳지도 않았다.

주인이 시장에다 새끼 한 마리를 팔아다가 소금을 사서 장을 담갔다. 소
금이 적어 장맛이 싱거웠으므로 주인은 다시 새끼 두 마리를 팔아 소금
을 더 넣으려고 했다. 그런데 장독이 갑자기 저절로 깨져버렸다. 암탉은
새끼들을 이끌고 가서 이를 먹었다. 5월이 되자 새끼들은 크기가 거의 묵
은 닭처럼 되었다.

어느 날 저녁 암탉은 그 새끼와 함께 모두 지붕 위로 올라가 이웃의 홰대
를 바라보더니 날아서 그리로 갔다. 새끼 열한 마리도 모두 뒤쫓았다. 날
아서 곧장 이웃집 홰대로 올라가더니, 암탉은 이웃 닭의 목을 물고 내려
왔다. 새끼 열한 마리가 다투어 내려치고 마구 쪼았다. 이웃 닭은 홰대
아래로 떨어져 이리저리 싸우다가 문밖까지 이르렀다. 이웃집 주인이 말
리려 하자, 곁에 있던 사람이 말했다. "암탉이 수탉과 싸우는 것은 보통
일이 아닙니다. 말리지 말고 잠깐 살펴봅시다." 조금 있자 이웃 닭은 죽고

말았다. 암탉은 제 집으로 돌아와 문에 이르러 죽었다. 새끼 열한 마리도 제 어미가 죽는 것을 보더니, 모두 다투어 문지방에 몸을 던져 죽었다. 아아! 이상도 하다. 대저 닭은 무리지어 살면서 정한 배필이 없다. 수탉이 힘이 있으면 암탉은 문득 이를 좇는다. 그러다 수탉이 죽으면 다시 다른 놈을 따른다. 그런데 지금 이 암탉은 능히 그 수탉을 위해서 복수하였다. 새끼 열한 마리도 그 어미를 따라 아비의 원수를 갚았고, 어미가 죽자 그 어미를 따라서 죽었다. 새는 말을 해서 그 새끼를 가르칠 수 있는 것이 아니다. 그 새끼가 능히 어미의 뜻을 알아 어미의 매운 뜻을 배웠으니, 어찌 그 어미의 매운 뜻이 능히 서로 감동되어 저절로 여기에 이른 것이 아니겠는가?

아아! 슬프도다. 사람이 능히 그 뜻을 알지 못하고, 새끼 한 마리로 하여금 그 원수 갚는 것을 보지 못하고 죽게 하였구나. 닭의 태생은 천지의 정렬貞烈한 기운을 모은 것인 까닭에 몸은 비록 새이나 사람도 능히 하기 어려운 일을 했다. 만약 이 기운을 사람에게 모이게 하여 열세 사람의 모자로 태어나게 한다면, 장차 한 사람 한 사람이 열부烈婦와 효자, 충신과 의사가 될 것이다. 사람에게 모이지 아니하고 닭에게 모였으니 참 애석하다. 만약 이를 듣는 사람으로 하여금 구슬피 마음에 경계하여, 닭도 능히 이와 같이 하는데 어찌 사람이 되어 새만도 못할 수 있단 말인가 하고 여긴다면, 반드시 스스로 반성하여 힘쓰는 자가 있을 것이다. 문소 사람들이 이를 관가에 알렸다. 장차 그 마을에 표하여 '열계촌烈鷄村'으로 한다고 한다. 내가 듣고 탄식하며, 이를 위해 전을 지었다.

죽은 지아비를 위해 절개를 지켜, 그 새끼들과 합력하여 원수를 갚고 죽은 열계烈鷄의 감동적인 이야기를 상세히 적었다. 모두 생활 속에서 관찰한 닭의 기이한 이야기를 적고, 인간의 행동과 비교하여 교훈적 의미를 이끌어내는 공통점이 있다.

닭을 기르는 이유

하달홍河達弘은 「축계설畜鷄說」을 지어 닭을 기르는 변을 이렇게 설명했다.

닭은 기를 만한가? 그렇다. 옛사람은 닭이 오덕五德을 갖추고 있다고 말
했다. 머리에 관을 썼으니 문文이다. 발에 며느리발톱이 있으니 무武다.
적을 보면 싸우니 용勇이다. 먹을 것을 보면 서로 부르니 인仁이다. 어김없
이 때를 맞춰 우니 신信이다. 닭은 기를 수 없는가? 그렇다. 대개 닭은 다
섯 가지 해로움이 있다. 울타리에 구멍을 낸다. 훔쳐서 쪼아 먹는다. 이웃
을 귀찮게 한다. 벌레를 쪼느라 어지럽힌다. 중풍을 북돋워 마비시킨다.
앞쪽으로 말하면 닭에게는 다섯 가지 덕이 있고, 뒤쪽으로 말하면 닭에
게는 다섯 가지 해가 있다. 이로써 말할진대, 길러야 좋을지 말아야 좋을
지 내가 능히 알 수 없다. 하지만 다섯 가지 덕 말고도 기를 만한 이유가
두 가지 더 있다. 내가 산속 집에 살며 일이 없어 어미 닭 두 마리를 실렀
다. 알을 품는 것에서 함양하는 이치를 깨닫고, 부리로 쪼고 알을 안는
데서 변화를 관찰하면서 뜻을 깃들이는 방편으로 삼는다.

닭은 멋진 벼슬을 지녔기에 문채롭고, 날카로운 발톱이 있어 무덕武
德을 갖추었다. 문무를 겸전한 셈인데, 여기에 적 앞에서 물러서지 않
는 용기와 나눠 먹을 줄 아는 어짊, 새벽이면 시간을 알려주는 신의, 이
렇게 다섯 가지 미덕을 갖추었다고 칭찬했다. 반대로 울타리에 구멍을
내서 번거롭게 하거나, 낟알을 훔쳐 먹어 양식을 축내는 일, 그리고 자
꾸 이웃집 밭에 들어가 신경 쓰이게 하고, 벌레를 찾겠다고 땅을 파헤
쳐 지저분하게 만드는 일은 성가시다. 더욱이 닭은 중풍 기운을 더해주
어 잘못하면 몸을 굳게 만든다. 하지만 그는 닭이 알을 낳고 이를 품는
것을 보면서, 군자가 학문의 길에서 함양하고 온축하는 과정을 음미하

고, 알을 까고 나올 때 함께 이를 쪼아주어 품에 안는 것을 보면서, 어느 순간 다른 단계로 비약하는 변화를 생각하여, 닭에게서 두 가지 미덕을 더 찾았다고 했다. 기를 만하다는 쪽에 손을 들어준 셈이다.

『동문선』에는 이첨李詹(1345~1405)의 「응계설鷹鷄說」이란 글이 실려 있다. 고려 때 응방鷹坊에서 매 기르는 관리가 늘 닭을 매의 먹이로 주었다. 매가 닭의 한쪽 날개를 다 먹어치워 거의 죽게 된 것을 부대 자루 속에 넣어두었는데, 아침이 되자 닭이 홰를 쳤다. 이 이야기를 들은 충목왕은 측은한 마음이 들어, 마침내 응방을 폐지했다. 닭은 죽어가면서도 아침을 알리려고 자루 속에서 울었던 것이다. 닭이 아침에 우는 것이야 천성이긴 해도, 그 신의로움이 왕의 마음을 움직여 응방을 폐지하게 하는 데 이르렀던 것이다.

닭 그림 속에 담긴 뜻

옛 그림에는 닭이 등장하는 경우가 많다. 닭이 상서로운 소식을 가져온다고 해서 세화로 많이 그려졌던 까닭이다. 닭 그림에는 서로 다른 의미가 많이 담겨 있다. 그림을 직접 보면서 감상해보자.

우리나라에서 닭 그림을 가장 잘 그리고 즐겨 그린 화가는 변상벽卞相璧(1730~?)이다. 「자웅화명雌雄和鳴」과 「자웅장추雌雄將雛」에는 암탉과 수탉이 병아리를 돌보는 모습을 그렸다. 첫 번째 그림의 암탉 위에는 "새벽을 알리는 것은 타고난 성품. 게다가 오덕을 두루 갖췄네. 한 마리 암컷과 한 마리 수컷, 꼬꼬댁 화답하며 울음을 우네司晨性也, 且滿五德. 一雌一雄, 和鳴嗒嗒"라고 써놓았다. 두 번째 그림에는 수탉으로 백모오골계白毛烏骨鷄를 그려놓았다. 그의 닭 그림은 고양이 그림과 함께 당대에 널리 회자되었다. 다산 정약용丁若鏞(1762~1836)은 그가 그린 닭 그림을 보고

同晨惕也
且兩五德
一雄一雌
和鳴喈喈

羽短筋低
乃得元
又留雲在
楯葉在
雙々風雨
隨少年
佛之眞眼
石撆庵
和鳴

「자웅화명雌雄和鳴」, 변상벽, 28.5×40.0cm, 18세기, 간송미술관.

白毛烏骨
揚超群
氣質雖殊五德
倍聞道
堅粼修明
榮擬同
蕃末策
斋熟

「자웅장추雌雄將雛」, 변상벽, 30.0×46.0cm, 18세기, 간송미술관.

장편의 시를 남겼다. 제목은 「제변상벽모계영자도題卞相璧母鷄領子圖」다.

변상벽은 변고양이로 불렸으니	卞以卞猫稱
고양이 그림으로 이름 떨쳤지.	畫猫名四達
이제 다시 닭 병아리 그림 그리자	今復繪鷄雛
한 마리 한 마리가 붓끝에서 살아나네.	箇箇毫毛活
어미 닭은 까닭 없이 잔뜩 성이 나	母鷄無故怒
낯빛이 파르르 사나운 모습.	顏色猛峭巀
목털은 고슴도치처럼 곤두서 있어	頸毛逆如蝟
건드리면 있는 대로 성낼 듯해라.	觸者遭嗔喝
더러운 땅 방앗간 가리지 않고	煩壤與碓廊
언제나 밭 갈듯이 땅 파헤치지.	爬地恒如墢
낟알을 얻고서도 짐짓 쪼는 척	得粒佯啄之
괴로이 굶주림을 견디어낸다.	苦心忍飢渴
아무것도 안 뵈는데 두리번대니	瞿瞿視無形
숲 끝에 소리개 지나가누나.	鴟影度林末
아아! 자애로운 그 성품이야	嗟哉慈愛性
하늘이 준 것이니 뉘 빼앗으랴.	天賦誰能拔
병아리 떼 어미 둘레 따라가는데	群雛繞母行
황갈색 여린 것이 탐스럽구나.	茸茸嫩黃褐
말랑말랑 부리는 갓 여물었고	蠟嘴軟初凝
붉은 벼슬 바른 듯이 연하기만 해.	朱冠淡如抹
두 녀석이 쫓아가고 쫓겨가는데	二雛方追犇
허둥지둥 어이 그리 서두르는고.	急急何佻撻
앞선 놈은 부리를 바싹 낮췄고	前者咮有垂
뒤엣놈은 빼앗으려 하는 참일세.	後者意欲奪

「영모화조도」, 종이에 채색, 98.0×33.0cm, 가회민화박물관.

두 놈은 한 마리 지렁일 다퉈	二雛爭一蚓
같이 물고 둘이 서로 놓지를 않네.	雙銜兩不脫
한 녀석은 제 어미 등에 올라타	一雛乘母背
가려운 곳 스스로 긁고 있구나.	癢處方自撥
한 녀석 홀로 오지 않으니	一雛獨不至
채소 싹을 혼자서 따먹고 있다.	菜苗方自捋
모습마다 섬세함이 진짜 같아서	形形細逼眞
넘실대는 기운을 막을 길 없네.	滔滔氣莫遏
듣자니 그림을 처음 그릴 때	傳聞新繪時
수탉들이 잘못 알고 난리 났다지.	雄鷄誤喧聒
또한 고양이를 그린 그림도	亦其烏圓圖
쥐 떼를 겁먹게 하였으리라.	可以群鼠愒
빼어난 재주가 이에 이르니	絕藝乃至斯
손으로 매만지며 놓지 못하네.	摩挲意未割
엉터리 화가가 산수 그리면	麤師畫山水
손놀림만 어지럽게 거창하다오.	狼藉手勢闊

어미 닭이 병아리 떼를 몰고 먹이를 찾아 먹이며, 솔개의 위협으로부터 보호하면서 사랑을 쏟아붓는 모습과 병아리들의 천진난만한 모습을 마치 그림을 펼쳐놓고 보듯 섬세하게 포착한 아름다운 작품이다.

이제 닭 그림에 담긴 여러 가지 숨은 뜻을 살펴보자. 먼저 작가미상의 「모계영자도母鷄令子圖」다. 화면을 보면 어미 닭이 병아리 일곱 마리를 거느리고 입에 벌레를 물어 먹이고 있다. 괴석이 있고 모란꽃과 원추리꽃을 같이 그렸다. 무슨 뜻일까? 모란은 부귀富貴를 뜻한다. 원추리는 한자 이름이 훤초萱草인데, 먹으면 근심을 잊게 한다 해서 망우초忘憂草라고 한다. 또 부인이 임신했을 때 이 꽃을 몸에 지니면 아들을 낳는다

「모계영자도母鷄育子圖」, 작가미상, 종이에 채색, 88.6×42.8cm, 18세기, 순천대박물관.

하여 의남초宜男草로도 불린다. 그림 속의 원추리는 근심 걱정 없이 자손들 갈피리는 뜻이다. 바위 역시 오래 살라는 축수祝壽의 의미를 담고 있다. 병아리가 일곱 마리인 것으로 보아 자식이 일곱이었던 모양이다. 그림은 일곱 자식이 부모의 보살핌 아래 부귀하고 근심 없이 편안하게 오래 살기를 축원하는 내용이다.

또 다른 것으로 김은호의 그림에는 암탉과 수탉 사이에 병아리 세 마리를 그리고, 위에는 석류, 아래에는 국화를 그려놓았다. 석류는 씨가 많아서 다자多子를, 국화는 장수를 뜻한다. 『태평광기太平廣記』를 보면 형주荊州에 있는 연못 둘레에 국화가 많았는데, 그곳 사람들이 연못물을 마시고 백 살 넘게 장수했다는 이야기가 나온다. 이후 국화는 장수화長壽花라고 불렸다.

수탉을 한자로는 공계公鷄라 한다. 수탉이 울면 공명公鳴이 된다. 이것은 공명功名과 발음이 똑같다. 그래서 수탉이 부귀를 상징하는 모란꽃 아래서 목을 빼어 울면 공명부귀도功名富貴圖가 된다. 하지만 수탉이 바위 위에 올라가서 울면 의미가 달라진다. 이것은 실상대길도室上大吉圖라 한다. 집을 나타내는 실室과 바위, 즉 석石은 중국 음이 서로 같다. 석상石上이 실상室上이 되는 까닭이다. 수탉의 계鷄와 길하다는 길吉도 중국 음이 똑같다. 그래서 장닭大鷄은 대길大吉과 뜻이 통한다. 「풍우계명風雨鷄鳴」에서는 장닭 한 마리가 바위 위에 올라가 큰 소리로 홰를 치고 있다. 실상대길도室上大吉圖다. 집안에 길한 일이 많이 생기기를 바란다는 뜻을 담았다. 또 다른 그림으로 「대길대리도大吉大利圖」가 있다. 대길은 대계大鷄와 같은 음에서 나온 것이고, 닭의 머리 위쪽에 있는 열매는 여지荔枝라는 열대 과일이다. 여荔는 중국 음으로 이利와 같은 소리가 난다. 그러니 이것은 새해를 맞아 크게 길하고 이로운 일만 가득하시라는 세화다.

「어미 닭과 병아리」는 검은 배경 속에 암탉 한 마리가 병아리 다섯

「화조영모8폭병풍」(제4폭), 김은호,
비단에 채색, 85.0×26.8cm, 20세기,
순천대박물관.

마리를 보살피고 있다. 이것은 따로 「교오자도教五子圖」라 한다. 오대五代 시기 풍도馮道가 두연산竇燕山이 다섯 아들을 훌륭히 키운 것에 대해 축하하는 시를 써준 일이 있다. 이로 말미암아 후대에 어린이 학습서인 『삼자경三字經』에, "두연산이 좋은 방법 있어, 다섯 아들 가르쳐 모두 이름 날렸네竇燕山, 有義方, 敎五子, 名俱揚"라는 구절이 오르게 되었다. 닭은 문文·무武·인仁·용勇·신信의 다섯 가지 덕을 갖춘 새인 데다, 닭의 벼슬을 말하는 계관鷄冠의 관冠이 벼슬 관官자와 음이 같아, 다섯 마리 병아리는 오자등과五子登科, 또는 오자고승五子高陞의 의미를 지니게 되었다. 모두 높은 벼슬에 올라 귀하게 되라는 축원이 담긴 셈이다. 또 닭은 하루종일 꼬꼬댁거리며 수선스러운데, 우짖는다는 의미의 규叫자 발음이 가르칠 교敎자와 꼭 같아서, '교오자敎五子'의 의미를 담게 되었다. 「교자도敎子圖」라는 그림이 나오게 된 배경이다.

　닭 그림 속에 자주 등장하는 꽃은 맨드라미다. 이 꽃의 한자 이름은 계관화鷄冠花, 즉 닭벼슬꽃이다. 꽃 모양이 수탉의 벼슬처럼 생겼기에

「풍우계명風雨鷄鳴」, 쉬베이훙徐悲鴻, 중국 근대.

「교자도敎子圖」, 류쿠이링劉奎齡, 중국 현대.

「대길대리도大吉大利圖」, 왕전화王振華, 중국 현대.

「어미 닭과 병아리」, 41.9×33.0cm, 송나라, 타이완 고궁박물원.

「자모계도子母鷄圖」, 왕응王凝, 42.4×32.3cm, 송나라.

「가관도加官圖」, 심주沈周, 146.0×65.5cm, 명나라.

「닭과 맨드라미鷄圖」, 장승업, 비단에 엷은색, 148.5×35.0cm, 조선 말기, 서울대박물관.

붙여졌다. 이 맨드라미와 수탉이 어우러진 그림은 관상가관도官上加官 圖다. 말 그대로 닭 벼슬 위에 닭벼슬꽃을 얹은 셈이기에 하는 말이다. 벼슬길에서 잇달아 승진할 것을 축원하는 뜻이 담겨 있다. 여기 시린 「가관도加官圖」와 「닭과 맨드라미」 그림을 보면 모두 수탉의 머리 위쪽에 맨드라미꽃을 얹어놓았다. 괴석은 마찬가지로 오래 살라는 축수의 뜻이다.

싸움닭의 투지

싸움닭도 이따금씩 등장하는 소재다. 수탉 두 마리가 서로 싸우는 투계도鬪鷄圖는 따로 영웅투지도英雄鬪志圖라고 부른다. 수탉雄鷄의 웅雄이 영웅英雄의 웅雄과 같은 글자다. 날카로운 발톱으로 죽을 때까지 물러서지 않고 싸우는 싸움닭의 용기를 영웅의 굽힐 줄 모르는 투지로 읽은 것이다. 「대계도對鷄圖」와 「투계도」 모두 여기에 해당된다.

다음은 이익李瀷(1681~1763)이 투계도 그림을 보고 지은 「투계도鬪鷄圖」라는 시다.

닭의 성질 본시 시샘 많은데	鷄性本好妬
하물며 싸우라고 부추김에랴.	況又激之鬪
바야흐로 노기가 등등하더니	方將怒洸洸
살기가 머리끝서 솟구치누나.	殺氣撑身首
사람들은 박수치며 구경하는데	人皆拍手看
기쁜 빛이 눈썹 가에 깃들어 있네.	喜色眉際透
다만 염려 겁먹고 달아남이니	但恐或解散
설령 죽는데도 거둘 맘 없네.	縱死不思捄

「대계도對鷄圖」, 주지면周之冕,
22.9×24.4cm, 명나라,
타이완 고궁박물원.

「투계도」,
황저우黄冑, 중국 현대.

「투계도」,
임희명, 135.0×38.0cm.

무슨 짓을 한데도 따지지 않고	不問爾何由
한번 꼬꾸라뜨림 보길 바라네.	祈見一顚仆
기르는 짐승이라 어리석지만	畜物自愚蠢
사람 뜻도 무척이나 비루하구나.	人意亦太陋
싸움 몰아 놀잇거리 제공하고는	驅嗾供玩戱
잘 싸우고 못 싸움을 헤아린다네.	較量愍與否
진실로 서로 아껴 기대려 들면	苟令相憐依
속된 마음 미워하며 나쁘게 보지.	俗情視作醜
어진 이는 닭과 병아리 보면	仁者觀鷄雛
정이천程伊川의 가르침을 새겨야 하리.	奉訓伊川叟

투계 놀이판의 광경을 묘사하면서, 서로 싸우고 죽이는 것을 놀이 삼아 어리석은 미물을 희생시키는 사람들의 행동을 나무랐다. 닭싸움과 관련된 글이 적지 않지만 여기서 일일이 다 소개하지는 못한다. 마지막 구절은 정이천이 일찍이 닭의 행동을 하나하나 관찰하여 새끼를 사랑하는 어미 닭의 의로운 행동에 대해 말한 적이 있어 한 이야기다.

닭 그림 하나에도 여러 가지 상징과 코드가 숨겨져 있다. 새 한 마리에도 축복과 교훈을 담아 생활 속에서 그 의미를 새기고자 했던 옛사람들의 마음자리를 들여다볼 수 있다.

학은 양조陽鳥다. 금화金火의 기운을 타고났다. 태어나 세 살이 되면 정수리가 붉어진다. 일곱 살에 잘 난다. 또 7년이 지나면 열두 때를 맞추어 운다. 예순 살이 되면 새 깃털이 나온다. 진흙에도 더럽혀지지 않는다. 백예순 살에 암수가 서로 마주 보는 것으로 잉태한다. 천육백 살이 되면 아무것도 먹지 않고 선태仙胎가 이루어져 신선의 탈것이 된다.

셋

마당에서 노는
학

신선들의 탈것

전국시대 제나라에서 출토된 와당 탁본을 보면, 고개를 길게 빼어 노래를 부르며 학 두 마리가 화면 한가운데서 너울너울 춤을 춘다. 그 애연한 목청이 귓가에 들려오는 것만 같다. 양옆에선 조금 어린 두 녀석이 도대체 무슨 일인가 싶은 표정으로 물끄러미 춤추며 노래하는 학을 바라본다.

학은 그 고결한 흰빛과 날개 끝의 검은 깃으로 호의현상編衣玄裳, 즉 흰옷에 검은 치마를 입었다고 했고, 이마의 붉은 점으로 인해 단정학丹頂鶴이란 이름으로도 불렸다. 신선들이 학의 등에 올라타 하늘을 오르내렸으므로 여기에 신선적 이미지가 덧보태져 선학仙鶴·선금仙禽·태금胎禽 등의 별칭으로도 불렸다. 고구려 오회분 4호묘의 고분벽화에는 백라관白羅冠을 쓴 선인仙人이 학의 등에 올라타 하늘로 오르는 그림이 보인다. 『수서隋書』에 따르면 백라관은 고구려에서 왕만 쓸 수 있었던 관이다. 학을 타고 하늘로 오르는 그는 아마도 고구려의 왕, 즉 무덤 주인이었을 것이다. 왕이 죽으면 흙으로 돌아가지 않고 신선이 되어 학의 등을 타고서 훨훨 날아 하늘나라로 돌아간다고 그들은 믿었다.

학은 십장생의 하나로 장수를 상징하는 새다. 옛 기록은 학이 천 년 이상 산다고 했다. 『상학경相鶴經』에서는 학에 대해 이렇게 적고 있다.

하은 양조陽鳥다. 금화金火의 기운을 타고났다. 태어나 세 살이 되면 정수리가 붉어진다. 일곱 살에 잘 난다. 또 7년이 지나면 열두 때를 맞추어 운다. 예순 살이 되면 새 깃털이 나온다. 진흙에도 더럽혀지지 않는다. 백예순 살에 암수가 서로 마주 보는 것으로 잉태한다. 천육백 살이 되면 아무것도 먹지 않고 선태仙胎가 이루어져 신선의 탈것이 된다. 모습은 목이 길고 조심스러워 잘 울고, 거북 등에 자라 배를 한지라 춤을 잘 춘다.

최표崔豹의 『고금주古今注』에는 학이 천 년이 되면 빛깔이 푸르러지고, 또 천 년이 지나면 검어진다고 했다. 지리산에는 고려 때부터 청학동青鶴洞이라는 유토피아가 있다는 전설이 전해왔다. 이곳에 살고 있다는 청학青鶴은 바로 천 살 된 학을 말한다. 청학은 따로 먹는 것이 없고 이

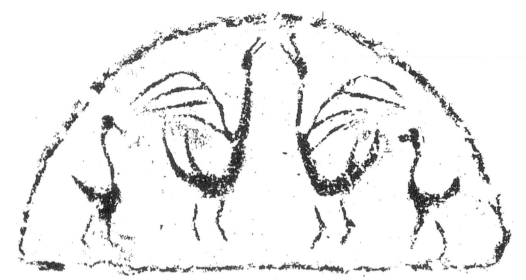

전국시대 제나라 출토 와당 탁본, 높이 7.1cm, 너비 15.0cm.

고구려 5회분 4호묘 고분벽화 가운데 백라관을 쓰고 학을 탄 신선, 7세기.

슬만 먹고 살며 신선들의 탈것이 된다고도 했다. 또 이천 살이 된 학은 현학玄鶴이라고 했다.

세화 속 학의 의미

학은 이렇듯 신령스런 존재로 깊이 새겨져왔으므로 옛 그림에는 학을 그린 것이 유난히 많다. 길상吉祥을 상징하는 상서로운 의미로 세화에도 자주 등장했다. 학이 등장하는 세화로는 송학동춘도松鶴同春圖와 일품당조도一品當朝圖가 있다.

천즈포陳之佛의 「송령학수도松齡鶴壽圖」는 전형적인 송학동춘도다. 이를 달리 송령학수도라고도 한다. 소나무나 학은 모두 천 년을 살므로

「송학松鶴」, 쉬베이훙徐悲鴻, 중국 근대.

「송령학수도松齡鶴壽圖」, 천즈포陳之佛, 중국 현대.

「송학도松鶴圖」, 전 조지운, 비단에 채색, 66.8×59.7cm, 17세기, 국립중앙박물관.

장수를 축원하는 의미를 담고 있다. 또 소나무는 사시장철 푸르니 장춘長春의 뜻이 있고, 두 마리 학은 부부가 해로하며 오래오래 살라는 동춘同春의 뜻을 담고 있다. 소나무 위에 학이 한 마리만 앉아 있으면 그 사람의 장수를 축원하는 의미가 된다. 그림 속에도 "학의 수명은 그 나이를 알지 못하리鶴壽不如其紀也"라는 구절과 함께 그림 받을 사람의 이름을 써두었다.

소나무 대신 대나무를 그리면 죽학도竹鶴圖가 된다. 죽竹은 축祝과 중국 음이 같아서, 대나무와 학이 만나면 바로 축수도가 된다. 「죽학도」는 대숲에서 학이 길게 목을 빼어 울음을 울고 있는 장면이다. 『시경』「학명鶴鳴」의 "학이 높은 언덕에서 우니 그 소리 온 들에 퍼지네鶴鳴于九皐, 聲聞于野"라고 한 데서 따왔다. 구름을 함께 그린 것은 청운靑雲의 벼슬길에서 이름을 크게 떨치라는 의미를 담고 있다.

일품당조도는 학이 바다 물결을 앞에 두고 서 있는 그림을 말한다. 학은 새 가운데 가장 우두머리의 위치를 차지해 일품조一品鳥로 일컬어진다. 당조當朝는 소성에 선다는 말이니, 일품관의 높은 벼슬로 조정에 선다는 뜻이다. 이때 당조는 파도 앞에 서 있다는 당조當潮와 쌍관된다. 「일품당조一品當朝」는 소나무 위에 학 한 마리가 물결을 앞에 두고 서 있는 그림이다. 함께 그려진 바위와 대나무 그리고 소나무는 축수의 뜻이고, 물결을 함께 그려 오래 살 뿐 아니라 높은 벼슬에 올라 부귀와 영화를 더불어 누리리고 축원했다.

심사정沈師正의 그림에는 넘실대는 파도 속에 거룻배 한 척이 떠 있고, 뱃전에는 고사高士 두 사람이 여유로운 표정으로 먼 데를 바라보고 있다. 사공은 노 젓느라 여념이 없는데, 흥미롭게도 배 위에는 책상과 화병, 그리고 전혀 어울리지 않게 괴석을 닮은 고목 등걸 위에 학 한 마리가 외다리로 앉아 있다. 이 또한 일품당조도의 한 변용인 셈이다. 두 사람의 여유롭고 느긋한 표정이 이를 증명하는 듯하다. 정선의 그

「일품당조一品當朝」, 주칭朱偁, 177.0×61.5cm, 상하이박물관.

「죽학도竹鶴圖」,
작가미상, 중국.

「선유도」, 심사정, 27.3×40.0cm, 1764, 개인.

「풍파소처風波少處」, 정선, 23.6×29.0cm, 18세기, 성 베네딕도회 칠곡 왜관수도원.

림에도 고사와 학이 배 위에 타고 있지만, 제목에 '풍파소처風波少處'라고 적어놓아, 일품당조의 의미는 퇴색되고, 세상을 떠나 사는 고사의 표일하고 유유한 심정만 부각되었다. 배 안쪽에는 그의 아내와 자식의 모습도 보인다.

학을 길들이는 방법

예부터 선비의 집안에서는 학을 길렀다. 동양화에서 선비의 거처를 그린 그림을 보면 마당 한켠에 으레 학이 한두 마리쯤 서 있는 것을 볼 수 있다. 그런데 학은 집에서 새끼를 쳐서 기르는 가금家禽이 아니었으므로 야생의 학을 잡아서 기르는 수밖에 달리 방법이 없었다. 조선 후기 서유구徐有榘의 『금화경독기金華經讀記』에는 야생 학을 잡아 길들이는 법을 설명한 대목이 있다.

지금 횡해도 연안과 강령 등지에서 학을 길들이는 방법은 이러하다. 매년 가을이나 겨울 들판에 나락이 떨어져 있을 때가 되면 학이 밭에 많이 모여든다. 마을 사람들은 비단실을 꼬아서 올가미를 만들고 말뚝에다 이를 매고는 학이 이르는 곳을 헤아려 땅에다 말뚝을 묻는데 10여 걸음을 잇대어놓는다. 학이 내려앉기를 기다렸다가 한 사람이 털벙거지를 쓰고 소매 넓은 옷을 입고는 취한 사람이 비틀대는 듯한 걸음걸이로 천천히 접근한다. 그러면 학 또한 천천히 걸어 피하는데, 올가미 안에 발이 들어가는 것을 보면 마침내 급히 이를 쫓는다. 학은 놀라 날다가 발이 올가미에 걸리고 만다. 이에 급히 이를 덮치는데, 솜을 둔 두터운 옷소매로 그 부리를 뒤집어씌운다. 그렇지 않으면 사람을 쪼기 때문이다. 잡아와서는 그 깃촉을 잘라 날아가지 못하게 하고 뜰 가운데 며칠 두었다가 주리고

소나무 인물무늬 매병靑磁象嵌松下人物紋梅瓶, 높이 31.0cm, 12~13세기, 국립중앙박물관.

지치기를 기다려 조금씩 익은 음식을 준다. 이렇게 몇 달을 먹이면 마침내 길들여 기를 수 있다.

옛사람들이 학을 무척이나 사랑한 나머지 야생의 학을 잡아와서 깃촉을 자르고 마당에 놓아길렀던 것은 오늘날의 관점에서 보면 엄연한 동물 학대다. 하지만 학의 고결한 자태를 마당 안에 들여두고 그로써 자신의 해맑은 정신을 가꾸려 한 옛사람의 마음만큼은 나무랄 일만도 아닐 것이다.

학을 기르기만 한 것이 아니라 춤도 가르쳤다. 학을 춤추게 하려면 훈련이 필요했다. 아마 앞서 본 와당 속의 춤추는 학도 이런 훈련 과정을 거친 것이었던 듯하다. 학을 훈련하는 방법은 이덕무의 『이목구심서耳目口心書』란 책에 자세히 나와 있다.

일찍이 학을 춤추게 하는 법에 대해 들었다. 깨끗이 소제한 평평하고 미끄러운 방에다 그릇이나 집기는 남기지 말고 다만 둥글게 잘 구르는 나무 한 개를 놓아두고 학을 방 가운데 가둔다. 온돌에다 불을 때어 방을 뜨겁게 달구면 학은 제 발이 뜨거운 것을 견디지 못해 반드시 구르게 되어 있는 둥근 나무 위에 올라섰다가는 넘어진다. 두 날개를 오므렸다 폈다 하기를 쉴새없이 하고, 굽어보고 올려보기를 끊임없이 한다. 그때 창밖에서 피리를 불고 거문고를 연주하여 떠들썩하게 소리를 내어 마치 학이 자빠지고 넘어지는 것과 서로 박자를 맞추듯이 하면 학이 마음은 열 때문에 번잡하고 귀는 소리 때문에 시끄럽다가도 이따금 기뻐하며 그 수고로움을 잊는다. 그렇게 한참 지난 후에야 놓아준다. 그 뒤 여러 날이 지나 또 피리를 불고 거문고를 연주하면 학이 갑자기 기쁜 듯이 날개를 치고 목을 빼어 들며 박자에 맞추어 날개를 퍼덕인다.

「초당춘수草堂春睡」, 정선, 비단에 채색, 21.5×28.8cm, 1750년경, 성 베네딕도회 칠곡 왜관수도원.

「고사은거高士隱居」, 심사정, 종이에 엷은색, 60.4×102.7cm, 1707, 간송미술관.

이 역시 새를 사랑하는 사람들이 들으면 펄쩍 뛸 일이지만 예전에는 그랬다. 옛 한시 중에는 자신이 아껴 기르던 학이 잘못해서 우물에 빠져 죽자 그를 애도한 시를 지어준 것도 있다. 야외에서 시회詩會라도 열릴라 치면 각자 집에서 기르던 학을 보자기에 싸가지고 와서 들판 정자 앞에 풀어놓고 학춤 한마당을 펼치기도 했다.

명나라 육치陸治의 '유거낙사도幽居樂事圖' 가운데 「농학籠鶴」이란 그림에는 한 그루 고목에 팔꿈치를 얹고 먼 곳을 바라보는 고사高士의 모습이 보인다. 바로 그 앞에는 학 한 마리가 조롱에 갇힌 채 고사를 바라보고 있다. 이때 그림 속의 학은 말할 것도 없이 고사의 고원高遠하고 해맑은 정신을 상징한다. 그런가 하면 예전 서호西湖에 살았던 처사 임포林逋는 매처학자梅妻鶴子라 하여 학을 자식처럼 사랑했다. 그가 호수로 나가 놀 때 손님이 찾아오면 학이 날아와 손님 온 것을 알려주었다는 이야기가 있다. 정선鄭敾의 「고산방학도孤山放鶴圖」는 이 고사를 그림으로 나타낸 것이다.

서유구의 『임원경제지』에는 「상학법相鶴法」이란 글이 있다. 이 글을 보

「농학籠鶴」, 육치陸治, 29.2×51.7cm, 명나라, 베이징 고궁박물원.

「고산방학도(孤山放鶴圖)」, 정선, 비단에 엷은색, 22.8×27.8cm, 1750년경, 간송미술관.

면 옛사람들이 학에게서 무엇을 배우려 했는지 어렴풋이나마 짐작할 수 있다.

깨끗함을 숭상하기에 색깔이 흰색이고, 하늘에서 소리를 들으므로 머리는 붉으며, 물에서 음식을 취하기에 부리가 길다. 앞에서 머리를 위로 쳐들므로 뒤에서 발가락이 짧고, 뭍에 깃들어 살므로 다리는 높으면서 꼬리는 엉성하다. 구름 속에서 빙빙 돌며 날기에 깃털이 풍부하면서도 살은 적고, 큰 소리를 토해내는지라 긴 목을 가졌으며 새 기운을 받아들여서 수명을 헤아릴 수가 없다. 몸에 청색과 황색이 없는 까닭은 목木과 토土의 기운이 몸 안에서 함양되어 있으므로 밖으로 드러나지 않기 때문이다. 그렇기에 다닐 때는 반드시 모래톱 물가를 의지하고 머무를 때엔 숲 속의 나무에 모이지 않는다.

또 『산가청사山家淸事』에는 학을 기르는 법이 나와 있다.

학을 집 안에서 기를 때는 반드시 물과 대나무를 가까이에 두어야 한다. 사료를 줄 때는 반드시 물고기와 벼를 갖추어두어야 한다. 새장 안에 가두어 기를 때 불에 익힌 음식을 먹이면 때가 끼어 탁해져서 정체가 줄어든다. 어찌 학이 속된 것이랴. 사람이 속된 것일 뿐이다.

이밖에도 학을 기를 때는 사슴과 함께 길러야 기운이 서로 맞아 잘 자란다거나, 학이 병들면 뱀과 쥐를 잡아서 먹이고 보리를 볶아서 먹여야 한다는 등 학 사육과 관련된 많은 언급이 있다. 또 학의 깃털이 윤기 나고 정수리가 붉어지려면 벼나 곡식만 먹여서는 안 된다. 중간 중간 물고기나 새우를 잡아 먹이든가 뱀을 잡아 먹여야 하며 복어를 먹으면 죽으므로 절대로 먹여서는 안 된다고 했다.

허균許筠(1569~1618)이 화가 이정李楨(1578~1607)에게 보낸 편지에 자신
이 평소 꿈꾸던 거처의 모습을 그려달라고 청한 내용이 있다.

> 큰 비단 한 묶음과 갖가지 모양의 금빛과 푸른빛의 채단을 집종에게 함
> 께 부쳐 서경으로 보내네. 모름지기 산을 뒤에 두르고 시내를 앞에 둔 집
> 을 그려주시게. 온갖 꽃과 대나무 천 그루를 심어두고, 가운데로는 남쪽
> 으로 마루를 터주게. 그 앞뜰을 넓게 하여 패랭이꽃과 금선화를 심어놓
> 고, 괴석과 해묵은 화분을 늘어놓아주시게. 동편의 안방에는 휘장을 걸
> 고 도서 천 권을 진열하여야 하네. 구리병에는 공작새의 꼬리 깃털을 꽂
> 아놓고, 비자나무 탁자 위에는 박산향로를 얹어놓아주게. 서쪽 방에는
> 창을 내어 애첩이 나물국을 끓여 손수 동동주를 걸러 신선로에 따르는
> 모습을 그려주게. 나는 방 가운데에서 보료에 기대어 누워 책을 읽고 있
> 고, 자네와 다른 한 벗은 양옆에서 즐겁게 웃는데 두건과 비단신을 갖추
> 고 도복을 입고 있되 허리띠는 두르지 않은 모습으로 그려야 하네. 발 밖
> 에서는 한 오라기 향연이 피어올라야겠지. 그리고 학 두 마리는 바위의
> 이끼를 쪼고 있고, 산동은 빗자루를 들고 떨어진 꽃잎을 쓸고 있어야겠
> 네. 이러면 인생의 일이 다 갖추어진 것일세. 그림이 다 되면 이수준 공이
> 돌아오는 편에 부쳐주시게. 간절히 바라고 또 바라네.

아주 세세한 묘사로, 글만 읽어도 그의 거처가 눈앞에 떠오르는 것
만 같다. 특히 마당에 두 마리 학을 그려달라고 요청한 것이 흥미로운
데, 실제 옛 그림 속에 보이는 선비의 거처에는 으레 마당 한켠에 학이
한두 마리 보인다. 조선시대 화가 이인문李寅文(1745~1821)이 그린 「수로
한거도樹老閑居圖」를 보자. 울창한 고목으로 둘러싸인 집 방 안에서 고

「수로한거도樹老閑居圖」, 이인문, 26.5×33.0cm, 조선 후기, 한양대박물관.

시 한 사람이 팔베개를 하고 마당을 내다본다. 마당에선 학 한 마리가 주인을 마주 보고 있다. 둘 사이에 시금 무슨 대화가 오가고 있는 걸까? 김홍도金弘道(1745~1806)의 고사인물도 병풍 중 「취후간화醉後看花」에도 역시 대숲을 배경으로 학 두 마리가 마당에서 놀고 있는 것이 보인다. 방 안에선 주인과 손님이 책을 앞에 두고 고담준론이 한창이며, 마당에선 총각머리를 한 동자가 차를 끓이고 있다. 마치 허균이 그려달라고 했던 그림의 풍경과 흡사하다.

조선 후기 이서구李書九(1754~1825)의 문집에는 마당에 놓아기르던 학이 우물에 빠져 죽자 이를 애도하여 지은 시 다섯 수가 실려 있다. 그 친구들인 이덕무와 유득공도 여기에 차운하여 각각 4수, 2수씩을 남겼다. 이밖에도 학과 관련된 한시는 참 많다.

한 마리 학 먼 하늘을 바라보면서   獨鶴望遙空

「취후간화醉後看花」, 김홍도, 비단에 엷은색, 98.2×48.5cm, 조선 후기, 국립중앙박물관.

밤은 찬데 한 다리를 들고 서 있네.	夜寒拳一足
참대숲에 서풍이 불어오더니	西風蒿竹叢
온몸에 가을 이슬 뚝뚝 듣누나.	滿身秋露滴

이달李達의 「화학畵鶴」이란 작품이다. 그림 속의 학을 노래했다. 학 한 마리가 참대숲을 배경으로 외다리로 서 있는 그림이었던 모양이다. 시간 배경을 밤이라고 한 것은 그림의 여백이 옅은 먹으로 암흑 처리가 되었다는 뜻이다. 일체의 감정은 걸러지고 시인은 시각적 화면을 충실히 언어로 재현했다. '고학孤鶴'이라 해도 좋을 것을 '독학獨鶴'이라 한 것은 감정을 절제하려는 시인의 거리두기의 산물이다.

추운 밤이다. 외다리로 학 한 마리가 서 있다. 고개를 들고 먼 데를 바라본다. 가을바람이 참대숲에서 불어온다. 이슬이 그 몸에서 뚝뚝 떨어진다. 그래도 꼼짝도 않는다. '독학'과 '일족一足'에서 그 외로운 형국이 드러났다. 또 '고죽苦竹'은 '참대'의 이름일 뿐인데, 찬 이슬을 맞으며 홀로 잠들지 못하는 학의 '괴로운' 심정을 환기하는 효과를 발휘한다.

자신을 둘러싼 짙은 어둠과 발이 시린 추위 속에서도 학은 이슬로 제 몸을 씻으며 '요공遙空', 즉 먼 하늘을 응시한다. 그처럼 학이 어떤 현실의 질곡과 가난 속에서도 초연히 꺾이지 않는 원대한 기상을 지녔음을 시인은 말하고자 한 듯하다. 그렇다면 이것은 그림 속 학의 이야기인가 시인 자신의 이야기인가? 대숲을 건너온 이슬의 투명함, 이 가을밤 그토록 해맑은 정신이 있어 학 아니 시인은 잠들지 못하고 있는 것이다. 이쯤에서 그림 속의 학은 어느새 시인의 내면에 삼투되어 하나가 된다.

청나라 화가 심전沈銓의 「눈 맞은 파초 아래 잠자는 학」은 위 시와 그 의경이 자못 방불하다. 파초는 남방의 식물이다. 그러니까 눈 속의 파초 또한 결백하고 고고한 정신을 상징한다. 그림 속 학 또한 외발로 서서 깃 속에 고개를 파묻고 있다.

「오수도午睡圖」, 이재관, 종이에 엷은색, 122.0×56.0cm, 삼성미술관 리움.

「눈 맞은 파초 아래 잠자는 학」, 신전(沈銓), 136.5×72.0cm, 청니리.

제비는 벌레 먹는 새라 벼나 기장 같은 곡식은 거들떠도 보지 않는다. 끊임없이 조잘대지만 시비를 가려 따지는 것은 사양한다. 사람이 소중히 여기는 곡식을 입 대지 않고, 시시비비, 즉 옳은 것은 옳고 그른 것은 그르다 하니 사람들이 제비를 사랑하는 까닭이다.

넷
제비의 하소연

옛 둥지를 다시 찾는 신의

강남 갔던 제비가 돌아와 진흙을 물기 시작하면 따뜻한 봄날
이 시작된다. 언 땅이 풀리고, 집집 처마마다 재잘대는 소리가
시끄럽다. 지난해 찾았던 집을 다시 찾아주면 그것이 고맙고 새로
운 제비가 찾아오면 그것이 또 반갑다. 당시唐詩에 이런 것이 있다.

꽃 피자 나비들 가지에 가득터니	花開蝶滿枝
꽃 지자 나비는 다시금 안 보이네.	花謝蝶還稀
다만 저 옛 둥지의 제비만이	惟有舊巢燕
주인이 가난해도 돌아왔구나.	主人貧亦歸

염량세태炎凉世態는 인간 세상에만 있는 것이 아니다. 하지만 나비가 꽃을 찾아다니는 것은 본시 나무랄 일이 못 된다. 좋은 기와집 다 놓아두고, 굳이 누추한 초가집을 마다 않고 찾아준 제비를 보며 쓸쓸한 세상에서 작은 위안을 품었더라는 말이다. 화암華嵒의 「쌍연도雙燕圖」는 떨어지는 꽃잎을 좇아 나는 한 쌍의 제비를 경쾌하게 그렸다.

제비는 귀소성이 강한 새다. 오카 나오미치丘直通라는 일본 학자는 1931년부터 1936년까지 6년 동안 6014마리의 제비에 표시를 매달아 그들의 귀소성을 실험한 일이 있다. 이 가운데 412마리가 돌아왔다. 돌아온 제비 가운데 다 자란 상태에서 떠났던 새는 무려 47.1퍼센트나 원래 제가 살던 둥지를 찾았다. 또 배우자끼리 그대로 원래 살던 둥지를 찾은 경우도 여럿 있었다.

김익金熤의 「연래燕來」라는 작품을 보자.

주인의 초가집 깊은 것도 마다 않고	不厭主人茅屋深
해마다 봄만 되면 옛 둥지 찾아오네.	年年春至舊巢尋
인간 세상 명리 좇아 헤매는 자들아	可笑世間趨勢子
사람으로 저 새만도 못함을 비웃노라.	以人不若彼微禽

해마다 잊지 않고 가난한 초가집을 찾아주는 제비를 보고, 문득 그만도 못한 세상 사람들을 떠올렸다. 신의도 의리도 없이 어느 쪽이 내게 이익이 되겠는가만 따지는 인간들은 참으로 제비만도 못하지 않느

「쌍연도雙燕圖」, 화암華嵒, 청나라.

「사계영모」, 김식, 비단에 엷은색, 31.9×20.5cm, 국립중앙박물관.

냐는 것이다.

조선 후기 정범조丁範祖(1723~1801)의 「신연新燕」도 위 시와 비슷하다.

강 언덕에 좋은 집들 많고 많건만	江岸多華屋
언제나 초가집을 찾아오누나.	歸飛每草堂
겹겹의 주렴 뚫기 겁내지 않고	重簾穿不怕
같이 앉아 무슨 말이 그리도 많니.	竝坐語何長
추위 겪어 날개도 많이 상했고	翅爲經寒損
새끼 칠 때 가까워 마음 바쁘네.	心因近乳忙
헌 둥지를 기워서 수리하여라	敗巢須補綴
시내 비에 마름 진흙 향기롭단다.	溪雨荇泥香

으리으리한 솟을대문 집을 굳이 마다하고 초라한 내 집을 찾아주니 그것이 고맙다. 옹색한 살림 가리자고 여기저기 쳐둔 발도 겁내잖고 굳이 옛 둥지를 찾아들었다. 나를 그만큼 믿어준다는 것이겠지. 네 모습을 가만히 살펴보니 내 마음이 안쓰럽구나. 날개는 그 민 곳을 날아오느라 상처가 깊다. 제비가 제 짝을 만나려면 늘씬한 꼬리를 지녀야 한다. 깃털이 초췌하면 어느 암컷도 거들떠보지 않는다. 배우자를 만나 알을 품을 때가 가깝고 보니 상한 깃털 때문에 마음이 쓰여 공연히 부산스럽다고 했다. 때마침 시냇가에 비가 흠뻑 내려서 마름풀과 진흙이 향기롭다. 그것을 어서 물어와 헌 집을 고쳐 새 보금자리를 꾸미려무나.

청나라 때 장조張潮는『유몽영幽夢影』에서 이렇게 말했다.

"물고기 중에는 금붕어가, 새 중에는 제비가 사물 중의 신선이라 말할 만하니, 동방삭이 금마문에서 벼슬하며 세상을 피하여 사람들이 이를 해치지 못했던 것과 꼭 같다 하겠다."

무슨 말인고 하니 금붕어는 빛깔이 곱지만 삶으면 맛이 써서 먹을 수가 없다. 그래서 아무도 금붕어로 매운탕을 끓여 먹을 생각을 하지 않는다. 제비가 집 처마 밑에 둥지를 틀어도 사람들은 오히려 제 집 찾아준 것을 고마워할 뿐 참새처럼 이를 잡아 구이를 해 먹을 생각은 하지 않는다. 살아 별다른 근심이 없고 듬뿍 사랑만 받으니 신선의 삶이 이런 것이 아니겠는가? 한 무제 때 동방삭은 벼슬 속에 몸을 감춘 이은吏隱이었다. 우스갯소리 잘하고 낄낄대며 한 세상 건너갔기에 그 험한 시절에 제 한 몸 나치지 않고 삶을 마칠 수 있었다.

또 성호星湖 이익李漢 선생도『관물편觀物篇』에서 세비에 대해 이런 말을 남겼다.

"제비는 집 들보에 둥지를 틀어 사람과 가깝다. 사람과 가깝게 지내면 벌레와 짐승의 해를 피할 수가 있다. 벌레와 짐승을 피하면서 사람을 피하지 않는 것은 사람이 어질기 때문이라고 말한다. 그러나 제비는 고기가 도마 위에 오르지도 않고 날개가 장식으로 꾸미는 데 쓰이지도 않는다. 그런 까닭에 사람이 죽이려는 마음이 없는 것이다. 제비가 문득 그렇지 않음을 환히 깨달았다면 또한 높이 날아가버렸을 것이다. 그런 까닭에 제비보다 지혜로운 것은 없다고 하는 것이다."

제비는 사람이 저를 해치지 않을 것을 알기 때문에 집 들보에 둥지를 틀어 짐승의 해를 피한다는 얘기다. 제비가 집 들보에 둥지를 틀면 주인에게 길한 일이 있다 해서 그것을 기뻐하는 사람이 있을지언정 그

것을 잡아먹는 일은 없다.

다음은 다산 정약용 선생이 노래한 「제비의 하소연」이다. 원래 따로 제목은 없고 고시古詩 27수 가운데 하나다.

제비가 강남 갔다 처음 와서는	燕子初來時
지지배배 쉼 없이 조잘거리네.	喃喃語不休
말뜻은 비록 분명찮으나	語意雖未明
집 없는 근심을 하소하는 듯.	似訴無家愁
"느릅나무 홰나무 늙어 구멍 많은데	楡槐老多穴
어째서 거기엔 머물질 않니."	何不此淹留
제비가 다시금 조잘대는데	燕子復喃喃
마치 내게 대꾸라도 하는 듯하다.	似與人語酬
"느릅나무 구멍엔 황새가 와서 쪼고	楡穴鸛來啄
홰나무 구멍엔 뱀이 와 뒤집니다."	槐穴蛇來搜

지붕 위에서 조잘대는 제비가 자꾸 내게 무어라고 말을 건네는 것만 같다. 가만히 들어보니 집이 없어 걱정이라는 하소연이다.

"저기 저 느릅나무나 홰나무에는 둥지로 쓰기에 꼭 알맞은 구멍도 많은데, 거기에 깃들면 될 것을 왜 걱정하니?"

제비가 대답한다.

"그러면 편한 줄을 모르는 바 아니지요. 그렇지만 느릅나무 구멍에는 이따금씩 황새가 쳐들어와서 제 집이라며 그 날카로운 부리로 콕콕 쪼아대지요. 홰나무 구멍 속에는 구렁이가 슬금슬금 기어 들어와 새끼들을 다 잡아 먹는답니다. 그러니 어째요. 열심히 진흙을 물어 처마 밑에 둥지를 지을밖에요."

아마 다산 선생께서는 제비가 황새나 뱀 같은 힘 있는 자들에게 짓눌

「유연도柳燕圖」, 운수평惲壽平, 청나라, 베이징 고궁박물원.

려 자기 터전조차 마련하지 못하고 떠도는 가엾은 백성처럼 보였던가보다. 따지고 보면 세상에는 도처에 함정과 덫이 발목을 노리고 있다. 수월하겠다 싶어 이미 만들어진 것에 파고들면 황새가 여기가 어딘 줄 아느냐고 이마를 쪼고, 뱀이 너 잘 걸렸다 하며 꿀꺽 삼킨다. 그러니 힘들어도 진흙을 한 톨 한 톨 물어다 거꾸로 매달린 처마 밑에 둥지를 지을밖에.

하지만 이 제비집도 이제는 보기가 힘들어졌다는 소식이다. 농약으로 곤충들이 다 죽어 먹이사슬에 심각한 문제가 생겨 제비의 개체수가 현저히 줄어들었을뿐더러 그나마 알을 까고 나온 새끼의 생존율도 먹이 공급의 문제 때문에 갈수록 낮아진다는 소식이다.

「유연도柳燕圖」는 청나라 때 화가 운수평惲壽平(1633~1690)이 그린 것이다. 일렁이는 봄바람에 날개를 꺾어 방향을 트는 제비의 날갯짓이 경쾌하다. 운수평의 호는 남전南田으로 설계외사雪溪外史란 별호도 있었다. 집이 가난하여 과거에 응시도 못 하고, 그림을 팔아 생계를 유지했다. 그런 그는 시 짓는 솜씨가 빼어나며 글씨 또한 뛰어나서 당대에 삼절三絶로 일컬어진 인물이다.

『논어』를 읽을 줄 안다

유몽인柳夢寅(1559~1623)이 임진왜란 때 중국 사람 황백룡을 만났다. 그가 유몽인에게 조선 사람은 몇 가지 경서를 공부하느냐고 묻자, 이렇게 대답했다.

"삼경 또는 사경을 읽지요. 심지어는 제비나 개구리, 꾀꼬리도 경서 하나쯤은 읽을 줄 압니다."

"무슨 말씀이신지?"

"제비는 『논어』를 읽을 줄 안답니다. 그래서 '지지위지지知之謂知之, 부지위부지不知謂不知, 시지야是知也'라고 말하지 않습니까?"

'지지위지지, 부지위부지, 시지야'란 "아는 것을 안다고 하고 모르는 것을 모른다고 하는 것, 이것이 아는 것이니라"라는 뜻으로 『논어』에 나오는 구절이다. 이 구절을 소리대로 빨리 읽으면 마치 지지배배 하고 조잘대는 제비의 울음소리와 비슷하게 들리기에 한 말이다.

개구리도 『맹자』를 읽을 줄 안다는 얘기는 『맹자』 「양혜왕梁惠王」 하편 가운데 '독락악여중락악숙락獨樂樂與衆樂樂孰樂'이란 구절을 또박또박 소리대로 읽으면 개구리의 개굴개굴 하는 소리와 흡사하기에 하는 말이다. 이것은 "혼자 풍류를 즐기는 것과 무리가 풍류를 즐기는 것 중 어느 것이 더 즐거운가?"라는 뜻이다.

또 꾀꼬리는 『장자』를 잘 읽는다. 『장자』에 "이지유지지비지以指喩指之非指, 불약이비지유지지비지不若以非指喩指之非指, 이마유마지비마以馬喩馬之非馬, 불약이비마유미지비미야不若以非馬喩馬之非馬也"란 구절을 빨리 읽으면 꾀꼬리의 제잘대는 소리와 흡사했던 까닭이다. "엄지를 손가락이 아니라고 하는 것은 엄지가 아닌 것을 가지고 손가락이 아니라고 하는 것만 못하다. 백마를 말이 아니라고 우기는 것은 백마가 아닌 다른 동물을 가지고 말이 아니라고 하는 것만 못하다"라는 뜻이다.

이렇게 조선의 제비는 능히 『논어』를 읽을 줄 알았고, 꾀꼬리는 그 어려운 『장자』를 암송할 줄 알았다. 유몽인의 『어우야담於于野談』에 나오는 이야기다. 이것만으로는 부족했던지, 그는 「조어십삼편鳥語十三篇」 연작 가운데 「제비」란 작품을 또 남겼다.

제비 조잘조잘 무슨 소리를 내나	燕燕作何辭
아는 것 안다 하고 모르는 것 모른다 하네.	知知之不知不知之
깃털도 고기도 가죽도 쓸데없으니	毛不用肉不用皮不用

인가에 둥지 쳐도 두려울 것 없어라.　　　　　　托巢人家吾何恐

마당에 떨어진 한 알 콩 삼키니 비리고 배리도다　庭有一粒黃豆落吞之醒且甘

비리고 배리거늘 하루 종일 어이해 조잘대느냐.　　醒且甘終日何喃喃

제비는 깃털도 쓸데없고 구워도 먹을 것이 없으며 가죽도 쓸모가 없어 사람들이 잡을 생각을 하지 않는다. 제비가 그 눈치를 알고, 처마 밑에 둥지를 틀고 열심히 『논어』를 외우고 있다. 그러다 마당에 떨어진 콩 한 알을 날름 주워 먹으니 비릿한 것이 또 들큰하기도 해서 이번엔 도대체 무언지 모르겠다고 고개를 갸웃대며 하루 종일 지지배배 지지배배거리고 있다는 것이다.

한편 개화기 때 최영년은 「백금언百禽言」에서 제비를 이렇게 찬미했다.

사람들은 안다고 말하며　　　　　　人之爲知

모르는 것이 없다고 하지.　　　　　未有不知

아는 것도 안다고 하고　　　　　　知而爲知

모르는 것도 안다고 하네.　　　　　不知亦知

그 이른바 안다는 것은　　　　　　其所謂知

모두 알 수 있는 것이 아닐세.　　　都未可知

너의 '앎'을 배움은　　　　　　　　爾之學知

성인의 앎이로다.　　　　　　　　　聖人之知

세상 사람들은 조금 아는 것은 젠체하고, 모르는 것도 아는 체한다. 정작 아는 것 하나 없는 인간들은 모르는 것이 하나도 없다. 그런데 제비는 아는 것은 안다고 하고, 제가 모르는 것은 모른다고 하니, 이것이야말로 공자가 준 '앎'의 가르침이 아니겠느냐는 것이다. 사정이 이렇고 보니 사람이 영 제비만 못한 꼴이 되고 말았다.

高湜香雨外花風春水榔

「화조도」작가미상. 비단에 엷은색. 24.9×25.8cm. 서울대박물관.

앞서 유몽인의 시에서 콩알을 주워 먹으니 비리고 배리다는 말은 민요의 가락을 그대로 차용해온 것이다. 제비를 노래한 함경남도 이원 땅에 전하는 민요 중 이런 것이 있다.

뒷집 김서방네 집에 갔더니
부뚜막에 콩 한 쪽 떨어진 것을
시어멈도 안 집어 먹고
애나리도 안 집어 먹기에
내가 집어 먹었더니
비리고 배리고 빼로드뜩.

황해도 신천에서 전승된 민요에도 비슷한 것이 있다.

머리개 개 빗구서
고둑배기 산야물에
올채범벅 개가지구
응마이마장 가잤구나.
붓조박을 얻으러
옛집에를 갔다가
부뚜막에 콩 한 알
흘렀기로 먹었드니
비리기두 비리다
지리기도 지리다.

지지배배 우는 제비 울음소리를 '비리배리' 또는 '비리지리'쯤으로 들어 이렇게 노래한 것이다. 이렇듯 새의 울음소리를 가지고 갖은 연상을 일으키는 것이 참 재미있다.

시시비비를 가려보자

한시 속에는 인간에게 자꾸만 시비를 거는 제비의 형상도 있다.

온갖 일 유유하게 한 웃음에 부쳐두고	萬事悠悠一笑揮
초당 봄비 속에 사립을 닫았거네.	草堂春雨掩松扉
얄밉구나 주렴 밖 강남 갔던 제비야	生憎簾外新歸燕
한가한 사람더러 시비를 말하다니.	似向閑人說是非

이식李植의 「영신詠新燕」이란 작품이다. 앞서 제비가 『논어』를 읽을
줄 안다고 했는데, 여기서는 갑자기 제비가 이건 옳고 저건 그르고 하
면서 시비를 따져온다는 이야기다. 무슨 연유에서일까?

제목에서 '새로 온 제비를 노래한다'고 한 것으로 보아, 봄날 강남 갔
던 제비가 돌아온 것을 보고 마음에 무슨 느낌이 일어 시를 지었던 모
양이다. 세상만사를 한 웃음에 부쳐둔다고 했으니 뭔가 언짢은 일이
있었던 듯도 싶다. 겨우내 먼지만 풀풀 날리던 초당에 봄비가 촉촉이
내린다. 솔잎으로 가린 사립문도 닫아걸고, 세상일 상관 않고 앉아 지
내겠다는 다짐이다.

사립문을 닫는 것만으로도 모자라 주렴까지 내리고 앉았는데, 아까
부터 자꾸만 제비가 내 심사를 건드린다. 한가히 세상 잊고 지내겠다
는 날더러 그렇게 집에만 틀어박혀 있는 것이 과연 옳은 일이냐고, 나
만 편하면 좋은 거냐고 시시비비是是非非를 가려보자는 듯이 따지고 들
더라는 것이다.

제비가 '지지배배 지지배배' 하며 우는 것을 시인은 '시시비비 시시비비'로 들었다. 뭔가 바깥세상과 불편한 일이 있어 들어앉기는 했지만 나만 편하자는 것은 아닌지 싶어 은근히 자의식이 발동하던 참에 강남 갔던 제비가 돌아와 시시비비 시시비비 하고 울어대기에 공연히 해본 소리다.

조선 후기의 유명한 서예가 이광사李匡師의 「영연咏燕」에도 이와 비슷한 심상이 나타난다.

먹이 줘도 곡식은 마다하면서	營食違粱稻
시비를 사절한다 말을 하누나.	多言謝是非
미운 것들 원래부터 오지 않건만	嫌猜元不到
하루 종일 들보 둘레 날아다니네.	終日繞粱飛

벌레 먹는 새라 벼나 기장 같은 곡식은 거들떠도 보지 않는다. 끊임없이 조잘대지만 시비를 가려 따지는 것은 사양한다. 사람이 소중히 여기는 곡식을 손대지 않고, 시시비비, 즉 옳은 것은 옳고 그른 것은 그르다 하니 사람들이 제비를 사랑하는 까닭이다. 사람 사는 집 들보 위에 있는 둥지니 다른 짐승이 해칠 일도 없을 텐데, 제비는 하루 종일 들보 둘레를 떠나지 못하고 안절부절못하며 왔다 갔다 한다. 새끼가 걱정되어 경계를 늦추지 못하는 것이다.

한편 제비가 인간과 같은 공간에서 생활하는 새이다보니 인간과의 교감을 이야기한 설화가 적지 않게 전한다. 율곡栗谷 이이李珥의 『석담일기石潭日記』에는 송인수의 지극한 효성에 대한 이야기가 실려 있다. 그가 어려서 어머니가 돌아가시자 애통해 흘린 눈물로 엎드린 자리가 다 젖었다. 마침 처마 밑에 집 짓던 제비가 새끼를 치니 모두 흰색이었다. 이를 본 사람들은 송인수의 효성이 신명에 미쳐 효감으로 희게 변했노라고 생각했다는 것이다. 『송와잡설松窩雜說』에는 또 최극성의 얘기가 있다. 그는 어머니를 효성으로 섬겼는데 어머니가 병이 들자 의원이 제비고기를 먹어야 낫는다고 했다. 계절이 겨울인데 제비를 어디에서 구한단 말인가? 그런데 한밤에 제비가 품속으로 날아들어 어머니의 병을 고칠 수 있었다는 얘기다. 믿거나 말거나.

한 쌍 제비 주림 참고 벌레 물어와	雙燕銜蟲自忍飢
부지런히 왔다 갔다 제 새끼를 먹이누나.	往來辛苦哺其兒
날개 자라 높이 높이 날아가게 되어도	看成羽翼高飛去
부모의 그 사랑을 능히 알진 못하겠지.	未必能知父母慈

숙종 때 김이만金履萬(1683~1758)의 「쌍연雙燕」이란 작품이다. 새끼를 기르는 부모 마음이야 사람이건 미물이건 다를 것이 없다. 제 배도 고플 텐데 제비 부부는 큰 입 벌리며 저 먼저 달라고 아우성치는 새끼들을 먹이느라 하루 종일 쉴새없이 둥지를 들락거린다. 한 입 가득 벌레를 물어와 새끼들 입에 털어 넣는 그 사랑을 지켜보다가 그는 문득 결혼하여 제각기 가정을 마련해 떠난 자식들 생각이 났던 모양이다. 저렇게 애를 써서 키워봤자 그 은공을 알기나 하랴. 제 부모가 날라다주는 벌레를 먹고 무럭무럭 자라 날개에 깃이 돋아 허공을 훨훨 날게 되면 언제 보았느냐는 듯 뒤도 안 돌아보고 제 갈 길들을 서두를 것이 뻔하겠기에 하는 말이다.

새끼를 죽인 엽기적인 비정

강재항姜再恒(1689~1756)의 문집에는 「현조행玄鳥行」이라는 시가 실려 있

「화조도」, 비단에 채색, 90.0×29.0cm, 가회민화박물관.

다. 현조玄鳥는 제비다. 이 이야기는 새로 얻은 아내에게 정신이 팔려 새끼를 모두 죽인 비정의 제비를 노래하고 있다.

사는 집 서북편 모서리에다	縣齋西北隅
제비가 그 위에 둥지 틀었네.	玄鳥巢其上
기르는 새끼가 다섯 마리라	一乳擧五子
둥그런 둥지가 가득하구나.	宛轉滿門閖
암수가 나란히 돌아 날다가	雌雄共翶翔
화답하여 울면서 오르내리네.	和鳴聲頡頏
고양이가 문가에서 숨어 있다가	烏圓當戶伏
몰래 엿봐 멋대로 잡아 죽였지.	潛伺肆殺掠
수컷이 암컷을 잃고 나서는	其雄失其雌
외로이 혼자 날며 서러워했네.	孤飛獨愀愴
깃털도 부러지고 추레해져서	毛羽何摧頹
제 짝 잃고 상심한 사람 같더니	如人失侶伉
어느새 새 짝 찾아 함께 살면서	俄然復雙棲
짝이 좋아 혼자서 펄펄 날았네.	歡侶自飛颺
그 새끼 갑작스레 죽어버리니	其子忽已死
다섯 마리 발로 차서 모두 던졌지.	五雛俱擲踢
입 더듬어 먹은 물건 살펴봤더니	探口見食物
날카로운 가시가 배에 가득해.	棘刺滿腹臟
내 마음 이 때문에 구슬퍼져서	我心爲之惻
한동안 손에 들고 못 놓았다네.	歷時久未放
지붕에 불지르고 우물을 덮었다던	塗廩與浚井
예부터 전하던 말 헛말 아닐세.	古來傳不妄
하물며 어여쁜 짝과 더불어	況與已奇儔

「남남어연풍사도喃喃語軟逐風斜圖」, 화암華嵓, 46.5×31.3cm, 청나라.

새끼의 죽음을 속이려드니.	及彼伋中喪
이 모두 미물이기 때무익 테데	皆由是物耳
그때엔 어이해 못 깨달았나.	當時何不諒
미물도 오히려 이와 같거니	微物尚如此
하물며 사람의 같잖은 꼴이랴.	矧人之難狀
뒷사람에게 대단히 사죄하노니	多謝後之人
경계하여 삼가서 잊지를 말라.	戒之愼勿忘

처마 밑에서 새끼 다섯 마리를 기르던 제비 부부가 다정하게 화답하며 부지런히 새끼를 길렀다. 고양이란 녀석이 문 뒤에 숨어 노리다가 어미 제비를 잡아먹었다. 짝을 잃은 수컷은 외로이 날며 슬퍼했다. 깃 털도 빛을 잃고 추레한 모습이 몹시 측은하였다. 그러나 그것도 잠시, 어느새 새로운 짝을 불러다가 즐거이 화답하며 노니는 것이 아닌가? 세로운 짝이 오자 새끼들이 갑자기 죽어비렸다.

그런데 이게 무슨 일인가? 아비는 죽은 제 새끼를 꼴도 보기 싫다는 듯 발로 차서 땅바닥에 내동댕이치는 것이 아닌가? 놀란 내가 죽은 새 끼의 주둥이 속을 살펴보았더니 새끼들의 주둥이에는 날카로운 가시 가 잔뜩 들어 있었다. 그 가시가 새끼들의 배를 찔러 잘 자라던 다섯 마리 새끼가 한꺼번에 죽었던 것이다. 어미 잃은 새끼가 거추장스러웠 던 걸까? 아비는 제 새끼들에게 벌레 대신 죽으라고 가시를 물어다 먹 였던 것이다.

그 옛날 순임금의 아버지 고수도 새 장가를 든 뒤 아들을 죽이려고 곡식 창고를 고치라며 지붕에 올라가게 해놓고 아래서 불을 지르고, 우물을 치게 하고는 이를 덮어버려 아들을 죽이려 했던 일이 있었다. 이제 아비가 제 짝이 죽은 지 얼마 되지도 않아 새 살림 차리는 데 거 추장스럽다며 제 새끼에게 날카로운 가시를 먹여 죽이고, 그것도 모자

라 발로 차서 땅에 떨어뜨리는 비정의 부정父情을 보며 그는 새삼 세상
을 개탄했다. 미물이 이러할진대 인간의 참혹한 일들이야 일일이 말해
무엇 하겠느냐는 것이다.

이광정李光庭(1674~1756)도 「망양록亡羊錄」에서 이와 비슷한 언급을 한
것이 있다.

제비는 하찮은 새다. 사물에 있어서는 다투는 바가 없지만 성품에는 선
한 놈도 있고 악한 녀석도 있다. 예전 한 장로가 아들 다섯을 두었는데

「풍류군연도風柳群燕圖」,
임이任頤.

「쌍연도」. 쉬런충. 타이완 고궁박물원.

홀아비가 되어 첩과 더불어 살았다. 제비가 와 들보 위에서 새끼를 길렀다. 암컷이 죽자 한 놈이 혼자 날면서 새끼를 먹이며 보호하였다. 하루는 제비 한 마리를 데리고 오더니 두 마리가 같이 먹이는 것이었다. 얼마 있다가 새끼 한 마리가 땅에 떨어졌다. 가져다 살펴보니 입속에 가시가 있었다. 이로써 그 사람이 첩을 경계하였다. 또 예전에 한 벼슬아치가 죽어 첩이 홀로 안방을 지키고 있었다. 제비가 있었는데 한 마리가 죽자 그 암컷은 다시 다른 제비를 맞이하지 않고 그 둥지에 살면서 홀로 날며 울었다. 대개 다시는 알을 품어 기르지 못함을 슬퍼한 것이다. 대저 제비는 미물이지만 착한 것은 곧은 여인과 더불어 절개를 같이하고 착하지 않은 것은 도리어 그 지아비의 새끼를 쪼아댄다.

그러나 이들 글에 보이는 제비에 대한 관찰은 새의 생태를 깊이 이해하지 못하고서 인간의 기준으로 바라본 잘못된 것이다. 제비는 번식 기간 내에 두 번의 번식이 가능하고, 한 번에 새끼를 네댓 마리 기른다. 부모가 쉴새없이 먹이를 날라도 새끼를 배불리 먹이기가 힘들다. 이 경우처럼 어미나 아비 가운데 도중에 어느 하나가 죽으면 번식을 포기하고 만다. 그러니까 시에 나오는 제비는 새끼를 죽인 것이 아니라 실제로는 양육을 포기한 것이 된다. 두 글에서 모두 입안에 가시가 가득한 것을 애비가 새끼들 죽으라고 일부러 가시를 먹인 것으로 본 것도 오해다. 새들은 이가 없어 통째로 삼키므로 먹이의 역류를 방지하기 위해 목구멍 속에 가시처럼 뾰족뾰족하게 솟아오른 기관이 있다. 이것을 그는 가시를 먹인 것으로 잘못 알았던 듯하다. 어쨌든 새의 생태를 관찰하면서도 끊임없이 사람 사는 문제에 비추어 교훈을 얻고 스스로를 경계했던 선인들의 자세만은 우리가 본받아야 할 점이다.

「이화설연도梨花雪燕圖」, 주지면周之冕, 명나라, 상하이박물관.

세상에 상팔자가 참새 팔자다. 꽃이 피면 꽃밭에서 놀고, 들판에 곡식이 누렇게 익으면 농부의 눈치를 슬쩍슬쩍 보아가며 알곡으로 배를 채운다. 일 년 농사를 다 망칠까봐 농부는 후여 후여 수리치며 밭두둑 가를 차마 떠나지 못한다. 하도 소리를 치다보니 목이 다 쉬어 화살이 활시위를 떠날 때 나는 쇳소리가 난다.

골칫거리
참새

농사를 망치는 고약한 녀석

참새는 새 중의 새다. 오죽하면 이름도 참새일까. 참다운 새, 진짜 새가 참새다. 인류 역사에서 늘 인간의 주변에 살며 함께해온 새다. 참새는 몸이 작다. 참새 작雀자가 새 추隹자 위에 적을 소小를 쓴 것만 봐도 이 새가 얼마나 작은지 알 수 있다. 참새는 진짜 새인데, 정작 진짜 대접은 못 받는다. 개나리꽃이 참나리꽃보다 더 사랑을 받는 것은 이른 봄에 피기 때문이다. 참새 역시 무척 흔하고 늘 보는 새이다보니 오히려 시큰둥하게들 여긴다. 시큰둥하다 못해 몇십 년 전만 해도 포장마차에서 아주 사랑받는 술안주가 바로 참새구이이기도 했다.

씨앗을 심으면 땅을 파헤쳐 다 먹어치우는 것도 참새요, 벼 이삭이 팰 무렵에 떼거리로 몰려다니면서 진액을 빨아먹어 쭉정이로 만들어버리는 것도 참새다. 가을 추수가 끝날 때까지 참새로 인한 농부의 걱정은 그칠 날이 없다. 허수아비를 세워도 어느새 가짜인 줄 알고 허수아비 머리 위에 올라앉는 영리한 새가 참새다. 한마디로 얄미운 녀석이다.

린위탕林語堂의 『베이징 이야기』에는 참새와 관련된 중국 사람들의 이야기가 나온다. 1956년 한 프랑스 작가가 국제회의 참석차 베이징의 한 호텔에 묵었을 때 일이다. 새벽 1시. 그는 난데없는 확성기 소리와 징 소리에 놀라 잠을 깼다. 물어보니 베이징 주민들이 참새를 쫓는 소리였다. 참새를 며칠이고 잠 못 자게 하면 참새가 놀라고 스트레스를 받은 끝에 죽어 멸종할 것이리는 생각에서였다나. 정말 중국 사람다운 발상이다. 하지만 참새 때문에 얼마나 괴로웠으면 이런 생각을 다 했을까 싶기도 하다. 남의 나라 일만도 아닌 것이, 가을걷이가 임박하면 예전 우리 농촌에서도 총소리로 참새를 쫓기도 했다. 참새를 막기 위해 반짝반짝 빛나는 테이프가 온 논에 둘러쳐진 모습은 지금도 흔히 볼 수 있다.

고려 말 이제현은 당시 민간에서 불리던 노래를 모아 한시로 옮긴 일이 있다. 소악부小樂府란 이름으로 모두 11편을 남겼는데, 이 가운데 2수가 참새와 관련된다. 먼저 「사리화沙里花」를 보자.

| 참새야 어디서 날며 오가니 | 黃雀何方來去飛 |

「와작서지도瓦雀棲枝圖」,
작가미상, 송나라.

「양류유작도楊柳乳雀圖」,
작가미상, 송나라.

일 년의 농사는 아랑곳 않네.　　　　　　　一年農事 不曾知

홀아비 혼자서 지은 농사네　　　　　　　鰥翁獨自耕芸了

밭 가운데 벼와 기장 다 먹겠구나.　　　　耗盡田中 禾黍爲

　홀아비 혼자서 1년 내내 죽을 고생을 했다. 이제 막 한 해 농사를 추수하려 하는데 저놈의 참새가 와서 다 먹어치운다. 안타까워 발을 동동 굴러보지만 어찌해볼 도리가 없다. 『고려사』 「악지樂志」에는 이 노래에 대해 이런 설명을 덧붙였다. "세금 거두는 것이 종류도 많고 무거운데 힘 있는 자들이 강제로 빼앗아가니 백성은 곤궁하고 재물은 없어져서 이 노래를 지어 참새가 곡식을 쪼아먹는 것에 의탁하여 원망하였다." 그러니까 노래 속의 참새는 백성이 애써 노력해 얻은 성과를 그저 빼앗아 차지해버리는 권력자들을 상징한다고 볼 수 있겠다. 조그만 참새가 권력자를 상징한다고 하니까 어울리지 않지만, 속수무책 일방적으로 당할 수밖에 없다는 점에선 둘이 서로 닮았다.

　이번엔 「장암長巖」이란 작품이다.

붙잡힌 참새야 어이 하다가　　　　　　拘拘有雀爾奚爲

꼬맹이의 그물에 걸려들었니?　　　　　　觸着網羅黃口兒

눈구멍은 뒀다가 어디다 쓰고　　　　　　眼孔元來在何許

가엾게 그물 걸린 멍청한 참새.　　　　　可憐觸網雀兒癡

　잘난 체하며 찢고 까불던 참새가 황구아黃口兒, 즉 꼬맹이가 쳐놓은 그물에 어이없이 걸려들고 말았다. 늘 농부를 골리며 알곡을 먹어치우던 참새가 이제는 반대로 그물에 묶여 조롱을 받는 신세가 되었다. 이 시에도 전해지는 이야기가 있다. 두영철杜英哲이란 사람이 장암長巖이란 곳에 귀양을 왔다가 이웃 노인과 친하게 지냈다. 그가 풀려서 돌아갈

「참새 무리群雀圖」, 작가미상,
종이에 엷은색, 138.8×57.6cm,
조선시대, 국립중앙박물관.

때 노인은 그에게 구차하게 벼슬길에 나가지 말라고 충고했는데 그는 그러마고 했다. 뒤에 그는 벼슬이 평장사에 이르렀다가 죄에 걸려 다시 귀양을 가게 되었다. 노인이 또 그를 전송하면서 이 노래를 지어 풍자했다는 것이다.

이렇게 소악부 두 수에 전하는 참새는 남이 애써 지은 농사를 망치는 얄미운 존재이면서 동시에 제 꾀를 믿고 까불다가 그물에 걸려드는 어리석은 존재로 나타난다. 대부분의 한시에 나오는 참새는 이 두 가지 모습 중 하나로 형상화된다.

두 팔 든 허수아비 도롱이 입혀 세우니	撑揭偶人歇簑笠
그제야 한가한 입 산유화가 부르누나.	纔得開口山花歌
어제 의심턴 새 오늘 내려앉으니	昨日鳥疑今復下
외려 허수아비 향해 욕을 퍼붓는도다.	還向偶人笑罵多

이명오李明五(1750~1836)의 「구작아驅雀兒」란 작품이다. 가을걷이를 앞둔 황금 들판에 참새 떼가 이리저리 몰려다닌다. 애가 탄 아이는 꽹과리를 두드리며 참새 떼를 쫓기에 여념이 없다. 안 되겠다 싶어 허수아비를 팔 벌려 세웠다. 녀석들은 사람인가 싶어 아이의 논 근처엔 얼씬도 않는다. 그제야 마음이 놓인 아이는 산유화가도 흥얼거리며 제법 여유를 부려본다. 그것도 잠시, 이튿날 아침 논에 나온 아이는 정신이 번쩍 들었다. 허수아비 근처에 얼씬도 못 하던 참새 떼가 오늘은 다시 내려앉아 쪼고 까불며 제멋대로 알곡을 먹어치우고 있다. 아이는 화가 나서, "그것도 못 지키니 이 바보야! 팔은 왜 벌리고 서 있어? 바보 같은 자식. 허수아비 자식" 하며 씩씩거린다.

참새야 참새야 요 조그만 녀석아	黃雀黃雀甚微物

천지 사이에서 몸을 길러 나왔구나.	養出形軀天地中
깃을 털며 날개 펴고 다시 근심 없이	刷毛仲翼無復戚
이따금 다투어 꽃밭으로 달려가네.	有時爭赴百花叢
서쪽 동산 비갠 뒤에 벼가 처음 익어서	西園雨後禾初熟
참새가 포식하며 농부를 속이누나.	黃雀飽食欺田翁
농부는 한낮까지 소리쳐도 못 내쫓아	田翁日午呼不得
입술 타고 입은 말라 쇳소리가 나는구나.	脣焦口燥鳴桑弓
참새야 참새야 너 무엇을 만날까	黃雀黃雀爾何遇
때마침 매 한 마리 가을바람 타고 있다.	會有鷹隼乘秋風

성간成侃(1427∼1456)의 「황작가黃雀歌」다. 세상에 상팔자가 참새 팔자다. 꽃이 피면 꽃밭에서 놀고, 들판에 곡식이 누렇게 익으면 농부의 눈치를 슬쩍슬쩍 보아가며 알곡으로 배를 채운다. 일 년 농사를 다 망칠까봐 농부는 후여 후여 소리치며 밭두둑 가를 자마 떠나지 못한다. 하도 소리를 치다보니 목이 다 쉬어 화살이 활시위를 떠날 때 나는 쇳소리가 난다. 저 하늘 위를 맴돌고 있는 매가 어서 빨리 저 얄미운 참새를 잡아가버렸으면 싶다는 말로 시를 맺었다. 안타깝고 얄미웠던 것이다.

위협을 자초하는 어리석음

빈 창고의 참새	空倉雀
아래 창고 위 창고로 울며 쩍쩍거리네.	上倉下倉鳴促促
담 높고 땅 넓은데 흰빛이 번쩍번쩍	墻高地寬白櫟櫟
새끼 함께 구슬 같은 낟알들을 톡톡 쪼네.	將雛啄啄珠顆穀
운반 창고 이 바로 관가에서 쓸 것이라	輸倉的是官家足

수레 몰아 곡식 엎어 낟알이 즐비해라.　　　　　驅車覆餗粮簇簇

그 누가 아이더러 새총을 쏘게 했나　　　　　　兒童誰敎汝挾彈

몸 작아 다시금 나는 활도 두렵잖네.　　　　　身小不復畏飛鏃

긴 시간 새매는 긴 지붕에 내려앉아　　　　　長時輕隼下長廡

남몰래 재앙 기틀 어지러이 부딪누나.　　　　暗中禍機紛相觸

가을 들판 벼와 기장 밭마다 가득하고　　　　秋郊禾黍田确确

위에는 밝은 해가 아래는 푸른 곡식.　　　　　上有白日下靑薄

높이 날며 지저귄들 너를 어쩌하겠나.　　　　高飛嘲哳奈汝何

한번 숙여 한번 쪼아도 재앙이 없을 텐데.　　　一俛一啄從無厄

권헌權攇(1713~1770)의 「공창작空倉雀」, 즉 빈 창고의 참새다. 곡식 창
고는 높은 담장 안에 있다. 나라의 곡물을 실어 나르는 이곳에는 운반
도중 떨어진 낟알이 많다. 하지만 그 많은 낟알을 먹는 것도 막상 뜻
대로 되는 것은 아니다. 아이들은 새총을 들고 노리며 또 화살을 메워
서 시위를 당기기도 한다. 이런 것들이야 워낙에 몸집이 작아 잘 피해
갈 수 있다 해도 아까부터 지붕 위에 앉아 있는 새매 역시 호시탐탐 참
새의 빈틈을 노리고 있다. 손쉽게 얻는 듯해도 감수해야 할 위험은 도
처에 도사리고 있다. 시인은 이렇게 말한다. 왜 저 드넓은 가을 벌판으
로 나가서 시원스레 높이 날며 마음껏 낟알을 먹으면서 걱정 없이 살
지 않느냐고 말이다.

아마도 시인은 먹고사는 일에 얽매여 훌훌 떨치고 자연의 삶을 마음
껏 누리지 못하는 벼슬아치들을 풍자하고 싶었던 듯하다. 더구나 제목
에서 '빈 창고'를 말한 것을 보면, 그나마 그곳도 먹을 것이 그렇게 풍족
한 듯하지는 않다. 그런데도 새총과 화살에다 새매의 위협까지 감수하
지 않으면 그나마 호구조차 할 수 없다. 그럴 바에야 차라리 전원으로
돌아와 안분자족安分自足하며 사는 것이 어떻겠냐고 물었다. 이럴 때 참

새는 욕심에 눈이 멀어 위험을 자초하는 어리석음을 나타낸다.

참새가 무슨 일로 푸드득대나	黃雀何翩翩
마른 갈대 가지에 둥지 쳤다가	寄巢枯葦枝
강가로 불어온 매운 바람에	江天冽然風
갈대 꺾여 둥지가 기울었다네.	葦折巢仍欹
둥지야 부서져도 안 아깝지만	巢破不足惜
알 깨지니 참으로 구슬프구나.	卵破良可悲
암수 서로 날면서 우짖는도다.	雌雄飛且鳴
저물어도 깃들어 쉴 곳이 없네.	日夕無所依
그대여 저 참새를 자세히 보게	君看彼黃雀
세상 이치 이로 미뤄 알 수 있나니.	物理因可推
둥지 엮음 단단치 않았으랴만	結巢豈不固
의탁한 곳 마땅치 않았음일세.	所託非其宜

권필權韠(1569~1612)의 「감회感懷」다. 갑자기 강가 갈대숲이 소란하다. 참새가 짹짹 울며 자리를 뜨지 못한 채 허공을 맴돌며 우짖는다. 마른 갈대 사이에 얽어둔 둥지가 매운 바람에 갈대가 꺾이면서 부서지고 말 았기 때문이다. 둥지만 부서진 것이 아니다. 그 안에 품고 있던 알까지 다 깨지고 말았다. 암수 두 놈이 해 저무는 강변에서 갈 데도 없이 우 짖고 있다. 시인은 넌지시 이야기한다. 둥지를 허술하게 만들어서 부서 진 것은 아니었겠지. 둥지를 지어서는 안 될 곳에다 둥지를 지었기 때 문에 이런 비극을 맞이한 것일 터이다.

임진왜란 직후에 지어진 것으로 보이는 이 작품에는 특별한 행간이 있다. 가녀린 갈대 위에 둥지를 쳤다가 바람에 꺾여 둥지는 물론 알까 지 깨져버린 참새는 임금을 가리킨다. 둥지는 종묘사직이고, 매서운 바

람은 바로 왜적의 침입이다. 알은 백성이다. 종묘사직이 간신배들의 손
아귀에서 농락당하다가 예기치 못한 왜적의 침입에 속수무책, 사직의
붕괴는 물론 깨진 알, 즉 백성에게 한없는 고통을 안겨주었다는 탄식
이다.

이렇게 한시 속에서 참새는 눈앞의 이익에 눈이 멀어 위험을 스스로
끌어들이거나, 분별력이 부족한 그런 존재로 그려진다. 반면 이런 시도
있다.

족족 언제나 이리 우는 새	足足長鳴鳥
어이해 허구한 날 족족거리나.	如何長足足
세상 사람 만족을 모르는지라	世人不知足
그래서 언제나 부족하지요.	是以長不足

송익필宋翼弼(1534~1599)의 「조명유감鳥鳴有感」이란 작품이다. 참새가
짹짹 우는 소리를 족족으로 들었다. 아주 만족스럽다는 뜻이다. 저놈
의 새는 뭐가 그리 좋다고 만날 만족 만족 하며 우느냐고 했다. 그에
비해 사람들은 어떤가? 이것을 갖고 나면 저것이 갖고 싶고, 저것을 손
에 쥐면 또 이것이 탐난다. 그래서 언제나 만족을 모르고 부족하다는
타령만 하며 일생을 탕진한다. 저 자족할 줄 아는 조그만 참새만도 못
한 것이 인간 아닌가?

하지만 그 강인한 생명력을 지닌 참새도 하루가 다르게 줄어들고 있
다. 우리 생태계의 불안한 조짐을 단적으로 보여주는 듯해 안타깝다.
참새가 살 수 없는 땅이라면 인간도 살 수 없을 것이기 때문이다.

그림 속 참새

한시에서는 농사를 망치고, 욕심 사납고, 이익에 눈이 멀어 일을 그르치는 참새가 옛 그림에서는 전혀 다른 의미로 그려지는 것이 참 신기하다. 옛 그림에 단골로 등장하는 참새는 '기쁜 소식'을 상징한다. 까치를 '희작喜鵲'이라 하는데, 참새 작雀자의 발음이 까치 작鵲자와 같아서 덩달아 기쁜 소식이란 의미를 지니게 된 것이다.

조선 후기 변상벽의 「묘작도猫雀圖」에는 고양이 두 마리와 고목 등걸, 그리고 여섯 마리의 참새가 그려져 있다. 고양이는 일흔 살 먹은 노인을 상징한다. 고양이 묘猫와 칠십 세 늙은이 모耄가 중국 음으로는 모두 '마오'로 발음되기 때문이다. 그러니까 이 그림은 고희를 맞은 노부부의 생일을 축하하는 의미로 그려진 듯하다. 여섯 마리의 참새는 그들의 자식이 여섯임을 나타내는 것일까? 고목나무의 등걸은 여기저기 검은 입을 벌리고 있고, 이미 죽은 등걸인 것처럼 보인다. 하지만 가만히 보면 가지마다 새 잎이 돋아나 아직도 건재함을 알 수 있다. 부부의 해로와 자식들의 건강을 축원했다.

청나라 최예崔轟가 그린 「백작도百爵圖」를 보자. 백작百爵이란 고대의 관직명인데, 여기서는 백작百雀과 음이 같아 백 마리 참새를 뜻한다. 괴석과 매화나무, 그리고 산다화山茶花와 참죽나무가 있고, 그 사이사이에 참새 백 마리가 화면 가득히 앉아 있다. 백 마리 참새는 백 가지 기쁜 소식을 뜻하고, 산다화와 매화는 정월에 꽃이 피므로 '신년'의 의미다. 한편 참죽은 '죽竹'자와 축하한다는 '축祝'의 중국어 발음이 꼭 같아서 축하한다는 의미가 된다. 또 바위는 장수를 상징한다. 그러니 새해 건강을 빌고 한 해 동안 좋은 일이 늘 함께하길 바란다는 축원을 담은 세화인 셈이다.

「묘작도猫雀圖」, 변상벽, 비단에 채색, 93.7×42.9cm, 18세기, 국립중앙박물관.

「백작도佰鵲圖」, 최예崔鍔, 161.5×96.0cm, 청나라, 광저우미술관.

대저 거위는 미물이다. 그 주인을 그리워하는 것은 충성스럽고, 벗을 가엾게 여김은 의로운 듯하다. 어찌 이다지 기이하단 말인가. 거위야! 거위야! 내가 너를 공경한다. 비록 잡아먹으려 해도 너의 도타운 마음을 생각하면 그리할 수가 없으니 장차 어이할거나.

여섯

지혜로운
거위

개 대신 집 지키던 새

거위는 한나라 이전부터 가금家禽화되어 집에서 사육했다. 야생 거위는 따로 개리라고 부른다. 기원전 2000년 고대 이집트 벽화에도 거위를 사육하여 요리하는 그림이 남아 있고, 국가에

대규모 축제가 열리면 하루에 천 마리 이상 요리했다는 기록도 전한
다. 이솝 우화에도 황금알을 낳는 거위 이야기가 나온다. 집에서 기르
던 거위가 날마다 황금알을 하나씩 낳자, 거위의 뱃속이 온통 황금으
로 되어 있을 거라고 생각한 주인이 욕심이 나서 거위를 잡았지만 결
국 아무것도 얻지 못하고 후회했다는 이야기다.

거위는 잡식성이라 무엇이나 잘 먹어치워 중국에서는 '집 안의 청소
부'로 불렸다. 낯선 사람을 보면 큰 소리로 꽥꽥댄다. 수명은 긴 편이어
서 무려 47년이나 산 기록도 있다. 거위는 밤눈이 유난히 밝고 귀가 예
민해서 낯선 사람의 기척이나 이상한 소리가 들리면 온통 야단법석을
피운다. 그래서 옛날에는 개 대신 길러 집을 지키게 했다. 북한에서는
거위를 게사니라고 하고, 전라도 지역에서는 떼까우라고 부른다.

조선 후기 조언유趙彦儒(1767~1847)가 지은 「지아池鵝」, 즉 연못의 거위
를 노래한 한시를 한 수 보자.

『이아爾雅』에선 야안野雁이라 부른다 하니	爾雅一名野雁云
고집 세고 거만해도 잘 운다고 소문났지.	頑而且傲善鳴聞
소동파 집에 든 도둑도 잘 지켰고	亦知警盜東坡老
왕희지는 거위 대신 글씨를 써주었네.	爲報寫經王右軍
굽은 언덕 저녁볕에 서로 짝들 불러선	曲岸斜陽相喚隊
맑은 모래 물가에서 절로 무리 이뤘네.	晴沙極浦自成群
때때로 목을 빼어 사람 기색 살피다가	時時引頸窺人色
날개깃을 번드치니 흰 구름과 같구나.	毛羽翩翩等白雲

『이아』는 중국 고대의 사전이다. 거위는 기러기목 오릿과 기러기속
에 속하지만 백조와 닮았다. 고집불통에다 거만하고, 꽥꽥대기로는 당
할 존재가 없다. 소동파는 거위가 도둑을 잘 지킨다고 칭찬한 일이 있

「우군환아도右軍換鵝圖」, 장승업, 77.5×122.3cm, 19세기, 국립중앙박물관.

었다. 왕희지는 특히 거위를 좋아했던 것으로 유명하다. 산음山陰 땅에 사는 한 도사가 거위를 길렀는데, 왕희지가 한번 가서 보고는 몹시 좋아서 사례로 그 도사를 위해 『도덕경』 한 벌을 써주고 거위를 데리고 돌아왔다는 고사가 있다. 그래서 후세에는 거위 하면 왕희지, 왕희지 하면 거위를 떠올린다. 이른바 '우군환아右軍換鵝'의 고사다. 장승업이 그린 「우군환아도右軍換鵝圖」를 보면, 그림 왼쪽 아래에 거위가 묶여 있고, 동자들의 시중을 받으면서 왕희지가 열심히 『도덕경』을 쓰고 있다. 장승업은 이 소재를 즐겨 그려 거위를 안고 흐뭇한 표정을 지은 왕희지의 모습도 그림으로 남겼다.

스스로를 지킨 지혜

주세붕周世鵬(1495~1554)은 자기 문집 속에 「의아기義鵝記」, 즉 의리 있는 거위 이야기를 남겼다.

1530년 4월, 큰누님이 가락리 집에서 돌아가셨다. 누님 집에는 한 쌍의 흰 거위가 있었다. 누님이 돌아가시자 안마당까지 들어와 방문을 바라보며 슬피 울었다. 이 같은 것이 여러 달이었다. 집안 식구들이 이 때문에 더 슬퍼했다. 나는 그때 막객幕客으로 나라 밖에 있었으므로 이야기만 들었을 뿐이다. 이듬해 봄에 무릉촌의 집이 완성되었기에 거위 두 마리를 옮겨두었다. 모두 수컷이었다. 나는 그때 쓸쓸히 지내며 무료하던 차였다. 그 눈 같은 깃털이 깨끗해서 티끌 하나 물들지 않고, 득의롭게 화답해 울며 물 마시고 모이 쫄 때는 꼭 함께하고 뜰 둘레로 춤추면서 마치 서로 위로하는 듯하는 것을 살펴보곤 했다. 먹을 것을 보태주고 목마른 것을 구해주며 날마다 더불어 마주하곤 했다.

10월 14일 밤에 한 마리가 죽었다. 아침에 일어나 살펴보았다. 남은 한 마리가 죽은 거위를 안고 그 날개를 당기면서 슬피 울고 있었다. 소리가 하늘까지 닿을 듯했다. 지켜보던 사람들이 탄식하며 슬퍼했다. 마을 아이가 죽은 거위를 가지고 갔다. 그러자 다시 배회하면서 사방 아래위를 둘러보며 부르짖어 원망하면서 평소에 노닐며 모이 쪼던 곳으로 두루 찾아다녔다. 안타깝게 찾는 것 같아 소리가 더욱 간절하고 괴로웠다. 열흘쯤 지나자 아예 목소리를 낼 수 없을 지경이 되었다.

대저 거위는 미물이다. 그 주인을 그리워하는 것은 충성스럽고, 벗을 가엽게 여김은 의로운 듯하다. 어찌 이다지 기이하단 말인가. 내 보건대 세상에는 친구를 팔아 자신을 내세우는 자가 대부분이다. 나라에 충성하는 자야 몇 사람이나 되겠는가? 아! 천지 가운데 있는 온갖 부류 가운데 오직 사람만이 가장 귀하다. 하지만 미물의 막힌 것 가운데 군자의 절조가 있고, 사람의 신령한 것이 도리어 미물만도 못하다고 누가 말했던가? 그럴진대 저 도포를 걸치고 말과 소를 타고 가는 것을 사람이라 말하면 옳겠는가? 그렇지 않다. 새짐승으로 인의의 마음을 지닌 것을 미물이라 하면 되겠는가? 안 된다.

거위야! 거위야! 내가 너를 공경한다. 비록 잡아먹으려 해도 너의 도타운 마음을 생각하면 그리할 수가 없으니 장차 어이할거나. 인하여 의로운 거위 이야기를 짓는다.

제 주인이 죽자 슬피 울고, 제 벗이 죽자 목이 메는 거위 이야기를 빌려 그만도 못한 사람들의 행태를 돌아본 내용이다. 조선 후기의 실학자 성호 이익 선생의 『관물편』에도 거위 이야기가 있다.

어떤 이가 야생 거위를 길렀다. 불에 익힌 음식을 많이 주자 거위가 뚱뚱해져서 날 수 없었다. 그 뒤에 문득 먹지 않으므로 사람들은 병이 난 것으로 생각하여 먹을 것을 더욱 많이 주었다. 그런데도 거위는 먹지 않았다. 열흘쯤 지나자 몸이 가벼워져서 허공으로 날아가버렸다. 내가 듣고 말했다. 지혜롭구나. 스스로를 잘 지켰도다.

제 목숨을 지킬 줄 알았던 지혜로운 야생 거위의 이야기다. 이 이야기가 성호에겐 마음에 무척 와닿았던 모양이다. 이 일을 가지고 다시 시를 한 편 짓기까지 했는데, 제목은 「천아행天鵝行」이다. 천아天鵝는 백조다. 고니를 말하는데, 위의 이야기로 보거나, 다음 시에서 이를 가축으로 기르려 한 것으로 보아 고니가 아닌 야생 거위인 듯하다.

거위가 물가에 내려앉았다가	天鵝下洲渚
우연히 야인의 손에 잡혔네.	偶被野人獲
번화한 거리에 보내져서는	送之闤闠中
불에 익힌 음식을 마구 받아먹었지.	烟火恣與食
큰 집 뜰에서 장난치면서	游戱在庭衢
길들여져 가축과 같게 되었네.	馴習等家畜
유유히 세월을 보내며 놀다	悠悠閱歲月
밥 찾아 배를 채우곤 했지.	索飯以充腹
갑자기 배고파도 곡식 끊으니	忽然飢絶粒
지혜로운 사람들은 알지 못했네.	有智人莫測
병들어 죽으려나 생각하면서	或疑病將死
은근히 걱정을 많이 했다네.	隱如憂在臆
열흘 동안 마음이 변치 않더니	浹旬心不渝
몸이 가벼워져 날갯짓하다	身輕始擧翮
갑자기 허공 솟아 멀리 날아가	冲霄忽遠邁
호연히 강과 바다에서 즐겁게 노네.	浩然江海適

「군아도群鵝圖」, 운수평, 청나라, 베이징 고궁박물원.

「거위」, 손룡孫隆, 명나라.

곁에서 보던 이들 모두 경탄해	傍觀盡驚歎
미물의 영험함을 그제야 깨달았지.	物靈今方覺
어이 굶주려 배고프지 않았으리	豈不枵然餒
앞 자취를 뉘우쳐 참은 것일세.	忍性悔前迹
기운을 섭취해 더러움을 제거하고	服氣除穢濁
뱃속을 깨끗이 씻어냈다네.	腸肚要洗滌
지금까지 지저분하던 깃털을	從來羽毛塵
맑은 물에 씻어서 없애려 하네.	去欲滄浪濯
드넓은 하늘서 짝을 찾아서	天長覓儔侶
줄 지어 날아가니 누가 화살을 쏘랴.	意行誰矰弋
이 일 참으로 기이하구나	玆事信奇絕
사람을 돌아보니 부끄럽도다.	顧人多愧恧
구구히 늙은 욕심 많은 사람들	區區老饕輩
다투니 손가락질 싸움 끝없네.	話指鬪不息
굶주리면 낯빛에 드러나 뵈고	簞豆輒見色
배불리려 목숨과 맞바꾼다네.	一飫性命易
사람으로 미물과도 같지 않으니	人而不如物
생각사록 부끄러움 금할 길 없다.	思量合有惕
그 누가 길들여져 기르는 새가	誰云不離鳥
명철함과 어진 덕을 갖췄다 하나.	明哲乃賢德
이러한 거위의 노래를 지어	書此天鵝頌
욕심에 빠진 세상 사람 경계하련다.	用規世人溺

눈앞의 먹을 것에 눈이 멀어 그것이 저를 죽이는 덫인 줄도 모르고 덤벼드는 욕심 사나운 인간들과, 열흘을 그대로 굶으면서 불에 익힌 인간의 음식을 받아먹던 사이에 찐 군살을 말끔히 빼낸 뒤 허공을 박

「욕아도浴鵝圖」, 작가미상, 181.4×98.2cm, 송나라, 타이완 고궁박물원.

차고 날아올라 자연으로 돌아간 거위의 이야기를 대비하여 묘사하고 있다. 거위가 제 몸을 가볍게 해서 훨훨 푸른 하늘을 날아갔듯이, 우리는 어떻게 해야 뱃속에 잔뜩 들어앉은 욕심의 덩어리들을 내려놓고 가뿐하게 한 세상을 건너갈 수 있을까?

봉황은 날아도 오동에만 깃들고 큰 기러기 날 때면 갈대를 문다네. 처마 밑엔 영리한 까치가 오고 숲 아래엔 까마귀가 어미 먹인다. 슬프다 비둘기 꾀 치졸함이여 학의 모습 참으로 비쩍 말랐네. 구름 사이 펄럭이는 난새의 모습 물 위엔 둥실둥실 오리 떠 있네.

일곱
새 그림 속의
온갖 새

온갖 잡새가 날아든다

조선 후기에 널리 유행했던 12잡가 가운데 「새타령」이 있다. 여기에는 말 그대로 온갖 잡새가 다 등장한다.

산림비조山林飛鳥 뭇 새는 농춘화답弄春和答 짝을 지어 쌍거쌍래雙去雙來 날아든다. 공기空氣 정동 공기 쭈루룩, 숙궁 솟텡 가가갑술이 날아든다. 야월공산夜月空山 깊은 밤에 두견새는 슬피 운다. 오색채의五色彩衣를 떨쳐입고 아홉 아들 열두 딸을

좌우로 거느리고 상평전上坪田 하평전下坪田으로 아주 펄펄 날아
든다. 자끼 까투리 우으 우다. 꺼꺼꾸르르 응응 운다.

저 무슨 새가 울음 우는고. 저 뻐꾹새가 울음 운다. 꽃 피어서
만발하고 잎 피어서 왕성한데 청계변淸溪邊으로 날아든다.
이 산으로 가며 뻐꾹, 저 산으로 가며 뻐꾹, 뻑뻑국 뻐꾹 좌우
로 날며 울음 운다.

저 무슨 새가 울음 운다. 저 무슨 새가 울음 운다. 야월삼경
夜月三更 저문 날에 저 두견이 울음 운다. 이 산으로 가며 귀촉
도歸蜀道 저 산으로 가며 귀촉도. 짝을 지어 울음 운다.

저 꾀꼬리 울음 운다. 저 꾀꼬리 울음 운다. 황금갑옷 떨쳐입고 양
류청청楊柳靑靑 버드나무 제 이름을 제가 불러 이리로 가며 꾀꼬리
루, 저리로 가며 꾀꼬리루, 머리 고이 빗고 시집 가고지고. 게알가가감실
날아든다.

지 힐미새 울음 운다. 무곡통 한 섬에 칠푼오리七分五厘를 해도 오리가 없
어 못 팔아먹는 저 방정맞은 할미새. 경술庚戌 대풍 시절人豊時節에 쌀을
양兩에 열두 말씩 해도 굶어 죽게 생긴 저 할미새. 이리 가며 팽당그르
르, 저리 가며 팽당그르르. 가가감실 날아든다.

저 머슴새 울음 운다. 저 머슴새 울음 운다. 초경初更 이경二更 삼사오경.
사람의 간장 녹이려고 이리로 가며 붓붓, 저리로 가며 붓붓, 이리 한참
날아든다.

저 비둘기 울음 운다. 나의 춘흥春興 못 이기어 숫비둘기 나무에 안고, 암
비둘기 땅에 앉아 콩 한 줌을 흩어 주니, 수놈은 물어 암놈 주고, 암놈
은 물어 수놈을 주며, 주홍 같은 입을 대고 궁글궁글 울음 운다.

저 무슨 새 우는고, 오색단청 때저구리, 연년 묵은 고목나무 벌레 하나
얻으려고, 오르며 딱딱으르, 내리며 딱딱으르, 이리 한창 울음 울고.
아랫녘 갈까마귀, 웃녘에 떼까마귀, 거진 중천 높이 떠서 까옥까옥 울음

운다.

소상강 떼기러기 장성 갈재 넘으려고 백운을 무릅쓰고 뚜루룩 너울너울
춤을 춘다.

저 종달새 울음 운다. 춘삼월 호시절에 한 길을 오르며 종달이, 두 길을
오르며 종달이, 아주 펄펄 노니는구나.

(『조선속가』에 수록. 현대 표기로 고쳤음)

차례대로 새를 부르면서, 그 새의 울음소리와 외모를 익살맞게 그려
냈다. 두견새, 장끼, 까투리, 뻐꾹새, 두견이, 꾀꼬리, 할미새, 머슴새,
비둘기, 딱따구리, 갈까마귀, 떼까마귀, 기러기, 종달새 등이 등장하
고, 정동, 쭈루룩, 숙궁, 솟뗑, 꺽꺽꾸루룩, 뻑국, 귀촉도, 꾀꼬리, 팽당
그르르, 붓붓, 궁글궁글, 딱딱으르, 까옥까옥, 뚜루룩, 종달이 등 갖
은 새소리가 다 등장한다.

한시 속의 새타령은 어떤 모습일까? 위항문인인 차좌일車佐一
(1753~1809)의 「효조명체效鳥名體」란 시가 있다. 모두 24구로 되어 있는
데, 구절마다 새 이름이 하나씩 들어 있다.

봉황은 날아도 오동에만 깃들고	鳳翔惟棲梧
큰 기러기 날 때면 갈대를 문다네.	鴻飛必含蘆
처마 밑엔 영리한 까치가 오고	簷前來靈鵲
숲 아래엔 까마귀가 어미 먹인다.	林下哺慈烏
슬프다 비둘기 꾀 치졸함이여	可憐鳩謀拙
학의 모습 참으로 비쩍 말랐네.	眞個鶴形癯
구름 사이 펄럭이는 난새의 모습	飄飄雲際鸞
물 위엔 둥실둥실 오리 떠 있네.	泛泛水中鳧
꾀꼬리 혀 참으로 교묘도 하지	鶯舌誠爲巧

물수리 울음소리 시끄럽구나.	鶚音寧終溢
앵무새 제체하며 말을 하지마	鸚誇鵬相言
원앙의 짝 갖춤과 어떠하리오.	孰與鴛鴦俱
제비 소리 지지배배 말이 많은데	燕語太呢呢
두견새 하소연은 구구도 해라.	鵑訴常區區
왕희지는 글씨와 거윌 바꿨고	右軍鵝換書
안노공은 매 그림을 그려놓았지.	魯公鷹作圖
호미 매니 뻐꾹새 소리 들리고	荷鋤聞布穀
술통 들자 직박구리 생각이 나네.	携榼憶提壺
고니 새김 여태도 못 이뤘으니	刻鵠猶不成
닭 잡아야 어디다 쓴단 말인가.	割鷄何所需
뱁새는 한 가지에 편안하나니	鷦息安一枝
갈매기와의 약속은 오호五湖에 있네.	鷗盟在五湖
미땅히 신천옹이 되어보리니	當爲信天翁
황여새는 이따금 즐겁게 운다.	太平時樂乎

구절마다 새 이름을 넣고도 운자를 맞춰 시상을 끌어나간 솜씨가 솜씨일뿐더러, 특히 마지막 두 구절은 "마땅히 신천옹信天翁이 되어보리니, 태평조太平鳥(황여새)는 이따금 즐겁게 운다"로 새길 수도 있지만, 그냥 의미로만 읽으면 "마땅히 하늘을 믿으리니, 태평한 시절이 즐거웁구나"로 읽을 수도 있어, 이중의 의미를 띤다.

그림 속 새들의 잔치

그림 속에도 이 새타령에 못지않은 것이 있다. 명나라 변문진邊文進이 그린 「삼우백금도三友百禽圖」는 말하자면 앞에서 본 「새타령」을 그림으로 그려본 것이다. 그 섬세한 묘사가 실로 사생화의 정수를 보여준다. 소나무·대나무·매화를 세 벗으로 나란히 심어두고, 그 위에 온갖 새가 모여든 광경을 그리고 있다. 얼핏 보기에도 까마귀, 까치, 황여새, 직박구리, 산비둘기, 참새, 화미조, 할미새, 동박새 등 30종에 가까운 새들이 관찰된다. 그런데 그 정확한 비례와 앉은 자세나 나는 동작의 섬세한 묘사로 볼 때, 그냥 되는대로 그린 것이 아니라, 정확한 관찰에 바탕을 둔 사생임을 알 수 있다. 평소에 이들이 얼마나 열심히 새를 관찰했던지가 붓끝에서 드러난다.

명나라 은굉殷宏의 「공작모란도孔雀牡丹圖」에도 공작, 까치, 꾀꼬리, 후투티, 딱따구리, 제비, 금계 등 정교한 필치로 그려진 10여 종의 새가 보인다. 휘 늘어진 수양버들 가지 위로 꾀꼬리가 노닐고, 나무 등걸에는 딱따구리가 구멍을 쪼고 있다. 부귀를 상징하는 모란꽃이 색색으로 소담스레 피어 있고, 공작새 두 마리가 한가로이 모이를 쪼고 있다. 기쁜 소식을 상징하는 까치 두 마리, 오복을 갖추었다는 금계도 있다. 제비와 밀화부리도 보인다. 장수를 축원하는 괴석까지, 온갖 상서로운 것이 한데 모였다.

「사생진금도寫生珍禽圖」는 오대五代 때 유명한 화가 황전黃筌(?~965)이 그린 것이다. 10종의 새와 10종의 곤충, 그리고 자라와 거북을 섬세한 필치로 사생한 것이다. 흔히 옛 화가들은 묘사하는 사물을 대강 상상력에 의지해 그렸을 것으로 생각하곤 하지만, 결코 그렇지 않다.

황전에게는 이런 일화가 있다. 그가 나는 새를 그렸다. 목과 다리를 모두 펴고서 날아가는 그림이었다. 어떤 사람이 말했다. "나는 새는 목을 움츠리면 다리를 펴고, 다리를 움츠리면 목을 펴지 둘 다 펴는 법은 없다"고 했다. 관찰해보니 실제로 그러했다. 이후 그의 새 그림은 또 한 단계 발전했다. 송나라 때 등춘鄧椿이 지은 『화계畫繼』에 소개된 얘기다.

「삼우백금도三友百禽圖」, 변문진邊文進, 151.3×78.1cm, 명나라.

「공작모란도孔雀牡丹圖」, 은굉殷宏, 189.4×111.5cm, 명나라, 클리블랜드 미술관.

「사생진금도(寫生珍禽圖)」, 황전(黃筌), 41.5×69.5cm, 중국 오대.

「사생진금도」 부분.

「산자극작도山鷓棘雀圖」, 황거채黃居寀, 97.0×53.6cm, 송나라.

이 책에는 황전이 그린 여러 종류의 새 그림 목록이 많이 나온다.

그는 성도成都 사람으로 새는 조광윤刁光胤에게서, 꽃과 대나무는 등창우滕昌祐에게서, 산수는 이승李升에게서, 학은 설직薛稷에게서, 용은 손위孫位에게서 각각 배웠다. 일찍이 벽에 학을 그린 적이 있는데, 이슬을 맞으며 서 있는 모습, 이끼를 쪼는 모습, 털을 다듬는 모습, 하늘을 보고 우는 모습, 한 다리로 서 있는 모습 등을 그려놓고 육학전六鶴殿이라고 했다. 또 네 계절에 맞추어 꽃과 대나무, 토끼와 꿩, 참새 따위를 벽에 그리자 매가 이를 잡겠다고 날아든 일까지 있었다고 한다. 솔거의 소나무 그림 이야기가 떠오른다. 그의 그림이 얼마나 사실적이었는지 짐작할 수 있다.

황전의 이 그림은 가늘고 엷은 먹으로 새의 윤곽을 잡아놓고 여기에 채색을 더하는 방법으로 그려졌다. 색채가 선명하고 묘사가 정밀하여 후대 화가들의 전범이 되었다. 그림 왼편 아래쪽에 '부자거보습付子居寶習'이라고 새긴 도장이 찍혀 있다. 아들 황거보의 그림 연습을 위해 범본範本으로 그린 것이었음을 알 수 있다.

아버지의 이런 지도를 받고 자란 아들 거보居寶와 거채居寀도 아버지를 이어 훌륭한 화가로 이름을 떨쳤다. 황거채(933~993 이후)가 그린 「산자극작도山鷓棘雀圖」가 전하는데, 산자고새와 참새를 그린 것이다. 화면에서 보듯 섬세한 관찰과 묘사가 돋보인다. 아버지의 화풍을 충실히 계승하여 부전자전의 솜씨를 보여준다.

깃털 빛깔이 흰 백로는 흰 모래사장에서 놀아야 제격이다. 그런데 자꾸 봄풀 푸른 속으로 날아드니, 그 흰 빛깔이 초록 속에서 더욱 도드라져 보인다. 백로야! 여긴 네가 놀 데가 아니니 백사장에 가서 놀아라. 네가 네 몸가짐을 옳게 하지 않으면, 사람들이 너 있는 곳을 금방 알아챌 게 아니냐!

여덟

생각에 잠긴
백로

희지 않은 해오라기

백로의 우리말 이름은 해오라기다. 옛 문헌에는 하야로비, 해오리, 해오라비, 해오리 등으로 나온다. 해는 희다[白]라는 뜻이니, 해오리는 흰 오리라는 말이다. 그런데 어쩐 일인지 오늘날 조류도감에 보이는 해오라기들은 흰빛이 없다. 정말 이상한 일이다. 해오라기, 알락해오라기, 덤불해오라기, 검은댕기해오라기 등은 모두 갈색이나 황색, 회색빛을 띠고 있다. 이 해오라기속屬에 속하는 새들은 백로에 비해 목과 다리가 짧고 털빛이 희지 않은 특징이 있다.

황새목 백로과에 속한 새들에는 해오라기와 황로, 노랑부리백로, 쇠백로, 중백로, 중대백로, 흑로, 왜가리 등이 있다. 이 가운데 깃이 흰 것은 백로라는 이름이 붙은 것들뿐이다. 예전에 흰빛의 백로를 지칭하던 해오라기란 명칭이 이제는 다른 아종을 설명하는 이름이 되어 혼란이 일어났다. 조류도감에서 백로는 크기에 따라 쇠백로, 중백로, 중대백로로 구분되며, 부리나 깃털의 빛깔로 구분하는 이름도 있다. 왜가리는 외관이 백로와 비슷하나 몸 전체는 회색을 띠고, 머리에 두 개의 검은 긴 댕기가 있는 것이 특징이다. 앞 목에는 세로로 점줄무늬가 나 있고, 어깨도 검은빛이다.

옛 문헌에 보이는 백로의 다른 이름으로는 백조白鳥, 사금絲禽, 설로雪鷺, 노사鷺鷥, 설객雪客, 풍표공자風標公子, 설의아雪衣兒, 백령사白領鷥 등이 있다. 모두 이 새의 흰 깃을 염두에 둔 이름임을 알 수 있다. 사絲나 사鷥와 같은 글자가 자주 보이는 것은 쇠백로나 노랑부리백로의 머리 뒤로 난 관우冠羽가 실처럼 날리는 것을 보고 붙이려 한 것이다. 명나라 이시진李時珍의 『본초강목』에도 "목에 긴 털 10여 가닥이 있어 마치 실처럼 흩날린다. 물고기를 잡으려 할 때는 꼿꼿이 선다"고 했다.

연밥과 백로 한 마리

옛 그림을 보면 백로 한 마리가 연꽃 아래 서 있는 그림이 많다. 연꽃도 한여름의 것이 아니라 잎이 다 시들고 연밥이 매달린 가을의 것을 그린다. 여름 철새인 백로와 가을 연밥을 나란히 그린 것은 상식적으로 어울리지 않는다. 이것은 일로연과도一鷺蓮果圖인데 일로연과一路連科로 읽는다. 즉 단번에 연달아 초시와 복시의 과거시험에 급제하라는 축원의 의미를 담고 있다. 오늘날로 치면 대학 합격이나 고시 패스를 기원하는 그림인 셈이다. 조선 후기 심사정沈師正(1707~1769)이 그린 「노련도鷺蓮圖」는 바로 그런 뜻을 담고 있다.

같은 백로 한 마리라도, 연밥 아래가 아닌 부용화芙蓉花 아래에 그리면 의미가 달라진다. 부용화의 '용화蓉花'는 부귀영화의 '영화榮華'와 중국음이 꼭 같기 때문에, 그림에 보이는 부용화는 모두 부귀영화를 상징한다. 청나라 장정석蔣廷錫이 그린 「부용노사도芙蓉鷺鷥圖」처럼 백로와 부용화가 함께 놓이면 '일로영화一路榮華'의 의미가 되어 내내 한길로 영화롭게 사시라는 축원이 된다. 간혹 백로를 두 마리씩 그린 것도 있다. 그림을 그린 화가가 백로 한 마리에 담긴 의미를 알지 못해서 그런 것이다.

백로가 세 마리 그려진 그림은 따로 '삼사도三思圖'라고 한다. 백로의 다른 이름이 노사鷺鷥인데, 사鷥가 사思와 발음이 같기 때문이다. '삼사三思'란 말은 『순자旬子』 「법행法行」편에 나온다. 공자께서 말씀하시기를, "군자는 세 가지 생각이 있어야 하니 생각해두지 않으면 안 된다. 젊어 배우지 않으면 나이 들어 무능하게 되고, 늙어 자식을 가르치지 않으면 죽을 때 자식이 아무 생각이 없다. 있으면서 베풀지 않으면 궁해졌을 때 아무도 도와주지 않는다." 또 『공자가어孔子家語』에서는 "군자가 젊어서는 나이 들었을 때를 생각해서 배움에 힘쓰고, 늙어서는 죽을 때를 생각해서 가르침에 힘쓰며, 있을 때는 궁할 때를 생각해서 베풂에 힘쓴다"고도 했다. 그러니 백로 세 마리를 그린 것은 바로 이 가르침을 마음에 새겨 자신의 삶을 돌아보고자 하는 뜻을 담고 있다. 명나라 여기呂紀의 「삼사도三思圖」에는 깊은 생각에 잠긴 백로 세 마리가 버드나무 가지에 앉아 있다. 김홍도의 「백로횡답白鷺橫畓」에도 세 마리

「노련도鷺蓮圖」, 심사정, 종이에 엷은색, 16.2×12.4cm, 조선 후기, 서울대박물관.

「부용노사도芙蓉鷺鷥圖」, 장정석蔣廷錫, 127.7×60.5cm, 청나라, 베이징 고궁박물원.

「연화백로蓮花白鷺」, 김식, 비단에 엷은색, 24.4×16.1cm, 17세기, 국립중앙박물관.

「삼사도三思圖」, 여기呂紀, 219.0×107.0cm, 명나라, 산둥성박물관.

「백로횡답白鷺橫畓」, 김홍도, 종이에 엷은색, 26.7×31.6cm, 1796, 삼성미술관 리움.

「추로부용도秋鷺芙蓉圖」, 여기呂紀, 192.6×111.9cm, 명나라.

백로가 등장한다. 여기의 「추로부용도秋鷺芙蓉圖」에도 세 마리 백로는 벼하이 없다.

　다시 백로를 아홉 마리 그리면 똑같은 원리에 의해 구사도九思圖가 된다. 구사九思는 『논어』 「계씨」편에 나오는 말이다. "군자는 아홉 가지를 생각해야 한다. 보는 것은 밝기를 생각하고, 듣는 것은 총명하기를 생각하며, 낯빛은 온화할 것을 생각하고, 모습은 공손하기를 생각하며, 말은 충성스럽기를 생각하고, 일은 공경하기를 생각하고, 의심스러우면 물을 것을 생각하고, 분할 때는 어려울 때를 생각하고, 이익을 보면 의로울 것을 생각한다君子有九思, 視思明, 聽思聰, 色思溫, 貌思恭, 言思忠, 事思敬, 疑思問, 忿思難, 見得思義." 내 눈과 귀가 밝게 보고 듣는 총명을 잃지 않

「구사도九思圖」, 임이任頤, 청나라.

았는지 반성하고 거만한 낯빛을 짓고 방자한 태도를 드러내지는 않았는지 살펴본다. 언행이 충실하지 못한 적은 없는지 일 처리에 성의를 하지 못한 것은 아닌지 돌아본다. 모르는 것이 있으면 물어보고 성났을 때는 이보다 더 어려웠을 때를 생각하여 마음을 가라앉힌다. 이익을 보거든 덥석 붙잡지 말고 이것이 과연 의로운 재물인지를 한 번 더 생각해보라는 말이다. 이러한 아홉 가지 생각을 아홉 마리 백로, 즉 노사鷺鷥에 얹어 그림으로 나타낸 것이다. 청나라 임이任頤가 그린 「구사도 九思圖」가 있다. 생각에 잠긴 아홉 마리 해오라기는 『논어』의 가르침 하나하나를 곰곰이 곱씹는 듯한 표정이다.

이렇듯 한 마리 두 마리가 세 마리로 늘어나 아홉 마리까지 되는데, 그때마다 그림에 담긴 의미가 각각 달라지는 것이 참 재미있다. 한자가 지닌 동음이의의 쌍관의雙關義를 활용한 것이다. 그림 하나에도 깊은 철학적 의미를 담아, 늘 자신을 돌아보아 반성함으로써 스스로 분발하고자 한 옛사람의 마음을 엿볼 수 있다.

결백함의 표상

실제로 해오라기는 그 고결한 흰 깃 때문에 시조에서는 "까마귀 싸우는 골에 백로야 가지 마라"는 식으로 늘 깨끗함의 표상으로 그려지곤 한다. 이것은 한시에서도 마찬가지다. 그런데 고려 때 이규보李奎報(1168~1241)는 「요화백로蓼花白鷺」라는 시에서 이렇게 노래했다.

앞 여울에 물고기와 새우가 많아	前灘富魚蝦
마음먹고 물결 갈라 들어왔는데,	有意劈波入
사람 보곤 갑자기 놀라 일어나	見人忽驚起

여뀌 언덕 다시금 날아 모였네.	蓼岸還飛集
모 빼어 사람 가기 기다리다가	趂頭待人歸
보슬비에 깃털이 모두 젖누나.	細雨毛衣濕
마음 온통 고기에만 쏠려 있는데	心猶在灘魚
사람들은 기심機心 잊고 서 있다 하네.	人道忘機立

좀 짓궂은 시다. 백로는 앞 여울의 물고기와 새우를 잡아먹으려고 했는데 갑자기 낯선 침입자를 보곤 겁이 나서 다시 저만치 여뀌풀 무성한 건너편 언덕으로 날아가버렸다. 그러고는 사람이 돌아갈 때까지 꼼짝도 않고 서 있다. 보슬비에 깃털이 다 젖는 줄도 모르고 붙박인 듯 그 자리에 서 있는 것을 보고 사람들은 그 배고픈 속은 모르고 참 고결하다고 칭찬한다. 하지만 백로는 어찌하면 물고기를 빨리 잡아 빈속을 채우나 하는 궁리뿐일 거라는 내용이다. 백로 이야기이긴 하지만 겉 다르고 속 다른 세상 사람을 향한 풍자의 기미가 담겨 있다.

도롱이 옷 풀빛과 한가진지라	蓑衣混草色
백로가 시냇가로 내려앉았네.	白鷺下溪止
놀라서 날아갈까 염려가 되어	或恐驚飛去
일어날까 다시금 가만있었지.	欲起還不起

조선 후기의 시인 이양연의 「백로」란 작품이다. 도롱이를 입고 들일 나온 농부가 시냇가에 쪼그리고 앉아 있다. 혹 그는 들일을 마치고 집으로 돌아가는 길이었는지도 모르겠다. 진흙 묻은 호미라도 씻으려 했던 걸까? 풀빛의 도롱이로 시냇가에 쪼그리고 앉아 물 불어난 시냇물과 안개에 뿌옇게 젖은 들판을 바라보고 있다. 그때 백로 한 마리가 사람이 있는 줄도 모르고, 풀더미로만 알고서는 바로 곁에 내려와 앉는

다. 비는 부슬부슬 내리고 시내로 내려앉은 녀석은 돌부처럼 꼼짝도 않고 서 있다. 물 위로 떠오르는 물고기를 노리려는 속셈이겠지.

갑자기 그는 난처해진다. 내가 지금 움직이면 녀석은 가슴이 철렁해서 달아나겠지. 엉거주춤 일어나려던 도롱이 입은 농부는 꿀 먹은 벙어리에다 허수아비 신세가 되어 꼼짝도 못하고 그 자리에 주저앉고 만다. 녀석이 제 볼일을 편안히 다 보고 다른 곳으로 떠날 때까지 그는 그렇게 가만히 있을 작정이다. 도롱이 위로 부슬부슬 비는 내리고 강가 안개는 자옥하게 번져간다. 농부는 그 자리에 붙박인 채 앉아 있고, 속 모르는 백로도 비를 맞으며 서 있다. 마침내는 풍경 속에 녹아들어 시인도 없고 백로도 없다. 사물과 나 사이에 아무런 간격이 없다. 말 그대로 물아일체다.

미물이 놀랄까봐 이러지도 저러지도 못하고 서 있는 시인의 마음이 참 예쁘고 고맙다. 우리가 회복해야 할 것은 환경이 어떻고 생태가 어떻고 외치는 고함이 아니다. 이런 따뜻한 배려, 섬세한 감성이다. 굳이 자연 사랑, 새 보호를 외칠 까닭이 없다. 이양연은 백로를 몹시 사랑했던 모양이다. 같은 제목으로 이런 작품도 남겼다.

백로는 백사장서 놀아야 하니	白鷺宜白沙
봄풀 푸른 곳엔 가질 말아라.	莫向春草碧
스스로를 드러내려 들면 안 되지	不須自分明
남들이 알아채기 쉽게 된단다.	易爲人所識

깃털 빛깔이 흰 백로는 흰 모래사장에서 놀아야 제격이다. 그런데 자꾸 봄풀 푸른 속으로 날아드니, 그 흰 빛깔이 초록 속에서 더욱 도드라져 보인다. 백로야! 여긴 네가 놀 데가 아니니 백사장에 가서 놀아라. 네가 네 몸가짐을 옳게 하지 않으면, 사람들이 너 있는 곳을 금방

알아챌 게 아니냐!

다시 이런 시도 있다.

문을 들어서려다 되려 나와서	入門還出門
고개 들어 바쁘게 두리번대네.	擧頭忙轉矚
남쪽 언덕배기엔 산 살구꽃이	南岸山杏花
서편 물가엔 대여섯 마리 해오라기가.	西洲鷺五六

조금 엉뚱해 보이는 시다. 제목은 「타비墮悲」, 즉 '슬픔을 억누르려'란 뜻이다. 시인은 왜 문을 들어서다 말고 다시 문밖으로 나갔을까? 그는 무언가를 찾기 위해 바쁘게 고개 들어 사방을 두리번거린다. 눈에 들어오는 것은 남쪽 언덕의 살구꽃이고, 서편 물가의 대여섯 마리 백로다. 그래서 어쨌다는 것인가? 산행화와 백로를 보려고 시인은 문을 들어서려다 말고 다시 문을 나섰더란 말인가? 위 시는 시인이 늘그막에 사랑하는 아내를 잃고, 같은 해에 둘째 아들마저 저세상으로 떠나보내는 지극한 슬픔을 겪은 후 지은 작품이다.

바깥일을 보고 여느 때처럼 문을 들어서다가 집 안에 자신을 반겨줄 사람이 아무도 없다는 사실을 문득 깨달았다. 기가 턱 막히고 주체 못 할 눈물이 쏟아질 것만 같아서 차마 그 문을 들어서질 못했다. 막상 놀란 듯이 뛰쳐나오고 보니 열없어서 괜스레 무슨 일이라도 있는 듯이 사방을 바쁘게 두리번거렸다. 눈물을 막아보려는 안간힘인 게다. 그눈에 아내의 생전 모습처럼 곱게 핀 살구꽃이 들어오고, 여린 자식 같은 해오라기가 나를 물끄러미 바라보고 있더라는 것이다. 시인은 종내 눈물을 떨구고 말았겠는데, 쓰다 달다 말 한마디 없이 거기까지만 이야기하고 말을 끊었다. 이래저래 그는 백로를 참 사랑했던 모양이다.

알록달록 고운 날개깃을 지닌 물총새가 안개 자욱한 숲길에서 나와 물가에 있는 가는 가지 위에 올라앉아 있다. 봄이 왔고, 물이 불어났다. 물고기들이 수면 위로 자꾸만 뻐끔거린다. 미미람이 물어의 옷깃을 펴서도 물총새는 나뭇가지 위에서 꼼짝도 않고 앉아 있다. 물고기만 나타나면 곧장 수면 위로 차고 내려와 물고기를 낚아채려는 속셈이다.

아홉

물총새가 돋운 시정

솜씨 좋은 사냥꾼

물총새는 옛 문헌에 비취새란 이름으로 나오고 우리말로는 쇠새라고 불렀다. 파랑새목 물총새과 물총새속에 속하는 여름 철새다. 작은 몸에 큰 머리, 길쭉한 부리로 물고기를 잡아먹고 산다. 비취빛의 아름다운 깃털 때문에 푸른 보석 비취에 견주어졌고, 취조翠鳥, 취노翠鷺, 취벽조翠碧鳥로 불리기도 한다. 물고기 잡는 솜씨가 워낙 탁월해서 킹피셔Kingfisher란 영어 이름을 가졌다. 수구水狗, 처구干狗, 어구魚狗, 어호魚虎, 어사魚師, 조어鳥魚 등의 별명이 있다. 우리나라에서는 철작鐵雀이란 이름으로도 불렸다. 북한에서는 물촉새라고 부른다. 물에 사는 촉새라는 뜻이다. 물총새의 의미를 따질 때 음미해볼 만하다.

『금경禽經』에는 "등에 예쁜 깃털이 있어 비취라 한다. 빛깔이 아주 푸른데 선명하면서도 화려해서 사랑스럽다. 맑은 여울이나 연못가에서 산다. 제 깃털을 아주 아껴서 날마다 물에 씻는다"고 했다. 명나라 때 이시진은 『본초강목』에서 "어구魚狗는 부리가 뾰족하고 길며, 다리는 붉고 짧다. 등의 깃털은 비취빛으로 푸른빛을 띠었고, 날개는 검은색에 푸른빛이 섞여 있다. 여자의 머리꽂이로 꾸밀 수 있다"고 하였다.

이 새는 물가 언덕의 벼랑이나 물가에서 떨어진 흙벽에 구멍을 파고 둥지를 만든다. 송나라 때 나원羅願이 엮은 『이아익爾雅翼』에는 "입오鴗은 천구天狗다. 이 새는 흙에 굴을 파서 둥지를 만든다. 겨울에 굴을 파는데, 가로로 한 자 남짓 파 들어가서 그 속에서 새끼를 기른다. 부리는 모두 붉고 목 아래는 희다. 인가 근처 연못에 와서 물고기를 엿보아 잡아먹는다. 지금 사람들은 어구魚狗라고도 한다"고 했다.

같은 물총새과에 호반새가 있다. 물총새와는 달리 부리와 다리가 선명한 붉은색을 띤다. 비를 좋아해서 수연조水戀鳥란 별명이 붙었다. 이 새는 "쿄로로로" 하며 우는데, 비가 주룩주룩 올 때 이 새가 물가에 나와 울므로 경상도 지방에서는 이것을 "비쭈루르" 하며 운다고 말하기도 한다.

물총새는 그 화려한 깃털과 예쁜 자태로 인해 그림과 시에 자주 등장했다. 15세기에 제작된 분청사기 철화무늬 장군에 보이는 새가 바로 물총새다. 이밖에도 이 새는 많은 화가가 즐겨 그린 소재의 하나이기도 하다.

분청사기 철화 연못·새·고기무늬 장군, 높이 15.4cm, 15세기, 오사카 시립동양도자미술관.

서거정徐居正(1420~1488)은 물총새를 특히나 사랑했던지 물총새 시를 세 수나 남겼다. 먼저 「취조翠鳥」란 작품을 보자.

비단으로 옷 해 입은 한 쌍의 비취새가   翠鳥一雙錦作衣
못가에서 깃을 털며 맑은 볕을 희롱하네.   池邊刷羽弄淸暉
어디서 들려오는 두세 곡 쇠피리에   誰家鐵笛兩三弄
쭈루루 소리 내며 놀라 날까 걱정일세.   怕有數聲驚且飛

비단옷을 예쁘게 차려입은 한 쌍의 비취새가 연못가에서 따사로운 햇볕을 쬐면서 깃단장이 한창이다. 그 모습이 몹시도 사랑스러워 나도 몰래 가만히 지켜보고 있다. 그런데 어디선가 갑자기 피리 소리가 들려온다. 보통 때 같으면 그냥 들어도 좋겠는데 저 소리에 놀라 비취새가 그만 훌쩍 날아가버리면 어쩌나 싶어 조바심이 들더라는 것이다. 다음은 「영취조詠翠鳥」다.

비단 날개 금빛 부리 아침 해에 반짝이며   錦翎金觜耀朝暉
붉은 연꽃 연못가를 득의롭게 나는구나.   紅藕池邊得意飛
호해湖海가 넓은 줄을 알지도 못하면서   有底不知湖海大
고기를 엿보느라 괜한 애를 쓰느냐.   窺魚空自費心機

화려한 비단옷에 금빛 부리를 한 비취새가 자태도 화려하게 연꽃이 무성한 연못가를 날고 있다. 물 위로 떠오르는 물고기를 노리는 중이다. 연못은 이렇게 넓고 큰데 물고기가 어디 숨은 줄 알고 바쁘게 날아다니냐고 타박을 했다. 맑은 아침 햇살에 마음이 상쾌해져서 기쁘게 정원을 내다보다가 아침부터 먹잇감을 찾아 바삐 날아가는 비취새가 어여쁘면서도 얄미운 생각이 들었던 모양이다.

고독한 기다림

한시에서 비취새의 모습은 역시 물가에서 물고기를 노리는 이 새의 생태와 관련된 것이 많다. 세종대의 문인 손조서孫肇瑞는 「부득함어취조賦得含魚翠鳥」란 시에서 물고기를 입에 물고 날아가는 비취새를 보고 다음과 같은 시를 지었다.

갑자기 고기 쫓던 목적 이루고	忽致逐魚懷
뜬금없이 연못 나무 속으로 드네.	無端入池樹
어이 오래 위태로운 곳에 있으리	居危豈宜久
푸른 점이 허공을 가르며 떠나가네.	翠點割空去

물가 가지 위에 앉아 꼼짝도 않던 물총새가 어느 순간 박차고 수면 위로 날아들더니 금세 물고기를 잡아채고는 나뭇가지 위로 되올라 앉는다. 아직도 물고기는 부리에 물린 채 몸을 뒤튼다. 안 되겠다 싶었던지 새는 다시 허공을 박차고 올라가 어디론가 날아가버린다. 아마 둥지에서 이미를 기다리고 있을 새끼들을 먹이러 가는 거였겠지. 실제로 물총새는 물고기를 잡으면 나뭇가지나 물가 바위에 물고기를 쳐서 죽인 후에 둥지로 가져와 새끼들을 먹인다. 채용신의 그림에서는 입에 물고기를 문 물총새가 허공을 차고 오르고 있다.

그런가 하면 물총새는 고독을 즐기는 새다. 물가의 나뭇가지 위에 앉아 수면 가까이로 올라오는 작은 물고기를 노리며 몇 시간이고 같은 곳에서 기다리고 또 기다린다. 보통 물총새는 자기 구역 몇 곳에 감시소를 마련해둔다.

중국 시인들도 당나라 때 육구몽陸龜蒙을 비롯하여 후한 때 채옹蔡邕, 전기錢起, 최덕부崔德符, 한악韓偓, 육유陸游 등 유명한 시인들이 모두

「물총새와 원앙새」, 채용신, 82.6×29.1cm, 조선 말기, 순천대박물관.

이 새를 노래한 작품을 남겼다. 육구몽의 것을 소개해본다.

붉은 옷감 푸른 깃 알록달록 고운데	紅襟翠翰兩參差
안개 꽃길 떨쳐와 가는 가지 올랐네.	徑拂煙花上細枝
봄물이 불어나 고기 잡기 쉬우니	春水漸生魚易得
비바람도 마다 않고 앉았을 때 많구나.	不辭風雨多坐時

1구에서 '붉은 옷깃'을 말한 것은 이 새의 앞가슴이 주황색이기 때문이다. 알록달록 고운 날개깃을 지닌 물총새가 안개 자욱한 숲길에서 나와 물가에 있는 가는 가지 위에 올라앉아 있다. 봄이 왔고 물이 불어났다. 물고기들이 수면 위로 자꾸만 뻐끔거린다. 비바람이 불어와 옷깃을 적셔도 물총새는 나뭇가지 위에서 꼼짝도 않고 앉아 있다. 물고기만 나타나면 곧장 수면 위로 차고 내려와 물고기를 낚아채려는 속셈이다.

물총새는 그 아름다운 모습으로 인해 현대에 와서도 문학작품에 자주 등장한다. 이청준의 소설 가운데 「빗새」란 단편이 있다. 고향을 떠나 소식도 끊긴 채 돌아오지 않는 아들을 기다리는 어머니의 마음을 형상화한 작품이다. 빗속에서 그 비를 다 맞으며 울고 있는 빗새를 타관살이에 지쳐 떠돌 아들의 모습에 겹쳐서 묘사하고 있다. 이 소설 속의 빗새가 바로 물총새다.

시정詩情을 돋우는 소리

지친 나그네는 턱 괴고 누워	倦客支頤臥
날이 다 새도록 시 짓고 있네.	探詩日向中

한 소리 들려오는 비취새 울음　　　　　一聲聞翡翠

그 소리 역창의 동쪽에 있네.　　　　　啼在驛窓東

　이경동李慶소의 「사근역沙斤驛」이란 작품이다. 사근역은 경남 거창에 있던 역참驛站이다. 전날 무리한 일정에 지친 나그네는 해가 훤히 떴는데도 이부자리에 누워 있다. 턱을 괴고 있는 것으로 보아 진즉에 잠을 깬 것은 분명하고 누워 있다 한 데서 자리를 털고 일어날 생각이 없는 것도 잘 알겠다. 그는 이른 아침부터 턱 괴고 앉아 무슨 생각에 저리도 골똘한 것일까?

　2구에서 시인은 그것이 '탐시探詩' 때문이라고 했다. 간밤 꿈자리에서 한 가닥 붙든 시상이 마음대로 영글지 않아 가뜩이나 바쁜 일정에 떠나지도 못하고 이부자리에서 턱을 괴고 끙끙대게 했던 것이다. 이러구러 해는 닷 발이나 올라오는데 그의 시상은 진도가 영 나가지 않는다. 아예 안 될 싱싶으면 훌훌 털고라도 일어나겠시만 될 듯 될 듯 막힌 생각이 터지지 않으니 조급증이 나서 견딜 수가 없다.

　그때다. 창밖에서 비취새의 울음소리가 들려온다. 하필 새는 창 동쪽에서 울었을까? "날 샜다. 빨리 떠나거라. 그깟 시 때문에 끙끙대지 말고." 그 소리에 정신이 번쩍 든 순간, 신통하게도 시인의 답답하게 막혀 있던 시상이 뻥 뚫렸다. 물론 아까 끙끙대던 시구쯤은 이 시를 얻고 나서 까맣게 잊고 말았겠지만.

　조선 후기 이양연의 「비취翡翠」는 좀 특이하다.

비취새야 우리 집 들보에 살고　　　　　翡翠宜我桁

까마귀야 우리 집엔 오지를 마라.　　　　而烏莫我屋

귀천이란 벌레도곤 하찮다건만　　　　　貴賤一倮虫

비단옷 갈옷으로 영욕을 재네.　　　　　錦葛爲榮辱

「백납12폭병풍」, 전승진, 비단에 채색, 24.2×27.2cm, 19세기 후반, 순천대박물관.

영화로운 자라 해서 바르지 않고	榮者未必直
욕되 자두 바드시 나뻐지 안지	辱者未必曲
붉은 칠한 솟을대문 사는 사람도	大抵朱門人
행장 보면 모두들 큰 학자라네.	行狀皆濂洛
뒷세상 역사를 엮는 사람은	後世太史公
명신록에 그 이름을 올리어놓지.	編之名臣錄

우리 집에 와 살려거든 시꺼먼 까마귀야 너는 오지 말고, 고운 깃털 비취새야 너만 오너라. 귀천이야 까짓것 한 마리 벌레처럼 하찮다고 말은 하면서도 비단옷을 입었는지 칡옷을 입었는지는 늘 따지는 세상이다. 그렇지만 출세한 사람이라 해서 옳은 것도 아니고 천한 사람을 보더라도 딱히 잘못한 것이 없었다. 더더구나 저 고대광실 큰 대문집에 살던 사람의 행장을 보면 언제나 청렴하고 사사로운 마음 없던 훌륭한 분이었다고 적혀 있다. 그뿐이더냐. 후대의 역사가는 그 행장을 곧이곧대로 믿고서 그 사람의 이름을 명신록에 올릴 것이다. 그러니 비취새야 네 아름다운 빛깔로 우리 집에 살면 세상 사람들이 나를 덩달아 높게 볼 것이 아니더냐. 까마귀 너는 가고 비취새만 오너라. 세상 돌아가는 꼴을 보다가 무언가 잔뜩 비틀린 심사를 비취새에 얹어 노래한 것이다.

이 시에는 "복희씨 신농씨 이래로 이 같은 것이 벌써 오랜데, 이를 탄식하는 것이 도리어 미혹되다自羲農以下歐惟久矣, 歎之者反惑矣"라는 평어가 붙어 있다. 다시 말해 "세상 이치 다 그렇고 그런 줄 뻔히 알면서, 새삼스럽게 뭘"이라고 퉁을 준 것이다.

다음은 복효근의 「물총새의 사냥법」이란 작품이다.

190

내가 누군가의 마음 한 조각을 훔치기 위해

갖은 계략을 짜고 있을 동안

새는 그저 잠시

물의 마음을 들여다보는 것 같았지

내가 한 사람 마음의 황금빛 중심에 다가가기 위해

굴절각을 재고 입구와 출구를 찾고 있을 동안

새는 그때 이미

한 알의 총알이 되어 물속으로 내리꽂혔던 거야

내가 누군가의 마음에 머물러 둥지를 틀 것을 꿈꾸며

손익계산으로 날개가 퇴화되어가고 있을 때

새는 춤추듯 파닥이는

은빛 물고기 입에 물고 물을 박차며 하늘 높이 날아갔지

물총새 다녀간 자리

물속에도 물낯에도 흠집 하나 남기지 않네

가끔은 새의 사냥이 빗나갈지라도

물총새 무심히

무심히 날아오르는 빈 날갯짓이 더 아름답다네

한 알의 총알이 되어 내리꽂혀도 물낯에는 흠집 하나 남기지 않고

「연지수금도蓮池水禽圖」, 정수영, 종이에 엷은색, 24.8×16.3cm, 서울대박물관.

설사 목표가 비껴가도 무심히 날아오르는 물총새. 이래저래 시인의 마음을 설레게 하는 새가 바로 물총새다.

물총새를 노래한 현대 시조도 있다. 유재영의 「물총새에 관한 기억」이다.

작자 미상 옛 그림 다 자란 연잎 위를
기름종개 물고 나는 물총새를 보았다.
인사동 좁은 골목이 먹물처럼 푸른 날.

일곱 문 반짜리 내 유년이 잠겨 있는
그 여름 흰 똥 묻은 삐딱한 검정 말뚝
물총새 붉은 발목이 단풍처럼 고왔다.

텔레비전 화면 속 녹이 슨 갈대숲에
폐수를 배경으로 실루엣만 날아간다
길 없는 길을 떠돌다 되돌아온 물총새.

모두 세 개의 장면이 겹쳐진다. 인사동 골목길에서 문득 마주친 물총새 그림. 연잎 위로 물고기를 물고 날아가는 물총새였다. 그림과 마주친 순간 시인은 인사동의 그 좁고 답답하던 골목이 먹물처럼 푸르게 느껴졌다.

다시 연상은 유년으로 불쑥 건너뛴다. 물총새. 유년의 그 여름날 추억 속에 감도 좋은 사진처럼 각인된 새. 일곱 문 반짜리 고무신을 신고 놀러 간 물가. 그 물가에 삐딱하니 서 있던 검정 말뚝 위, 흰 새똥이 묻은 그 말뚝 위에 시간을 잊은 채 앉아 있던 그 물총새의 단풍처럼 곱던 붉은 발목.

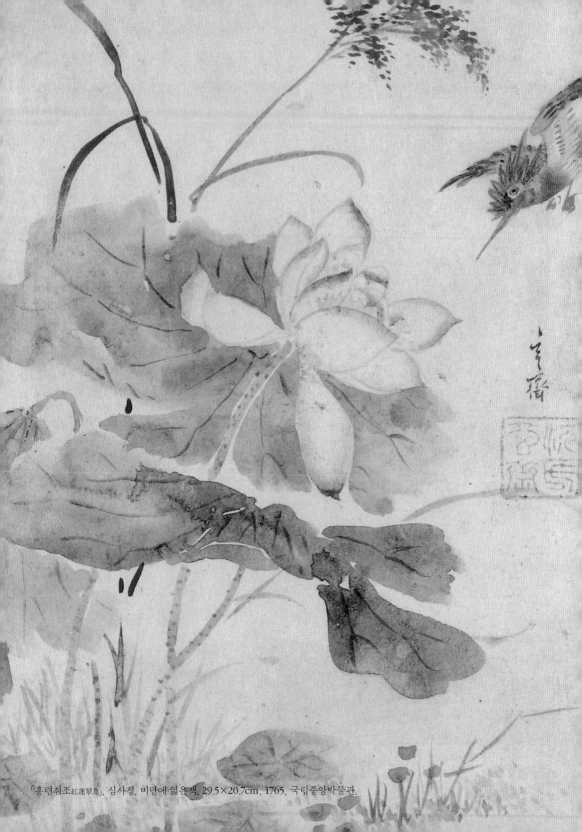

「홍련취조紅蓮翠鳥」, 심사정, 비단에 엷은색, 29.5×20.7cm, 1765, 국립중앙박물관.

퍼뜩 정신을 차리니 다시 현실이다. 텔레비전 앞에 앉아 녹슨 갈대밭을 생각 없이 바라본다. 폐수에 잠긴 배경으로 물총새의 슬픈 실루엣이 비친다. 길 없는 길, 갈 수 없는 나라를 찾아 헤매다 멀거니 제자리로 돌아온 물총새.

그 옛날 그림 속의 물총새는 어린 날 추억 속의 물총새와 다를 바 없었다. 이제 폐수 위를 나는 물총새는 길을 잃고 헤매는 슬픈 우리의 자화상이다. 녹슨 갈대밭, 썩은 물에서 있지도 않은 물고기를 잡아볼까 하여 이리저리 헤매는 물총새를 보며 시인은 슬픔을 말한다.

물총새는 연못이나 물가에서 물고기를 잡아먹고 사는 새다. 또 이 새가 여름 철새인지라, 그림 속에서는 언제나 연꽃과 함께 등장한다. 그 깃털이 무척 아름답고 울음소리 또한 맑고 사랑스러워 시인과 화가들의 눈길을 사로잡았던 모양이다. 하지만 물총새의 사랑스런 모습이 오히려 슬픔을 떠올리게 한다. 단풍처럼 곱고 먹물처럼 푸른 날은 이제는 가고 있다.

천 년 묵은 아름드리나무가 벌레의 해를 견디다 못해 시름시름 생기를 잃어간다. 이때 어디선가 딱따구리 한 마리가 날아와서 날카로운 부리와 발톱으로 나무껍질에 온통 구멍을 내며 벌레를 잡겠다고 애를 쓴다. 새는 지쳐 부리 주변엔 온통 선혈이 낭자하다. 죽음을 무릅쓰고 나무를 위해 정성을 다 쏟지만, 아무도 그 새를 어질다고 칭찬하지 않는다.

열

딱따구리
나무를 쪼네

나무를 쪼지 마라

「탁목삼매啄木三昧」는 조선 후기의 화가 현재 심사정의 딱따구리 그림이다. 아마도 오색딱따구리를 그린 듯한데 붉은색이 조금 과장된 느낌이다. 한시에도 딱따구리 이야기가 참 많이 나온다. 나오기는 하지만 겉모습은 아름다운 것이 애꿎은 나무나 죽이는 좋지 않은 형상으로 묘사되곤 한다.

딱따구리야 나무를 쪼지 말아라   啄木休啄木

고목 속이 반 넘게 텅 비었구나.	古木餘半腹
비바람 까짓것 걱정 없지만	風雨寧不憂
나무가 부러지면 네 집도 없지.	木摧無汝屋

조선 후기 이양연의 「탁목啄木」이란 작품이다. 딱따구리가 자꾸만 고목 속을 헤집고 있다. 딱딱딱딱 숲속을 울려 퍼지는 소리. 해묵은 고목 속은 그렇게 자꾸만 텅텅 비어간다. 그래도 녀석의 입방아는 그칠 기미가 없다. 까짓 비바람이야 맞으면 그만이지만 너 자꾸 그러다가 나무가 우지끈 부러지고 나면 밤중에도 널 지켜줄 보금자리가 없어질 텐데 이젠 나무를 제발 그만 쪼려무나.

이렇게 한시 속의 딱따구리는 철딱서니 없는 존재, 쓸모 있는 재목을 못쓰게 만드는 파괴자의 모습으로 자주 등장한다.

딱따구리 높이 날며 나무 벌레 쪼아대니	啄木高翔啄木蟲
딱딱딱딱 쪼는 소리 참으로 구슬프다.	啄木丁丁聲正悲
무쇠같이 굳센 부리 붉은 잠방이 차려입고	嘴勁如鐵被赤襠
얼룩무늬 비단 줄이 등 쪽으로 드리웠네.	斑爛錦條向背垂
빈 산 대낮 고요하여 쪼는 소리 더욱 크니	空山晝靜啄愈響
화답하여 우는 소리 마른 가지 맴도누나.	嚶喔和鳴繞枯枝
작은 몸집 나무 밑서 잘 보이지 않지만	形微樹底尋不見
초당까지 소리 울려 곤한 잠이 놀라 깬다.	響高草堂驚幽夢
아이 녀석 돌 던지자 깜짝 놀라 날아가니	兒童投石忽驚飛
숲 가득 나뭇가지 흔들림만 보이네.	但看千林枝葉動

조선 후기 최성대崔成大(1691~1762)의 「탁목사啄木詞」다. 붉은 잠방이를 입고 얼룩무늬의 비단 띠가 등에 나 있다고 한 것으로 미루어 그가 본

「탁목삼매啄木三昧」, 심사정, 종이에 채색, 18.3×28.7cm, 18세기, 간송미술관.

것은 오색딱따구리였던 모양이다. 숲속 집에서 낮잠이 곤히 들었다가 갑자기 숲은 울리며 들려오는 딱따구리의 둥지 뚫는 소리에 잠을 깨고 말았다. 텅 빈 산 나무 사이로 울려 퍼지니 그 소리가 더욱 요란스럽다. 꼬맹이가 시끄럽게 굴어 잠을 깨웠다며 약이 올라 돌을 던지자 딱따구리는 하던 짓을 그만두고 놀라 달아나버린다.

펄펄 나는 한 마리 새	翩翩一飛禽
타고난 모습 또한 저리 곱다네.	賦形亦何章
날개 옷 찬란하게 환히 빛나니	羽衣煥爛燁
오색 채단 곱게 짜 빛을 발하듯.	五綵織成光
공작새 비취새도 그 빛을 잃고	孔翠失其色
곧장 봉황마저 속이려 든다.	直欲欺鳳凰
숲 사이로 빙빙 날아다니니	翱翔叢薄間
뭇 새 어찌 감히 삼낭을 하리.	衆鳥不敢當
부리 닦아 제멋대로 거만을 떨며	脩喙恣頡頑
돌아보매 아침볕에 빛나는도다.	顧盼耀朝陽
찾아와 좋은 나무 꼭대기에서	來尋嘉樹顚
나무의 뱃속을 다 쪼아 파네.	啄盡嘉樹腸
처음엔 송곳으로 구멍 뚫는 듯	初如椎鑿穿
점차는 단단한 칼로 베는 듯.	漸似刀鉅戕
쪼는 그 기세가 쉴새없더니	啄勢殊未已
가지는 꺾어지고 뿌리도 상해.	枝摧根又傷
비바람 구멍으로 휘몰아쳐서	風雨襲竅穴
하루저녁 꼭대기가 꺾이었다네.	一夕歸顚僵
아깝다 동량으로 쓸 만한 재목	惜此棟樑材
마침내 미물의 재앙 받다니.	終爲微物殃

하늘 도는 서로서로 빼앗음 있어	天道有相欲
기대고 ● 음이 어이 인정하기요.	倚伏詎可期
총알이 어이 너를 용서하겠나	金丸豈汝貰
사물을 해치고는 오래 못 가리.	害物理難長

조선 중기 신흠申欽(1566~1628)의 「탁목행啄木行」이다. 역시 오색따따
구리의 화려한 깃털 빛깔로 말문을 열었다. 공작새, 비취새보다도 아름
답고 봉황과도 겨룰 만한 그 고운 빛깔로 하는 짓이란 멀쩡히 좋은 나
무 꼭대기에 구멍을 뚫어 동량으로 쓸 만한 목재를 못쓰게 만드는 것이
다. 여기서 딱따구리는 화려한 권세를 바탕으로 세상을 위해 꼭 필요한
쓸모 있는 인재를 해치는 간악한 무리를 상징하는 것으로 그려졌다.

이목李穆(1471~1498)의 「탁목」도 재미있다.

딱따구리 숲 사이를 멋대로 나니	啄木矯飛萬木中
때때옷 찬란해라 치마는 붉고.	斑衣璀璨短裳紅
백성 괴롭히는 좀은 안 쪼고	恨渠不啄侵民蠹
빈 산 나무 벌레 쪼음 안타깝구나.	只啄空山樹穴蟲

딱따구리가 찬란한 무늬 옷과 짧고도 붉은 치마를 입고 득의롭게
숲속을 휘젓고 다닌다. 딱따구리가 나무를 쪼는 것은 나무 속에 있는
벌레를 쪼아 먹기 위해서다. 시인은 차라리 애꿎은 나무의 벌레를 쪼
지 말고 백성을 괴롭히는 좀벌레 같은 탐관오리들을 쪼는 것이 어떻겠
느냐고 했다.

나무를 지키는 수호신

송순宋純(1493~1582)의 「탁목탄啄木歎」이란 시는 딱따구리를 다른 방향에서 바라본다.

천 년 묵은 아름나무 커서 소도 가리고	千年喬木大蔽牛
구천에 뿌리 깊고 가지는 하늘 뻗었네.	根深九泉枝擎天
하루아침 시들시들 생기를 잃어가도	一朝恢恢少生意
마을에선 그러려니 불쌍히 여기잖네.	鄉里尋常皆莫憐
늙은이 동량 재목 저리됨이 아까워서	老夫爲惜棟樑材
하루 종일 어루만져 마음만 안타깝다.	撫摩終日心悁悁
어디선가 웬 새가 좇아 날아들더니만	有鳥及從何處來
톡톡탁탁 톡톡탁탁 꼭대기를 울리누나.	剝剝啄啄鳴其顚
부리는 긴 데다 발톱은 날카로워	喙有長兮爪爲利
나무 속 늙은 벌레 죄 뚫으려 기약하네.	腹心老蠹期盡穿
남쪽 가지 북쪽 가지 다시금 서쪽 가지	南枝北枝復西枝
나무 속에 숨은 벌레 모두 뚫으려는구나.	千瘡萬穴皮無全
벌레는 깊이 숨고 힘은 자꾸 빠져서	蟲猶深避力愈微
입가에 흐르느니 뚝뚝 듣는 선혈일세.	只見殷血流口邊
물가엔 기러기요 산에는 비둘기라	水有鴻雁山有鳩
마시고 먹는대야 저 편함만 도모하네.	飲啄不過謀自便
정위조精衛鳥 바다 메움 원수 갚기 위함이요	精衛塡海爲報讐
두견이 피로 움은 나라 옮김 슬퍼서라.	杜鵑啼血悲國遷
천 길 마른 나무 본시 무정하건마는	千尋枯木本無情
몸 바쳐 해 제거함 다시 무슨 연유런고.	捐身除害抑何緣
부리 다치고 발톱 빠져 깃털조차 쇠잔한데	喙傷爪脫羽亦殘

「매화와 딱따구리」, 비단에 채색, 67.0×28.5cm, 가회민화박물관.

「화조도」, 비단에 채색, 88.0×34.0cm, 가회민화박물관.

죽음 참고 정성 다해도 뉘 너를 어질다 하리.	耐死效誠誰汝賢
고금의 사람 일이 저다 이와 간거니와	古今人事盡如此
아아! 너는 어이 홀로 이렇듯이 하는 게냐.	吁此汝身何獨然

앞서의 시에서 딱따구리는 제 배를 채우자고 나무를 죽이는 못된 새로 그려진 데 반해, 송순은 벌레의 해로부터 나무를 지키기 위해 제 한 몸 희생하는 갸륵한 새로 묘사했다. 천 년 묵은 아름드리나무가 벌레의 해를 견디다 못해 시름시름 생기를 잃어간다. 그저 두었더라면 동량의 재목이 되었을 터인데 안타깝기 그지없다. 그런데 어디선가 딱따구리 한 마리가 날아와서 날카로운 부리와 발톱으로 나무껍질에 온통 구멍을 내며 벌레를 잡겠다고 애를 쓴다. 벌레는 그럴수록 나무 속 깊이 숨어들고 새는 지쳐 부리 주변엔 온통 선혈이 낭자하다. 발톱도 다 빠지고 깃털도 추레하다. 죽음을 무릅쓰고 나무를 위해 정성을 다 쏟건만 아무도 그 새를 어질다고 칭찬하지 않는다. 바다에 빠져 죽은 정위조는 복수를 위해 돌을 물어 바다를 메우려 들고, 나라 잃은 두견이는 돌아가고 싶다고 피를 토하며 운다지만 도대체 딱따구리 너는 무엇 때문에 제 몸을 희생해가며 나무의 해를 없애겠다고 하는 게냐. 그저 기러기나 비둘기처럼 분수에 만족하며 편안히 살면 그뿐이지 왜 제 몸을 그렇게 괴롭히느냐고 시인은 딱따구리에게 묻고 있다.

여기서 딱따구리는 시인 자신의 기탁이다. 아름드리나무는 조정을 상징하고, 나무 속을 갉아먹는 벌레들은 간신배의 무리가 된다. 간신배의 농간으로 천 년 고목은 하루가 다르게 생기를 잃어간다. 그래서 딱따구리 같은 충신이 나와 제 한 몸 희생하더라도 나무를 해치는 벌레를 잡아야겠다고 시인은 말하고 있는 것이다. 고려 이규보의 「탁목조啄木鳥」도 이와 비슷하다.

「추화군조도秋花群鳥圖」, 작가미상, 종이에 채색, 105.6×37.5cm, 19세기 초, 순천대박물관.

「딱따구리」, 작가미상, 105.6×37.5cm, 19세기 초, 순천대박물관.

나무의 구멍에서 벌레집 찾아	木穴得蟲藪
딱딱 쪼는 소리 문 두드리듯.	剝剝如扣戶
그 누가 네 부리를 빌려가서는	誰能借汝觜
사람 속 벌레를 쪼아 없앨꼬.	啄去人中蟲

딱딱딱딱 나무에 구멍 파는 소리가 마치 대문을 두드리는 소리 같다. 나무를 갉아먹는 벌레들이 그 속에 숨어 있지만, 한번 걸렸다 하면 한 마리도 남김없이 딱따구리의 밥이 되고 만다. 이쯤 해놓고 시인은 슬그머니 말을 돌려 겉으로 멀쩡해 보이는 나무의 속을 파먹는 벌레를 잡아먹는 딱따구리처럼 인간 세상에 좀벌레 같은 인간들을 다 잡아먹어 치울 사람은 누구냐고 되묻는다.

한밤중의 노크 소리

딱따구리의 나무 쪼는 소리를 문 두드리는 소리로 연상한 것에는 강진姜溍(1807~1858)의 「협행잡절峽行雜絶」이란 시도 있다.

산 늙은이 한밤중에 사립문 열고	山翁夜推戶
사방 한번 둘러보며 그저 서 있네.	四望立一回
얄미워라 저놈의 딱따구리를	生憎啄木鳥
마을 사람 마실 온 줄 잘못 알았네.	錯認縣人來

산골 마을이다. 한밤중 산속 집에 사는 할아버지가 갑자기 일어나 사립문을 연다. 방금 전 문 두드리는 소리를 듣고 내다보는 참이다. 이리저리 둘러본다. 아무도 없다. 누굴까? 고개를 갸웃대며 두리번거려

도 사람 그림자는 찾을 길이 없다. 그때 앞쪽 나무 위에서 다시 딱따구리가 따따따따 나무를 쫀다. 이이쿠! 저 비닉새에 속았구나. 그세야 일 아버지는 조금 전 노크 소리의 주인공을 알아차린다.

사실 할아버지는 긴 밤 잠도 안 오고 저 아랫마을에서 자기처럼 누군가가 심심함을 못 견뎌 마실이라도 와주지 않을까 은근히 기다리던 참이었다. 딱따구리가 밤중에도 나무를 쪼는지는 모르겠지만 사람의 마음을 알아 문간을 두드린 딱따구리와 산골 할아버지 사이의 텔레파시가 그렇게 공교롭게 서로 통한 모양이다. 싱거운 산골의 밤은 그렇게 깊어간다.

같은 새를 두고 바라보는 방향에 따라 의미가 이렇듯 달라지는 것이 참 재미있다. 세상일은 정말 보기 나름인 것이다. 이밖에도 딱따구리를 노래한 시인은 많다. 김시습金時習(1435~1493), 이우李堣(1469~1517), 김안로金安老(1481~1537) 등의 작품이 남아 있다. 예전 민화 속에도 딱따구리는 심심찮게 등장한다. 「추화군조도秋花群鳥圖」와 「화조괴석도花鳥怪石圖」에서 보듯 민화에도 딱따구리는 제 모습을 드러내곤 했다.

음력 3월 뽕나무에 후투티가 내려앉는다. 햇볕 받아 머리에 쓴 화관이 아름답게 반짝인다. 후투티가 뽕나무에 앉은 것을 보니 누에치는 시절이 돌아온 것이다. 베 짜는 아가씨들은 벌써부터 마음이 바빠진다. 꽃가지에 기대앉았던 후투티는 경쾌한 날갯짓을 하며 나무 둘레를 맴돈다.

열하나

후투티의
멋진 모자

뽕나무를 좋아하는 오디새

후투티는 모자를 쓴 멋쟁이다. 한자 이름은 대승戴勝이다. 대戴는 머리에 이고 있다는 뜻이고, 승勝은 한나라 때 부인의 머리 장식을 가리키는 말이었다. 그러니까 대승이란 머리에 장식을 이고 있는 새란 뜻이다.

전국시대 위나라 양왕襄王(재위 기원전 318~기원전 296)의 무덤에서 출토된 죽간 가운데 후투티에 관한 언급이 있다. 가장 오래된 기록이다.

곡우穀雨가 지난 지 열흘쯤 되어, 후투티가 뽕나무에 내려앉는다. 후투티
가 뽕나무에 내려앉지 않으면 정교政敎가 제대로 행해지지 않는다.

뽕나무는 백성의 의복과 관련되고, 후투티가 뽕나무에 내려앉아 뽕
잎을 갉아먹는 벌레를 많이 잡아먹어야 누에가 먹을 뽕잎이 그만큼 많
아지겠기에 나온 말로 보인다. 후투티는 뽕나무, 즉 오디나무에 즐겨
앉으므로 오디새로 불리기도 한다. 그런 까닭에 후투티를 노래한 옛
한시에는 으레 뽕나무가 함께 등장한다.
　중국 장하張何의 「직조시織鳥詩」를 읽어보자.

봄이 끝나가는 삼월이 되면	季春三月裏
후투티 뽕나무에 내려앉누나.	戴勝下桑來
볕 받아 꽃 모자 한들거리고	映日花冠動
바람 맞아 수놓은 깃 활짝 퍼지네.	迎風繡羽開
누에 칠 일 늦었음에 깜짝 놀라서	候驚蠶事晚
아가씨 옷 지으려 옷감을 짠다.	織向女工裁
꽃에 기대 잠자리를 정해두고는	旅宿依花定
나무 둘레 빙빙 돌며 가벼이 나네.	輕飛繞樹回
높은 누각 버드나무 지나려다가	欲過高閣柳
작은 뜰의 매화를 다시금 친다.	更拂小庭梅
차지한 것 나뭇가지 하나뿐인데	所寄一枝在
활 쏘는 이 시샘을 근심하누나.	寧憂弋者猜

음력 3월에 뽕나무에 후투티가 내려앉는다. 햇볕 받아 머리에 쓴 화

「후투티」, 리친李勤·쉬스친徐士欽, 중국 현대.

관花冠이 아름답게 반짝인다. 후투티가 뽕나무에 앉은 것을 보니 누에 치는 시절이 돌아온 것이다. 베 짜는 아가씨들은 벌써부터 마음이 바빠진다. 꽃가지에 기대앉았던 후투티는 경쾌한 날갯짓을 하며 나무 둘레를 맴돈다. 높은 누각 위 버드나무로 자리를 옮기려다 말고, 공연히 심술궂게 뜰의 매화 가지를 한 번 툭 친다. 그래도 제 예쁜 깃을 노리는 화살이 있을까 두려워 두리번두리번 사방을 둘러보며 경계를 늦추지 않는다.

천시를 아는 도사

당나라 때 왕건王建은 또 이렇게 노래했다.

후투티 그 누가 네 이름 지었나	戴勝誰與爾爲名
나무 속에 둥지 파고 담 위서 우네.	木中作窠牆上鳴
소리마다 날더러 씨 뿌리라 재촉하며	聲聲催我急種穀
인가에서 밭을 향해 잠조차 자질 않네.	人家向田不歸宿
지줏빛 모자 어여쁘고 베옷엔 얼룩무늬	紫冠采采褐衣斑
잠자리 물고서 집을 날며 지나간다.	衛得蜻蜓飛過屋
슬프다 초록 연못 가득한 흰 백로야	可憐白鷺滿綠池
후투티가 계절 앎만 같지 못하구나.	不如戴勝知天時

고목의 구멍을 찾아 둥지를 트는 습성을 지닌 후투티가 담장 위에 앉아 우는 것을 보고 시인은 어느덧 씨 뿌리는 계절이 돌아왔음을 깨닫는다. 부지런히 벌레를 물어 날아다니는 아름다운 그 모습을 보다가 계절의 변화를 제때에 감지하는 이 새가 저 연못에 가득한 해오라기보

다 더 귀하지 않느냐고 했다. 8구에서 말한 그대로 후투티는 '지천시知
天時', 즉 계절의 때를 아는 영특한 새다.

당나라의 유명한 시인 가도賈島는 후투티의 어여쁜 자태를 보고 이렇
게 노래했다.

별점 무늬 꽃 모자 도사의 복장이니	星點花冠道士衣
자양궁의 궁녀가 변화하여 나는도다.	紫陽宮女化身飛
봄 소식 하늘나라에 능히 전하겠지만	能傳上界春消息
봉래산 다다르면 돌아오지 못하리.	若到蓬山莫放歸

아름다운 별점 무늬에 화려한 꽃 모자를 쓴 모습은 흡사 황색의 도
포와 두건을 쓴 도사 같다. 혹 천상 자양궁의 궁녀가 벌로 새의 몸을
받아 인간 세상에 환생한 걸까? 높이높이 날아가는 새를 바라보면서
시인은 하늘나라에 지상의 봄 소식을 전하러 가는가 하고 묻다가 아
마도 봉래산에 다다르면 다시는 이곳에 오지 못하게 될 것이라며 염려
한다.

우리나라 시인이 후투티를 노래한 것은 이상하게도 많지 않다. 박인
로朴仁老(1561~1642)의 「대승음戴勝吟」을 읽어본다.

후투티 울음소리 낮잠을 자주 깨니	午睡頻驚戴勝吟
어이해 자꾸만 농부 마음 재촉하나?	如何偏促野人心
저 서울 좋은 집 모서리에 울어서	啼彼洛陽華屋角
밭 갈라 권하는 새 있음을 알게 하렴.	令人知有勸耕禽

후투티의 경쾌한 울음소리가 집 가까이에서 자꾸 들려와 낮잠을 깬
다. 대개 이 새가 농번기에 나타나 울기 때문에 이 새의 울음소리는 다

「춘교春郊」, 쑨치펑孫其鋒, 중국 현대

「대나무 가지 위의 후투티」, 조맹부趙孟頫, 25.4×36.2cm, 원나라, 베이징 고궁박물원.

시 바빠질 때가 가까워졌다는 신호로 들린다. 그래서 한가롭게 누워 자다가 후투티의 울음소리에 문득 계절을 느껴 마음이 다급해졌다고 노래하였다. 쑨치펑孫其鋒은 자신이 그린 후투티의 제목을 「춘교春郊」라 했다. 후투티가 민들레 핀 봄 들판을 날아다니니 씨 뿌릴 계절이 돌아온 것이다.

냄새나는 할망구

후투티는 그 멋진 외양과는 달리 지저분하기 짝이 없는 새다. 번식기의 둥지는 더럽고 고약한 냄새가 코를 찌른다. 일반적으로 어미 새들은 새끼의 배설물이나 음식물의 껍질 같은 것을 다른 곳에 운반하여 버리는 습성이 있다. 반면 후투티는 그렇지 않다. 후투티는 나무 구멍이나 절벽에 굴을 파서 둥지를 만든다. 새끼는 놀라면 꼬리 부분에서 지독한 독성 물질을 배출한다. 마치 스컹크가 악취를 내뿜는 것과 같은 이치다. 그 냄새가 얼마나 지독한가는 후투티의 별명이 취파낭臭婆娘, 즉 '냄새나는 할망구'인 것만 봐도 알 수 있다. 중국에서는 야외에 땅 위로 드러난 무덤의 관재棺材 속에 둥지를 곧잘 짓는다 해서 관재조棺材鳥란 불명예스런 별명을 얻기도 했다.

하지만 그림에서는 그 화려한 머리 깃으로 인해 화가들의 주목을 받았다. 「대나무 가지 위의 후투티」는 원나라 조맹부趙孟頫의 그림이다. 대나무 가지 위에 후투티 한 마리가 앉아 있는 장면이다.

앵무에는 몇 종류가 있다. 녹앵무는 농촉隴蜀 땅에서 난다. 전남滇南과 교광交廣 근해의 여러 지방에 특히 많다. 크기는 까막까치와 비슷하다. 수백 마리가 무리지어 난다. 홍앵무는 자줏빛을 띤 붉은색이다. 크기는 녹앵무와 같다. 백앵무는 서양의 남번南番에서 난다. 크기가 어미 닭만 하다.

🦜 열둘

앵무새의 재롱

말 잘해도 새일 뿐

빛깔이 고와 사랑을 받는 새가 있고, 소리가 아름다워 꼼을 받는 새가 있다. 앵무새는 목소리가 아름다운 것은 아니지만, 빛깔이 곱고 무엇보다 사람 말을 잘 흉내낸다. 이 특출한 재능으로 앵무새는 예전부터 많은 사랑을 받아왔다. 우리나라 기록에서 가장 오래된 것은 『삼국유사』에 실린 「흥덕왕과 앵무새」란 글이다.

42대 흥덕대왕은 보력寶歷 2년(826)에 즉위했다. 얼마 뒤 어떤 사람이 당나라에 사신 갔다가 앵무새 한 쌍을 가지고 왔다. 오래지 않아 암놈이

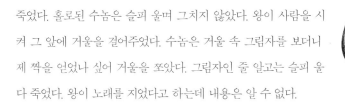

죽었다. 홀로된 수놈은 슬피 울며 그치지 않았다. 왕이 사람을 시켜 그 앞에 거울을 걸어주었다. 수놈은 거울 속 그림자를 보더니 제 짝을 얻었나 싶어 거울을 쪼았다. 그림자인 줄 알고는 슬피 울다 죽었다. 왕이 노래를 지었다고 하는데 내용은 알 수 없다.

당나라에서 가지고 온 한 쌍 앵무새의 이야기다. 말 흉내를 잘 냈다는 언급은 없고, 짝 잃은 것을 상심하여 슬퍼하다 죽었다는 내용만 짧막하게 실려 있다. 흥덕왕은 앵무새 노래를 짓기까지 했다. 아마도 제 짝을 잊지 않는 앵무새의 사랑에 빗대 사람의 일을 풍자한 내용이었지 싶다.

앵무새는 따뜻한 지방의 새다. 추위에는 몹시 약하다. 그러니 우리나라에 이 새가 흔했을 리 없고, 있다 해도 어쩌다 중국에서 들여온 한두 마리만 있었을 뿐이다. 하지만 중국에서는 사정이 달랐다. 이백과 두보, 백거이를 비롯해 중국의 유명 시인들은 모두 앵무새를 노래했다. 관련 기록도 풍성하다. 이시진은 『본초강목』에서 이렇게 말했다.

앵무에는 몇 종류가 있다. 녹앵무는 농촉隴蜀 땅에서 난다. 전남滇南과 교광交廣 근해의 여러 지방에 특히 많다. 크기는 까막까치와 비슷하다. 수백 마리가 무리지어 난다. 홍앵무는 자줏빛을 띤 붉은색이다. 크기는 녹앵무와 같다. 백앵무는 서양의 남번南番에서 난다. 크기가 어미 닭만 하다. 오색앵무는 해외의 여러 나라에서 난다. 백앵무보다는 크고 녹앵무보다는 작다. 성품이 특히 영리하다. 부리는 붉으며 갈고리 모양을 하고 있다. 꼬리가 길고 발이 붉다. 금빛 눈동자에 깊은 눈을 가졌다. 아래위 눈꺼풀을 모두 잘 깜빡인다. 혀는 어린아이 같다. 발가락은 앞뒤 각각 두 개씩으로 여느 새와 다르다. 성질이 추위를 무서워한다.

한나라 때 허신許愼은 『설문해자說文解字』에서 이렇게 말했다. "앵무鸚鵡는 말을 잘하는 새다. 앵鸚은 새의 어린애嬰 소리에서 따왔고, 무鵡는 새의 어미母 소리에서 따왔다." 그런가 하면 송나라 때 왕안석王安石은 「찬자설撰字說」에서 "앵무는 어린아이가 어미의 말을 배우는 것과 같으므로 글자가 영모嬰母에서 나왔다"고 적었다.

또 송나라 때 조여적趙汝適의 『제번지諸蕃志』에서는 앵무새에 대해 이렇게 적고 있다. "앵무는 점성占城에서 난다. 다섯 빛깔이 있다. 당나라 태종 때 환왕環王이 이것을 바쳤다. 전하기를 능히 춥다고 하소연할 줄 알았으므로 조칙을 내려 돌려보냈다. 환왕의 나라는 바로 점성이다. 흠주欽州에는 백앵무와 홍앵무가 있다. 크기가 작은 거위만 하고 깃털에 나비 날개처럼 분이 있는 것을 백앵무라 한다. 빛깔이 아주 붉고 까마귀나 솔개의 꼬리 비슷한 것이 있는 것은 홍앵무라 한다." 여기서 말하는 점성이란 지금 베트남의 남부 지역을 가리킨다.

앵무鸚鵡는 앵무鸚䳇라고도 쓴다. 조류학적 명칭으로 백앵무처럼 머리 위에 뿔깃이 있는 것은 앵무라 하고, 뿔깃이 없는 것은 앵가鸚哥 즉 잉꼬라고 구분하기도 한다. 이밖에 앵무새의 다른 이름은 서방에서 왔

「백앵무」, 리촨·쉬스친, 중국 현대.

다고 해서 서객西客, 농隴 지역에서 많이 난대서 농객隴客, 농금隴禽, 농조隴鳥 등으로도 불렸다. 말을 잘하여 능언조能言鳥라고도 한다.

당나라 단성식段成式의 『유양잡조酉陽雜俎』에는 이런 이야기가 실려 있다. 당 현종 때 오색앵무가 능히 말을 잘했다. 현종이 좌우의 신하에게 시험삼아 자기 옷을 잡아당기게 했다. 그러자 앵무새가 갑자기 눈을 부릅뜨며 신하들을 나무랐다. 장공연張公燕이 이를 하례하는 글을 올리면서 앵무새를 시락조時樂鳥라고 불렀다. 그래서 별칭이 하나 더 늘었다.

말 잘하는 앵무새가 늘 미쁨을 받기만 한 것은 아니다. 『예기禮記』에는 「앵무능언장鸚鵡能言章」이 있다. 그 내용은 이렇다.

> 앵무새는 말을 잘하지만 새일 뿐이다. 성성이도 말에 능하나 짐승에 지나지 않는다. 이제 사람이면서 예가 없다면 비록 말을 번드르르하게 해도 또한 금수의 마음이 아니겠는가?

앵무새가 아무리 말을 잘해도 불리비조不離飛鳥, 즉 나는 새라는 사실에서 벗어날 수는 없다. 앵무새의 말은 흉내일 뿐이다. 앵무새가 사람을 말 잘한다고 사람일 수는 없다. 『예기』의 이러한 언급은 앵무새를 후대인들이 겉만 번지르르하고 실속은 없는 가식적인 존재를 상징하는 것으로 인식하게끔 했다.

영험한 깨달음

조선 후기 이규경李圭景의 『시가섬등詩家點燈』이란 책에는 앵무새에 얽힌 재미난 이야기를 소개한 「앵무일사鸚鵡逸事」가 실려 있다.

처음 소개된 이야기는 당나라 장필張泌의 「장루기粧樓記」다. 당 현종 때 베트남에서 백앵무를 바쳤다. 말을 아주 잘했으므로 흰옷 입은 아가씨란 뜻으로 설의낭雪衣娘이라고 불렀다. 어느 날 아침 앵무새가 왕비의 경대 위로 날아올라가더니 이렇게 말했다. "설의낭이 간밤 꿈에 사나운 새에게 잡혔더랬어요." 이 이야기를 전해 들은 임금은 왕비에게 『다심경多心經』을 적어 귀에 익을 때까지 외워주게 했다. 영물스런 앵무새가 악몽을 이야기하자 왕이 나서서 재액을 막아주는 주문을 익히게 한 이야기다. 「앵무희접도鸚鵡戲蝶圖」는 청나라 때 호미胡湄가 그린 것이다. 봄날 해당화 가지에 쇠줄로 발이 묶인 백앵무가 머리 깃을 뒤로 젖힌 채 그네를 타며 날아가는 나비와 장난을 치는 그림이다. 그 서슬에 꽃잎이 지고 있다.

명나라 진계유陳繼儒의 『진미공비급陳眉公祕笈』에도 도를 깨친 앵무새 이야기가 나온다. 동도東都에 사는 어떤 사람이 앵무새를 길렀다. 앵무새가 무척이나 똑똑하고 지혜로워서 아는 스님에게 이 앵무새를 주었다. 앵무새는 스님의 독경 소리를 귀담아듣고, 독경도 잘했다. 어떤 때는 혼자서도 독경을 했다. 스님은 이 새를 몹시 아꼈다. 이따금씩 앵무새는 시렁 위에 말도 없이 꼼짝 않고 있곤 했다. 스님이 왜 그러냐고 물으면 이렇게 대답했다. "몸과 마음을 모두 움직이지 않는 것은 무상無上의 도를 구하려 함이지요." 앵무새가 죽었다. 스님은 다비를 해주었는데 과연 사리가 나왔다.

유의경劉義慶의 『명험기冥驗記』에 실린 이야기는 이렇다. 앵무새가 저 살던 곳을 떠나 다른 산에 날아왔다. 산속 새들이 앵무새를 배척하지 않고 서로 아끼며 화목하게 지냈다. 앵무새가 한동안 이 산에 머물다가 비록 이곳이 즐겁긴 해도 오래 있을 수는 없겠다고 여기고 원래 있던 곳으로 떠나갔다. 몇 달 뒤 산에 큰불이 났다. 앵무새가 멀리서 보고 문득 물속에 들어가 깃털을 적셔서는 날아가 이를 뿌렸다. 천신天神이 말했다. "네 뜻이 비록 가상하나 어찌 그렇게 해서 불을 끌 수 있

「앵무희접도鸚鵡戲蝶圖」, 호미胡湄, 98.2×50.3cm, 청나라, 상하이박물관.

겠는가?" 앵무새가 대답했다. "비록 끌 수 없는 것은 알지만 일찍이 이 산에서 몸을 맡겨 살았습니다. 같은 금수로 형제 된 처지에 차마 볼 수 없어서일 뿐입니다." 천신이 가상히 여겨 즉시 불을 꺼주었다.

앞의 두 이야기는 말만 흉내내는 것이 아니라, 제 생각도 말하고 심지어는 독경하다가 도를 깨달아 사리까지 나온 영험한 앵무새에 관한 것이고, 세 번째 이야기는 은혜를 잊지 않고 제 몸을 희생하여 남을 도우려 한 갸륵한 앵무새의 사연을 담았다.

1770년에 연경에서 녹앵무새 한 마리를 들여왔다. 이서구가 이 새를 길렀다. 그러나 아무리 가르쳐도 말을 하지 못했다. 안타까운 나머지 그는 앵무새에게 이렇게 말했다. "네가 말을 하지 않으니 까마귀와 무엇이 다르냐? 네가 말을 하는데 내가 알아듣지 못한다면 그래도 내가 낫겠다." 이렇게 푸념하다가 문득 스친 생각이 있어, 녹앵무새의 이야기를 적어 『녹앵무경綠鸚鵡經』이란 작은 책자를 만들었다. 박지원朴趾源이 그 서문을 써주었는데, 현재 『녹앵무경』은 전하지 않는다. 그 내용의 일부가 이규경의 『오주연문장전산고五洲衍文長箋散稿』와 『시가점등』에 수록되어 있다. 이덕무가 쓴 평어도 실려 있다. 앵무새의 모양과 생태를 이런저런 측면에서 기록하고, 앞서 본 것과 같이 다양한 앵무새 관련 기록을 모아놓은 책일 듯싶다. 일부 남은 기록 중에 네모난 나무 격자 위에 앵무새를 얹어 기른다는 내용이 나온다. 국립중앙박물관에 소장된 「태평성시도」 그림 속에 이 내용에 대한 정확한 묘사가 보인다. 뒤에 볼 관상용 비둘기의 사육에 대해 적은 『발합경』에서도 확인되듯이, 이 시기에는 중국에서 각종 새를 들여와 관상용으로 사육하는 것이 한때의 유행처럼 번졌던 모양이다.

「태평성시도」(제4폭), 비단에 채색, 113.6×49.1cm, 조선 후기, 국립중앙박물관

재주가 자초한 불행

앵무새를 노래한 한시는 적지 않다. 특히 당나라 때 유명한 시인치고 앵무새 시를 남기지 않은 시인이 거의 없고 보면 당나라 때 특히 앵무새 사육이 성행했음을 잘 알 수 있다. 중국 것은 두보杜甫의 「앵무」 한 수만 살펴본다.

앵무새 근심을 머금었으니	鸚鵡含愁思
총명해 헤어진 짝 생각함일세.	聰明憶別離
푸른 깃 온통 짤막해져도	翠衿渾短盡
붉은 부리 아는 것 많기도 해라.	紅嘴漫多知
새장이 열릴 날 있지 않으니	未有開籠日
오래 살던 가지에서 죽을 수밖에.	空殘舊宿枝
세상 사람 사랑함이 손해가 되니	世人憐復損
깃털이 기이한들 어디다 쓰리.	何用羽毛奇

왠지 수심에 겨워 보이는 새장 속 앵무새를 보고 지은 시다. 푸른 깃에 붉은 부리로 말도 잘한다. 하지만 결국은 새장에 갇힌 채 새장에서 죽을 운명이다. 죽은 뒤엔 깃털이 예쁘다고 사람들은 깃털마저 뽑아다가 장식용으로 쓰려들 것이다. 알량한 재주와 어여쁜 깃털은 결국 앵무새에겐 불행의 빌미가 될 뿐이다.

초록빛 옷 걸치고 단사 바른 붉은 부리	衿披藍綠觜丹砂
말 잘하는 재주 탓에 그물에 걸렸구나.	都爲能言見罣羅
어여쁜 어린아이 아직 서툰 말솜씬가	嬌妊小兒圓舌澀
영롱한 아가씨의 슬기로운 모습인 듯.	玲瓏處女慧容多

「홍엽 앵무紅葉 鸚鵡」, 양루이펀楊瑞芬, 중국 현대.

『청궁조보(淸宮鳥譜)』에 실린 큰유황앵무 암컷, 타이완 고궁박물원.

사람 말 익히 들어 소리 흉내 교묘하나   慣聞人語傳聲巧

새로 배운 궁사에 글자 잘못 끊어오네.   新學宮詞導字訛

새장에 갇혀 있어 나갈 길이 없으니   牢鎖玉籠無計出

농산으로 가려던 꿈 점차 어그러지네.   隴山歸夢漸蹉跎

이규보의 「앵무」다. 말솜씨는 갓 말을 배운 어린아이처럼 서툴고, 모습은 어여쁜 처녀처럼 영롱하다. 말 흉내는 교묘하지만, 배워서 외우는 시가 아직은 어설프다. 결국 새장에 갇힌 채 잡혀온 농산을 그리다 죽을 것이다. 앞서 본 두보 시의 뜻과 큰 차이가 없다.

앵무새 어이해 펄펄 날다가   隴鳥何翩翩

동으로 와 대궐에 들어왔던고.   東來入紫宮

임금께서 돌아보아 웃으시고는   君王顧之笑

금실의 새장에 넣어두었네.   貯以金絲籠

밤에 잘 땐 대궐 난간 고요도 했고   宵眠曲檻靜

낮엔 맛난 낟알을 맘껏 쪼았네.   晝啄香稻豐

붉은 부리 아침 해를 노래하였고   紅觜語朝日

초록 깃털 봄바람에 흔들었었지.   綠羽搖春風

하루아침 궁 궐에 불이 일어나   一朝柏梁火

예물로 바친 새도 타 죽었다네.   委質灰燼中

남들은 그 처음을 부러워하나   人皆羨其始

나는 홀로 그 끝을 슬퍼하노라.   我獨悲其終

어찌 고향 산의 예전 친구가   豈若故山侶

외로이 숲속에서 욺만 같으리.   孤鳴松桂叢

권필의 「고의팔수古意八首」 중 첫 수다. 앵무새가 사람 손에 잡혀와 예물로 바쳐졌다. 금실로 된 화려한 새장, 맛있고도 풍족한 먹이, 실로 부러울 것 없는 나날을 보냈다. 하지만 뜻하지 않은 화재로 앵무새는 새장에 갇힌 채 불에 타 죽고 말았다. 예전 숲속의 벗들은 잡혀가 편히 지내게 된 친구를 오히려 선망했을 것이다.

행간에 무언가 짚이는 바가 있다. 여기서 대궐 새장에 갇힌 앵무새는 재야에 있다가 발탁되어 벼슬길에 오른 사람의 환유다. 남들은 출세했다고 부러워하고 질투도 했다. 그 자신도 만족스러워 포만감에 젖어 있었다. 그러다가 뜻하지 않은 변고를 만나 목숨을 잃고 말았다. 아름다운 빛깔과 사람의 말을 할 줄 아는 능력 때문에 사랑받던 앵무새는 결국 그 재주와 능력으로 인해 제 명을 재촉하고 만 셈이다.

앵무새 서리 추위 깜짝 놀라서	鸚鵡驚霜寒
고운 소리 비단 장막 들어오누나.	嫩語入羅幃
푸득이는 날개에 가을 빛 띠고	翩翩帶秋色
금릉대를 향하여 가려 한다네.	欲向金陵臺
금릉엔 호협한 젊은이 많아	金陵多俠兒
날 보면 활시위 당기려 하리.	見我弓將彎
머뭇대며 차마 능히 못 떠나면서	躑躅不能去
농산을 생각하며 눈물 떨구네.	淚下憶隴山

김구주金龜柱(1740~1786)의 「앵무곡鸚鵡曲」이다. 추위에 약한 앵무새가 갑자기 추워진 날씨에 깜짝 놀라 비단 장막 안으로 들어와 추위를 호소한다. 남쪽 금릉대를 찾아가 따뜻한 볕 아래서 마음껏 놀고 싶지만 거기에는 또 자신을 잡으려고 노리는 화살이 기다리고 있다. 추운 걸 생각하면 한시라도 빨리 떠나고 싶고 몸에 닥칠 위험을 생각하면 겁이 나서 이러지도 저러지도 못한 채 옛 고향 농산을 생각하며 눈물

을 흘린다고 했다. 이렇듯 한시 속에 보이는 앵무새는 슬프고 불쌍하다. 알량한 재주 때문에 자신의 불행을 자초하는 존재로 나온다. 그림 속의 자못 화려한 모습과는 딴판이다.

공작은 교지交趾·뇌라雷羅 등 여러 고장에 아주 많다. 높은 산 교목 위에서 산다. 크기는 기러기만 하고 키는 서너 자쯤 되어 학 못지않다. 목은 가늘고 등은 솟았다. 머리에 깃털 세 개가 있는데 한 치 남짓 된다. 수십 마리가 무리지어 날며 언덕에서 서식한다. 새벽에 는 소리로 화답하는데 그 소리는 '도호都護'처럼 들린다.

열셋

천사의 깃털,
공작새

자아도취의 왕자병

공작새는 처음 인도를 통해 유럽에 소개되었다. 이탈리 아 사람들은 공작새를 처 음 보고 천사의 깃털, 악마 의 목소리, 도둑의 지혜를 지 닌 새라고 묘사했다. 알렉산드 로스가 인도를 정벌하러 갔다가 헤로티스 강가에서 날며 춤추는 공 작새의 화려한 모습을 보고 넋이 나가 사 냥할 생각마저 잊고 말았다는 이야기도 있다.

공작새에 대해 쓴 중국의 역사 기록에서 가장 이른 것은 지금으로부터 3000여 년 전 『주서周書』에 보이는 "성왕成王 때 서방 사람이 공작을 바쳤다"는 내용이다. 전국시대 굴원屈原의 『초사楚辭』에도 "공작 깃으로 꾸민 수레 덮개와 비취 깃으로 장식한 깃발孔盖兮翠旌"이란 말이 있는 것을 보면, 당시에 이미 공작 깃털을 장식용으로 썼음을 알 수 있다.

공작새는 앞서 이탈리아 사람들이 악마의 목소리라고 한 데서 보듯 날카롭게 찢어지는 울음소리가 듣기에 썩 유쾌하지 않다. 공작새의 가장 큰 특징은 단연 화려하기 그지없는 꼬리 깃털에 있다. 긴 꼬리 깃에는 눈동자 같은 얼룩무늬가 선명하게 박혀 있는데 중국 사람들은 이것을 화안火眼 또는 주모珠毛라 불렀다. 이 아름다운 꽁지깃은 장식용으로 많은 사랑을 받았다. 송나라 때 육전陸佃이 엮은 『비아埤雅』라는 책에서는 공작새의 생태를 이렇게 적고 있다.

공작은 꽁지 색이 자주 변한다. 붉고 노란 것이 마치 노을빛 같은데 빛깔이 일정치 않다. 사람이 그 꽁지를 치면 춤을 춘다. 꽁지에는 금취金翠가 있어 다섯 살이 지난 뒤에 생긴다. 처음 나서 3년간은 무늬가 작다. 초봄에 생겨나 3, 4월이 되면 다시 퇴색하는데 꽃과 시들고 피기를 함께한다. 암컷은 뿔깃이 없고 꽁지가 짧으며 금취가 없다. 사람들이 그 꽁지를 채취하여 부채를 장식하여 부친다. 산 채로 뽑으면 금취의 빛깔이 줄어들지 않는다. 남방 사람들은 그 꽁지를 취할 때 대숲에 칼을 쥔 채 숨어 있다가 공작새가 지나가기를 기다려 급히 그 꽁지를 자른다. 만약 그 자리에서 잘리지 않고 고개를 돌려 한번 돌아보게 되면 금취는 광채가 사라지고 만다. 성품이 자못 질투가 심한 데다 제 꽁지를 뽐내는지라, 비록 오래도록 길들여 길렀더라도 부인이나 어린아이가 비단 채색의 옷을 입은 것을 보면 반드시 쫓아가서 부리로 쫀다. 매번 산에 둥지를 마련할 때는 먼저 꽁지 둘 땅을 선택한다. 그래서 산 채로 잡으려는 사람은 비가 몹시

「공작새」, 예뤼예葉綠野, 중국 현대.

「공작」 홍수천(洪壽天), 중국 현대.

올 때를 기다렸다가 가서 사로잡는다. 꼬리가 비에 젖어 무거워서 높이 날 수가 없기 때문이다. 사람이 비록 가까이 가도 제 꽁지를 아끼느라고 다시 푸득이지 않는다.

금취金翠란 화안火眼이 박힌 꽁지덮깃을 말한다. 질투가 심해 저보다 더 아름다운 것을 보면 누구든 쫓아가서 부리를 쫀다고 한 것이 재미있다. 심지어 저를 잡으려고 사람이 다가가도 꽁지덮깃이 손상될까봐 저항하지 않고 순순히 잡힌다는 표현도 흥미롭다. 심한 자아도취에 빠진 왕자병의 소유자임을 짐작케 한다.

송나라 때 방천리房千里가 엮은 『남방이물지南方異物志』에도 공작에 대한 관찰이 있다.

공작은 교지交趾·뇌라雷羅 등 여러 고장에 아주 많다. 높은 산 교목 위에서 산다. 크기는 기러기만 하고 키는 서너 자쯤 되어 학 못지않다. 목은 가늘고 등은 솟았다. 머리에 깃털 세 개가 있는데 한 치 남짓 된다. 수십 마리가 무리지어 날며 언덕에서 서식한다. 새벽에는 소리로 화답하는데 그 소리는 '도호都護'처럼 들린다. 암컷은 꽁지가 짧고 화려한 꽁지깃이 없다. 수컷은 세 살이 되어도 꽁지가 아직 작다. 다섯 살이 되면 길이가 2, 3척이 된다. 여름에는 털이 빠지고 봄이 되면 다시 난다. 등에서 꽁지까지 그림 무늬가 있다. 오색의 금취가 동전처럼 박혀 있다.

공작은 흔히 월조越鳥 또는 남객南客이란 별명으로 불렸다. 외국에서 들어온 새인 데다 화려한 깃털이 옛사람들의 상상을 부추겼던 듯하다. 번식도 짝짓기를 하지 않고 서로 소리를 듣고 바라보기만 해도 임신한다고 여겼다. 심지어는 뱀과 교합하여 알을 낳는다는 해괴한 소문까지 있었다. 『금경禽經』에서는 "공작새가 뱀을 보면 몸을 굽혀 뛴다"고 했고,

『북호록北戸錄』은 "공작새는 비록 암수가 있지만, 새끼 때 나무에 올라가 슬피 울다가 뱀이 오면 교합한다. 그래서 그 피와 쓸개가 모두 사람을 상하게 한다"고 적고 있다. 과학적으로는 전혀 근거 없는 내용이다.

다만 『본초강목』의 기록을 보면 공작의 깃털이 아름답기는 해도 강한 독성을 품고 있다고 했다. 그래서 눈에 넣으면 시력을 잃게 한다고 했다. 머리깃을 술 속에 담갔다가 이를 마시면 죽고, 어린아이가 입에 물어도 죽기 쉽다고 했다. 고기는 맛이 거위고기와 비슷하고 체내의 백독百毒을 없애준다고 되어 있다. 뱀과 공작새를 연관지은 것은 아마 공작새 깃털 속에 함유된 독성 때문에 연상 작용을 일으킨 것이지 싶다.

공작새는 주로 과실이나 채소를 먹고 개구리나 뱀 같은 파충류나 곤충을 먹는다. 공작새의 먹이와 관련해서는 흥미로운 설화가 전한다. 황희黃喜 정승은 명재상으로도 유명하지만 청렴한 생활로도 이름이 났다. 그의 집안 살림은 몹시 어려웠다. 장차 세상을 떠나려 하자 부인이 먹고살 도리를 물었다. 이에 황희는 "공작은 거미를 먹고 산다네" 하고는 세상을 떴다. 도무지 뜻 모를 말이었다. 그 뒤에 우리나라에 공작새가 들어왔다. 그런데 공작새의 먹이가 무엇인지 아는 이가 아무도 없었다. 황희 정승의 아들이 이 말을 듣고 정승이 죽기 전 공작은 거미를 먹고 산다고 일렀던 일을 알려주었다. 이것으로 아들은 큰 상을 받아 굶주림을 면할 수 있었다. 이규경의 『오주연문장전산고』에 나오는 이야기다.

섬으로 귀양 보내라

임진왜란이 일어나기 세 해 전인 1589년 7월에 일본 대마도수가 화친을 청하면서 공작새 한 쌍을 선조 임금에게 바친 일이 있었다. 이 새의 처분을 놓고 조정에서 의논이 분분했다. 먼저 허성許筬이 보내온 성의

는 가상하지만 진금珍禽 기수奇獸는 본시 즐기는 바가 아니고 수토水土
도 맞지 않으니 그냥 되돌려 보내는 것이 좋겠다고 했다. 그러자 왕은
자신도 그 생각에 동의하지만 저들의 의심을 살까 염려되니 다른 곳에
보내는 것이 어떻겠느냐고 했다. 허성이 다시 우리나라에 공작새를 놓
아기를 만한 곳이 없다고 하자, 왕은 해당 관청에 이 문제를 처리하도
록 전교했다. 그러자 우승지 이유인李裕仁이 예조禮曹의 말이라 하며 이
렇게 아뢰었다.

> 해당 관청더러 공작의 문제를 의논하여 처리하라 전교하셨는데, 이웃 나
> 라의 성의를 받아들이지 않는다면 교린交鄰하는 도에 크게 어긋나고, 먼
> 데 사람을 포용하는 도량에도 어긋납니다. 더욱이 1409년에 일본이 코
> 끼리 두 마리를 보내자 태종이 이를 받은 적이 있고, 1468년에 일본이
> 원숭이 한 마리와 말 한 마리를 보내자 세조가 받았던 전례가 있습니다.
> 지금 만약 되돌려 보낸다면 처음부터 받지 않느니만 못하고, 절도絶島에
> 놓아준다면 서로 간에 모가 나게 됨을 면치 못할 것입니다. 신의 생각은
> 장원서掌苑署로 보내 그곳에 있는 새에 보탠다면 완물玩物에 빠지는 허물
> 이 없고 교린하는 도리에도 역행함이 없을 것입니다. 게다가 일을 처리하
> 는 중간에 모가 나지 않아서 큰 해로움이 없을 듯합니다.

하지만 왕은 왕실 동물원이라 할 수 있는 장원서에 맡기는 것을 결
코 허락할 수 없다며 일본 사신이 돌아간 뒤 제주도에 풀어줄 것을 명
했다. 다시 예조에서 제주까지 수송하는 문제가 만만치 않음을 들어
간하자 최종적으로 일본에서 보내온 공작새 한 쌍은 서해안 남양南陽
의 절도 중 수목이 울창한 곳에 놓아주는 것으로 귀결되었다. 『조선왕
조실록』에 그 내용이 자세하다.

태종 때 일본이 보내온 코끼리 두 마리도 사람을 자꾸 밟아 죽이고

「목련과 공작木蓮孔雀」, 전 이영윤, 비단에 채색, 152.6×55.0cm, 16세기, 국립중앙박물관.

1년에 먹이로 콩이 수백 석씩 드는 등 관리에 많은 문제가 생기자 순천부 장도獐島에 보내진 일이 있었다. 섬으로 들어간 코끼리는 물풀을 먹지 않아 날로 수척해져서 사람만 보면 눈물을 흘렸다. 이 소식을 들은 임금은 불쌍히 여겨 다시 육지로 데려와 각 도에서 차례로 기르게 했다.

하지만 서해의 섬으로 보내진 공작새의 그 후 소식은 알 수가 없다. 부족한 먹이와 추운 날씨를 견디지 못해 얼마 못 가서 죽고 말았을 것이다. 이때의 일을 이식은 장편의 「공작부孔雀賦」를 지어 공작새의 아름답고 화려한 자태를 예찬하고, 섬에 놓아준 성덕聖德을 온갖 미사여구를 동원해서 기록하고 있다. 권벽權擘도 「영일본국사신소헌쌍공작詠日本國使臣所獻雙孔雀」이란 시를 지었다.

공작새 머나먼 섬나라에서 오니	孔雀來從海國遙
몸은 줄에 묶였어도 저 하늘에 마음 있네.	身遭蟄絆意冲霄
남쪽 나라 흰 꿩은 오마는 소식 없고	越裳白雉無消息
교지국의 푸른 비늘 이미 적막하도다.	交趾蒼麟已寂廖
진귀한 새 공물로 바쳐질 줄 알았으랴	異物豈意充貢獻
임금 뜻 예쁜 것을 완상함을 싫어하네.	宸情元不玩珍妖
푸른 깃이 재앙 만남 그래도 불쌍해라	還憐翠羽成災累
재주 있는 선비가 잘못 부름 받음 같네.	正似才名誤見招

진귀한 새가 공물로 바쳐져서 줄에 묶인 것을 보고, 재주 높은 선비가 때를 잘못 만나 세상에 나온 것에 비유했다. 진요珍妖, 즉 진귀하나 괴이한 것을 완상함을 즐기지 않는 임금의 덕을 찬양했다. 지금에 와서 보면 그까짓 새 한 쌍 보내온 것을 그냥 두고 보면 되지 섬에까지 보낼 것이 무어냐고 생각할 수 있다. 하지만 임금이 진귀한 것에 빠져 평

상심을 잃어서는 안 된다고 여겼던 그 정신만큼은 지금에 찾아볼 수 없는 값진 마음가짐이 아닐 수 없다

불이 붙는 꼬리 깃

조선 후기 박지원은 자신이 서처하는 집을 공작관孔雀館이라고 이름짓고, 「공작관기孔雀館記」를 남겼다. 이 글 중에 그가 중국에 갔을 때 직접 본 공작에 대한 묘사 부분이 대단히 정채롭다.

학보다는 작고 해오라기보다는 크다. 꼬리는 두 자 남짓하다. 정강이는 붉고 뱀 껍질 같다. 부리는 검은데 매부리같이 굽었다. 온몸의 깃털은 성한 불빛이나 여린 금빛을 떠었다. 끝에는 각각 하나씩 초록빛의 금안金眼이 박혀 있다. 중간에는 파란빛으로 동자를 찍었고, 겹으로 자줏빛 무리를 이루어 바깥 테두리는 쪽빛이다. 자개가 아롱지고 무지개가 뻗는 듯하다. 푸른 새라 해도 안 되고, 붉은 새라 해도 또한 안 된다. 때로 경계하여 움츠리면 어두운 빛이 되었다가, 깃털을 흔들면 제 빛을 찾았다. 잠깐 푸득이면 비취빛으로 바뀌었다가 금세 활짝 꽁지깃을 펴자 마치 불이 붙는 것만 같았다.

이렇듯 아름다운 깃털을 지니다보니 역대 화가들에게 공작새는 그림의 소재로 사랑받았다. 송나라 때 휘종 황제는 이 공작새 그림과 관련된 재미난 일화를 남겼다. 등춘의 『화계』란 책에 나오는 이야기다.

선화전宣和殿 앞에 여지를 심었는데 열매가 달렸다. 황제가 기뻐했다. 우연히 공작새가 그 아래 있었다. 급히 화원의 여러 화가를 불러 그림을 그

「모란과 공작새」, 종이에 채색,
83.0×32.0cm, 가회민화박물관.

리게 했다. 모두 정성을 다해 그리니 채색이 찬란했다. 그런데 공작이 등나무 돈대 위로 올라가려는데 오른발을 들고 있었다. 황제는 잘못되었다고 했다. 여러 화가가 놀라 그 뜻을 헤아리지 못했다. 며칠 뒤 다시 불러 그 까닭을 물어보았다. 아무도 대답하지 못했다. 황제가 말했다. "공작은 높이 날려 할 때 반드시 왼발을 먼저 드는 법이다." 그제야 여러 화가가 크게 놀라 승복했다.

송나라 때 최백崔白은 「비파공작도枇杷孔雀圖」를 그렸다. 공작새 한 쌍을 담았는데 수컷은 비파나무 등걸에 올라서 있고, 암컷이 그 뒤를 쫓고 있다. 주렁주렁 열매가 매달린 비파나무는 자식 많이 낳으라는 뜻을 담고 있다. 왼쪽 가지 끝에는 백두조 한 쌍 앉은 것이 보인다. 백두해로白頭偕老의 의미다. 오른편에 긴 꼬리로 날아오르는 것은 수대조綬帶鳥라 불리는 새로 화려하고 긴 꼬리는 역시 장수長壽를 뜻한다. 대나무와 바위, 즉 죽석竹石이 축수임은 앞서 여러 번 말했고, 앞쪽에 핀 원추리는 의남초宜男草로 아들 많이 낳으라는 뜻이다. 아래쪽 민들레도 홀씨가 많아 자손이 널리 퍼진다는 뜻이다. 아마도 결혼 축하 선물로 그린 듯하다.

청나라 동형童衡의 「공작도孔雀圖」 역시 송죽松竹과 대나무로 축수의 뜻을 담고 부용화로 부귀영화를 상징했으며, 당조當潮, 즉 파도 앞에 섬으로써 당조當朝, 즉 조정에 높은 벼슬아치로 출세하라는 의미를 담았다.

「비파공작도枇杷孔雀圖」, 최백, 183.1×109.8cm, 송나라.

「공작도孔雀圖」, 동형童衡, 153.5×72.5cm, 청나라.

금계는 자아도취의 경향도 다분히 있었던 모양이다. 송나라 때 유경숙의 『이원』에는 "금계는 제 깃털을 아껴서 물에 모습이 비치면 곧장 춤을 추다가 눈이 어지러워 많이 죽는다. 거울을 비춰줘도 또한 그렇다. 꿩과 더불어 제 꼬리를 아끼다가 굶어 죽기도 한다. 모두 꾸밈으로 인해 제 몸을 망치는 것들이다"라고 했다.

열넷

금계,
봉황도 나만은
못해

새에게서 읽는 오륜의 의미

류쿠이링의 그림은 제목을 「오륜도五倫圖」라 하고 학, 금계, 원앙, 공작, 제비 등 다섯 종류의 새를 그려놓았다. 어떻게 이 새들이 오륜을 상징하게 된 걸까? 오륜은 부자유친父子有親, 군신유의君臣有義, 부부유별夫婦有別, 장유유서長幼有序, 붕우유신朋友有信의 다섯 가지 윤리다.

학은 『주역』「중부괘中孚卦」에 "우는 학은 그늘에 있고 그 새끼가 화답한다鶴鳴在陰, 其子和之"고 했다. 어미 학이 산기슭에서 울면 새끼는 그 모습이 보이지 않아도 화답해서 운다. 그래서 학은 부자유친의 상징이 된다.

금계錦鷄는 달리 준의駿義라 한다. 준의의 '의駿'에 '의義'자가 들어간대서 군신유의에 연결지었다. 또 금계는 흔히 봉황과 비슷하게 생겼다 하여 임금을 상징하기도 한다.

원앙은 금슬 좋은 부부를 상징하므로 부부유별이 되는 것이 당연하다. 공작이 문제인데, 이것은 좀 복잡하다. 앞서 본 송나라 휘종 황제의 공작새 그림 이야기와 관련이 있다. 공작은 높은 곳을 오를 적에 반드시 왼발을 먼저 든다. 공작은 발 하나를 드는 데도 차례序가 있으므로, 이에 장유유서의 의미를 갖게 되었다.

제비는 붕우유신이다. 주인이 아무리 가난해도 강남 갔던 제비는 용케 제 살던 옛 둥지를 잊지 않고 찾아온다. 이것이 바로 제비의 신의인 셈이다.

다섯 가지 덕을 갖춘 새

사소한 그림 하나하나에 특별한 의미를 담고자 한 옛사람들의 의식을 잘 읽을 수 있다. 이번에는 이 다섯 종류의 새 가운데 금계에 대해 자세히 살펴보자.

「부용금계도芙蓉錦鷄圖」는 송나라 휘종 황제인 조길趙佶(1082~1135)이 그린 것이다. 부용꽃 가지 위에 금계 한 마리가 올라앉아 나비 한 쌍을 바라본다. 그림 옆에는 그의 독특한 필치로 오언절구가 한 수 적혀 있다.

「오륜도五倫圖」, 류쿠이링劉奎齡, 중국 현대.

秋勁拒霜盛
義冠錦羽雞
已知全五德
安逸勝鳧鷖

高山宋御製示書一大

「부용금계도芙蓉錦鷄圖」, 휘종 황제, 81.5×53.6cm, 송나라, 베이징 고궁박물원.

깊은 가을 매운 서리 막아 지키는	秋勁拒霜盛
우뚝한 관을 쓴 금계로구나.	峩冠錦羽鷄
오덕을 다 갖춘 줄 내 이미 아니	已知全五德
편안함 오리 갈매기보다 한결 낫도다.	安逸勝鳧鷖

아래쪽에는 들국화도 피어 있다. 오덕을 다 갖추었다 함은 깃털 속에 오방색을 두루 갖춘 것을 두고 한 말이다. 구한말 최영년崔永年은 금계의 울음소리를 '봉황불여아鳳凰不如我'로 옮겨놓았다. 봉황이 제아무리 아름답대도 나만은 못하다는 뜻이다.

금계는 준의 외에 별치鷩雉라고도 한다. 별치란 붉은 꿩이란 뜻이다. 당나라 안사고顔師古가 엮은 『한서주漢書注』에는 "금계는 산닭 비슷한데 벼슬이 작다. 등의 깃은 황색이고, 배는 적색이다. 목은 녹색이고, 꼬리는 홍적색이어서 광채가 선명하다"고 적혀 있다. 또 명나라 때 장자열張自烈은 『정자통正字通』이란 책에서 "봉황과 비슷하게 생겼는데 광채가 있다. 신조神鳥니, 빛을 뿌리며 하늘을 난다"고 했다. 색채의 화려함이 눈길을 끈 것을 알 수 있다.

송나라 때 주보朱輔가 엮은 『계만총소溪蠻叢笑』에서는 "금계는 금항金項에 화배火背, 반미斑尾와 양교揚翹를 지녔다. 뜻이 드높아 우리에 가두어도 길들일 수가 없다"고 했다. 목의 깃털은 금金의 덕을, 등은 화火의 덕을 지닌 데다 얼룩진 꼬리와 길게 치들린 긴 꼬리를 지녀 오덕五德을 갖춘 것을 드높인 것이다. 닭의 오덕이 머리에 벼슬이 있어 문文이 되고, 다리에 날카로운 며느리발톱이 있어 무武라 하며, 적과 잘 싸우고 물러서지 않는 용기가 있기에 용勇, 먹을 것을 얻으면 서로 가르쳐주므로 인仁, 새벽에 때를 알려주어 신信이라 한 것과는 달리 화려한 날개깃의 빛깔로 오덕을 말했다.

이시진의 『본초강목』에서는 "별驚은 성질이 급하고 뻣뻣해서 이름 지은 것이고, 준의鵔鸃는 모습이 준수해서 붙여진 이름이다. 주나라 때는 별면驚冕이 있었고, 한나라 때는 준의관鵔鸃冠이 있었으니, 모두 그 아름답고 준수한 뜻을 취한 것이다"라고 했다. 고대로부터 조정에서 이 새의 깃털로 멋지게 장식한 모사를 즐겨 썼음을 알 수 있다.

금계는 자아도취의 경향도 다분히 있었던 모양이다. 송나라 때 유경숙劉敬叔의 『이원異苑』에는 "금계는 제 깃털을 아껴서 물에 모습이 비치면 곧장 춤을 추다가 눈이 어지러워 많이 죽는다. 거울을 비춰줘도 또한 그렇다. 꿩과 더불어 제 꼬리를 아끼다가 굶어 죽기도 한다. 모두 꾸밈으로 인해 제 몸을 망치는 것들이다"라고 했다. 물론 실제로 근거는 없는 말이다.

어쨌든 금계는 깃털이 워낙 아름다웠으므로 이를 잡아다가 봉황이라고 속여 파는 일도 심심찮게 있었다. 그래서 금계는 앞서 최영년의 말대로 스스로 봉황도 나만은 못해 하는 자아도취에 빠졌다고도 했고, 봉황도 아니면서 봉황인 체하는 '가짜'를 지칭하는 의미로도 많이쓰였다. 금계는 그 화려한 깃털의 색채 때문에 역대 그림에 빈번히 등장한다.

우리 한시에서 금계를 직접 노래한 것은 찾아보기 힘들다. 고경명高敬命(1533~1592)의 문집에는 「응제어병육십이영應製御屛六十二詠」이라 하여 무려 62수의 연작으로 임금이 사용하던 병풍에 그려진 화조도 62폭에 대해 노래한 작품이 있다. 여기에 등장하는 새는 봉황, 공작, 청학, 백학, 가마우지, 보라매, 산신이, 노화송골, 옥송골, 백송골, 보라송골, 진나친, 보라라친, 박고지새, 당작唐鵲, 앵무, 금치錦雉, 백치白雉, 오리, 물수리, 원앙, 산오리, 기러기, 거위, 흑오리, 흰오리, 청둥오리, 솔개,

「옥란금계도玉蘭錦鷄圖」, 위지가오喻繼高, 중국 현대.

사다새, 고니, 황새, 해오라기, 도요새, 흰독수리, 검독수리, 부엉이, 두견이, 흰까치, 까마귀, 올빼미 등 무려 수십 종에 이른다. 이 가운데 금치錦雉, 즉 비단꿩이 금계를 노래한 것이다. 제목은 「암상당금치자웅월계화잡초嵒上唐錦雉雌雄月季花雜草」다.

금계가 짝을 지어 비단 날개 선명하게	兩兩華蟲錦翼鮮
이름난 꽃 벗을 삼아 푸른 바위 꼭대기에.	名花相伴翠巖巓
가벼운 바람 따스한 해 기심機心을 잊은 곳은	輕風暖日忘機處
좋구나 봄 동산 여린 풀잎 곁이로다.	好是春山嫩草邊

아마도 금계 한 쌍이 월계화 꽃밭 사이로 솟은 바위 위에 서 있고 둘레에 풀이 우거진 그런 그림이었던 듯하다. 위지가오喩繼高의 「옥란금계도玉蘭錦鷄圖」와 비슷한 구도의 그림이었던 모양이다.

서거정도 「금계錦鷄」란 작품을 한 수 남겼다.

봄이 온 연못엔 초록 물결 넘실대고	春入芳塘漾綠漪
수많은 금계는 갠 볕을 희롱한다.	錦鷄無數弄晴暉
물결 맑아 쌍쌍이 비춰보며 날아가선	波明兩兩飛相照
더운 모래 피하여서 물속에 잠겼구나.	沙暖雙雙水政依
향기로운 부리로 연꽃을 툭 치니	戲動小荷香玉觜
지는 꽃잎 불어와 꽃무늬 옷 시새우네.	吹來落蘂妬花衣
날개의 고운 무늬 남다름을 뽐내니	自多羽翼文章異
연못가 거위 오리 찾아볼 수 없구나.	鵝鴨池邊省見稀

초록 물결 넘실대는 봄날의 연못과 투명한 햇살, 그리고 연못 위에 갓 피어난 연꽃과 어우러진 금계의 화려한 깃털 및 아름다운 자태를

「금계도」, 종이에 채색, 59.0×33.0cm, 가회민화박물관.

예찬한 작품이다. 이렇듯 금계는 상상 속의 새 봉황을 연상시키는 자태로 특별한 관심과 사랑을 받았다.

메추리와 관련된 성어에 '현순백결懸鶉百結'이라는 말이 있다. 메추리는 깃털에 무늬가 있고, 꽁지깃이 없다. 그 모습이 마치 누덕누덕 기워 입은 옷 같아서 해져서 기운 누더기옷, 달리는 가난한 살림을 뜻하는 의미로 쓰였다. 신라 때 백결 선생도 입고 있던 의복을 여러 군데 기운 것이 마치 메추리 깃털 같대서 붙여진 별명이다.

열다섯

안분자족하는
메추리

만족할 줄 알면

메추리의 한자 이름은 암순鵪鶉이다. 『시경』 용풍鄘風에 「순지분분鶉之奔奔」이란 시가 있다.

메추리는 쌍쌍이 날고   鶉之奔奔

까치도 짝지어 노는데	鵲之彊彊
옳지 못한 사람을	人之無良
내가 형으로 여겨야 하나!	我以爲兄

위나라 선강宣姜이 공자 완頑과 음란한 짓을 한 것을 풍자한 시로 알려져 있다. 메추리는 분분奔奔하다 했는데, 분분이란 말은 짝이 날면 따라 나는 모양을 나타낸다. 메추리나 까치는 늘 제 짝에 대한 믿음을 지켜 신의롭게 행동한다. 자기 아내를 둔 채 다른 여자들과 음란한 짓을 하고 다니는 형에 대한 원망을 메추리에 얹어 노래했다.

이시진은 『본초강목』에서 이렇게 설명했다.

순鶉, 즉 메추리는 성질이 순박醇朴하다. 얕은 풀밭에 숨어 사는데, 일정한 거처는 없지만 정한 짝이 있다. 어디서든 만족하며 산다. 장자가 말한 '성인순거聖人鶉居'라는 것이 이를 일컫는다. 가다가 작은 풀을 만나도 돌아가 피하니 또한 순박하다 할 만하다.

넉넉하지는 않지만 만족하며 사는 자족의 마음, 작은 풀과 마주쳐도 뚫고 지나가는 대신 돌아서 가는 순박한 자세 등 메추리가 지닌 여러 덕성을 들었다.

메추리와 관련된 성어에 '현순백결懸鶉百結'이라는 말이 있다. 메추리는 깃털에 무늬가 있고 꽁지깃이 없다. 그 모습이 마치 누덕누덕 기워 입은 옷 같아서 해져서 기운 누더기옷, 달리는 가난한 살림을 뜻하는 의미로 쓰였다. 신라 때 백결百結 선생도 입고 있던 의복을 여러 군데 기운 것이 마치 메추리 깃털 같대서 붙여진 별명이다. 『본초강목』에서 '어디서든 만족하며 산다'고 한 말을 떠올리면, 메추리는 안빈낙도安貧樂道, 안분자족安分自足을 상징하는 새임을 알 수 있다.

들밭의 메추리	野田鶉
들밭 가운데서 언제나 사네.	生在野田中
억새 덤불 속에나 둥지를 드니	結巢蒿荻叢
무성한 숲 의탁한 것 비록 아녀도	雖非托茂林
제 한 몸 숨기기엔 충분하다오.	亦足藏其躬
해 저물고 날씨 추워 북풍 매운데	歲暮天寒北風勁
주린 매 부리 갈며 서리 하늘 떠 있네.	飢鷹厲吻當霜空
들밭의 메추리	野田鶉
네 몸이 미약하다 한하지 말아라	莫恨爾身微
발톱에 낚아채여 매 먹이 됨 면하리니.	得免爪攫充朝飢
알겠구나 크고 작음 제각기 쓸모 있어	乃知大小各有用
만물이란 모두 다 하늘이 낸 것임을.	萬物皆天機

홍세태洪世泰(1653~1725)의 「야전순행野田鶉行」, 즉 들밭 메추리의 노래다. 무성한 숲이 아닌 억새 숲속에 둥지를 틀고 산다. 사는 곳이 누추하고 보잘것없지만 겨울의 텅 빈 숲 위에는 배고픈 매가 부리를 갈면서 주린 배를 채우려고 선회하고 있다. 하지만 메추리가 숨어 있는 덤불 속까지는 매의 매서운 눈초리도 미치지 못한다. 메추리가 비록 하찮게 보여도 그 하찮음으로 인해 매의 먹이 되는 불운은 면할 수 있다. 그러고 보면 세상 모든 것은 제가끔의 쓸모가 있음을 알 수 있겠다. 역시 안분자족의 새로 그려져 있다.

화락하고 편안하게

새 그림 중에 비교적 자주 볼 수 있는 것이 메추리 그림이다. 조선 후기의 화가 최북崔北은 특히 메추리 그림을 즐겨 그려 '최 메추리'라는 별명을 얻기까지 했다. 「추순닥속秋鶉啄粟」에서 보듯 메추리 두 마리가 고개 숙인 조 이삭 아래서 낟알을 주워 먹고 있다. 또 송나라 때 이안충李安忠이 그린 「야훼추순도野卉秋鶉圖」에는 열매가 주렁주렁 매달린 산초나무가 등장한다. 두 그림 모두 할미새의 경우처럼 꼭 두 마리가 함께 나온다. 특이한 점은 반드시 가을을 배경으로 한다는 것이다. 대부분 조 이삭 아래서 낟알을 먹는 모습이거나 산초 열매 아래의 모습을 포착하는데 국화를 함께 그려 계절감을 드러내기도 한다. 무슨 의미를 담은 그림일까?

메추리 그림에서 두 마리가 함께 나오는 것은 앞서 보았듯 한번 정한 짝을 바꾸지 않는 이 새의 성질에 바탕을 둔 것으로 부부를 나타낸다. 그렇다면 메추리 그림에 왜 반드시 조 이삭이 등장하는 걸까? 조粟는 당나라 이신李紳이 「고풍古風」이란 시에서 "봄날 한 알 조를 심어서, 가을엔 만 낱의 결실을 얻네春種一粒粟, 秋成萬顆子"라고 한 데서 보듯 풍성한 결실을 뜻한다. 한 알의 씨앗이 1만 개의 열매로 맺어지듯 자식을 많이 낳아 풍성하고 넉넉한 삶을 누리시라는 축복의 뜻을 담은 것이다. 메추리 그림 위에 그려진 산초나무도 같은 의미다.

한편으로 조는 벼과의 곡식이다. 메추리와 조를 함께 그린 그림을 흔히 안화도安和圖라고 한다. 안安은 암鵪과 중국 음이 같고, 화和는 화禾와 소리가 같기 때문에, 편안하고 화락하게 복을 짓고 살라는 축원의 뜻으로도 읽었다.

또 국화의 국菊은 거처한다는 뜻의 거居자와 중국 음이 같다. 그래서 메추리와 국화를 함께 그린 암국도鵪菊圖는 발음상 안거도安居圖가 된다. 채용신의 메추리 그림은 전형적인 안거도다. 만일 여기에 낙엽까지 그려 넣으면 낙엽落葉과 낙업樂業 역시 발음이 같은지라 「안거낙업도安居樂業圖」가 된다. 말 그대로 메추리처럼 만족하며 살면서 주어진 일을 즐

「추순탁속秋鶉啄粟」, 최북, 종이에 엷은색, 조선 후기, 27.5×17.7cm, 간송미술관.

「야훼추순도野卉秋鶉圖」, 이안충李安忠, 23.0×24.5cm, 송나라, 타이완 고궁박물원.

거워한다는 뜻이다.

다시 메추리를 아홉 마리 그리면 '구세안거도九世安居圖'가 된다. 당나라 때 장공예張公藝란 사람은 9대가 한집에 살고 있었다. 임금이 그 집에 행차하여 비결을 물으니, 그는 참을 인忍자를 백 번 써서 바쳤다. 흔히 덕담으로 많이 쓰는 백인당중유태화百忍堂中有太和, 백 번 참는 집에는 큰 화평이 있다는 말이 여기서 나왔다. 왕성화의 그림에도 제목을 「안거도安居圖」라고 붙여놓았다. 「화조초충화첩」의 '추순도秋鶉圖'처럼 요화蓼花, 즉 여뀌꽃과 함께 그리면 벼슬을 마치고(요蓼는 마친다는 뜻의 요了와 발음이 같다) 만년에 편안히 지내시라는 그림이 된다.

조선 전기에도 메추리 그림을 즐겨 그렸던 모양이다.

대나무 울 갇혀서 구경거리 괴롭구나	苦遭人玩困籠樊
앵무새는 말 잘하고 꿩은 무늬 곱다지만	鸚鵡能言雉以文
하찮은 새 어이하여 줄에 묶인 신세 됐나	何謂微禽還受縋
붓끝에 묘한 기운 그림 함께 우러르네.	筆頭傳妙畫俱尊

신광한申光漢(1484~1555)의 「제화암순장자題畫鵪鶉障子」란 작품이다. 메추리를 그린 가리개 그림에 써준 것이다. 그림 속 메추리는 아마도 대나무로 엮어 세운 울짱 안에 묶인 채 있었던 모양이다. 이렇게 메추리가 묶여 있었던 것은 예전에 메추리 고기를 즐겨 먹었던 까닭이다. 신광한의 다른 시를 보면 친구가 메추리 열다섯 마리를 보내온 것을 사례하는 내용이 나온다. 소세양蘇世讓(1486~1562)의 「사인혜암순謝人惠鵪鶉」은 벗이 보내온 메추리를 받고 고맙다며 보낸 답장이다.

눈 속의 짧은 꼬리 기름기 외려 많아	雪中短尾轉多脂
쑥대 아래 그물 치자 절로 걸려들었네.	蓬底張羅也自罹

「화조도 8폭병풍」(제5폭), 채용신, 비단에 채색, 90.9×36.0cm, 1908, 순천대박물관.

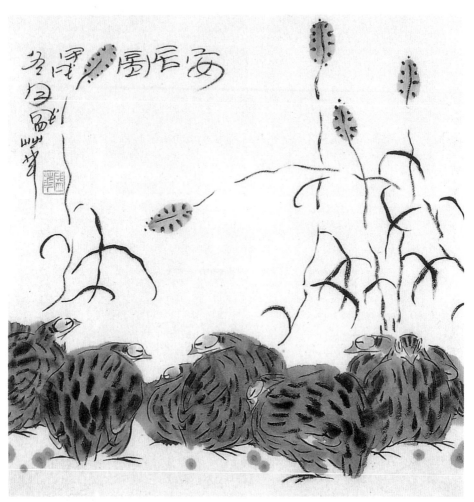

「안거도安居圖」, 왕성화王盛華, 중국 현대.

「안란도安瀾圖」, 임백년, 청나라.

「화조도」, 종이에 채색, 65.5×38.0cm, 가회민화박물관.

혼자서 술 마실 때 그 맛이 딱 좋으니 風味正宜供獨酌

이제부턴 게나 자라 좋은 안주 필요 없네. 蟹鼇從此不須待

메추리 고기를 두고 기름기가 많으며 맛이 좋아 최고의 안줏감이라고 칭찬한 내용이다. 메추리가 잘 다니는 덤불 아래에 그물을 쳐서 메추리를 잡았던 것도 이 시를 통해 알 수 있다.

꽃 사이로 이따금 백두조가 보이니 흰머리는 예로부터 쌓인 근심 때문일세. 나야 근심으로 머리 온통 희다지만 네 근심 어떻기에 흰머리가 되었더냐. 서리 눈 온통 쌓여 늙은이와 비슷하니 이리로 날아돌며 백두공을 배우려네. 찬 가지 지는 해에 근심스레 너를 보니 괴로운 깊은 정은 반포反哺 속에 있도다.

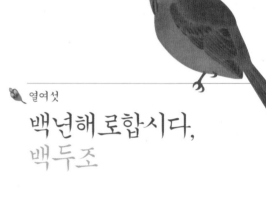

🐚 열여섯

백년해로합시다,
백두조

산초나무 위의 두 마리 새

백두조는 할미새사촌을 말한다. 화가의 그림으로
보면 다소 모호할 때도 없지 않다. 할미새사촌을 중
국에서는 산초조山椒鳥라 부른다. 옛 그림에서 백두조가
즐겨 앉는 나무가 산초山椒나무인 것을 떠올리면 백두조는 바로 할미새
사촌을 가리키는 것으로 보아도 큰 잘못은 없을 것 같다. 북한에서는
할미새를 분디새라 부른다. 분디나무는 산초나무의 우리말 이름이다.
얼핏 보면 지빠귓과의 흰머리딱새와도 비슷하다. 중국에서 백두옹白頭

翁으로 부르는 새는 머리가 검은데 눈썹 뒤쪽으로만 희다. 뺨에 다시 흰 점이 있고, 목은 엷은 황녹색을 띠고 있다.

이 새는 옛 그림에 비교적 자주 등장한다. 예외 없이 두 마리를 같이 그린다. 두 마리 백두조 그림 속에는 부부가 검은 머리 파뿌리 되도록 해로하라는 축원의 뜻이 담겨 있다. 국립중앙박물관에 소장된 청화백자 속에 보이는 새가 바로 백두조다. 실제 그림을 보면 때로 할미새와 혼동되기도 한다. 보물 제659호 백자청화매조죽문병에도 새 두 마리가 매화나무 가지에 앉아 있는데 이것은 할미새에 더 가깝게 그려놓았다.

백두조는 산초나무에 즐겨 앉는다. 산초나무는 가시가 많고 열매가 주렁주렁 달린다. 열매는 향료로 많이 쓰였다. 한나라 때는 황후의 거처를 '초방전椒房殿'이라 했다. 후대에는 왕비가 거처하는 궁실을 초방이라 불렀다. 고대에는 산초 열매를 진흙에 섞어 벽을 발랐다. 따뜻함과 향기, 그리고 자식을 많이 낳으라는 의미를 아울러 취한 것이다. 벌레를 막는 방충의 효과도 있었다. 그러니까 백두조 두 마리가 산초나무에 정답게 앉아 있는 그림은 부부해로夫婦偕老하고 자식 많이 낳아 다복하게 잘 살라는 축하의 뜻을 담고 있는 셈이다. 아마도 신혼부부를 위한 결혼 선물로 많이 그려졌던 듯하다.

우리나라 화가들도 이 백두조 그림을 즐겨 그렸다. 조선 중기 김정金淨(1486~1521)과 이함李涵(1633~1700)이 그린 「산초백두도山椒白頭圖」가 남아 있다. 가시가 많은 산초나무 가지 위에 백두조 두 마리가 다정하게 앉아 있는 그림이다.

백두조와 꽃나무

옛 그림을 보면 때로 백두조가 산초나무 아닌 대나무에 앉기도 하고,

백자청화매죽조문호, 높이 25.0cm, 15∼16세기, 국립중앙박물관.

매화 가지에 앉은 모습도 심심찮게 눈에 띤다. 특히 매화가 등장하면 그 아래에 반드시 수선화를 함께 그린다. 송나라 때 그림 「백두총죽도白頭叢竹圖」에는 백두조 두 마리가 대나무 가지 위에 올라앉아 있다. 앞서도 여러 번 말했지만, 대나무 죽竹자는 중국 음으로는 축하한다는 축祝자와 같은 소리를 낸다. 역시 부부의 백년해로를 축원한 그림이다.

중국 현대 화가 쑨치펑의 그림 제목은 「백두해로도白頭偕老圖」다. 화면 중앙의 괴석은 장수長壽를 나타내고, 그 옆에 백묘白描로 그린 대나무는 역시 축하의 뜻이니 이 둘을 합쳐서 축수祝壽가 된다. 거기에 백두조 두 마리가 꽃 핀 매화 가지에 앉아 있다. 백두장춘白頭長春이 된다.

송나라 휘종 황제도 매화 가지에 앉은 백두조 두 마리를 그렸다. 아래쪽에 핀 꽃은 수선화다. 그림에는 시가 한 수 적혀 있다.

산새가 빼어난 자태 뽐내며
山禽矜逸態
매화 꽃 여린 가지 장난을 친다.
梅粉弄輕柔
단청의 약속은 이미 있으니
已有丹靑約
천추에 흰머리를 가리키노라.
千秋指白頭

백자청화매조죽문병, 높이 32.9cm, 보물 제659호, 16세기, 개인.

「산초백두도山椒白頭圖」, 지본, 종이에 엷은색, 32.1×21.7cm, 개인.

3구의 단청약丹靑約이란 백년해로의 약속을 말한다. 그림 속 두 마리 백두조가 고개 돌려 한 방향을 바라보는 것은 멀리서 달려오는 봄기약을 함께 맞이한다는 뜻이다. 매화나무 밑둥에는 두 촉의 수선화가 역시 꽃망울을 터뜨렸다. 매화꽃도 희고 수선화도 희며, 백두조도 희다.

청나라 때 이선李鱓의 「화조도花鳥圖」는 석류나무 가지에 앉아 있는 백두조 두 마리를 그렸다. 산초와 마찬가지로 석류는 씨가 많으므로 다자多子를 상징한다. 그 밖에 부귀영화를 나타내는 부용화도 보이고, 아들 많이 낳으라는 뜻의 의남초宜男草, 즉 원추리도 보인다. 다 같은 뜻이다.

간혹 백두조를 두 마리가 아닌 세 마리를 그리는 수도 있다. 청나라 때 양진楊晉의 「삼우도三友圖」는 매화 가지에 앉은 백두조 세 마리를 그렸다. 역시 바위와 대나무를 한데 얹어 축수의 뜻을 보탰고, 수선화 무더기를 그려 군선群仙의 의미를 나타냈다. 이때 세 마리 백두조는 세 사람의 친한 벗이 늙도록 건강하게 오래오래 함께 지내자는 축원을 담았다.

중국의 위페이안于非闇의 「부귀백두도富貴白頭圖」에서처럼 백두조가 앉은 나무가 모란꽃이면 「부귀백두도」가 된다.

유몽인柳夢寅의 시에 「제백두조좌형극도題白頭鳥坐荊棘圖」란 것이 있다. 제목으로 보아 산초나무 위에 앉아 있는 백두옹 그림을 보고 여기에 얹은 시임을 알 수 있다. 문답 형식으로 되어 있는 재미있는 작품이다.

백두조야 너 어이 울고 있느냐	白頭之鳥何爲啼
가시나무 숲을 이뤄 살 수가 없네.	荊棘成林不可棲
어이해 날개 떨쳐 날아가잖니	胡不奮翮自飛去
벽오동 동편 물가 대숲 서편에.	碧梧東畔脩篁西

「백두총죽도白頭叢竹圖」, 작가미상, 25.4×28.9cm, 송나라, 베이징 고궁박물원.

「백두해로도白頭偕老圖」, 윤치섭, 중국 현대

「납매산금도臘梅山禽圖」, 휘종 황제, 송나라.

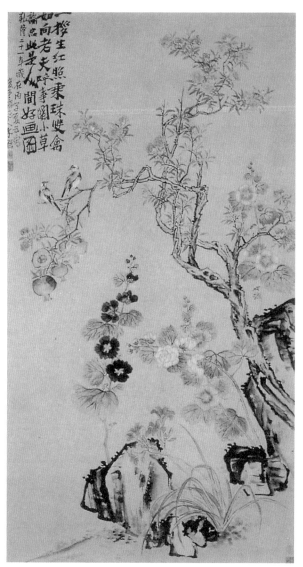

「화조도花鳥圖」, 이선李鱓, 171.5×92.8cm, 청나라.

「삼우도三友圖」, 양진楊晉, 151.5×71.5cm, 청나라.

첫 수는 '문조問鳥', 즉 새에게 던지는 물음이다. 백두조가 가시나무 숲에서 울고 있다. 시인은 이것을 가시나무가 자꾸 콕콕 찔러 살 수 없어 우는 모양이라고 생각했다. 그래서 왜 저 벽오동 시원한 그늘 아래 물가나 대숲 쪽으로 날아가지 않느냐고 물었다.

둘째 수는 백두조의 대답이다.

한 가진들 어이해 부족할까요	一枝豈不足
가시나무 문제없이 살 수 있지요.	荊棘可安棲
높이 날면 그 누가 기다리나요	高飛欲何竢
매와 새매 그 곁에서 날 노릴 텐데.	鷹隼在其西

한마디로 안분자족하겠다는 것이다. 작은 가지 하나로도 거처하기엔 부족함이 없다. 가시나무라도 괜찮다. 나는 공연히 높이 날다가 매나 새매의 밥이 되는 위험은 자초하지 않겠다. 그저 생긴 대로 있는 대로 만족하며 사는 것이 행복한데 왜 자꾸 높이높이 더 좋은 환경을 찾아 날아가라 하느냐고 대답했다. 서거정도「백두조白頭鳥」시를 남겼다.

꽃 사이로 이따금 백두조가 보이니	花間時見白頭鳥
흰머리는 예로부터 쌓인 근심 때문일세.	頭白古來因坐愁
나야 근심으로 머리 온통 희다지만	我自因愁頭白盡
네 근심 어떻기에 흰머리가 되었더냐.	汝愁幾許能白頭

새의 흰머리에 시인의 눈길이 쏠렸다. 근심이 늘 때마다 흰머리가 느는 나는 말은 늘 하는 말이다. 시인 자신이야 이런저런 세상 근심으로 머리가 셌다지만 미물인 새는 무슨 근심으로 머리가 하얗게 셌느냐고 묻고 있다.

「부귀백두도富貴白頭圖」, 위페이안于非闇, 중국 현대.

서리 눈 온통 쌓여 늙은이와 비슷하니	霜雪渾眞似老翁
이리로 날아돌며 백두공을 배우려네.	這廻翻學白頭公
찬 가지 지는 해에 근심스레 너를 보니	寒枝落日愁看汝
괴로운 깊은 정은 반포反哺 속에 있도다.	勤苦深情反哺中

고경명의 「잡목백두오자웅雜木白頭烏雌雄」이다. 그림에 얹은 제화시다. 잡목 숲에 백두조 한 쌍이 앉아 있는 그림이었던 모양이다. 잡목이란 으레 가시 많은 산초나무 덤불이었을 테니 전형적인 백두해로도였던 듯하다. 하지만 막상 시인은 이 그림의 이러한 독법을 이해하지 못했던 듯 석양볕에 찬 가지에서 오들오들 떨고 있는 백두조 한 쌍이 먹을 것이 없어 근심겨워하는 것으로 생각했다. 반포反哺는 까마귀가 늙은 부모를 위해 먹이를 물어다 먹이는 것을 말한다. 제목에 '반포오反哺鳥'라 한 것을 보면, 그는 백두조를 까마귀의 일종으로 여긴 듯하다.

예부터 할미새는 집안에 상서로움을 가져다주는 길조로 여겼다. 할미새가 집에 둥지를 틀면 집안이 크게 일어나며 좋은 일이 많이 생긴다고 옛사람들은 믿었다. 북한에서는 할미새를 분디새라 부른다. 고려가요 「동동」 12월 노래에 분디나무가 보인다.

🐦 열일곱

방정맞은
할미새

어려울 때 돕는 형제

할미새의 한자 이름은 척령鶺鴒 또는 옹거雝渠다. 할미새의 한 종류로 물레새가 있다. 꼬리를 좌우로 흔드는 모습이 물레질하는 것과 비슷해서 이렇게 부른다. 다른 할미새류의 새는 꼬리를 위아래로 흔든다. 『시경』 소아小雅의 「상체常棣」에서는 이렇게 노래했다.

할미새 들판에서 호들갑 떨듯   脊令在原

어려울 땐 형제가 도와준다네.   兄弟急難

| 언제나 좋은 벗이 있기는 해도 | 每有良朋 |
| 그저 길게 탄식할 뿐이지. | 況也永歎 |

할미새는 물가에서 흔히 관찰되는 새다. 잠시도 쉬지 않고 긴 꼬리로 물살을 들까불러 마치 화급한 일이라도 생긴 양 부산을 떤다. 날아갈 때도 무슨 큰일이라도 난 듯 수선을 떤다. 오죽하면 '할미새 꽁지 방정'이란 속담까지 있을까. 할미새가 들판에서 큰일이라도 난 듯이 저렇게 수선을 떨듯 어려움이 생기면 친구보다 그래도 형제간에 서로서로 돕게 된다는 말이다. 그래서 척령재원鶺鴒在原이란 말은 으레 형세가 급한 일이나 어려운 일을 당하여 서로 돕는 비유로 쓰였다.

다음은 조선 중기의 인물 유숙柳潚(1564~1636)이 지은 「척령鶺鴒」이다.

들판 위 할미새가 날면서 또 울어대니	原上鶺鴒飛且鳴
어려움에 다급한 맘 알아주니 어여쁘다.	憐渠猶識急難情
나는 형제 되어 저 새만도 못하여라	我生兄弟不如鳥
고갯길 소 수레를 누가 전송할거나.	嶺路牛車誰送行

멀리 함경도 경성鏡城에 벼슬 살러 가 있던 동생을 생각하며 지은 시다. 1, 2구는 바로 위『시경』의 내용을 전거로 차용한 것이다. 할미새가 들판 위로 울면서 날아간다. 형제의 급하고 어려운 정을 아는 네 모습이 고맙기 그지없다. 멀리 변방에서 힘겹게 생활하고 있을 아우를 위해 형으로서 아무런 도움을 줄 수 없음을 안타까워한 것이다.

김세렴金世濂(1593~1646)은 「제척령도題鶺鴒圖」를 남겼다. 제목 그대로 할미새 그림에 얹은 시다.

| 어려움에 다급한 맘 가련하구나 | 可憐急難情 |

「하당척령도荷塘鶺鴒圖」, 작가미상, 송나라.

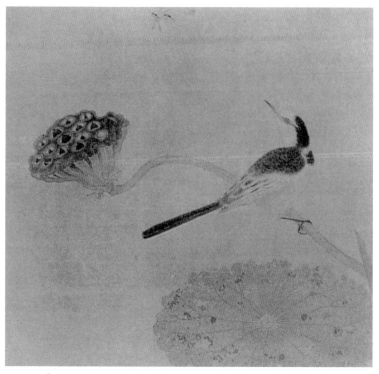

「소하척령도」, 마조흥馬祖興, 25.0×25.6cm, 송나라, 베이징 고궁박물원.

들판 위서 호올로 울며 나누나.	原上獨飛鳴
미물도 오히려 이와 같건만	微物尙如此
형제 없는 사람이 그 누구리오.	何人無弟兄

역시 『시경』의 뜻을 받아 부연한 것이다. 앞서 본 백두조 그림과 달리 할미새 그림은 두 마리가 아닌 한 마리를 그린다. 대부분 가을을 배경으로 하는데 겨울 철새인 까닭이다.

상서로움을 불러오는 사자使者

예부터 할미새는 집안에 상서로움을 가져다주는 길조로 여겼다. 할미새가 집에 둥지를 틀면 집안이 크게 일어나고 좋은 일이 많이 생긴다고 옛사람들은 믿었다. 앞서 잠깐 언급했지만, 북한에서는 할미새를 분디새라 부른다. 고려가요 「동동」 12월 노래에 분디나무가 보인다.

> 십이월에 분디나무로 깎은
> 아아! 차려 올릴 상에 젓가락 같구나.
> 님 앞에 들어올리노니
> 다른 손님이 가져다 입에 묾니다.

분디나무는 앞서도 보았듯 열매가 많아 다자多子를 상징한다. 그러니까 사랑하는 임을 위해 분디나무 가지로 정성스레 젓가락을 깎아 소반 위에 올려놓았다. 그랬더니 눈치 없이 다른 손님이 그 젓가락을 냉큼 가져다가 입에 물더라는 이야기다. 이때 분디나무 젓가락은 말하자면 일종의 사랑 고백과도 같다.

할미새 꽁지로 물 치지 않고	雪姑兒水不剌
머리엔 흰 눈이 소복 내렸네.	頭白雪
둥근 점 소매 무늬 흰 베옷 섞어 입고	圓點袪斑雜素褐
떼 지어 시내 건너 대숲 안개 들어가네.	群飛渡溪入竹煙
아득히 혼자서 붉은 치마 불러대나	迢迢自呼紅蕉裙
광주리 인 아낙은 그 소리를 못 듣네.	持筐中婦如不聞

조선 후기 최성대의 「옹거행雍渠行」이란 작품이다. 설고아雪姑兒는 할

「하당척령도」, 작가미상, 송나라.

미새의 다른 이름이다. 송나라 소동파의 『물류상감지物類相感志』에 "할미 새는 세속에서 설고雪姑라고 부르는데, 이 새가 울면 꼭 큰 눈이 내린 다"고 한 기록이 있다. 시의 1, 2구는 여기서 따왔다. 둥근 점 소매 무 늬에 흰 베옷을 섞어 입었다는 말은 알락할미새의 검은 날개깃에 흰 눈썹선이 있는 것을 두고 한 말인 듯하다.

붉은 치마를 입고 광주리를 머리에 인 채 지나가는 아낙네를 할미새 가 지나가며 놀리기라도 하듯 불러도, 아낙네는 못 들은 체 앞만 보고 가더라는 이야기다. 새 울음소리를 가지고 장난삼아 지어본 시다.

이 새의 다른 이름은 절지竊脂다. 이 새의 부리가 노란 것이 마치 기름을 발라놓은 것 같이 '기름을 훔쳤다竊脂'는 누명을 쓰게 된 듯하다. 아니면 이 새가 박고지를 잘 훔쳐 먹어 절지란 이름을 얻었을 수도 있다. 또 다른 이름인 납취조蠟嘴鳥 역시 부리에 밀랍을 칠해 놓은 듯 반질반질하다는 뜻이다.

열여덟

박고지를 훔쳐 먹는
밀화부리

부리에 밀랍을 바른 새

밀화부리는 참새목 되새과 밀화부리속의 여름 철새다. 우리나라 전역에서 흔하게 관찰된다. 우리나라와 중국 중부 및 만주 등지에서 번식하고 중국 남부, 일본 규슈, 타이완 등지에서 겨울을 난다. 이 새는 예부터 호조鳲鳥, 상호桑扈, 상호桑屬, 절지竊脂, 납취조蠟嘴鳥, 납취작蠟嘴雀, 고지조高枝鳥라 불렸다. 주로 식물성 먹이를 먹되 특히 씨앗을 좋아한다.

유몽인의 「조어십삼편鳥語十三篇」 가운데 첫 수가 바로 「고지조高枝鳥」다.

고지새 높은 가지 깃들기 즐기질 않고	高枝鳥不肯栖高枝
와서는 내 집의 박고지를 먹는구나	來食我朴枯脂
박고지는 정말로 맛이 없는데.	朴枯脂甚無味
시골 아이 그물 짜 울타리 막으니	村童結羅遮其籬
고지새 마땅히 걸려들겠네.	高枝鳥應見罹
어이해 훨훨 높은 가지 올라가	何不奮飛上高枝
큰 나무 깊은 숲 갈 곳 찾아가지 않나.	大樹深林從所之

밀화부리를 고지새라고 부른다. 한자로 고지새라고 써놓고, 높은 나뭇가지에 살아야 할 고지새가 높은 가지에 머물지 않고 자꾸 마당으로 내려온다고 했다. 반찬 하려고 마당에 널어놓은 박고지를 훔쳐 먹으려는 것이다. 고지새가 박고지를 먹으려 든다는 것은 동음어를 활용한 말장난이다. 아이들은 예쁜 모습의 이 새를 잡으려고 울타리에 그물을 널어놓았다. 시인은 박고지 먹으려다 그물에 걸려들지 말고 빨리빨리 숲속 높은 가지 위로 달아나라고 말한다.

이 새의 다른 이름은 절지竊脂다. 이 새의 부리가 노란 것이 마치 기름을 발라놓은 것 같아 '기름을 훔쳤다竊脂'는 누명을 쓰게 된 듯하다. 아니면 이 새가 박고지를 잘 훔쳐 먹어 절지란 이름을 얻었을 수도 있다. 또 다른 이름인 납취조蠟嘴鳥 역시 부리에 밀랍을 칠해놓은 듯 반질반질하다는 뜻이다. 이 새의 특이한 부리가 아무래도 사람들에게 특별한 인상을 남겼던 듯싶다. 오늘날 이 새의 이름인 밀화부리란 말도 사실은 바로 이

「매화과 공작개비기」, 전 이영윤, 비단에 채색, 152.6×55.0cm, 16세기, 국립중앙박물관.

납취蠟嘴를 우리말로 풀어 쓴 것이다.

이응희의 『고신여숙고』에 실린 『고부기남姑婦奇譚』에도 밀화부리와 관련된 구절이 보인다.

뜨락 밤나무 그늘에는 꾀꼬리가 남아 있고　　　　　　庭畔栗陰留栗留

밭머리의 뽕잎에는 밀화부리 뒤따르네.　　　　　　　陌頭桑葉屬桑屬

첫 구는 시어머니가 지은 것이고, 둘째 구는 며느리가 화답한 것이다. 율류栗留는 꾀꼬리를, 상호桑屬는 밀화부리를 가리킨다. 각 구절의 제3자와 제6자가 같은 글자이고, 제5자와 제7자가 같은 글자로 이루어져 말장난의 묘미를 더하고 있다.

서양 선교사의 밀화부리 그림

「앵도상호櫻桃桑屬」는 청나라 때 낭세녕郎世寧(1688~1766)이 그린 앵도나무 가지에 앉은 밀화부리 그림이다. 사실적인 묘사가 참으로 아름답다. 낭세녕은 중국 사람이 아니다. 그는 이탈리아 출신의 예수회 사제인 주세페 카스틸리오네Giuseppe Castiglione로 밀라노에서 태어났다. 그는 1715년 선교를 목적으로 베이징에 왔는데 중국인에게 익숙지 않았던 자연주의 화풍을 선보여 궁정으로부터 주목을 받았다. 이후 화원畵院에서 그림을 그리며 세 명의 황제를 섬겼다.

처음에 그는 서양화법으로 그림을 그려 황제에게 바쳤다. 황제가 좋아하지 않자 동양화 재료에 서양화 기법을 가미하여 그만의 독특한 풍격을 이뤄냈다. 건륭 황제는 순행할 때 낭세녕이 수행하면 몹시 만족스러워했다고 한다. 특히 인물화와 화조도에 능했고, 말 그림에도 뛰어났

「앵도상호櫻桃桑鳥」, 낭세녕郎世寧, 청나라.

「오금자미도梧禽紫薇圖」, 왕무王武, 17.3×52.3cm, 청나라.

다. 이 그림 외에도 조류 도감의 그림보다 더 사실적이고 섬세한 필치
의 조류 사생화를 많이 남겼다. 낭세녕이 인물화를 그리고 중국 화가
들이 배경 그림을 그린 합작도 많이 남아 있다.

밀화부리는 역대 그림 속에 심심찮게 등장한다. 청나라 왕무王武가
그린 「오금자미노梧禽紫薇圖」가 있다. 부채면에 '가을바람에 아들 얻으니
자미에 가깝고녀得子秋風近紫薇'라고 쓰여 있다. 밀화부리 한 마리가 오동
나무 열매를 입에 물고 있다. 아마도 노년에 벗이 아들 얻은 것을 축하
해서 그려준 축화인 듯하다. 「오동사취도梧桐蠟嘴圖」에도 밀화부리 한 마
리가 오동나무에 앉아 있다.

「오동사취도梧桐蜡嘴圖」, 작가미상, 송나라.

「매죽취금도梅竹聚禽圖」, 작가미상, 송나라.

포롱포롱 까불대는 동박새가 이 가지 저 가지로 오르내리며 장난을 친다. 까까중 까까중 하고 놀리는 것 같다. 어지러운 세상에서 뭘 하고 있니? 차라리 머리 깎고 까까중 되지. 그러지 않으면 갓난아기가 엄마 뱃속에서 하던 배냇짓하듯 니 풀니 풀 까불까불ㅣ처럼 놀든지. 자꾸만 사소한 일에 마음 상하는 걸 보면 아저씬 아직도 철이 덜 들었나봐.

열아홉

눈가에 수를 놓은
동박새

매화 가지에 앉은 봄빛

송나라 휘종 황제 조길은 중국 회화사에서 손꼽히는 화가 가운데 한 사람이다. 그는 특히 화조화에 능했는데 그가 그린 각종 새 그림은 섬세하고도 정확한 묘사가 일품이다.

「매화수안도梅花繡眼圖」는 휘종이 그린 작품이다. 수안繡眼이란 눈가에 수를 놓았다는 뜻이며, 동박새의 옛 이름이다. 동박새의 눈 테두리에 마치 흰 실로 수놓은 것처럼 동그란 무늬가 있어 이렇게 예쁜 이름을 얻었다. 매화 가지 위에서 동박새 한 마리가 먼 데를 가만히 응시하고 있다. 설렘으로 오는 봄빛을 마냥 기다리는 마음을 잘 담아냈다. 눈가의 흰 테두리에는 점을 똑똑 찍어놓았는데 그가 얼마나 섬세한 필치가인지를 잘 보여준다. 눈가에 찍힌 흰점 테두리야말로 동박새를 드러내는 가장 뚜렷한 표징이다.

한시에서 동박새를 직접 노래한 것은 잘 보이지 않는다. 명나라 능운한凌雲翰의 『자헌집柘軒集』에 실린 「사시화조도四時花鳥圖」에 석류꽃 가지 위에서 노니는 동박새의 깜찍한 모습을 노래한 것이 있다.

집 안 가득 훈풍에 맑은 대낮 더딘데	滿院薰風淸晝遲
석류꽃 피어나서 뻗은 가지 울을 넘네.	海榴開到過牆枝
미인은 창 아래서 바느질 한가하니	美人窓下閒針線
꽃 사이의 동박새가 더욱 사랑스럽네.	却愛花間繡眼兒

석류꽃이 활짝 피었으니 봄도 늦었다. 꽃가지는 살금살금 울타리를 넘어와 규방의 미인도 공연히 마음이 싱숭생숭하다. 시간이 멈춘 것만 같은 봄날, 자꾸만 눈길이 꽃 쪽으로 간다. 바느질하던 손길이 저도 몰래 더뎌진다. 붉은 석류꽃 위에 초록빛의 동박새가 나풀대며 꽃꿀을 따먹다가 창가에서 수를 놓는 미인을 발견하고는 고개를 갸웃대며 쳐다보고 있다. 고개를 든 미인도 예쁜 동박새에 눈이 팔려 바느질하던 손길을 거둔다. 저 꽃은 저리 예쁜 새가 찾아주는데 내 님은 도대체 어디 계실까? 그녀의 마음은 아마도 이런 것이었을 게다. 이 새의 이름이 수안인데, 착안해서 수놓는 미인을 그림 속에 함께 끌어들였다.

귀엽고 깜찍한 장난꾸러기

박용래 시인의 「풍경風磬」이란 작품에도 귀엽고 깜찍한 모습의 동박새가

「매화수안도梅花繡眼圖」, 휘종 황제, 24.5×24.5cm, 송나라.

『청궁조보清宮鳥譜』에 실린 동박새, 타이완 고궁박물원.

나온다.

산사山寺의 골담초숲 동박새, 날더러 까까중 까까중 되라네. 갓난아기 배
냇짓 배우라네. 허깨비 베짱이 베짱이처럼 철이 덜 들었다네. 백두白頭 오
십에 철이란 무엇? 저 파초잎에 후득이는 빗방울, 달개비에 맺히는 이슬,
개밥별 초저녁에 뜨는, 개밥별?
산사의 골담초숲 동박새, 날더러 발돋움 발돋움하라네. 저, 저 백 년 이
끼 낀 탑신塔身 너머 풍경風磬 되라네.

포롱포롱 까불대는 동박새가 이 가지 저 가지로 오르내리며 장난을
친다. 까까중 까까중 하고 놀리는 것 같다. 어지러운 세상에서 뭘 하고
있니? 차라리 머리 깎고 까까중 되지. 그렇지 않으면 갓난아기가 엄마
뱃속에서 하던 배냇짓하듯 나풀나풀 까불까불 나처럼 놀든지. 자꾸만
사소한 일에 마음 상하는 걸 보면 아저씬 아직도 철이 덜 들었나봐. 그
러지 말고 발돋움해서 조금씩 조금씩 위로 올라가 저 해묵은 탑 꼭대
기에 걸린 풍경이라도 되어보세요. 뎅그렁 맑은 소리 들려주세요. 귀엽
고 깜찍한 동박새의 몸짓이 시인의 표현에서 그림처럼 생생하게 느껴
진다. 시인의 섬세한 시심이 참 곱다.

앞서 본 동박새 그림을 그렸던 휘종 황제는 비둘기와 학, 백두옹, 금
계, 앵무새, 오리 등 온갖 종류의 새 그림을 남겼다. 그는 예술을 사랑
하고 그 자신 훌륭한 화가이기도 했으나 정치적으로는 완전히 실패한
군주였다. 요遼와 서하西夏, 금金나라 등은 변경을 호시탐탐 노렸고 이
들을 달래기 위해 그는 굴욕 외교를 맺지 않을 수 없었다. 대내적으로
도 백성의 생활은 도탄에 빠져 괴로움에 허덕이고 있는데도 왕은 엄청
난 규모의 토목공사를 연일 강행했으며 오로지 화려하고 사치한 생활
에 젖어 있을 뿐이었다.

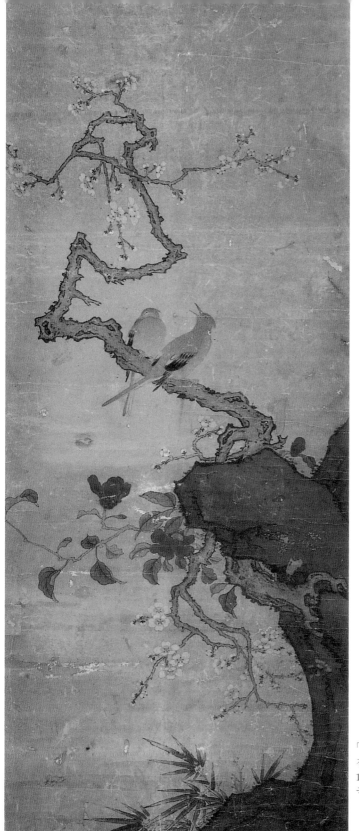

「매화 가지의 동박새(梅上繡眼)」,
전 신잠, 종이에 채색,
116.6×45.8cm, 16세기,
국립중앙박물관.

「비파수안도枇杷繡眼圖」, 삭가미상, 송나라, 베이징 고궁박물원.

송나라 때는 이 동박새 그림이 상당히 유행했던 모양이다. 지금 베이징 고궁박물원에 소장된 비파나무에 앉은 동박새 그림은 작가가 알려져 있지 않지만 그 선연한 자태가 몹시 아름답다.

정수리에 뿔관이 있다. 눈동자는 검다. 검은 부리는 살짝 굽었다. 눈가에 검은 눈썹이 있
다. 눈 아래 가늘고 흰 테두리가 초승달 모양 같다. 턱은 검고, 턱 위에 가는 흰 줄이 있
다. 머리와 목과 배는 엷은 갈색이다. 등 날개 중간에 붉은색과 노란색과 흰색이 있다. 꽁
지 쪽 등 깃털은 회색이다. 꽁지 아래 쪽 가는 깃은 붉은색이다.

스물

태평성세를 알리는
황여새

열두 가지 고운 빛깔

황여새는 참새목 여샛과에 속하는 겨울 철새다. 주로 나
무 위에서 생활하고, 무리지어 다닌다. 옛 그림에는 황여새가
심심찮게 등장한다. 새의 머리깃이 특이하고 빛깔이 고와 그
랬던 것 같다. 또 한 가지, 이 새의 한자 이름이 태평작太
平雀인 것과도 무관치 않다. 이 새가 모여 울면 태평한
시절이 온다고 믿었던 것이다.

　『청궁조보淸宮鳥譜』에는 황여새에 대해 이렇
게 적고 있다.

태평작太平雀은 십이황十二黃이라고도 한다. 정수리에 뿔관이 있다. 눈동자는 검다. 검은 부리는 살짝 굽었다. 눈가에 검은 눈썹이 있다. 눈 아래 가늘고 흰 테두리가 초승달 모양 같다. 턱은 검고, 턱 위에 가는 흰 줄이 있다. 머리와 목과 배는 엷은 갈색이다. 등 날개 중간에 붉은색과 노란색과 흰색이 있다. 꽁지 쪽 등 깃털은 회색이다. 꽁지 아래 쪽 가는 깃은 붉은색이다. 꽁지는 검다. 꽁지 끝은 노란색이다. 발가락은 검다. 여섯 깃촉의 털이 몹시 빛나 각 깃촉 위에 각각 노란색과 흰색의 마디가 있다. 좌우 합쳐 열두 마디가 있어서 십이황이라고 부른다.

『청궁조보』에 바로 황여새의 그림이 실려 있다. 황여새는 알록달록 어여쁜 깃털 빛깔이 사람들의 이목을 끌었다. 붉은빛을 띤 홍여새는 십이홍十二紅이라 불렸다. 문학작품에는 황여새를 노래한 것이 별반 보이지 않는다. 청나라 때 서보광徐葆光은 「만수시萬壽詩」에서 이렇게 노래했다.

장구한 천지 위에 만 년 된 나뭇가지　　　　天長地久萬年枝
상서론 빛 살랑살랑 옥섬돌에 가득해라.　　風動祥光滿玉墀
높은 곳에 살고 있는 한 쌍의 태평작은　　　高處雙棲太平雀
아침마다 태평 시절 알려주는구나.　　　　朝朝報道太平時

장구한 천지 위에 만 년이나 된 나무는 황제의 만수무강을 비는 축원의 말이다. 상서로운 기운은 온 궁궐에 가득한데, 그 만년지萬年枝 꼭대기에 깃들어 살고 있는 한 쌍의 태평작은 아침마다 태평성대가 도래했다며 소리 높여 운다고 했다.

『청궁조보淸宮鳥譜』에 실린 「황여새」. 타이완 고궁박물원.

이밖에 양기楊基의 시가 있다. 두 구절만 소개한다.

어디서 날아온 홍여새 한 마리가   何處飛來十二紅
만년지 위에서 봄바람에 서 있구나.   萬年枝上立東風

역시 태평성대의 화사로운 분위기를 홍여새의 화려한 빛깔에 얹어 노래한 것이다.

봄을 여는 설렘

중국 현대 화가 푸루溥儒는 「옥당청풍도玉堂淸風圖」를 그렸다. 옥란화玉蘭花 가지 위에 황여새 두 마리가 다정스레 앉아 있다. 그림 속에 쓰인 시는 이렇다.

옥란꽃 활짝 피니 눈 온 듯한데   玉蘭開似雪
옥당 앞을 향하여 모여 있구나.   集向玉堂前
이따금 짝을 지어 새가 오면은   時有雙棲鳥
맑은 바람 깃털이 흔들리누나.   淸風動羽翰

옥란화는 향기가 아주 짙다. 소담스레 피어나 온 마당이 환한데, 황여새 두 마리가 꽃가지에 앉아 맑은 봄바람에 향기에 담뿍 취해 있는 광경이다.

「도화산조도桃花山鳥圖」는 송나라 때 작가미상의 그림이다. 황여새 한 마리가 어여쁜 자태로 복사꽃 가지 위에 앉아 먼 곳을 바라보고 있다. 바야흐로 천지에는 태평의 기운이 가득한 것이다. 이밖에 청나라 마전

「옥당청풍도玉堂淸風圖」, 푸루溥儒, 34.0×32.0cm, 중국 현대.

「도화산조도桃花山鳥圖」, 작가미상, 송나라.

馬荃의 「자등쌍금도紫藤雙禽圖」는 연보랏빛 등나무 꽃이 휘늘어져 꽃등
불을 켜고 있는 가운데, 황여새 두 마리가 나란히 앉아 등나무 꽃을
바라보고 있는 그림이다. 송나라 임춘林椿의 「행화춘조도杏花春鳥圖」도
살구꽃 가지 위에 앉아 있는 황여새의 모습을 잘 포착해내고 있다. 황
여새 그림은 늘 봄꽃과 함께 그려진다. 추운 겨울이 지나 태평의 봄이
다가오고 있음을 축복하는 것이다.

「자등쌍금도紫藤雙禽圖」, 마전馬荃, 123.5×51.0cm, 청나라.

「행화춘조도杏花春鳥圖」, 임춘林椿, 송나라.

수리나 매는 모두 사나운 새다. 매는 인적이 미치지 않는 깊은 산 절벽에 산다. 꿩이나 토끼를 잡아 깃털을 제거하고 시냇가 찬 물에 담가두므로 한여름에도 상하지 않는다. 이것으로 새끼를 먹인다. 새끼에게 발톱과 부리가 생겨나면 고기를 주려는 어미를 도리어 할퀴게 된다. 그런 까닭에 반드시 둥지 아래위로 돌며 날다가 고기를 던져준다.

스물하나
매사냥 이야기

고분벽화 속의 매사냥

매는 맹금류다. 매사냥은 삼국시대부터 우리나라 전역에서 널리 행해졌다. 서기 121년, 고구려 태조대왕 때 숙신의 사신이 흰매를 바쳤다는 기록이 『삼국사기』에 실려 있다. 매와 관련된 최초의 기록이다. 5세기경에 축조된 고구려 삼실총 고분벽화 중 남쪽 벽면 행렬도 아래쪽에는 매사냥 장면이 그려져 있다. 말을 탄 사내가 왼쪽 팔뚝 토시 위에 매를 얹은 채 내달리고 있고, 그 앞쪽으로 꿩 한 마리가 다급한 날갯짓을 하며 날아간다. 이밖에도 4세기 말에 축조된 안악 제1호분의 현실 서쪽 벽과 5세기 장천 제1호분에서도 매사냥 장면이 포착된다. 4세기 백제의 아신왕阿莘王도 매를 좋아했다는 기록이 전해지는 것으로 보아, 백제에서도 매사냥을 즐겨 했음을 알 수 있다.

신라 쪽의 기록은 『삼국유사』 탑상편의 「영취사靈鷲寺」 창건 설화에 보인다. 기록은 다음과 같다.

신라 진골 31대 신문왕 때 일이다. 영순永淳 2년 계미년(683)에 재상 충원공忠元公이 장산국萇山國 온천에 목욕 갔다가 돌아올 때였다. 굴정역屈井驛 동지桐旨 들에 이르러 잠시 쉬었다. 문득 한 사람이 매를 날려 꿩을 쫓게 하는 것을 보았다. 꿩은 금악향金岳香으로 날아가더니 자취를 찾을 수 없었다. 매의 방울 소리를 쫓아갔다. 굴정현의 관청 북쪽에 있는 우물가에 이르자, 매는 나무 위에 앉아 있고, 꿩은 우물 안에 있는데 온통 핏빛이었다. 꿩은 두 날개를 펼쳐 새끼 두 마리를 감싸고 있었다. 매도 불쌍히 여겨 잡지 않는 듯했다. 충원공이 이를 보고 측은히 여겼다. 느낌이 있어 지세를 살펴보게 하니 절을 지을 만한 곳이라고 했다. 서울로 돌아와 왕에게 아뢰어, 관청 건물을 다른 곳에 옮기고 그곳에 절을 지었다. 이름을 영취사라 하였다.

영취靈鷲, 즉 신령스런 수리가 일러준 터라 하여 지은 이름이다. 취는 원래 독수리를 일컫는데, 여기서는 사냥매를 통칭했다. 이로 보아 신라에서도 매사냥이 성행했음을 알 수 있다.

고려시대에는 아예 응방鷹坊을 두어 매사냥을 제도화했고 조선시대에

고구려 삼실총 남쪽 벽면에 그려진 매사냥 장면.

도 내응방內鷹坊이 있었다. 고려 때는 원나라에서 시도 때도 없이 고려의 매를 공물로 바칠 깃을 요구한 기록이 빈번하게 보인다. 고려의 응방은 충렬왕 원년(1275)에 설치되었다. 전국 각 도 여러 곳에 응방을 설치하여 매를 잡게 했고 매를 잘 잡는 사람에게는 요역을 면제해주었다.

조선시대에는 태조 4년(1395)에 한강 가에 응방을 설치했는데, 고려 때의 제도를 이어받은 것이다. 특히 세종 때는 왕실 사냥에 소요되는 매를 관리하는 관서로 어응방御鷹坊을 두었다. 그런데 매와 사냥개를 들판에 풀어놓고 사냥하는 일은 백성에게 끼치는 피해가 이만저만이 아니어서 원성이 적지 않았다. 이에 나라에서는 응패鷹牌를 교부하여 이것을 지닌 자만이 매를 기를 수 있도록 법적인 제한을 두기까지 했다. 매를 기르는 일은 응인鷹人 또는 응사鷹師라 부르는 전문가들이 맡았다. 내응방에 속한 응인들을 당시 민간에서는 시파치時波赤라고 불렀는데 이는 몽골 말로 '새를 기르는 사람'이란 뜻이다. 이들은 임금이 매 사냥을 구경하려고 거둥할 때 언제나 임금의 수레를 따랐다.

매의 다양한 종류와 이름

매는 그 종류가 많고 이름도 여러 가지다. 이에 대해서는 이덕무의 『한죽당섭필寒竹堂涉筆』에 보이는 기록이 비교적 자세하다.

맹금류는 종류가 아주 많다. 여기 우리나라 시속의 이름을 적어둔다. 매 중에 그해에 난 놈을 잡아 길들인 것을 보라매라고 한다. '보라'란 말은 우리말로 담홍색인데, 그 깃털의 빛깔이 엷은 것을 말한다. 산에 여러 해 있던 것은 산진山陳이라 하고, 새끼 때부터 집에 있던 것은 수진手陳이라 한다. 매 중에 가장 뛰어나고 깃이 흰 것을 송골매라 한다. 깃이 푸른 것

「석천한유도石泉閒遊圖」, 전 김희겸, 종이에 엷은색, 87.5×119.5cm, 1748, 개인.

은 해동청이다. 수리 중에 적고 매 비슷하게 생긴 것을 독수리라 한다. 수리 중에 커서 능히 사슴이나 노루를 잡을 수 있는 것은 가막수리라 한다. '가막'은 우리말로 검다는 말이다. 수리와 비슷하면서 능히 범을 잡을 수 있는 것을 익더귀라 한다. 모습이 웅대하여 사람을 태우고도 간다. 범을 보면 범의 머리에 올라앉아 그 눈동자를 쫀다. 매 비슷하면서 두 날개가 길고 날카로운 것을 난추니라고 한다. 날개로 끌어당겨 고니나 기러기를 잡고, 매도 죽인다. 매와 비슷하면서 눈동자가 검은 것은 조골鵰鶻이라 하는데, 매를 잡을 수 있다. 매와 비슷하면서 붉은 머리에 흰 등을 하고 검은 눈을 지닌 것은 방달이라 한다. 능히 매를 죽인다. 매와 비슷하지만 크기가 작고, 날개가 날카롭고 다리가 긴 것은 결의決義라 한다. 메추리를 잡을 수 있다. 새매를 말한다. 새매 비슷하지만 비둘기 같기도 하고 눈이 검은 것은 도령태라 한다. 메추리를 잡을 수 있다. 도령태와 비슷하지만 참새를 잘 잡는 것은 구진의라 한다. 바람박이라고도 한다. 바람이 불면 곧장 반공으로 솟구쳐 맴돌며 내려오지 않는다. 바람이란 풍風의 우리말이다. 이른바 신풍晨風이라는 것이다. 결의와 비슷하지만 부리 옆이 칼로 새긴 듯 갈라진 것을 작응雀鷹이라고 한다. 참새를 잘 잡는다. 매와 비슷하지만 꼬리 바탕에 흰 깃이 있는 것을 말똥가리馬糞掠라 하는데, 참새를 잘 잡는다.

보라매, 산진이, 수진이, 송골매, 해동청, 독수리, 가막수리, 익더귀, 난추니, 조골, 방달이, 결의, 도령태, 구진의(바람박이, 신풍), 작응, 말똥가리까지 무려 16종을 들어 설명했다. 이 가운데 보라매는 알을 까고 나온 한 살배기 매를 잡아 길들인 것이라고 했다. 산진이는 야생에서 다 큰 놈을 잡아온 것이고, 수진이는 새끼일 때 잡아와 손에서 길들인 매를 말한다. 깃이 흰 것은 송골매이고, 푸른빛이 감도는 것은 해동청이다. 흔히 해동청 보라매를 으뜸으로 친다. 가막수리는 검독수리다.

「출렵도」, 강희언姜熙彦, 29.5×22.0cm, 조선 후기.

익더귀는 오늘날엔 새매를 가리키는 말이지만 여기서는 큰독수리 종류를 말하는 듯하다. 그 밖에 분명히 갈라 말할 수는 없지만 새매, 개구리매, 황조롱이, 말똥가리, 새호리기 등 수릿과의 여러 새를 크기와 외형, 먹이별로 설명하고 있다.

　조선시대 이섬李贍은 『응골방鷹鶻方』이라는 흥미로운 책을 남겼다. 말 그대로 매와 수릿과에 속하는 새, 특히 사냥매의 종류와 기르는 법, 훈련시키는 법, 아플 때 치료하는 약 처방에 이르기까지 상세히 적어 놓은 특이한 저작이다. 총론 격인 「응골총론鷹鶻總論」과 먹여 기르고 사냥하는 제반사를 다룬 「조양잡설調養雜說」, 치료법에 해당되는 「구급방救急方」과 「경험방經驗方」, 매 기를 때의 주의 사항을 적은 「양응감계養鷹鑑戒」, 자신이 듣고 본 이야기를 적은 「문견상담聞見常談」 등으로 나뉘어 있다. 그는 북쪽으로 귀양가 있으면서 그곳 노인에게서 들은 이야기와 평소 자신이 수집한 내용을 정리해서 매사냥에 관한 모든 것을 이 책에 기록해놓았다. 특히 겨울 스포츠로 매사냥이 우리 민족에게 얼마나 오랫동안 사랑받아왔는지 잘 알 수 있다. 이규경도 『오주연문장전산고』 「지조응전종류변증설鷙鳥鷹鶻種類辨證說」에서 매의 여러 종류에 대해 상세히 설명한 바 있다.

　매사냥은 원래 몽골에서 들어왔다. 조선시대 강희언姜熙彦이 중국에 사신 갔다가 본 매사냥 장면을 그린 「출렵도」가 남아 있다.

매 잡는 법

그러다보니 매의 수요가 많아졌다. 사람들은 높은 산꼭대기에 매덫을 설치해 매를 잡았다. 조선 전기 김종직金宗直(1431~1492)은 자신의 지리산 유람록인 「유두류록遊頭流錄」에 다음과 같은 관찰을 남겼다.

시루봉을 거쳐 저여원沮洳原에 도착했다. 단풍나무가 길에 서 있다. 굴곡진 것이 문설주 모양이었다. 이 길로 나오는 사람이 모두 등을 굽히지 않아도 되었다. 평원은 산등성이에 있었다. 광활한 땅이 5, 6리쯤 된다. 숲이 우거지고 물이 둘레를 감돌아 밭 갈아 먹고살 만했다. 시내 위로 초막 몇 칸이 보였다. 울타리를 둘렀는데, 흙온돌이 있었다. 내상內廂에서 매 잡는 움막이었다. 내가 영랑점永郎岾부터 이곳까지 오면서 묏부리 곳곳에 매 잡는 덫을 설치해놓은 것을 보았다. 수도 없이 많았다. 가을 기운이 높지 않아선지 매 잡는 사람은 없었다. 매는 구름 사이에 산다. 어찌 험준한 땅 깊은 숲에 덫을 놓고 기다리는 자가 있을 줄 알겠는가? 먹이를 보고 욕심 부리다 졸지에 그물에 걸리거나 덫에 사로잡히고 마니 또한 사람에게 경계가 될 만하다. 게다가 가져다 바치는 것은 열 마리나 스무 마리에 지나지 않는다. 장난의 놀이거리에 충당하자고 해진 옷에 밥이나 먹는 자를 시켜 밤낮으로 눈보라를 견디며 천 길 봉우리 위에 엎드려 있게 하니, 어진 마음을 지닌 자라면 차마 하지 못할 일이다.

지리산 꼭대기 능선을 따라 곳곳에 설치된 매덫에 관한 이야기다. 덫으로 잡지 않고 아예 둥지를 뒤져 새끼를 잡기도 했다. 이 방법은 유몽인의 『어우야담』에 나온다.

수리나 매는 모두 사나운 새다. 매는 인적이 미치지 않는 깊은 산 절벽에 산다. 꿩이나 토끼를 잡아 깃털을 제거하고 시냇가 찬 물에 담가두므로 한여름에도 상하지 않는다. 이것으로 새끼를 먹인다. 새끼에게 발톱과 부리가 생겨나면 고기를 주려는 어미를 도리어 할퀴게 된다. 그런 까닭에 반드시 둥지 아래위로 돌며 날다가 고기를 던져준다. 새끼 중에 용감하고 힘센 놈이 고기를 많이 차지해서 먼저 능히 날아오른다. 그래서 새끼 중에는 먼저 건장해진 놈이 좋다. 나무꾼이 시냇가에서 매가 멀리 맴돌며 돌아오지 않는 틈을 엿보아 그 고기를 훔쳐간다. 매가 이를 알면 그 얼굴을 할퀴어 다친다. 새끼를 가져가려는 자 또한 그 틈을 타서 절벽에 사다리를 놓고 둥지까지 기어올라가 이를 가져온다. 주머니에 이를 묶어 오는데 매가 돌아와 둥지에 제 새끼가 없는 것을 보면 뱀이나 너구리 따위가 해를 입힌 것으로 여기고 이듬해에는 둥지를 옮겨 다시 오지 않는 다. 사람이 만약 나뭇가지에 신발을 걸어두면 매는 사람이 기르려고 가 져간 줄 알고 이듬해에 또 와서 깃든다. 그래서 사람들이 해마다 그 새끼 를 얻을 수 있다.

매사냥하는 장면을 묘사한 글도 있다. 성대중成大中(1732~1812)의 「운 악유렵기雲岳遊獵記」로, 즉 운악산에서의 꿩 사냥을 적었다.

이튿날 산을 따라 북쪽으로 갔다. 매가 네 마리, 말이 다섯 필이다. 개는 매의 숫자와 같았고 사냥꾼은 여덟이었다. 사냥꾼이 지치면 서유문徐幼文 이 팔뚝에 매를 얹고 나아갔다. 산 높고 골 깊어 삭풍이 제법 사납게 불 었다. 사냥개는 교만해지고 매는 기운이 한곳으로 집중되었다. 오직 사 람의 뜻에 따라 나아가고 물러났다. 꿩이 앞에서 차고 올랐다. 매가 박차 고 곧장 나가 순식간에 위로 솟구치더니 멈추고 둘러보았다. 꺾어져 내 려와 선회하더니 높이 날개를 펴서 비스듬히 흘겨보다가 가볍게 잡아채 어 잽싸게 낚아챘다. 깃을 거두고 발톱을 오므리더니 깍지로 돌아왔다. 몸을 움츠리며 사방을 돌아보고 몸을 쭉 편 뒤에 쉬었다. 이에 있어 매 의 기술이 끝났다. 무리가 모두 기뻐하며 통쾌하다고들 했다.

김홍도의 「꿩사냥豪貴鷹獵」의 장면과 함께 읽어보면 더 실감이 난다. 김홍도의 그림에서도 매가 꿩을 덮쳐 꿩의 목덜미에는 이미 선혈이 낭 자하다. 등에 앞서 잡은 꿩을 담은 주머니를 맨 몰이꾼이 매를 마류하

「꿩사냥豪貴鷹獵」, 김홍도, 종이에 엷은색, 28.0×34.2cm, 조선 후기, 간송미술관.

며 다가서고 사냥개 두 마리가 좌우에서 으르고 있다. 그림 오른편 몰이꾼의 등 뒤에도 꿩이 들어 있다.

매 기르는 사람의 교훈

매와 관련된 글은 이밖에도 많다. 강재항의 「양응자설養鷹者說」, 즉 매 기르는 사람의 이야기는 특히 흥미롭다. 맹금류인 매는 사육하기가 어려운데 한 노인이 35년간이나 매를 길렀으므로 어떤 사람이 비법을 묻자 그는 이렇게 대답했다.

대저 매는 사나운 새다. 장백산 기슭에서 태어나 덕림산 언덕에서 자란다. 넓은 바닷가에서 노닐고 붉은 하늘 위로 날아다닌다. 그 산림의 성질과 구름 위를 나는 뜻은 닭이나 오리의 하찮은 것들처럼 쉬 기를 수 있는 것이 아니다. 사냥꾼이 쳐둔 그물에 한번 걸려들면 재빨리 그 몸을 묶고 깍지에 얹어 먹인다. 낮에는 팔뚝 위에서 기르고 밤에는 등불을 밝히고 기른다. 가까이 노끈으로 시험해보고 멀리 소리로 시험해본다. 상아나 사슴뿔, 쇠방울로 겉을 꾸며주고 쥐나 비둘기, 닭과 참새 등의 먹이로 그 배를 채워준다. 물에 담가 적시기도 하고 배고프고 목마르게 하며 길들이고 노닐며 익숙해져 순하게 한다. 그 산림의 성질을 막아 사람의 기름을 즐거워하게 하고 그 구름 위의 뜻을 잊고 사람 손길에 익숙하게 한다. 한 달이 되면 친해지고 50일이 되면 스스럼없게 된다. 하지만 그 성품은 산림에 바탕을 두고 있고 그 뜻은 구름 위로 굳어 있다. 마음에 느끼는 바가 있으면 기름도 기뻐하지 않음이 있고, 기운에 충동되는 바가 있으면 습관도 변화시키지 못하는 바가 있다.

대저 바람이란 것은 사물을 움직이는 것이다. 새란 바람을 기뻐한다. 매는 날지 않지만 날았다 하면 바람을 타니, 그 기운이 바야흐로 양양해져서 능히 스스로 그만둘 수 없게 된다. 한 번 날면 기분이 좋고 두 번 날면 제멋대로 하려들며 세 번 날면 달아나고 만다. 구름 안개 너머 높은 하늘을 가로질러 표연히 가는 곳을 알지 못하게 된다. 나는 들창 아래 깃발을 세워놓는다. 아침에 일어나 깃발을 살펴보고 바람이 불면 매를 날리지 않는다.

대저 저녁은 만물이 슬퍼하는 바다. 산림이란 새가 돌아가는 바다. 날 저물어 산이 어둑해지면 온갖 새가 숲에 들어 서로 짝들을 부른다. 암수가 서로 응해 화답해 울며 오르내려 그 소리를 맞겨룬다. 매가 이 소리를 들으면 그 정이 움직여서 방황하고 머뭇거리며 이리저리 둘러보다가 마침내는 가버리고 만다. 나는 산 위에서 볕을 살펴보다가 해가 뉘엿해지면 매를 풀지 않는다.

매는 맹금류다. 하지만 혈맥과 근골은 사람과 다를 바 없다. 몸이 지나치게 힘들면 고갈되고 정신을 과하게 쓰면 피폐케 된다. 매가 꿩과 함께하는 것은 크기가 고만고만하다. 힘과 용기도 한가지다. 빙빙 돌다 쫓아 날면 혈맥이 움직인다. 붙들어 잡아 죽이면 근골이 피폐케 된다. 첫 번째 꿩 때는 굳세다가도 두 번째 꿩 때는 힘이 쇠하고 세 번째 꿩 때는 고갈되어버린다. 고갈되면 병들고 병들면 죽는다. 속된 사냥꾼은 경계하지 않고 오히려 더더욱 공을 탐하고 얻음을 뽐내어 쇠하여도 그치지 않고 고갈되어도 멈추지 않는다. 네 마리 다섯 마리에서 열 마리에 이르기까지 한다. 기량은 더욱 쇠약해지고 기력은 더 고갈되어 솟아오를 수도 없고 진퇴조차 할 수 없게 된다. 문득 숲에 처박혀 날개가 부러지고 바위에 부딪혀 허리나 다리가 부러진다. 낭패를 보아 고꾸라져 잠깐 사이에 죽고 만다. 나는 꿩 세 마리를 잡으면 매를 놓아보내지 않는다.

그는 매의 본성을 잘 파악해서 35년간이나 매를 길렀다. 그의 말은

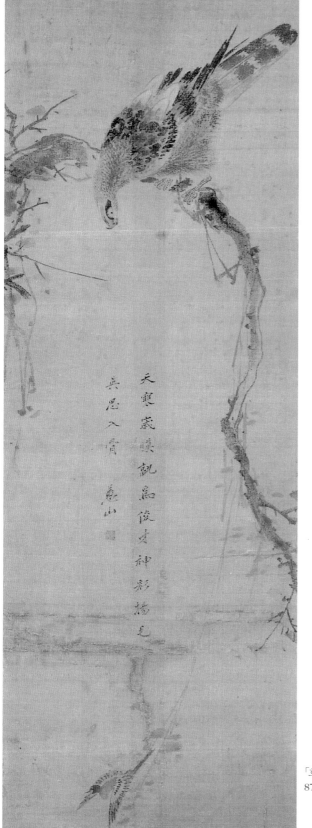

「호응탐작豪鷹眈鵲」, 유숙, 비단에 엷은색,
87.5×30.8cm, 19세기, 국립중앙박물관.

행간이 자못 깊다. 단순히 매를 기르는 요령을 말한 데서 그치지 않고 자신의 뜻을 기탁한 글이다. 「호응탐작豪鷹眈鵲」에서는 매가 고목 등걸에 앉아 금빛 날카로운 눈동자로 달아나는 새를 쏘아보고 있다.

사냥 매의 날랜 용맹

흔히 하는 말에 '시치미를 뗀다'는 것이 있다. 이것도 실은 매사냥에서 유래한 말이다. 매의 다리에는 방울을 달고 꽁지에는 화려한 장식을 다는데 소유주의 표식을 겸한 것이다. 매의 꽁지에 다는 장식을 시치미라 한다. 기르던 매가 사냥 도중에 달아나면 남의 집에 날아드는 수가 있다. 집주인은 시치미를 보고서 매의 주인에게 되돌려준다. 그러면 적절한 사례를 하는 것이 관례였다. 하지만 제 발로 날아온 매를 돌려주고 싶지 않으니 그저 시치미를 뚝 떼고서 제 시치미를 달아 제 매인 양하곤 했다. 시치미를 뗀다는 말이 바로 여기서 나왔다. 「백응도白鷹圖」를 보면 시렁 위에 옥화玉花란 이름의 흰매가 앉아 있다. 발은 줄에 묶였고 꼬리에는 새깃으로 만든 화려한 시치미가 달려 있다.

이제 한시에 보이는 매사냥과 관련된 작품을 살펴보자. 먼저 조언유의 「산진응山陳鷹」이란 시다.

금빛 눈 옥빛 발톱 평범한 새 아니니	金眸玉爪匪凡材
종산鐘山서 나고 자라 절로 유래 있도다.	化育鐘山有自來
깍지 위 매서운 서슬 당해낼 수가 없고	韝上鋒稜無可敵
구름 사이 날랜 용맹 뉘 능히 꺾으리오.	霄間銳勇孰能催
풀 마른 백 리 길에 추호조차 다 보나니	草枯百里秋毫見
숲 위서 세 해 동안 눈 같은 깃 펼쳤었지.	林表三年雪羽毰

玉苍

科爾沁貝子達爾馬達都進

「백응도대도」. 낭세녕, 청나라.

긴 줄에 묶여 있어 날고파도 못 날다가   羈束長條飛不得

놓아주면 토끼 꿩이 피투성이 된다네.   放之雉兔血盈腮

산진이는 숲에서 이미 다 자란 뒤에 붙잡혀 길들여진 매다. 금빛 매서운 눈매에 노란 발톱, 매서운 서슬과 날랜 용맹은 늠름하기 그지없다. 가을 들판에선 작은 터럭 하나까지 찾아내는 놀라운 시력을 지녔다. 다만 깍지 위에 묶인 채 있어 그 날랜 뜻을 펼쳐보지 못하다가 꿩이나 토끼를 보고 풀어주면 그 자리에서 잡아버린다고 했다.

조언유는 매를 노래한 한시를 여러 편 남겼다. 다음은 「호응豪鷹」이다.

갈고리 발톱 무쇠 부리 눈빛은 별빛 같고   鉤爪鐵嘴目如星

만 리라 바람 구름에 굳센 깃을 가다듬고.   萬里風雲刷勁翎

맡은 직분 상구爽鳩의 사구씨司寇氏이었거니   職命爽鳩司寇氏

교활한 토끼 비린내를 먹고픈 생각뿐.   心思狡兔啖臊腥

깍지 중에 묶였다가 추호秋毫를 언뜻 보고   韝中羈縶秋毫瞥

하늘 위로 솟구치니 눈빛 날개 재빠르다.   天上飄揚雪羽遞

배고프면 곁에 붙고 배부르면 떠나가니   飢則附人飽則去

물건의 성질이야 뉘 능히 멈추리오.   物之常性孰能停

갈고리같이 날카로운 발톱, 무쇠처럼 굳센 부리, 별빛처럼 빛나는 눈동자. 만 리 풍운에 굳센 깃을 가다듬는 매의 늠름한 자태를 묘사했다. 상구爽鳩는 상곳적에 소호씨少皞氏의 사구司寇 벼슬을 맡았던 사람의 이름인데 매의 별칭이기도 하다. 사구는 주나라 때 형벌이나 도난 등을 담당한 관리를 말한다. 그래서 매를 사구라 하고 교활한 토끼를 징치하는 것으로 말을 풀었다. 배고프면 사람 말을 잘 듣다가 일단 제 배가 부르고 나면 뒤도 돌아보지 않고 날아가버리는 매의 성질을 이야

「호응박토豪鷹搏兎」, 심사정,
종이에 엷은색, 115.1×53.6cm,
1768, 국립중앙박물관.

기하며 시를 마무리지었다. 「호응박토豪鷹博兎」에서는 토끼를 낚아채는 매의 날렵한 동작과 더불어 이 상황을 보고 놀라 위를 쳐다보는 까투리와 겁에 질려 도망가는 장끼의 모습도 생생하다.

정범조의 『해좌집海左集』에는 새끼 매를 노래한 「응자鷹子」라는 작품이 실려 있다.

새끼 매 크기가 조막만 한데	鷹子小如拳
푸른 숲 꼭대기서 푸득이다가,	拍拍靑林末
잘못 날아 그 둥지를 잃어버리고	誤飛失其巢
오른 날개 반쪽이 꺾었구나.	右翅半催折
관아 꼬마 잡아서 돌아왔는데	衙童獲之歸
난댔자 섬돌조차 넘질 못하네.	翔不軒墀越
그래도 맹금의 새끼인지라	此是鷙鳥産
신령스런 기상이 자못 거세다.	神氣頗劃烈
두 깃촉 칼끝처럼 가지런하고	雙翮倅劍利
금빛 눈알 반짝반짝 빛을 내누나.	金睛光瞵映
관청 아이 돌아보며 내가 하는 말	顧謂汝衙童
"길들여 기르되 소홀치 말고,	馴養愼莫忽
깍지 앉혀 그 위에 서 있게 하고	安鞲使騰立
고기 먹여 삼키고 씹게 하여라.	委肉資呑囓
그 녀석 자라길 내가 기다려	吾欲待其長
깊은 울분 터뜨려 얹어 보내리.	幽憤寄所洩
서쪽 숲 올빼미 못되게 울고	西林惡鴟嘯
북쪽 언덕 여우는 굴을 판다네.	北厓妖狐穴
네 손톱 네 부리 힘을 빌려서	借爾爪吻力
일격에 그 털과 피 흩뿌리리라.	一擊灑毛血

그런 뒤 가고픈 데 놓아주리니   然後恣所往

어찌 능히 오래도록 잡아두리오."   焉能久羈縶

관아에 심부름하는 꼬마 녀석이 하루는 숲에 놀러 갔다가 날개를 다쳐 푸득이는 새끼 매 한 마리를 잡아가지고 왔다. 나는 연습을 하다가 밑으로 떨어져 오른 날개가 꺾이고 만 것이다. 새끼 매는 놀란 눈을 두리번대며 날아보려 하지만 고작해야 섬돌조차 넘지 못하고 제풀에 자빠지고 만다. 하지만 날카로운 날개의 깃촉하며 금빛으로 반짝이는 눈빛은 영락없는 맹금류의 그것이다.

이어지는 12구 이하는 시인이 아이에게 하는 말이다. 네 팔뚝에 깍지를 끼고 매를 그 위에 올려놓아 고기를 먹여 삼키고 씹게 하여 야성의 살기殺氣를 길러주어라. 녀석이 자라 훌륭한 사냥매가 되면 내 가슴에 답쌓인 울분을 그를 통해 풀어보고 싶구나. 숲속에 숨어 음험한 노림수를 엿보는 올빼미나 굴을 파놓고 요망한 일을 꾸미는 여우를 매의 날카로운 발톱과 부리로 일격에 박살내버리고 싶다. 그리하여 숲속에 평화가 찾아오면 그때 가서는 풀어주어 창공을 마음껏 박차고 날게 해주마.

이때 그는 60세로, 임금에게 바른말 하는 신하를 받아들이고 조정의 기강을 세우라는 상소를 올렸다가 오히려 풍천부사로 좌천됐을 때였다. 충정에서 나온 바른말이 간악한 신하들의 농간으로 받아들여지지 않고 자신에게 불이익으로 되돌아오자 그는 '깊은 울분'을 느꼈다. 그래서 올빼미 같고 여우 같은 간악하며 음험한 무리를 일격에 쓸어버렸으면 하는 바람을 노래했던 것이다. 이때 날개 꺾여 아이 손에 잡혀 온 새끼 매는 바로 자신의 분신인 셈이다.

다음은 권헌의 「관노응박치觀老鷹搏雉」란 작품이다. 늙은 매가 꿩을 낚아채려 하자 꿩이 강물 속으로 뛰어 들어가 물속에서 함께 죽는 것을 보고 지은 것이다.

늙은 매 꿩 쪼면서 낮게 날다 솟구치니	老鷹啄雉低復上
힘센 꿩과 무른 매가 서로 격앙하는도다.	雉健鷹軟相激昂
사냥꾼들 소리치며 기세를 돋우는데	獵人喧呼助其勢
바람 불고 번개 치듯 강과 산을 맴도누나.	風激電決繞江嶂
강가라 툭 트여서 꿩 더욱 위태로워	江干曠蕩雉盆危
날개 낀 채 동으로 가 달아나다 다시 나네.	挾翼東搶走復飛
백 척을 솟구쳐서 강 속으로 떨어지니	跳起百尺江中墜
매란 놈 제 힘 믿고 가볍게 낚아챘지.	鷹乃恃力輕攫取
서로 얽혀 부딪더니 강물 속에 잠겼구나	相與纏迫沈江水
물결도 흉흉하여 순식간에 무너졌네.	江濤浩洶急景頹
늙은 매와 꿩이란 놈 동시에 죽고 마니	老鷹與雉同時死
백발백중 온전턴 공 보람 없게 되었구나.	百中全功誤虛放
약육강식 그 이치를 어이 족히 믿으리오	弱肉強吞安足恃
날랜 매와 수리라도 구하지는 못하리라.	健鶻盤鵰救不得
강신江神과 하백河伯도 이 때문에 성을 내네.	江神河伯爲之怒
아아! 마침내 같이 망함 그 누구의 잘못이리	嗚呼畢竟偕亡是誰咎
구슬퍼 강 하늘 바라보니 가을비 흩뿌리네.	悵望江天映秋雨

매는 날랜 대신 지구력이 약하다. 게다가 늙은 매로 사냥하다가 뜻밖에 꿩의 저항을 받아 함께 물속으로 뛰어들어 같이 죽고 만 매의 꿩 사냥 장면을 잘 포착해냈다.

「응격천아도鷹擊天鵝圖」는 명나라 은혜殷偕의 그림이다. 말 그대로 고니를 공격하는 매의 날렵한 모습을 담았다. 허공을 나는 고니의 긴 목 위에 올라타 날카로운 부리로 고니의 눈동자를 쪼려는 모습이다. 매의

「응격천아도鷹擊天鵝圖」, 은혜殷偕, 158.0×89.6cm, 명나라, 난징박물원.

「대암장응(臺岩將鷹)」, 정홍래, 종이에 채색, 133.0×87.2cm, 1851, 국립중앙박물관.

몸집보다 몇 배는 더 큰 고니가 중심을 잃고 아래쪽으로 기우뚱하며 떨어지고 있다.

흔히 보는 매 그림 중에 매가 바닷가 바위 위에 홀로 서서 먼 곳을 응시하는 그림이 있다. 이는 도상으로 읽으면 영웅독립英雄獨立의 의미가 된다. 매 응鷹자와 영웅의 영英자가 중국 음으로 똑같다. 새에 대해 적고 있는『금경』에는 "매는 알을 품고 있는 새나 새끼 밴 짐승은 공격하지 않는다. 그 의로운 성품이 이와 같다"며 그 영웅다운 면모를 밝혀 놓고 있다.

멍청한 독수리

매가 매목 맷과의 새라면 독수리는 매목 수릿과의 새다. 독수리는 겨울 철새지만 검독수리는 텃새다. 매는 사냥에 썼지만 독수리는 그렇지 않았으므로 옛 문헌에 독수리에 관한 언급은 의외로 많지 않다. 있어도 덩치만 크고 멍청한 새로 나온다. 유몽인의『어우야담』에는 독수리 잡는 이야기가 이렇게 소개된다.

들판에서 사람들이 벗들과 만나 개를 삶고 있었다. 장차 쟁반에 담으려 하니 독수리 한 마리가 내려와 부엌일 보는 사람을 차서 그 머리와 얼굴을 다치게 했다. 객이 말했다. "이놈을 잡기란 아주 쉽지." 그러더니 작은 돌멩이를 주워와 개의 뱃속에 넣고 썰어 광주리 하나 가득 채웠다. 밭 가운데 놓아두고 살폈다. 독수리가 밭에 내려앉아 그 자리에서 다 먹어 치웠다. 건장한 종을 시켜 큰 몽둥이를 메고 나가게 했다. 독수리가 날개를 떨쳐 날려 했으나 땅에서 한 자도 더 날 수 없었다. 마침내 한 방에 쳐서 죽이니 같이 있던 사람들이 모두 통쾌해했다.

고기를 통째로 삼키느라 그 속에 돌멩이가 든 줄도 모르고 탐욕스럽게 먹었다가 무게를 못 이겨 날지 못해 사람들에게 맞아 죽은 독수리이야기다. 유몽인은 이어지는 글에서 압록강변에서 목격한 독수리 잡는 법을 이렇게 소개했다.

내가 어사가 되어 강계현에서부터 압록강으로 배를 띄웠다. 강변을 보니 나뭇가지 둘이 서로 마주 서 있는데, 별도로 한 가지에 두 줄기씩 그 사이에 가로질러놓았다. 뱃사람에게 물어보았다. 그가 말했다. "호인胡人들은 독수리 깃을 가지고 화살을 만들지요. 하지만 독수리 깃은 가을이라야 굳셉니다. 그래서 여름부터 두 줄기 가지를 서 있는 가지 사이에 가로질러놓으면, 날아가던 독수리란 놈이 반드시 가로지른 가지에 앉습니다. 앉는 것이 습관이 되면 의심치 않습니다. 가을이 되어 위쪽에 가로지른 가지에서 올가미를 드리워 이를 잡습니다.

독수리 깃으로 화살을 만들기 위해 덫을 놓아 독수리를 잡는 일을 소개한 것이다. 하지만 그림에서 독수리 역시 흔히 영웅독립의 표상으로 늠름하게 그려진다.

나는 새 중에 꿩은 길들이기가 가장 어렵다. 그 암컷과 수컷을 잡아다가 먼저 주리고 지치게 한 뒤 두 눈을 가려서 볼 수 없게 한다. 몹시 배고플 때를 기다려 물에 적신 대두를 먹인다. 먼저 새장 속에 젖은 흙을 깔아 발이 건조하지 않게 한 뒤, 이를 집어넣어 스스로 쪼아먹을 때까지 기다렸다가 비로소 한쪽 눈을 열어준다.

🐦 스물둘

꿩, 선비의 폐백

길들이기 힘든 새

꿩은 지금도 주변에서 비교적 자주 볼 수 있는 새다. 꿩을 나타내는 한 자는 치雉다. 이시진은 『본초강목』에서 꿩에 대해 이렇게 설명했다.

꿩은 나는 것이 마치 화살矢 같다. 한 번 날아가서 그대로 떨어진다. 그래서 화살 시矢자를 쓴다. 꿩은 남쪽과 북쪽에 모두 있다. 크기가 닭만 하고, 아롱진 빛깔에 수놓은 깃털을 지녔다. 수컷은 문채가 아름답고 꼬리가 길다. 암컷은 무늬가 어둡고 꼬리도 짧다. 성질이 싸움을 좋아한다.

꿩이 나는 것을 보면 마치 화살이 날아가는 것처럼 머리를 들이박듯 난다. 그래서 꿩 치雉자에 화살 시矢자가 들어가는 것이라고 했다. 보통의 새들이 그렇듯이 꿩 또한 수컷이 화려하고 아름다운 반면, 암컷은 깃털 빛깔이 짙고 짧은 꼬리를 지녀 볼품이 없다. 우리말로는 수컷을 장끼라 하고, 암컷은 까투리라 부른다. 또 꿩의 새끼는 꺼병이라고 한다. 지금은 조금 모자라는 사람을 가리키는 뜻으로 쓰인다. 새끼 꿩의 하는 짓이 약간 꺼벙했던 모양이다.

예전에는 선비가 높은 사람을 찾아갈 때 지니고 가는 폐백, 즉 예물로 흔히 꿩을 가지고 갔다. 한나라 때 유향劉向은『설원說苑』에서 이렇게 적고 있다.

경卿은 염소로 폐백을 삼는다. 염소란 양이다. 양은 무리지어 살지만 떼거리 짓지는 않는다. 그래서 경이 이것을 폐백으로 하는 것이다. 대부는 기러기를 폐백으로 한다. 기러기란 것은 줄지어 갈 때 장유長幼의 차례가 있다. 그래서 대부가 이것을 폐백으로 삼는다. 사士는 꿩을 폐백으로 삼는다. 꿩은 맛이 좋지만 새장에 가두어 길들일 수 없다. 그래서 선비가 꿩을 폐백으로 한다.

선비가 꿩을 폐백으로 하는 이유를 설명했다. 꿩은 맛이 좋다. 하지

만 새장 속에 가둬놓고 길들일 수가 없다. 선비는 임금에게 꼭 필요한 존재이지만 손아귀에 넣고 함부로 할 수는 없다. 바른말로 임금을 보필하되 굳은 지조를 지켜 길들여지지 않겠다는 정신을 꿩에 담아 폐백으로 바친다는 것이다. 윗사람에게 바치는 폐백 하나에도 깊은 뜻이 담겨 있다.

꿩은 정말이지 새 중에서 길들이기가 가장 어렵다. 이규경의 『오주연문장전산고』에는 「치변증설雉辨證說」이 있다. 여기서는 꿩을 길들이는 방법을 이렇게 적었다.

나는 새 중에 꿩은 길들이기가 가장 어렵다. 그 암컷과 수컷을 잡아다가 먼저 주리고 지치게 한 뒤 두 눈을 가려서 볼 수 없게 한다. 몹시 배고플 때를 기다려 물에 적신 대두大豆를 먹인다. 혹 밥알을 물에 타서 먹이기도 한다. 먼저 새장 속에 젖은 흙을 깔아 발이 건조하지 않게 하고 이를 집어넣어 스스로 쪼아먹을 때까지 기다렸다가 비로소 한쪽 눈을 열어준다. 길들이는 사람이 아주 익숙해진 뒤에 다시 한 눈을 열어준다. 혹 교대로 알을 품는 것도 있다. 또 장끼가 봄날 까투리를 부를 때 잡아다가 새장 안에 넣는다. 새장의 한쪽 반을 막아 별도로 알을 품은 암탉을 데려다놓아 서로 엿보게 한다. 오래되면 장끼와 암탉은 서로 친해져서 스스럼없게 된다. 그때 막은 것을 열어 같이 지내게 한다. 그러면 몰래 알을 낳는데 부화하면 꿩과 닭이 반반 섞인 것이 나온다. 근세에 심상규沈象奎 상공이 이 방법대로 해서 꿩도 아니고 닭도 아닌 것을 까서 뜰 가운데 놓게 했다. 꿩의 알을 닭에게 품게 해서 부화시키기도 하고, 혹 새끼 꿩을 잡아다가 기르게도 했다. 하지만 사람만 보면 달아나 숨었고 어미 닭도 따르지 않았다. 길들이기가 어려운 것이 대개 이렇다.

요즘은 꿩 사육법이 발달되어 농가에서 많이 사육한다. 하지만 그

방법을 보면 위에 적힌 방법을 그대로 응용하고 있다. 꿩은 강한 야성을 지녔다. 꿩 사육에서 가장 어려운 점은 바로 이 야성을 죽이는 데 있다. 철망 속에 가두어두면 철망에 다짜고짜 머리를 들이받아 머리가 다 벗겨져 뼈가 드러나 죽을 때까지 계속한다. 그래서 오늘날 꿩 사육가들은 꿩 안경을 씌워 앞을 못 보게 해 먼저 그 야성을 가라앉힌다.

또 꿩은 사람이나 사냥개를 만나면 놀라 달아나다가 그냥 숲속에 머리를 박고 꼼짝 않는다. 그때 다가가서 손으로 잡을 수도 있다. 제 머리만 숨으면 남도 못 볼 줄로 생각한다고 해서 머리 나쁜 사람을 두고 꿩대가리라고 놀린다. 혹 꿩 사육장 안에 짚단 같은 것을 세워 꿩이 머리를 박고 숨을 곳을 만들어주면 안경을 씌우지 않고도 잘 자란다.

신위申緯(1769~1847)의 「산치山雉」를 보자.

꿩이란 놈 번듯해서 미끼 꿩과 꼭 같은데　　　　　雉子班班雉媒同
뻣뻣한 성품 지녀 새장을 못 견디네.　　　　　　耿介生不蕲樊籠
삼춘三春이라 삼월에 풀빛이 푸르러지면　　　　　三春三月草靑後
산 그림자 가운데서 마시고 쪼는구나.　　　　　　一啄一飮山影中
지난날 교외 나가 꿩 사냥을 할 적엔　　　　　　憶昨出郊期小獵
독수리 깃 활을 차고 바람맞아 말 달렸지.　　　　向風跑馬挾雕弓
호화스런 지난 일들 모두 다 지난 뒤에　　　　　誰知閱盡豪華事
외론 나무 황량한 마을 병든 늙은이 누가 알리.　獨樹荒村老病翁

치매雉媒란 야생의 꿩을 잡기 위해 미끼로 쓰는 꿩이다. 꿩이 뻣뻣한 성질을 지녀 결코 새장 속에서는 기를 수 없다고 했다. 봄풀이 푸르러지면 산 그림자 속에서 모이 한 번 쪼아먹고 한 번 물 마신다고 했다. 『장자』「양생주養生主」에 "택치澤雉는 열 걸음마다 한 번씩 모이를 쪼아먹고 백 걸음에 한 번씩 물 마신다"고 한 것에서 따왔다. 그러면서 시인

歳辛未臘月
三奇齋士寫
贈金友文
次贈李友而

「매화나무 아래의 꿩 한 쌍梅下雙雉圖」, 최북, 종이에 채색, 1751, 국립중앙박물관.

은 젊은 날 말 타고 바람을 가르며 독수리 깃을 매단 화살로 꿩 사냥
을 하던 추억을 떠올리며 늙어 병든 몸을 슬퍼했다.

다음은 이행李荇(1478~1534)의 「치명雉鳴」이다.

황량한 땅 사방엔 이웃도 없어	空荒無四隣
닭 울음소리조차 들리지 않네.	耳不聞雞聲
깍깍대며 꿩이 서로 우는 걸 보고	角角雉相雊
동녘이 밝아옴을 비로소 아네.	始覺東方明
그 옛날 조사아祖士雅란 선비가 있어	昔有祖士雅
닭 울음에 일어나 춤추었다지.	聞雞乃起舞
꿩 울음도 그다지 나쁘잖지만	雉鳴亦非惡
지사의 마음은 홀로 괴롭다.	志士心獨苦

닭 울음소리도 들리지 않는 궁벽한 곳에 숨어 산다. 깍깍대는 꿩 울
음소리로 먼동이 터오는 것을 안다. 옛날 진晉나라의 선비 조적祖逖은
아침에 닭 울음소리가 들리면 일어나 덩실 춤을 추었다고 했다. 이제
꿩 울음소리에 아침잠을 깨는 것이 나쁘지는 않지만 선비의 굳센 뜻을
알아주지 않는 세상에 대한 원망만큼은 또 어쩔 수가 없더라고 했다.
아마도 귀양지에서 지은 시인 듯하다. 꿩 울음소리에 빗대어 지사志士
의 괴로운 속을 말한 것은 꿩의 꺾이지 않는 굳센 성질을 암암리에 제
모습에 빗댄 것이다.

꿩과 관련된 이야기 중에는 은혜를 갚는 의리 있는 모습도 보인다.

경상도 의성에 살던 선비가 과거시험을 보려고 한양에 오던 길이었다. 길
이 적악산을 지나는데, 다급한 꿩의 비명이 들렸다. 둘러보니 커다란 구
렁이가 막 꿩을 잡아먹으려던 참이었다. 선비는 활을 쏘아 구렁이를 죽

「치희조춘雉戲早春」, 김홍도, 종이에 엷은색, 81.7×42.2cm, 조선 후기, 간송미술관.

여 꿩을 구해주었다. 길을 잃고 헤매는데 멀리 불빛이 보였다. 문을 두드
리자 한 여인이 나와 맞이하였다. 피곤에 지친 선비는 깊은 잠에 빠졌다.
그런데 갑자기 온몸이 답답함을 느꼈다. 눈을 떠보니 커다란 구렁이가
온몸을 칭칭 감고 있었다. 외딴 집의 여인은 낮에 선비가 쏘아 죽인 구렁
이의 아내였다. 구렁이는 남편을 죽인 데에 복수하려는 것이라고 했다.
선비는 살생을 그냥 지나칠 수 없어 그랬다며 살려달라고 빌었다. 그러자
구렁이는 첫닭이 울기 전에 종이 세 번 울리면 살려주겠노라고 했다. 하
는 수 없이 죽기만을 기다리고 있는데, 멀리서 종소리가 세 번 희미하게
울렸다. 종소리를 들은 구렁이는 낙담하여 감은 것을 풀고 사라졌다. 선
비는 날이 밝자 종이 있는 곳으로 달려가보았다. 종 아래엔 꿩 세 마리가
피투성이가 된 채 떨어져 죽어 있었다. 꿩들이 은혜를 갚으려 제 몸을 차
례로 던져 종을 울렸던 것이다. 선비는 크게 느낀 바가 있어, 이곳에 절을
세우고 중이 되었다. 그리고 은혜 갚은 꿩의 아름다운 뜻을 기려 산 이
름을 치악산으로 고쳤다.

강원도 원주의 치악산雉嶽山은 원래 이름이 적악산赤嶽山이었다. 그런
데 은혜를 갚은 꿩의 아름다운 뜻을 기리기 위해 적악산을 치악산으로
고쳤다고 했다. 치악산 상원사의 창건 설화다. 은혜를 의리로 갚은 꿩
의 아름다운 이야기다.

덫에 걸린 꿩

꿩은 예부터 보양식품으로 각광을 받았다. 기운을 돋워주고 당뇨에 좋
다고 했다. 안절부절못하는 증세를 가라앉혀주고 간에 좋아 눈을 밝
게 해준다. 꿩고기는 불포화 지방산 또는 수용성 지방질로 물에 녹는

「쌍치도」, 작가미상, 종이에 채색,
77.5×27.1cm, 20세기 초,
순천대박물관.

「꿩과 국화」, 종이에 채색, 78.0×40.0cm, 가회민화박물관.

고단백의 알칼리 식품이다. 성현成俔(1439~1504)은 『용재총화傭齋叢話』에서 꿩에 대해 이렇게 적었다.

꿩 중에 좋은 것은 북방의 것을 으뜸으로 친다. 지금 평안도 강변의 꿩을 진상하는데, 그 크기가 따오기만 하다. 기름이 엉기는 것이 마치 호박琥珀과 같다. 겨울이 되면 잡아서 진상하는데 이를 고치膏雉, 즉 기름꿩이라고 한다. 그 맛이 아주 좋다. 북쪽에서 남쪽으로 올수록 꿩은 점점 더 마른다. 호남이나 영남의 남쪽 끝에 이르면 고기가 비려서 먹을 수가 없다. 사람들은 북방에 풀과 나무가 많은지라 마시고 쪼아 먹을 것이 넉넉해 살쪘다고 말한다.

이 고치膏雉는 『오주연문장전산고』에도 보인다. "우리나라에는 고치가 있다. 꿩 중에서 가장 작다. 온몸이 기름기로 싸여 있어, 맛이 아주 뛰어나다"고 적고 있다. 의서인 『식의심경食醫心鏡』에도 꿩고기를 잘게 다져서 양념을 넣고 오래 끓인 후 식히면 우무 모양으로 엉기는데 이것을 먹으면 몸에 좋다고 기록되어 있다. 꿩은 연교차가 큰 산악지역에서 자란 것일수록 깃털의 빛깔이 찬란하고 육질이 좋다. 남쪽의 꿩은 비려서 먹을 수 없다고 적은 것도 흥미롭다. 우리 선인들은 겨울철 보양식으로 까투리 육회, 꿩만두, 꿩냉면, 꿩막국수를 즐겨 먹었다.

그렇다보니 한시 가운데 덫이나 미끼를 놓아 꿩을 잡는 내용을 담은 작품이 적지 않다. 성현은 위의 언급 외에 「치매행雉媒行」이란 작품을 남겼다.

자줏빛 줄 찬란하게 꽃 끈에 서리었고	紫綬璨璨盤花條
수놓은 잠방이에 비단 치마 걸쳤구나.	繡襠斜帶錦襠褕
예쁜 꼬리 흔들고 아롱진 깃 푸득이며	間搖藻尾揚斑翹

보리밭서 날아와 산초나무 올랐네.   飛從麥隴登山椒

덤불 숲 가운데서 암꿩이 불러 울자   有鷺呼鳴叢薄中

제 짝이 아니건만 가서 서로 좇는구나.   非其配偶來相從

느닷없이 덫을 만나 비단 가슴 부서지니   忽逢飛機碎錦胸

날개깃이 꺾이어서 새그물에 떨어졌네.   羽毛攤折離罘罝

예측 못 한 재앙 기틀 삼가지 않더니만   不愼禍機藏不測

가루에 버무려져 도마 위 고기 되었구나.   粉韲竟爲雕俎肉

뻐기며 아첨하는 젊은이여 내 말 듣게   寄語少年夸毗子

예쁜 여인 모름지기 극독劇毒임을 아시게나. 須知蛾眉劇臘毒

치매雉媒, 즉 미끼 꿩을 이용해 꿩을 잡는 이야기를 적은 것이다. 처음 세 구는 장끼의 화려한 깃털을 묘사했다. 4구는 꿩이 늘 산초나무나 보리밭 언덕 위에 둥지를 얽어 새끼를 치므로 한 말이다. 장끼는 일부다처로 수많은 암컷을 거느린다. 이러한 속성을 이용해서 장끼를 잡았다. 까투리를 잡아 덤불 속에 묶어둔다. 까투리가 덤불 속에서 울면 장끼는 저를 부르는 줄로 알고 까투리에게 접근한다. 장끼가 까투리 가까이에 가면 설치해둔 덫이 덮쳐서 장끼를 잡는다. 시인은 장끼가 여색에 빠져 재앙의 기틀을 밟아 결국 사람에게 잡히고, 이로써 가루에 버무려져 도마 위에 오르게 된 것을 나무랐다. 이와 마찬가지로 재주를 뽐내는 젊은이들이 여색에 빠지는 것은 제 몸을 망치는 것이라며 경계했다.

다음은 이학규李學逵(1770~1835)의 「치기사雉機詞」, 즉 꿩덫 노래다.

꿩덫을 놓았더니   雉機釋

꿩은 머리 비벼대고 날개는 푸득푸득.   雉頭挼挼翅磔磔

동쪽 꿩 북쪽 꿩이 오래 서로 알았지만   東鷮北鷯久相識

꿩은 가슴 치며 홀로 서러워하네.　　　　雉訴以臆自懼憾

산 밭엔 먹을 것 없고 산엔 눈만 쌓였는데　山田無食山雪積

산 백성 꼬마는 꿩 잡는 솜씨 좋네.　　　　山民之子巧利射

붉은 콩 터진 깍지 기름기가 흐르는데　　　紅豆坼莢甚肥澤

소복소복 내린 눈엔 발자국도 하나 없다.　篠篠下雪無人迹

앞으로 가 한 번 쪼니 벽력 소리 터지더니　向前一啄抃礔礰

오호라! 오늘 저녁 목숨이 끊어지네.　　　嗚呼命絶祇今夕

비단 치마 수놓은 옷 다시 아깝지 않으리니　錦襜繡襦不復惜

둔덕 위에 떨어지매 마른 가지 쓸쓸하다.　平陂隕蘀謾蕭槭

산속엔 둥지 있어 그 또한 편안하고　　　山中有棲亦安適

아가위 붉은 열매 먹이로 딸 만하다.　　　棠毬紅子粲可摘

까투리들 한 언덕서 발을 동동 구르면서　群雌粥粥以同陀

그때에 밭 보리를 밟게 한 것 후회하네.　從來悔躕田中麥

　　붉은 콩을 꼬투리째 눈밭 위에 놓아둔다. 그것을 쪼면 꼬투리에 연
결된 기관機關이 작동해서 벽력같은 소리를 내며 꿩을 쏘아버린다. 발
자국도 없는 흰 눈 위에 먹음직스럽게 놓인 콩꼬투리를 보고 방심한
장끼가 겁도 없이 내달아 그것을 쪼았다가 순식간에 죽고 말았다. 그
냥 산속에서 아가위 열매나 먹으면서 까투리들과 함께 살았더라면 넉
넉하지 않아도 재앙을 부르지는 않았을 텐데 욕심을 부리다가 그만 비
명에 가고 말았다. 민요에도 꿩에 대해 비슷한 장면을 노래한 것이 전
국적으로 널리 전해진다. 바로 앞의 먹이에 눈이 멀어 제 목숨과 바꾸
는 어리석음을 경계하고 있다.

　　꿩을 잡는 목적은 고기를 먹고자 하는 것도 있지만, 깃털을 장식용
으로 쓰기 위함이 더 컸다. 고구려의 무사나 신라의 화랑들도 이 꿩깃
을 모자에 꽂아 장식을 했다. 꿩깃으로 부채를 만들기도 했고, 그 밖에

「꿩과 나비」, 종이에 채색, 83.0×33.0cm, 가회민화박물관.

여러 가지 장식용으로도 활용했다.

흰 꿩의 상서로움

꿩의 종류 가운데 흰 꿩이 있다. 한자로는 백한白鷴, 백탁白鸐, 백치白雉라 한다. 이시진의 『본초강목』에 관련 기록이 보인다.

> 백한은 행동거지가 한가한 까닭에 흰鷴이라 한다. 이방李昉은 한객閑客이라 이름지었다. 백한은 꿩과 비슷한데 색깔이 희다. 검은 무늬가 잔물결처럼 있고, 꼬리는 서너 자 길이나 된다. 몸에 머리깃과 며느리발톱이 있고, 붉은 뺨에 붉은 부리, 붉은 발톱을 갖추었다. 성품이 뻣뻣하다.

흰까치나 흰 사슴이 그렇듯이, 이 흰 꿩 또한 태평성대를 알리는 상서로운 조짐으로 신성시되었다. 『삼국사기』에는 흰 꿩과 관련된 기록이 여러 군데서 보인다.

> 눌지왕 25년 봄 2월. 사물현에서 꼬리가 긴 흰 꿩을 진상했다. 왕이 기뻐하며 현의 관리에게 곡식을 주었다.
> 소지왕 18년 봄 2월에 가야에서 흰 꿩을 보냈다. 꽁지 길이가 다섯 자나 되었다.

꽁지가 긴 것을 특별히 강조한 것으로 보아 백한白鷴인 듯싶다. 단순히 일반 꿩의 돌연변이는 아닌 듯하다. 또 『조선왕조실록』 정조 21년(1797) 2월 4일자 기사에도 함흥 사는 유생 이광룡李光龍이란 사람이 흰 꿩을 바친 기록이 보인다. 그런데 이 흰 꿩은 산 것이 아니라 이미 죽은 상태였다. 정조는 이를 태평성대의 징표로 여겨, 지금이 주나라와 같은 성인의 나라임을 자처하지 않고 겸손한 뜻을 보여 되돌려주게 했다.

영의정 홍낙성洪樂性은 먼 곳에서 바친 것이니 한번 보신 뒤에 조정에 내려보내 보게 하고 가져온 유생에게 돌려주라고 말했다. 또 좌의정 채제공蔡濟恭은 성인의 덕화德化가 우주 사이에 가득 넘쳐 이 같은 진귀한 생물이 절로 이르게 되었다고 하례한 후, 『효경孝經』에 신계神契를 인용하여 말한 "임금이 제사에 대하여 법도를 어기지 않고 연식宴食과 의복이 절도가 있으면 흰 꿩이 찾아온다"고 한 대목과, 당나라 이교李嶠의 시에 "흰 꿩 우는 소리 조정을 울리더니, 날아와 태평함을 알려주누나白雉振朝聲 飛來表太平"라고 한 구절을 들어 태평성대의 징표이니 굳이 사양할 것 없다고 아뢰었다. 다시 우의정 윤시동尹蓍東이 옛날 주나라 때 월상씨越裳氏가 흰 꿩을 바친 것은 흰 꿩이어서가 아니라 세 나라나 통역을 거쳐온 것을 귀하게 여겨 받은 것임을 들어 유생에게 돌아갈 양식이나 주어 보내고 꿩은 받지 않도록 하는 것이 좋겠다고 했다. 결국 이 주장이 받아들여졌다.

이 일을 채제공은 다음과 같이 장편의 시로 노래했다. 제목은 「백치행白雉行」이다.

우리 임금 21년 어느 봄날에	聖上二十一年春
함흥 사람 대궐 아래 엎드렸다네.	闕下來伏咸興人
손에는 온통 하얀 흰 꿩 받드니	手奉白雉全身白
백설처럼 희어서 티끌도 없네.	白雪之白無纖塵
월상越裳의 이후로 몇천 년인가	越裳之後幾千載
이름만 들었을 뿐 실물 못 봤지.	是物聞名不見眞
구경꾼 천 명 만 명 모여들어선	觀者千人萬人集
서로 보고 탄식하며 진귀하다네.	相與咨嗟曰奇珍

성대라 예악은 다스려지고　　　　　　　　聖代禮樂以爲治

천지간에 화기는 늘 가득하다.　　　　　　兩間和氣常氤氳

주나라의 성대함도 이러했을까　　　　　　成周盛時何如此

임금 은혜 온갖 생물 고루 입누나.　　　　恩被飛潛動植均

네 본시 대악岱岳 정기 타고났으니　　　　爾本名爲岱岳精

올 적엔 부상扶桑의 해 쫓아왔으리.　　　　來時應逐扶桑輪

함흥은 더구나 용흥 땅이니　　　　　　　咸興況是龍興地

하늘이 이를 내림 정성스럽네.　　　　　　天賜以此如諄諄

은대銀臺에서 이를 보고 임금께 알리니　　銀臺見之入告后

"오오! 너는 은대의 신하로구나.　　　　　后曰嗟汝銀臺臣

무슨 덕으로 과인에게 이것이 이르렀나　　寡人何德以致此

편안히 밝은 신을 속일 수 없겠도다.　　　晏然不可欺明神

외물은 부질없고 실덕實德이 귀하나니　　外物徒爾實德貴

흰 꿩은 나는 새의 무리에 불과하다.　　　白雉不過飛禽倫

근래 풍속 어이해 기이함만 좋아하여　　　近俗如何太好奇

지난해엔 관동 땅에 기린 났다 말했었지.　去歲云有關東麟

조정에 흰 꿩도 없는 듯이 볼지니라　　　廷有白雉視若無

세종 성종 두 분 임금 거룩하고 어지시니　世宗成宗聖且仁

신하들아 이웃들아 다시 말을 하지 말라.　臣哉鄰哉勿復言

내 선조 오신 길을 나는 다만 따르리니　　我祖攸行我是遵

흰 꿩 네게 돌려주며 네 양식을 내리노라.　白雉還爾給爾糧

풍패 땅 많은 백성 돌아가서 말 전하라　　歸語豐沛多少民

이물異物 귀히 여기잖음 그것이 내 마음이니　不貴異物卽我心

풍속이 진성 순박하게 돌아오길 바라노라."　願見風俗回眞淳

세종과 성종 때도 일본에서 코끼리와 원숭이, 공작새를 보내왔는데

「유금백한도柳禽白鷳圖」, 왕조汪肇, 190.0×103.0cm, 명나라, 베이징 고궁박물원.

이때도 이를 섬에 풀어준 일이 있었다. 진귀한 동물이 중요한 것이 아니라 거기에 걸맞은 실덕實德을 갖추었는지가 더 중요하다며 그 마음만 받고 돌려보냈다. 이름과 실지가 따로 놀아 명예만 추구한다는 말이 있지나 않을까 노심초사하며 백성을 아끼고 자신의 몸가짐을 되돌아보는 어진 임금의 도타운 뜻이 잘 나타나 있다.

「유금백한도柳禽白鷳圖」는 명나라 화가 왕조汪肇가 그린 것이다. 꼬리가 유난히 길게 강조된 흰 금계가 물가에 제 짝과 함께 서 있고, 그 위 수양버들 가지 사이로는 제비가 날갯짓도 경쾌하게 날아 지나간다. 역시 흰빛의 상징성에 주목했다.

뻐꾸기의 탁란 준비는 상당히 주도면밀하다. 예를 들어 뱁새의 둥지에 탁란을 하려 하면 며칠간 눈치를 살핀다. 뱁새가 하루에 한 알씩 낳으면, 두 개째 낳는 날에 주인이 없는 틈을 타서 재빨리 알 한 개를 없애고 그 자리에 자신의 알을 낳는 것이다. 또 시간을 놓쳐 뱁새의 새끼가 이미 부화했다면 아예 새끼들을 없애버리고 알을 낳기까지 한다.

스물셋

뻐꾸기가 우는 사연

울음에 얽힌 전설

새의 울음소리는 어떻게 듣느냐에 따라 달리 들린다. 같은 닭의 울음 소리라도 미국 사람에게 들리는 것과 중국 사람에게 들리는 것이 우리와는 영 딴판이다. 옛 한시에서 뻐꾸기처럼 다양한 의미로 노래되는 예는 흔치 않다. 뻐꾸기는 옛날이야기에서도 아주 다양하게 이야기되어왔다. 뻐꾸기와 관련된 이야기를 먼저 살펴보자.

첫째, 떡국새에 얽힌 것이다. 옛날에 못된 시어머니와 착한 며느리가 살았다. 하루는 며느리가 떡국을 퍼두고 잠시 자리를 비운 사이에 개가 떡국을 다 먹어치웠다. 시어머니는 며느리가 자기 떡국을 먹었다고 여겨, 화가 나서 몽둥이로 며느리를 때렸다. 며느리는 몽둥이에 잘못 맞아 죽고 말았다. 며느리의 넋은 새가 되어 태어났다. 이 새는 '떡국 떡국 개개' 하며, 자기가 먹지 않고 개가 먹었다면서 억울함을 하소연하고 다닌다는 이야기다. 이것이 떡국새 설화다.

둘째, 풀국새 전설이다. 계모가 전처 소생의 딸에게 일만 시키며 밥을 주지 않았다. 계모의 갖은 학대를 받으며 굶주리던 딸은 이불 호청에 들일 풀을 보고 몹시 배가 고픈 나머지 그 풀을 정신없이 퍼먹다가 죽고 말았다. 딸의 원통한 넋은 한 마리 새로 다시 태어나 '풀국 풀국' 하며 운다고 한다. 풀국을 먹다가 죽은 것이 서러워서 그렇게 운다는 것이다. 이것이 풀국새 전설이다.

셋째, 박국새 설화다. 유명한 나무꾼과 선녀 이야기에 나온다. 두레박을 타고 하늘로 올라간 나무꾼은 꿈에도 그리던 처자와 다시 만났다. 반가운 것도 잠시, 이번에는 지상에 남겨두고 온 늙은 어머니가 몹시도 보고 싶었다. 선녀는 천마를 내주며 이것을 타고 지상으로 내려가되 말이 세 번 울기 전에 다시 올라와야지 그렇지 않으면 올라올 수 없게 된다고 신신당부했다. 아들을 만난 노모는 아들이 좋아하는 박죽을 끓여주었다. 그런데 박죽은 너무 뜨거워 먹을 수가 없었다. 그 사이에 천마가 두 번 울었다. 당황한 아들은 서두르다

뜨거운 박죽을 말잔 등에 엎지르고 말았다. 천마가 깜짝 놀라 날뛰는 서슬에 나무꾼은 땅에 떨어졌다. 말은 세 번째 울음을 울고는 하늘로 올라가버렸다. 결국 하늘나라로 되돌아가지 못한 나무꾼은 죽어서 새가 되어 박국 때문에 승천하지 못한 것을 원망하며 '박국 박국' 운다고 한다.

씨 뿌려라 씨 뿌려라

같은 뻐꾸기의 울음을 들으면서 떡국, 풀국, 박국으로 달리 들어, 여기에 이야기를 꾸며서 전설로 엮었다. 보통 뻐꾸기의 한자 이름은 포곡布穀으로 표기한다. 중국 음으로 읽으면 '푸구(뿌꾸)'니까 우리가 '뻐꾹'으로 듣는 것과 큰 차이가 없다. 그런데 이것을 의미로 읽으면 '씨 뿌려라'라는 뜻이 된다. 뻐꾸기가 파종기에 울기 때문에, 농부에게 씨 뿌릴 때가 되었다고, 어서 서둘러 씨를 뿌리라고 운다는 것이다.

뻐꾹뻐꾹(씨 뿌려라! 씨 뿌려라!)	布穀布穀
뻐꾹새 울음 속에 봄은 무르익었는데	布穀聲中春意足
사내들은 전쟁 나가 시골 동네 텅 비었네.	健兒南征村巷空
저물녘에 들리느니 과부의 울음소리	落日唯聞寡妻哭
씨 뿌려라 울지만 누가 있어 씨 뿌리나	布穀啼誰布穀
들판엔 아득하게 풀빛만 자옥해라.	田園茫茫烟草綠

권필의 「포곡布穀」이란 작품이다. 임진왜란 당시에 지은 시다. 뻐꾸기가 하루 종일 씨 뿌리라고 울어댄다. 막상 시골 마을은 씨 뿌릴 남정네가 한 명도 없다. 그네들은 전쟁에 끌려가 생사조차 모르거나 아니면

진즉에 세상을 떴다. 저물녘엔 이 집 저 집에서 과부들의 통곡 소리만 들려온다. 씨를 뿌려야 하는지 몰라서 안 뿌리는 것이 아닌데 저 철없는 새는 자꾸만 씨를 뿌리라고 울어댄다. 그 사이에 논밭에는 잡초만 무성하게 웃자랐다.

새벽녘 말을 달려 외론 성에 들어서니	凌晨走馬入孤城
울타리엔 사람 없고 살구만 익었구나.	籬落無人杏子成
나랏일이 급한 줄을 뻐꾹새는 모르고	布穀不知王事急
숲 곁에서 종일토록 봄갈이를 권하네.	傍林終日勸春耕

고려 때 시인 정윤의鄭允宜의 「서강성현사書江城縣舍」란 작품이다. 새벽 녘에 말을 달려 성에 들어선다. 밤새 쉬지 않고 달려온 것이다. 하지만 그를 맞아준 것은 뻐꾸기 소리뿐이다. 여기서도 뻐꾸기는 어서어서 봄 밭갈이를 하라고 울어댄다. 하지만 울타리 안에 벌써 살구 열매가 매 달린 것으로 보아 계절은 봄에서 이미 여름으로 넘어왔다. 성안에서는 사람 그림자조차 찾을 수 없다. 그들은 봄 파종도 하지 못하고 이 성을 떠나 어디론가 피란길에 올랐던 것이다. 대개 고려가 몽골과 싸워 온 나라가 전쟁의 소용돌이에 휘말려 있을 때 지은 작품이다.

그런가 하면 뻐꾸기의 울음소리를 '법금法禁', 즉 '법으로 금한다'는 뜻으로 풀이한 재미난 시도 보인다.

법금 법금!	法禁法禁
법으로 금한다 외치는 소리 참혹하고 맵구나.	呼號法禁聲慘辛
너그러운 법을 써야 백성 마음 기쁘건만	國用寬典悅衆心
어이 장차 법으로 금해 백성을 몰아대나.	那將法禁驅諸民
촌사람 비단옷 입어도 관에서 금하잖고	村夫衣錦官不禁

종놈이 과거에 급제해도 주인은 성내잖네.	奴隸登科主不嗔
법으로 금한다니 이 무슨 뜻이던가	法禁之呼竟何意
너는 위나라 상앙의 전신임이 분명하다.	爾應衛鞅前身是
아아! 법금은 이미 풀려 백성 즐거운데	噫噫法禁旣弛民自樂
뭣하러 애를 쓰며 외치길 그치잖니.	何用勞勞呼不已

양경우梁慶遇(1568~?)의 「법금法禁」이다. 시인은 뻐꾸기의 울음을 '뻐꾹'으로 듣지 않고 '법금'으로 들었다. 뻐꾸기가 자꾸만 '법금! 법금!' 하며 운다. 소리를 들을 때마다 가슴이 철렁한다. 이번에는 무슨 법으로 옭아 넣으려고 저러나? 말장난의 기미가 강한 작품이다. 그러면서 위아래의 질서가 무너진 어지러운 현실에 대한 개탄도 담았다. 지키기 힘든 법을 제정해서 백성을 괴롭히다가 결국 자기가 만든 법에 저촉되어 죽임을 당했던 진나라 상앙商鞅의 후손이라도 되느냐고 타박했다. 세상이 이렇게 잘 돌아가는데 무슨 심보로 자꾸만 법으로 금한다고 우느냐는 타박이다.

헌 바지 벗자

중국에서는 뻐꾸기 울음소리를 탈각파고脫却破袴, 즉 '해진 바지 벗자'로 듣기도 했다. 『본초강목』을 비롯해 여러 문헌에 관련 기록이 있다. 그렇다보니 우리나라 한시에서도 뻐꾸기 울음소리를 바지 벗자로 들은 작품이 여럿 있다.

탈고 탈고(바지 벗자! 바지 벗자!)	脫袴脫袴
간밤에 비 내려서 뽕밭이 푸르구나.	桑柘靑靑昨夜雨

©박웅

저 남산에 밭 갈아도 세금이 무거워서	田彼南山租稅重
아낙 길쌈 쉬잖아도 옷 해입을 베 없다오.	有婦催織還無布
묵은 바지 벗을 줄을 모르는 바 아니지만	脫去舊袴非不知
갈아입을 새 바지가 없는 걸 어쩌하오.	奈乏新袴換着爲

이양오李養五의 「탈고脫袴」란 작품이다. 탈고는 중국 음으로는 '튀쿠'다. 쿠를 단음으로 읽으면 '뻐꾹'과 비슷한 음이 된다. 새봄이 왔으니 새 옷으로 갈아입으라고 뻐꾸기가 자꾸만 울고 있다. 간밤에 비가 와서 뽕잎이 저리도 이들이들하니 저것으로 어서 누에 치고 실을 자아 베를 짜서 새 바지로 갈아입으라고 야단이다. 그렇지만 세금이 하도 무거워서 농사지은 것을 죄 가져다 바치는 것으로도 부족해 아낙이 길쌈하는 베도 남아날 게 없으니, 새 바지를 갈아입고 싶어도 무슨 수로 갈아입겠느냐는 푸념을 담았다.

탈고 탈고(바지 벗자! 바지 벗자!)	脫袴脫袴
널더러 새 옷 입고 헌 옷을 버리라 하누나.	勸爾着新催去故
목화는 꽃 안 피고 누에 줄 뽕도 없고	木綿無花蠶無桑
삼 년을 가물어도 밭엔 비도 안 내린다.	三年災魃田無雨
헌 옷 버려 새 옷 입기 좋은 줄 왜 모를까	去故着新知不惡
세금 걷다 돈 안 내면 관리가 성을 내네.	科入無租吏叫怒

김안로의 「탈고脫袴」다. 작품의 주석에 분명히 뻐꾸기라고 밝혀놓았다. 뻐꾸기가 자꾸만 다 떨어진 바지를 벗어버리라고 운다. 헌 바지를 버리고 새 바지를 지어 입는 것이 좋은 줄 모르는 사람이 어디 있겠는가? 그러나 현실을 돌아보면 목화밭에는 목화꽃이 필 줄 모르고, 뽕나무엔 뽕잎이 매달리지 않아 애써 키운 누에마저 굶겨 죽일 판이다. 3년

이나 거듭된 가뭄에 밭에서는 먼지만 풀풀 인다. 그런데도 관리는 세금을 거두는 데 혈안이 되어 돌아다니니 새 옷 입을 꿈이나 꾸겠느냐는 이야기다.

나라 찾자 복국조復國鳥

새가 새가 나러든다 복국조復國鳥가 나러든다.
이 산으로 가며 복국復國! 저 산으로 가며 복국!
청산진일靑山盡日 피나도록 복국복국 슬피 우니
지사혼志士魂이 네 아니냐.

1908년 『대한매일신보』에 실린 「의장청조依杖聽鳥」 10수 연작 가운데 한 수다. 망한 나라의 뻐꾸기는 더 이상 한시에서처럼 포곡, 즉 씨 뿌리라고 울거나 법금, 곧 법으로 금한다고 울지 않는다. 복국復國, 즉 '나라 찾자'고 운다. 삼천리 방방곡곡에서 뻐꾸기가 '나라 찾자 나라 찾자' 하고 울어댄다. 그 소리로 민중의 정신을 각성시키는 지사의 넋을 지닌 새라고 보았다. 이 시기에 이런 독법이 상당히 보편화되었던지 사설시조에도 뻐꾸기는 복국조로 등장한다.

거미야 왕거미 떡거미야 네 줄을 길게 늘여
날짐승 길짐승 날버러지 길버러지 모두 다 함부로 슬슬 얽더라도
적막공산寂寞空山 고목상古木上에 홀로 앉아 슬피 우는
저 복국조復國鳥 행여나 얽을세라
아무리 나도 지주蜘蛛일망정 만복경륜滿腹經綸은 아니 얽어.

1910년 7월 12일 『대한민보』에 실린 「지주蜘蛛」, 즉 거미를 노래한 사설시조다. 역시 뻐꾸기를 복국조로 표기했다. 당시 뻐꾹새가 국권 회복의 상징으로 자리잡아가던 정황을 알려준다. 거미더러 다른 것은 다 거미줄에 얽어 잡아먹더라도 적막공산서 홀로 우는 복국조만은 얽어들이지 말라고 권유했다. 종장은 거미의 대답이다. 내 비록 미물에 지나지 않지만 나도 생각이 있는데 복국조를 얽기야 하겠느냐고 했다.

우리말 노래 중에 뻐꾸기와 관련된 가장 오래된 작품은 고려가요 「유구곡維鳩曲」이다. 그 가사를 현대어로 풀면 다음과 같다.

> 비둘기 새는 비둘기 새는
> 울음을 울지만
> 뻐꾸기가 난 좋아
> 뻐꾸기가 난 좋아.

비둘기가 울기는 해도 뻐꾸기가 더 좋다는 이야기다. 누가 지었는지 언제 지어졌는지도 모른다. 『시용향악보』에 실려 전할 뿐이다. 이밖에 고려 예종은 「벌곡조伐谷鳥」, 즉 「뻐꾸기」란 노래를 지어 교방의 기생들에게 부르게 한 일이 있다. 노래에 얽힌 이야기는 이렇다. 예종이 자신의 허물과 정치의 잘하고 잘못함을 듣고 싶어 널리 언로言路를 열어놓았지만, 여러 신하가 혹시 자신의 본뜻을 곡해해서 입을 다물까 염려해 이 노래를 지어 부르게 했다는 것이다. 그래서 가사가 전하지 않는 이 작품이 바로 위의 「유구곡」과 같은 작품일 것이라 보는 견해가 있다. 비둘기처럼 속으로 삼키며 우물쭈물하는 울음소리 말고, 누구나 분명히 들을 수 있도록 저 뻐꾸기처럼 시원스럽게 바른말을 해달라고 요구했다는 것이다.

꼭꼭 숨어라 숨바꼭질 새

한편 조선 후기의 시인 이양연은 「미장조迷藏鳥」란 작품을 남겼다. '미장迷藏'은 우리말로 하면 술래잡기다. 미장조는 술래잡기 새란 말이다. 이 또한 다름 아닌 뻐꾸기 이야기다.

저 먼 곳의 술래잡기 새	遠遠迷藏鳥
산 그늘 봄날에 술래잡기 하누나.	迷藏岑樾春
몸 감추고 스스로를 뽐내며 우니	藏身鳴自衒
네 숨음이 참 아님 부끄러워라.	愧爾隱非眞

시에 붙은 주석에는 "우리나라에서 술래잡기를 하는 아이들이 뻐꾸기 소리를 내므로 뻐꾸기를 이름하여 술래잡기 새라고 한다"고 써놓았다. 아이들이 술래잡기 놀이를 할 때 술래가 저 숨은 곳을 못 찾고 엉뚱한 곳을 헤매고 있으면 숨은 녀석은 '뻐꾹뻐꾹' 하면서 공연히 제가 있는 곳을 알려준다. 그래서 술래를 저 있는 쪽으로 유인하자는 속셈이다.

그렇다면 3, 4구는 무슨 이야기일까? 조선 중기 권응인權應仁의 『송계만록松溪漫錄』에 보면 뻐꾸기 은사隱士 이야기가 나온다. 선비들이 말로는 강호자연이 좋아 강호에 숨어 산다고 하면서도, 현실에 대한 미련을 못 버리고 뻐꾹뻐꾹 하며 자기 존재를 알리는 뻐꾸기처럼 나 여기 숨어 있다며 세상을 향해 저 있는 곳을 알려들든다는 것이다. 그러니까 이들 뻐꾸기 은사는 숨어 사는 데 목적이 있는 것이 아니다. 숨어 사는 뜻 높은 선비라는 소문을 얻는 데 더 큰 목적이 있다.

다시 말해 선비들이 겉으로는 귀거래를 되뇌고 은거를 예찬하면서도 속마음은 티끌세상에 있어 자꾸만 세상을 향해 제 존재를 드러내려 하는 꼴을 두고 권응인은 눈꼴이 시어 '뻐꾸기 은사'란 말로 이들을 조롱했다. 아이들이 술래잡기를 할 때 '뻐꾹뻐꾹' 하고 소리를 내는 바람에 뻐꾸기는 영문도 모르고 술래잡기 새란 별명을 얻은 셈이다. 제 몸을 봄 숲속에 감추어두고 자꾸 나 여기 있다고 뻐꾹뻐꾹 하고 우니 너의 속셈도 아마 숨는 데 있지 않고 나 여기 있으니 찾아오라고 제 자신을 드러내는 데 있는 모양이라며 삐죽거린 것이다.

이렇듯 뻐꾸기는 늘 생활공간 가까이에서 친숙하게 그 울음을 들을 수 있는 새였기에 그 울음소리에서 여러 연상을 떠올려 재미난 생각을 참 많이 했다.

탁란하는 얌체족

뻐꾸기는 자신의 알을 직접 품지 않고 붉은머리오목눈이 같은 작은 새의 둥지에 몰래 낳아 대신 기르게 하는 얌체족이다. 뻐꾸기과 새의 탁란托卵 습관에 대한 언급은 아주 앞선 시기로까지 소급된다. 서양에서는 아리스토텔레스의 글 가운데 이미 뻐꾸기와 숙주의 관계에 대한 관찰 기록이 보인다. 기원전 414년 그리스의 아리스토파네스는 자신의 작품 「구름Nephelai」에서 어떠한 보호나 의무로부터 자유로운 일종의 유토피아를 그리고 있다. 그는 그 유토피아를 'Nephelococcygia'라고 표현하고 있는데, 영어로는 'cloud-cuckoo-land'다. 풀이하면 '구름 속 뻐꾸기 나라'쯤 되겠는데, 이것은 아리스토파네스 또한 뻐꾸기의 탁란 습관을 알고 있었다는 유력한 증거다. 알을 낳기만 할 뿐, 품고 먹여 기르는 것은 다른 새가 대신 다 해주니, 육아의 의무로부터 자유로운 것이 뻐꾸기이겠기에 따온 연상이다.

영국의 시인 초서Geoffrey Chaucer도 1382년에 지은 「새들의 의회The

Parliment of Foules」란 작품에서 뻐꾸기 새끼를 탐욕의 상징으로 인용한 바
있다. 셰익스피어의 「리어왕」에는 "바위종다리가 뻐꾸기 새끼를 먹여 길
렀더니 그 새끼가 바위종다리의 머리를 집어삼키네"라는 대사가 보인다.
바위종다리는 더넉Dunnock이란 이름의 새로, 뻐꾸기가 탁란을 하는 새
의 이름이다. 조그만 녀석이 제 몸집보다 훨씬 더 큰 뻐꾸기 새끼를 먹
일 때 머리가 온통 입안으로 들어가다시피 한 것을 떠올려 쓴 대사다.

　중국의 옛 전적에도 이 탁란에 대한 관찰이 있다. 가장 오래된 것은
기원전 1172년, 그러니까 지금으로부터 3000년도 훨씬 더 된 기록이
다. 『죽서기년竹書紀年』 13편 중에 "황제 신辛 3년에 참새가 새매를 낳았
다"고 한 것이 그것이다. 전국시대의 저작인 『공자가어』 「의해義解」편에
는 "옛날 은나라 주왕紂王 때 성 귀퉁이에서 참새가 큰 새를 낳은 일이
있었다. 이를 점쳐보고 말하기를, '무릇 작은 것이 큰 것을 낳았으니 나
라가 반드시 왕성해지고 이름이 반드시 창대할 것이다'라고 했다. 이에

주임금이 참새를 믿고 덕을 닦지 않으며 나라의 정사를 포악하기 그지 없이 하여 신하들이 밖의 노략질을 막을 수 없게 되었으므로 은나라가 망하기에 이르렀다"고 앞서의 기록을 부연했다.

또 한나라 때 유향이 엮은 『신서新序』에는 "송宋나라 강왕康王(재위 기원전 1067~기원전 1041) 때, 성 귀퉁이에서 참새가 새매를 낳은 일이 있었다. 사관을 시켜 점치게 하자 '작은 것이 큰 것을 낳았으니 반드시 천하를 제패할 것입니다' 하였다. 강왕이 크게 기뻐하여 승勝과 설薜을 멸하고 회수 북쪽의 땅을 빼앗았다"는 기록이 있다.

이들 기록에서는 모두 "참새가 새매를 낳았다"고 적고, 이것을 작은 것이 큰 것을 낳았으니 장차 큰일을 이루려는 조짐으로 읽었다. 아마도 작은 뱁새가 뻐꾸기 새끼를 먹이는 것을 보고 이렇게 착각하여 적은 듯하다. 뻐꾸기는 새끼의 깃이 새매와 흡사하다.

뻐꾸기나 두견이가 뱁새나 붉은머리오목눈이 같은 작은 새의 둥지에다 탁란하려 할 때는 교묘한 모방 행동을 해서 작은 새를 겁준다. 뻐꾸기과의 새들은 모방 행동에 능할 뿐 아니라 크기나 양 날개를 펼친 모습, 가슴과 배의 무늬 등이 모두 맹금류의 매와 비슷하다. 그런 까닭에 매가 숲을 빙빙 선회하듯 알을 낳은 작은 새의 둥지 위를 맴돌면 뱁새 등은 매가 저를 습격하려는 줄 알고 겁을 먹고 달아난다. 그러면 그 틈을 타 뻐꾸기는 재빨리 그 둥지에 알을 낳고 달아난다. 이때 걸리는 시간은 대략 10초 안팎이다. 그렇지만 뻐꾸기의 탁란 준비는 상당히 주도면밀하다. 예를 들어 뱁새의 둥지에 탁란을 하려 하면 며칠간 눈치를 살핀다. 뱁새가 하루에 한 알씩 낳으면 두 개째 낳는 날에 주인이 없는 틈을 타서 재빨리 알 한 개를 없애고 그 자리에 자신의 알을 낳는 것이다. 또 시간을 놓쳐 뱁새의 새끼가 이미 부화했다면 아예 새끼들을 없애버리고 알을 낳기까지 한다.

옛사람들은 철새의 개념을 잘 몰라 늘 보이던 새가 보이지 않으면 땅속에 공처럼 몸을 말고 들어가 겨울잠을 잔다거나, 아니면 다른 새로 변화한다고 믿었다. 뻐꾸기는 특별히 모방 행동에 능했으므로, 옛사람들은 뻐꾸기가 계절에 따라 새매로 화생한다고 믿었다. 이와 관련된 기록은 일일이 예거할 수 없을 정도다. 기원전 290년경 전국시대 위양왕의 묘에서 출토된 『죽간고적竹簡古籍』에는 "경칩에서 열흘이 지나면 매가 변화하여 뻐꾸기가 된다. 매가 변화하여 뻐꾸기로 되지 않으면 외적의 침입이 빈번해진다"고 했다. 『열자列子』에도 "익더귀가 새매가 되고 새매는 뻐꾸기가 된다. 뻐꾸기는 오랜 뒤에 다시 익더귀가 된다"고 적혀 있다.

또 옛사람들은 뻐꾸기와 같이 탁란의 습성을 지닌 새는 스스로 둥지도 짓지 않고, 참새류의 둥지를 빼앗아 산다고 생각했다. 『시경』소남召南의 「작소鵲巢」에는 "까치집이 있는데 뻐꾸기가 사는구나"라고 했다. 이래저래 뻐꾸기는 새 가운데 얌체족이다.

두견이가 운다 두견이가 운다 달밤 빈 산에 무엇을 하소하나. 돌아감만 못하리라 돌아감만 못하리라. 저 많은 뭇 새는 제 둥지에 편안컨만 너 홀로 꽃가지 향해 피를 저리 토하누나. 형상이 고단하고 모습은 초췌하여 높이 받듦 기뻐 않으니 뉘 너를 돌아볼꼬. 아아! 인간 세상 원통한 한 어이 너뿐이리오. 강개한 의사와 충신 손꼽기가 어렵다네.

스물넷

돌아감만 못하리,
두견이

소쩍새와 두견이의 혼동

우리나라에서 소쩍새와 두견이가 혼동된 것은 연원이 오래되었다. 중국과 달리 소쩍새가 사람들의 사랑을 받았던 것은 야행성의 이 새를 직접 관찰하지 못하고, 막연히 두견이의 울음소리로 착각하거나 혼동한 결과다. 실제 두 새의 울음소리는 전혀 다르다. 하지만 종에 따라서는 얼마간 비슷하게 느껴지기도 한다. 두견이와 소쩍새는 예전에는 물론 오늘날에도 흔히 같은 새로 혼동되곤 한다. 국어사전을 들춰보아도 여전히 이 둘은 헷갈린다. 옛 시조에 이런 것이 있다.

> 산 밑에 살자 하니 두견이도 부끄럽다.
> 내 집을 굽어보고 솥 작다 우는고야.
> 두어라 안빈낙도安貧樂道니 한할 줄이 있으랴.

두견이가 솥 작다고 우는 것으로 보아, 시인은 두 새를 같은 새로 잘
못 안 것이 분명하다. 구한말 경허鏡虛(1849~1912) 선사를 다비한 뒤 제
자 만공滿空 스님이 올린 세송은 이렇다.

> 예부터 시비가 여여하던 나그네가   舊來是非如如客
> 난덕산서 겁 밖의 노래를 그쳤도다.   難德山止劫外歌
> 나귀와 말 태워버린 해 다 저무 날에   驢馬燒盡是暮日
> 못 먹은 두견이는 솥 작다고 한하누나.   不食杜鵑恨鼎小

역시 두견이가 솥 작다고 운다고 했다. 두견이과에 속한 뻐꾸기 비
슷한 두견이와 올빼밋과에 속한 부엉이 닮은 소쩍새는 외모로 보아 비
슷한 구석이라곤 하나도 없는데 어째서 이런 혼동이 빚어졌을까? 이
문제는 조선시대 지식인에게도 하나의 숙제거리였던 모양이다. 그들에
게 이런 의문을 품게 한 것은 다름 아닌 중국 사신들이었다.

우리나라에는
두견이가 없다는 주장

유진柳袗(1582~1635)의 『수암집修巖集』에는

『청궁조보靑宮鳥譜』에 실린 「두견이」, 타이완 고궁박물원.

「두견설杜鵑說」이란 글이 실려 있다. 좀 길지만 흥미로운 글이므로 전문을 인용한다.

우리나라에는 두견이가 없다. 세상에서 이른바 두견이라고 말하는 것은 모두 잘못된 것이지 진짜가 아니다. 어째서 이렇게 말하는가? 두견이는 새 가운데 음기陰氣를 지나치게 받은 것이다. 그래서 이 새가 나오는 것은 밤이지 낮이 아니요, 산에 살지 들에 살지 않는다. 서남쪽에만 있고 동북쪽에는 있지 않다. 낙양은 천하의 중심인데도 오히려 두견이가 없었다. 하물며 우리나라는 동해 기에 있어 낙양과 떨어진 것이 또 만 리나 된다. 이것이 그 첫 번째 증거다.

또 중국 사신이 우리나라에 잇달아 왔는데, 무릇 길 도중에 듣고 본 물건은 풀벌레 하나 하나의 잗다란 것일지라도 생각에서 느끼어 입으로 나와 문자 사이에서 드러내지 않은 것이 없었다. 그러나 유독 이른바 두견이에 대해서는 한마디도 언급한 것이 없었다. 이것이 그 두 번째 증거다.

망제望帝의 원혼冤魂이 가탁하여 두견이가 되어, 먼 외방을 떠돌면서 괴로이 고향 땅을 그리워하는 까닭에 그 울음은 반드시 '불여귀不如歸', 즉 돌아감만 못하다고 말한다. 그 주장이 비록 허탄하지만 그 소리는 진실로 서로 비슷한 것이 있었을 것이다. 이제 이 새는 그렇지가 않다. 비록 중국 음에 밝은 자로 하여금 이를 듣게 하더라도 또한 그것이 무슨 소리인지 깨닫지 못할 것이다. 이것이 세 번째 증거다.

내가 이러한 뒤에야 우리나라의 두견이가 중국의 두견이와는 다르다는 것을 알게 되었다. 때로 남들과 더불어 말할 때 문득 이것을 가지고 증거로 하였으나, 사람들은 또 보고 들은 것에 익숙한지라 수긍하지 않고 도리어 괴이하게 여겼다. 아아! 이것은 산계山鷄가 초나라에서 봉황으로 여겨지는 격이라 하겠다. 나의 견해가 또한 적지 않으니 어찌 다만 두견이만이겠는가?

내가 「두견설」을 지은 뒤 벗이 들렀다가 말이 이 일에 미쳤다. 벗이 이렇게 말했다. "옳네. 지난 무술 연간에 명나라 사람 한 명을 안동부의 민가에서 만났었지. 밤에 이야기를 나눈 것이 오래되었는데, 문득 두견이가 창밖 나무에 와 몹시도 구슬프게 울더란 말일세. 내가 명나라 사람에게 물어보았지. '이게 무슨 새입니까? 이게 두견입니까?' 명나라 사람이 말했네. '아닙니다. 그대의 나라엔 두견이가 없습니다.' 내가 이 때문에 자네의 말을 믿는 걸세." 내가 말했다. "아아! 그대가 명나라 사람을 만나본 것이 행운이었고, 명나라 사람을 만난 데다 더욱이 자규의 소리까지 들은 것은 더더욱 행운일세. 그렇지 않았다면 반드시 장차 내 말을 괴이하거나 망령되다 여겼을 것이네. 어찌 나의 주장이 거짓이 아님을 안단 말인가?"

아아! 새는 하나의 미물이지만 눈으로 이를 분간하는 것은 깃털이 다르기 때문이고 귀로 이를 구별하는 것은 소리가 같지 않은 까닭이다. 그러나 오히려 장차 알지 못하고서 가짜를 가지고 진짜로 여긴다. 하물며 미물이 아니면서 또 능히 그 깃털을 꾸미고 그 소리를 좋게 하여 세상을 속이고 이름을 훔치기에 애쓰는 자임에랴? 사람이 미혹되어 이를 믿음이 장차 반드시 두견이보다 만 배는 될 터이니 나를 옳지 않다고 볼 것이고 또 다만 괴이하고 망령되다고 손가락질 않을 뿐이다. 아아! 지금 세상에서 두견이로 되는 것이 참으로 많다. 어찌 다시금 그대가 명나라 사람을 만난 것을 얻어서 나라 가운데 이를 베풀어, 그 실제는 없이 그 이름을 빌리는 자로 하여금 그 간악함을 펴지 못하게 하고, 사람들이 장차 여기에 미혹되지 않게 하겠는가? 아아!

요컨대 우리나라에는 두견이가 없다는 것이다. 설령 있다 해도 "불여귀不如歸 불여귀" 하며 우는 중국의 두견이와는 다른 새라는 것이다. 이에 대해 세 가지 근거를 들었다. 첫 번째 근거는 고사가 있다. 송나라 때 소강절邵康節은 상수학象數學으로 이름이 높았다. 하루는 그가 낙양의 천진교大津橋 위를 지나는데 두견이가 울었다. 본래 두견이는 남쪽에서만 울지 낙양에선 볼 수 없는 새였다. 그런 두견이가 천진교 위에서 우는 것을 보고 지기地氣가 유동하므로 천하가 장차 어지러워지겠다고 예언한 일이 있었다. 이로 보아 두견새는 당시 중국 낙양에서도 볼 수 없는 남방의 새였음이 분명하다. 그런데 그곳에서 만 리나 떨어져 있고 훨씬 더 북방에 위치한 우리나라에 있을 까닭이 만무하다는 것이다.

두 번째 근거는 그 많은 중국 사신 중에 한 사람도 두견이를 노래한 적이 없었다는 사실이다. 낯선 곳의 사물에 예민하여 보고 듣는 것마다 시로 남겼던 그들이 유독 두견이에 대해서만은 한 수의 시도 남기지 않았다는 것은 곧 두견이가 없다는 반증이라는 얘기다.

세 번째 근거는 우리나라에서 우는 두견이의 울음소리를 아무리 들어봐도 조금도 '불여귀'란 소리와 근접한 발음이 나오지 않는다는 것이다. 그러고 나서 그는 자신의 벗이 중국 사람과 만났을 때도, 그 중국 사람이 조선에는 두견이가 없다는 말을 했던 일화를 논거로 들었다.

유진이 이런 글을 쓴 것을 보면, 그 자신도 실생활에서 이름과 실제의 괴리에 상당한 당혹감을 느꼈음을 알 수 있다.

이밖에 중국 사람들이 우리나라에 와서 우리나라 사람들이 두견이라고 여기는 새의 울음소리를 듣고 두견이가 아니라고 말한 예는 유몽인의 『어우야담』과 허균의 『성수시화惺叟詩話』에서도 찾아볼 수 있다. 먼저 『어우야담』의 이야기를 살펴보자.

우리나라 사람들은 소쩍새를 두견이로 생각한다. 우리나라 사람이 두견이를 노래한 것은 많다. 하지만 『황화집皇華集』에 실린 중국 사신의 시에는 앞뒤로 봄날의 풍물을 노래한 것에서 일찍이 한 구절도 두견이에 대해 말한 것이 없었다. 사람들은 모두 이렇게 말한다. "두견이는 촉蜀 땅의 새다. 송나라 때 벼겼作京인 천진天津에서 울자 소강절邵康節이 이를 근심했다. 우리나라는 날씨가 추워 두견이가 없는 것이 분명하다." 두성령杜成令이 그림을 잘 그렸는데, 중국 화가가 그린 백금도百禽圖를 얻어 모사하던 중에 보니 두견이의 모습은 까마귀 같았고, 우리나라의 소쩍새와는 비슷하지도 않았다. 우리나라 사람의 의문이 그제야 풀렸다. 중국 사신 주지번朱之蕃이 왔을 때 마침 소쩍새가 울었다. 같이 있던 사람이 무슨 새냐고 물어보았다. 그가 말했다. "중국에도 있지요. 이 새는 원금怨禽이지 두견이는 아니오." 소쩍새는 모습이 작은 비둘기 같은데 양 날개가 조금 붉다.

앞서 본 유진의 글과 논점이 비슷하다. 그런데 그는 소쩍새가 작은 비둘기 모양을 하고 있고 두 날개가 붉은빛을 띤다고 했다. 정작 소쩍새에 대해 유몽인은 여전히 다른 새로 착각하고 있음을 알 수 있다. 다음은 허균의 글이다.

내가 관동 지방을 자주 유람했다. 그들이 말하는 두견이란 것은 소쩍새의 종류였다. 절강 사람 왕자작王子爵과 사천 사람 상방기商邦奇가 함께 강릉에 온 일이 있었다. 내가 물어보니 두 사람이 모두 두견이가 아니라고 했다. 대개 시인이 흥을 기탁하여 말한 것이니 비록 그 사물이 아닌데도 시에다 쓴 것이다.

이 예화 또한 우리나라 사람들이 일반적으로 알고 있는 두견이는 중국 사람들이 듣기에 전혀 두견이가 아니었으며, 확인해본 결과 소쩍새였다는 사실을 적고 있다.

김진규金鎭圭(1658~1716)는 「야문두견夜聞杜鵑」 두 수를 남겼다. 둘째 수는 다음과 같다.

낮 동안 엎드리기 괴로움도 많겠지	晝伏應多苦
밤중에 우는 것을 홀로 슬퍼하노라.	宵啼獨自憐
꾀꼬리나 제비와 무심코 겨루다가	無心競鸎燕
자취를 숨긴 것은 까마귀 솔개 피함일세.	竄跡避烏鳶
불꽃 바다 날아서도 건너기가 어렵고	炎海飛難度
파산은 꿈속에서 몇 번이나 갔던고.	巴山夢幾牽
고향 땅 멀다고 탄식만 하지 마라	莫嘆鄕國遠
그물에 얽혀듦은 오히려 면할 테니.	猶免網羅纏

그는 제목 아래에 다음과 같은 흥미로운 주석을 달아놓았다. "세상에서 전하기는, 두견이가 까마귀나 솔개에게 채이는 게 두려워서 낮에는 엎드려 있고 밤에만 운다고 한다. 그러나 일찍이 옛사람은 이를 말한 적이 없다. 우리나라와 중국의 두견이에는 혹 다름이 있는 걸까?" 그 또한 중국에서 말하는 두견이와 우리나라 사람들이 말하는 두견이가 다른 새일지도 모르겠다고 생각했다. 실제로 소쩍새는 밤에만 우는 반면 두견이는 밤낮 없이 우는 새이므로, 역시 소쩍새를 두견이로 잘못 알았을 가능성이 높다.

이런 몇 가지 기사를 통해 우리나라에서 두견이를 이해하는 데 근본적인 오류가 널리 퍼져 있었음을 확인할 수 있다. 우리나라에도 물론 두견이가 있다. 하지만 적어도 보통 두견이라고 여겼던 새가 사실은 소쩍새이거나 다른 새였다는 사실은 중국 사람의 두 차례에 걸친 확인이나, 우리나라와 중국의 두견새가 혹 서로 다른 새일지도 모른다는 의문 제기를 통해서도 짐작할 수 있다.

봄 가고도 꽃 남았고	春去花猶在
날 맑은데 그늘진 골	天晴谷自陰
소쩍새 낮에 울어	杜鵑啼白晝
집 깊은 줄 알겠네.	始覺卜居深

이인로李仁老(1152~1220)의 「산거山居」란 작품이다. 산 높은 집. 봄은 다 갔는데 꽃은 시절 모르고 피어난다. 날이 참 맑다. 골 깊은 골짜기 는 침침하다. 백주 대낮인데도 소쩍새는 여태도 밤인 줄 알고 운다. 깊 은 산골. 보자는 이 없는데 꽃은 피고 진다. 원문에서는 두견이라 했지 만 사실은 소쩍새다. 두견이는 낮에도 울고 밤에도 운다. 그러나 소쩍 새는 밤에만 운다. 원문에는 분명히 두견이라고 했지만 시인이 실제 들 은 것은 소쩍새의 울음소리다.

고향으로 돌아가자

우리 시가에서 두견이는 촉나라 망제의 전설과 결부되어 가장 흔히 노 래된 새다. 『환우기寰宇記』에는 "촉의 망제가 별령鼈靈에게 양위하고 스 스로 숨은 뒤에 복위하지 못했다. 죽어 두견이가 되어 매년 봄마다 밤 낮 슬피 우니, 촉 사람들이 이를 듣고 우리 임금의 넋이라고 하였다"고 적고 있다. 『촉왕본기蜀王本記』에서는 "촉 사람들이 두견이가 우는 것을 보고 망제를 슬피 여겼는데, 그 울음소리가 마치 불여귀不如歸, 즉 돌아 감만 못하다고 하는 것 같았다"고 했다. 『금경주禽經注』에는 "괴로이 울 면서 그치지 않고 피를 흘리며 밤부터 새벽까지 울어대 피가 초목을 적신다"고 했다. 우리나라에서 두견이가 밤새 울며 흘린 피가 두견화, 즉 진달래꽃으로 피어난다고 믿었던 것은 바로 이 전설이 보편화된 것

「화훼초충도花卉草蟲圖」, 마전馬荃, 24.4×19.4cm, 청나라, 난징박물원.

이다.

이후 두견이는 두백杜魄, 촉혼蜀魂, 촉조蜀鳥, 촉백蜀魄, 망제望帝, 원조怨鳥, 원금冤禽과 같은 망제와 관련된 이칭으로 불리거나, 불여귀, 사귀思歸, 최귀催歸, 사귀락思歸樂, 제귀綈歸, 자귀子歸처럼 돌아가고 싶다는 의미와 관련된 이름으로 다양하게 불렸다. 이밖에도 두견이의 다른 이름으로 수십 가지가 있다. 두우杜宇, 자휴子鳥, 자규子規, 자견子鵑, 휴주鳥周, 두백杜魄, 제결鵜鴂, 반견盤鵑, 주연周燕, 전견田鵑, 사표謝豹, 양작陽雀, 선객仙客 등이 그것이다. 우리나라에서는 귀촉도歸蜀道나 임금새 등으로 불렸다.

두견이를 문학적으로 노래하기로는 두보의 「두견행杜鵑行」이 유명하다. 하지만 우리나라 금언체 한시에서는 거의 천편일률적으로 불여귀혹은 불여귀거不如歸去라는 울음소리로 음차된다. 내용 또한 한결같이 망제의 전설에 가탁했다. 김시습과 서거정 외에도 수많은 작가가 작품을 남겼다. 먼저 김시습의 작품을 살펴보자. 그는 「불여귀不如歸」란 제목으로 두 편의 금언체시를 남겼다.

돌아감만 못하리라 고향으로 돌아가자	不如歸歸故鄕
촉의 하늘 공활하고 구름도 망망한데,	蜀天空闊雲茫茫
천 봉이 첩첩하여 넘을 길 바이 없고	千峯疊疊不可越
만목이 빼곡하여 바라볼 곳이 없네.	萬木重重無處望
가고파도 못 가매 애간장이 녹나니	欲歸未歸摧心腸
나그네 길 즐겁단들 근심만 더하누나.	客中雖樂徒增傷

'촉천蜀天'이 나오고 '불여귀不如歸'가 나오는 것으로 보아, 특별한 감정의 이입 없이 촉 망제의 전설에 부회하여 '욕귀미귀欲歸未歸', 즉 돌아가고 싶지만 여태도 돌아가지 못한 나그네의 심정을 노래한 것이다. 서거

정은 세 수의 「불여귀거不如歸去」를 남겼다. 그중 한 수다.

돌아감만 못하리라	不如歸去
고향 땅 아득하고 봄날은 저무는데,	故山迢遞春將暮
변방의 구름 나무 돌아갈 길 어지러워	秦雲巴樹歸路迷
날개 짧아 돌아갈 곳 없을까 염려하네.	翅短却恐無歸處
돌아감만 못하리라 모름지기 돌아가리	不如歸去會須歸
그 누가 날 위해 나그네 옷 지어줄까?	何人爲我縫征衣

'고산故山'과 '진운파수秦雲巴樹'는 촉 땅을 나타내는 관습적인 표현이다. 짧은 날개로 돌아갈 곳마저 잃은 이 새의 형상을 떠올려놓고, 시인은 곧바로 '불여귀거'의 울음소리를 의미로 연결지어, '정의征衣', 즉 먼길 떠날 채비를 갖추지 못해 가고 싶어도 가지 못하는 자신의 처지를 슬쩍 얹어 노래했다. 김안로도 「불여귀거」란 작품을 남겼다.

김시습은 다른 작품에서 망제의 전설은 아예 빼고 '불여귀'의 의미만을 강조하여 노래하기도 했다.

돌아감이 제아무리 좋다고 해도	不如歸去好
그 어디로 편안히 돌아갈 수 있으리.	何處可安歸
벼슬길엔 바람 파도 흉흉히 일고	宦路風濤惡
고관의 문전에는 아는 이 없네.	侯門知識稀
사람됨이 언제나 근심이 많고	爲人長戚戚
외로운 모습은 근심에 싸였구나.	弔影正依依
내 분수 달게 삶만 같지 않으리	莫若甘吾分
임천林泉에선 재앙 기틀 안 밟을 테니.	林泉不履機

'환로宦路', 즉 벼슬길로 향하던 마음을 접고 '임천'으로 돌아감이 좋겠다는 것이 이 시의 주제다. 세상에 편안한 안식처는 어디에도 없다. 벼슬길에는 흉악한 파도만 일고, 권문에는 아는 사람이 하나 없어 늘 근심뿐이다. 차라리 임천으로 돌아가 분수를 달게 여기며 사는 것이 배짱 편하겠다는 것이다. 다음은 최규서崔奎瑞(1650~1735)의「불여귀」다.

돌아감만 못하리 돌아감만 못하리	不如歸不如歸
불여귀 우는 소리 목이 메누나.	不如歸聲正咽
온 산 가득 새들은 겨레붙이 아니거니	禽鳥滿山非族類
하늘에 달이 지자 입에서 피 토하네.	月落天空口生血
돌아감이 좋은 줄을 설령 안다 해도	縱知歸去好
산 길고 물은 넓고 깃털은 헐었다오.	山長水闊羽毛毀
불여귀 울면서 어이해 못 가는가	不如歸胡不歸
너는 보지 못했는가?	爾不見
정위조가 목석 물어 바다 메우려는 뜻을.	精衛木石塡海志

앞서 본 작품들이 단순히 망제의 전설을 차용하는 데 그치거나 불여귀의 의미만 환기시키고 있을 뿐 두견이의 존재가 시에서 특별히 드러나지 않는 데 반해, 이 작품은 두견이를 전면에 내세운 것이 특이하다. 정위조精衛鳥는 염제炎帝의 딸이 바다에 빠져 죽어 그 넋이 화하여 되었다는 원금寃禽이다. 이 새는 늘 목석木石을 물어 바다를 메움으로써 그 한을 풀려 한다는 전설이 있다. 그래서 애초부터 되지도 않을 일에 매달리는 어리석음의 비유로 쓰이곤 한다. 그러나 시인은 "정위조는 무모한 줄 알면서도 끊임없이 목석을 물어다 바다를 메우려는 뜻을 꺾지 않는데, 두견이 너는 왜 불여귀라고 울기만 하면서 정작 돌아가지 못하느냐"고 나무랐다. 돌아갈 뜻만 있다면 웬만한 시련과 역경쯤이야

극복할 수 있지 않겠느냐는 말이다.

두견이의 울음을 '법어가' 혹은 '불어귀'의 뜻으로 읽어 촉 망제의 전설에 부회한 여러 편의 금언체시가 보여주는 어조는 대동소이하다. 이를 통해 드러나는 두견이의 시적 의미는 '슬픔' '비애' '이별' '상사相思' '나그네의 고독'에 가닿으면서 생의 비애에 대한 인식으로 이어진다.

쫓겨난 임금의 원한

우리나라에서 한과 비애를 환기시키는 두견이의 상징성이 가장 극명하게 드러나는 예는 단종에게서 볼 수 있다. 망제와 단종은 '쫓겨난 임금'이라는 공통분모 외에 돌아가고 싶어도 돌아갈 수 없다는 비극성이 맞물리면서 불여귀의 시적 감염력이 극대화되는 경우에 해당된다. 단종이 세조에게 왕위를 빼앗겨 영월 객사 동헌에 머물 때 지은 「자규시子規詩」가 있다.

달 밝은 밤 두견이 울어	月白夜蜀魄啾
근심 품고 누각 머리 기대어 섰네.	含愁情倚樓頭
네 울음 구슬프니 듣기 괴롭다	爾啼悲我聞苦
네 소리 없을진대 내 근심도 없으리니.	無爾聲無我愁
천하에 괴로운 이들아 내 말을 듣소	寄語天下勞苦人
춘삼월 자규루엔 오르질 마오.	愼莫登春三月子規樓

이 시는 역대의 여러 시화에 실려 전한다. 이후 영월을 지나는 시인 묵객들은 으레 단종의 고사에 반드시 두견이의 울음을 얹어 노래하는 것이 하나의 관례가 되었다. 다음 조상치曺尙治의 화답시는 그 가운데

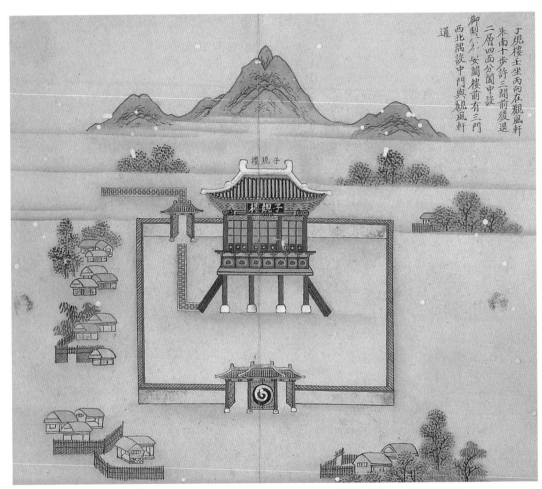

「자규루도子規樓圖」, 『월중도』, 종이에 채색, 36.0×20.5cm, 보물 제1536호, 1820년대, 장서각.

하나다. 그는 단종의 신하로 세조의 왕위 찬탈 이후 벼슬을 그만두고 고향 영천永川으로 낙향하여 나서는 세상에 발을 들이지 않았던 인물이다.

두견이가 운다 두견이가 운다	子規啼子規啼
달밤 빈 산에 무엇을 하소하나.	夜月空山何所訴
돌아감만 못하리라 돌아감만 못하리라	不如歸不如歸
바라 뵈는 파산巴山을 날아 넘고 싶어라.	望裏巴岑飛欲度
저 많은 뭇 새는 제 둥지에 편안건만	看他衆鳥總安巢
너 홀로 꽃가지 향해 피를 저리 토하누나.	獨向花枝血謾吐
형상이 고단하고 모습은 초췌하여	形單影孤貌憔悴
높이 받듦 기뻐 않으니 뉘 너를 돌아볼꼬.	不肯尊崇誰爾顧
아아! 인간 세상 원통한 한 어이 너뿐이리오.	嗚呼人間寃恨豈獨爾
강개한 의사와 충신 손꼽기가 어렵다네.	義士忠臣增慷慨屈指難盡數

단종의 참담한 처지가 망제의 원한과 포개지면서 '의사충신義士忠臣'의 호응으로 확장되고 있다. 여기에 이르면 두견이의 상징성에 충의 의미가 덧씌워진다. 이렇듯 두견이는 한시뿐 아니라 시조에도 빈번히 등장해 거의 관념적 배경으로 관습화되는 지경에 이른다.

한시보다 호흡이 긴 부賦에서는 이러한 표상 의미가 더 선명하게 드러난다. 박상朴祥(1474~1530)의 「문두견聞杜鵑」이나 신광한의 「문두견부聞杜鵑賦」, 박이장朴而章(1540~1622)의 「영두견기평강부詠杜鵑寄平江賦」와 같은 작품이 있다.

『대한매일신보』 1910년 3월 17일자에 실린 「불여귀」는 이렇다.

불여귀 불여귀 하니 너는 알고 울건마는

「두견새」, 쉬런충(徐仁燦), 중국 현대.

어이없는 망량魍魎들은 도라갈 줄 왜 모르노
만일에 벽력화霹靂火 번뜻하면 후회막급

　돌아감만 못하다는 두견새의 울음소리를 조선을 침탈한 일본에게
어서 조선을 떠나 네 나라로 돌아가라고 충고하는 의미로 읽었다. 이것
은 일반적으로 타관을 떠돌며 고향에 못 가는 시름을 노래하는 금언
체 한시 속의 불여귀와는 의미 방향이 정반대다. 좋게 말할 때 제 발로
돌아가는 것이 나중에 돌아가고 싶어도 돌아갈 수 없게 되는 것보다
나으리라는 위협의 뜻을 담았다.

새의 울음소리는 암수가 다르고 계절에 따라서도 달라진다. 어떻게 듣느냐에 따라 들리는 것도 다르게 마련이다. 어떤 사람은 소쩍새 울음소리를 '촉도 촉도' 하는 소리로 들어 귀촉도歸蜀道라 하고, 어떤 사람은 같은 소리를 '접동 접동'으로 들어 접동새라 하며, 또 '주걱 주걱'으로 들어 주걱새라고 한다.

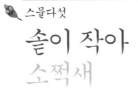

스물다섯

솔이 작아
소쩍새

애잔한 울음소리

새는 농민과 전원생활을 함께하므로 새를 노래한 한시에서는 당연히 시골 농촌의 풍정과 농민들의 생활상이 다채롭게 그려진다. 또 계절 따라 우는 새의 속성을 빌려 한 해 농사의 풍흉을 점치거나 풍년의 소망을 얹어 노래하기도 했다.

소쩍새는 올빼밋과에 속한 새다. 모습은 부엉이와 흡사한데 귀 깃이 있고 체형이 작은 편이다. 야행성의 새로 낮에는 숲속에서 자고 저녁부터 활동한다. 현재 중국에서는 각효角鴞 또는 홍각효紅角鴞라고 부른다.

대체로 중국에서 올빼밋과의 새들은 요조夭鳥 혹은 화조禍鳥로 인식되어 재앙을 가져오는 새로 여겨져왔다. 『금경』에서는 "강동江東 사람들은 괴조怪鳥라고 부르는데, 이 소리를 들으면 재앙이 많다 하여 사람들이 이를 미워하여 귀를 막는다"고 했다. 또 "둥지에 있을 때는 어미가 새끼를 먹여 기르나 날개가 다 자라면 어미의 눈알을 쪼아먹고서 날아가버린다"고 해서 불효조不孝鳥라 불리기도 했다. 『시경』 빈풍豳風 「치효鴟鴞」에서는 다른 새의 새끼를 잡아먹어 불행을 가져다주는 새로 노래된다. 올빼밋과의 새에는 올빼미와 부엉이, 소쩍새 등 수십 종의 아종이 있고 그 크기와 울음소리도 제각기 다르다. 옛 문헌에서는 흔히 혼동해서 명확히 구분하기가 어렵다.

우리나라 사람들에게 소쩍새는 참 많은 사랑을 받았다. 봄에 밤을 새워 '소쩍소쩍' 하고 우는 이 새의 울음소리를 한 해 농사의 풍흉과 관련지어 생각했다. 또 시어머니의 구박을 받아 굶어 죽은 며느리의 넋이 환생한 새라는 민중적인 전설 등이 덧씌워져 우리나라 전역에서 밤이면 지천으로 울어대는 이 새는 그 처연한 울음소리 속에 갖은 상념을 불러일으켰다. 같은 올빼밋과라고 해도 한밤중에 들으면 음산하여 소름이 쫙 끼치는 부엉이의 울음소리와는 달리 고즈넉한 산골의 정취를 불러일으키는 애잔한 울음소리가 이런저런 이야기를 만들어냈다.

'솥탱'과 '솥작'

소쩍새가 이렇듯 우리 민중의 삶에서 애정의 대상이 되었던 것은 이 새의 울음소리로 한 해 농사의 풍년과 흉년을 점쳤던 속신과 관계가 있다. 소쩍새가 '솥작 솥작' 하고 울면 풍년이 들고, '솥탱 솥탱' 하고 울면 흉년이 든다는 것이다. 풍년이 들어 곡식이 많으면 밥을 많이 지어 배불리 먹어야 하는데 솥이 작아 큰일이다. 흉년이 들어 밥 지을 쌀이 없게 되면 솥이 텅 비어 난리다. 그러니 소쩍새가 솥텡 솥텡 울지 말고 그저 솥작 솥작 하고 울어주기만을 바라고 또 바랐던 것이다.

보통의 한시에 소쩍새는 거의 등장하지 않는다. 하지만 새의 울음소리를 음이나 훈을 따서 읽는 금언체 한시에서는 소쩍새를 노래한 것이 참 많다. 먼저 유몽인의 「정소鼎小」를 살펴보자.

솥작 솥작	鼎小復鼎小
솥 작다고 어찌 큰 솥 없음 근심하랴	鼎小豈憂無大鑊
다만 풍년 들어 곡식 남기 소원이니	但願年豐穀有餘
한 솥에 백 번 불 때도 즐겁기만 하다오.	一鼎百爨殊不惡
만 종의 곡식도 혼자 감당할 테니	萬鍾吾自營
제발이지 '솥텡'이라 울지만 말아다오.	遮莫呼鼎鐺

한자로 '정소鼎小'라 쓰고, '솥작'으로 읽었다. 소쩍새가 자꾸만 솥이 작다며 운다. 풍년이 들어 먹을 것 남아돈다면, 큰 솥이 없다 해도 걱정할 게 무어냐고 했다. 설령 솥이 작아서 백 번씩 밥을 짓게 되더라도, 그깟 수고로움쯤은 혼자서도 너끈히 감당할 수 있다. 그러니 제발 솥텡이라고는 울지 말아달라는 것이다.

다음은 장유張維의 「정소鼎小」란 작품이다.

솥작 솥작	鼎小鼎小
밥이 많아 불 땔 수 없다 하지만	飯多炊不了
금년엔 쌀이 귀해 끼니 걱정 괴로우니	今年米貴苦艱食
솥 작아 걱정 없고 곡식 없어 근심일세.	不患鼎小患無粟

뒤주 속에 남은 곡식 그득 있게 하여서　　　　　　　　但令盎中有餘粮

불 때어 두 번 밥 지어도 오히려 좋겠구나.　　　　　　乘熱再炊猶可足

이번엔 시상을 반대편에서 잡았다. 흉년이 들었다. 쌀이 귀해 농가에선 끼니 근심뿐이다. 그런데도 철딱서니 없는 새는 솥작 솥작 하고 울고 있다. 정말 네 말대로 솥이 작아 두 번씩 밥을 지을 수만 있다면 더 바랄 것이 없겠다는 말이다.

유득공도 「정소鼎小」라는 시를 남겼다. 작품의 주석에는 "자규는 일명 소쩍새인데 울면 풍년이 든다"고 했다. 그 또한 관습적으로 두견이와 소쩍새를 혼동했다.

솥작 솥작　　　　　　　　　　　　　　　　　　鼎小鼎小

지난해 쓰던 솥이 올해는 작다 하니　　　　　　　　去年鼎今年小

금년 솥 작음은 풍년의 조짐일세.　　　　　　　　　今年鼎小豐年兆

농가의 사방엔 꽃나무 우거져서　　　　　　　　　　田家四面花木深

호미 메고 돌아올 제 뚝뚝히도 들리네.　　　　　　　荷鋤歸來聽了了

하루 농사일을 마치고 저물녘 돌아오는데 소쩍새가 솥작 솥작 하고 운다. 멀쩡히 잘 쓰던 솥이 자꾸 작다고 하는 것을 두고 올해는 도대체 얼마나 풍년이 들려고 저러느냐고 했다. 흐뭇한 마음에 사방을 둘러보면 꽃나무들이 흐드러져 있다. 가을의 넉넉한 타작 마당을 미리부터 떠올려보자니 마음이 절로 흐뭇해져 입이 벙긋 벌어진다.

다음 최영년의 「정소鼎小」는 민요의 흥거운 가락을 그대로 옮겨놓아 흥미로운 작품이다. 주석에 "풍년조의 울음소리는 촉급하면서도 잦다"고 했다. 소쩍새를 풍년조豐年鳥로 불렀음을 알 수 있다.

鵃鵂
ミ、
ヅク、

『매령백조화보梅嶺百鳥畫譜』 중 「소쩍새」.

풍년이야 풍년이야 솥작 솥작	好歲好歲鼎小鼎小
쌀도 많고 쌀도 많고 솥작 솥작	稻多稻多鼎小鼎小
배부르다 배부르다 솥작 솥작	肚大肚大鼎小鼎小
즐겁구나 즐겁구나 솥작 솥작	飽樂飽樂鼎小鼎小

반복되는 가락 속에 흥쾌함이 묻어난다. 풍년이 들었다. 쌀도 넉넉하나. 배불리 밥 지어 먹으니 세상에 부러울 것이 없다. 이렇듯 금언체 한시에 보이는 소쩍새는 대부분 풍년의 바람과 관련 있다. 1년 농사에서 풍년의 소망을 밤마다 울어대는 소쩍새의 울음 속에 빌었던 것이다. 이밖에 권필과 이양오 등도 모두 소쩍새 울음 속에 풍년이 든 농가의 흐뭇한 잔치 광경을 노래한 작품을 남겼다.

나 죽겠다, 수리새

금언체 한시에는 '아사야我死也' '아욕사我欲死' 또는 '사거死去' 등으로 불리는 새가 있다. 뜻으로 풀면 '나 죽겠네'가 되는 이 새는 '사거死去'를 훈과 음을 따서 '죽어'로 읽는다. 잡가에 보이는 '주걱제금啼禽', 즉 주걱새가 바로 이 새나. 흔히 두견이의 다른 이름이라고도 하는데 역시 소쩍새의 울음소리를 이렇게 들은 것으로 보인다.

새의 울음소리는 암수가 다르고 계절에 따라서도 달라진다. 어떻게 듣느냐에 따라 들리는 것도 다르게 마련이다. 어떤 사람은 소쩍새 울음소리를 '촉도 촉도' 하는 소리로 들어 귀촉도歸蜀道라 하고, 어떤 사람은 같은 소리를 '접동 접동'으로 들어 접동새라 하며, 또 '주걱 주걱'으로 들어 주걱새라고 한 것이다.

이수광李睟光은 『지봉유설』에서 아래 고경명의 「금언禽言」을 소개하면서 주에서 "이 새를 세속에서는 호사조呼死鳥라고 한다. 이 새는 매년 봄에 우는 소리가 몹시 애처롭다. 원금怨禽이다"라고 적었다. 호사조란 죽겠다고 외쳐대는 새란 뜻이다.

죽겠다니 도대체 무슨 일인가	欲死緣何事
살아 있음 후회함을 짐작하겠네.	知渠悔有生
푸른 숲 내리던 비 갓 개이더니	靑林雨新霽
수풀 나무 달빛도 희미하구나.	叢樹月微明
죽지 못해 사는 나도 여기 있는데	未死吾人在
쓸데없이 목이 메어 소릴 내다니.	空爲鳴咽聲

한밤중 숲속에서 웬 새가 죽겠다고 울어댄다. 낮고 짧은 저음으로 '죽어 죽어!' 청승스레 주문처럼 되뇌는 울음소리에 시인은 아마 살기가 싫어 저리 우는 모양이라고 짐작한다. 그러나 비 그친 숲 위로 해맑은 달빛이 부옇게 떠오르는 밤, 정작 살맛을 잃고 죽고 싶은 나는 그러지도 못하고 이리 살고 있는데 마음을 다독거려주지는 못할망정 공연하게 목메는 소리로 남의 심사를 이렇게 뒤집어놓느냐는 타박이다.

다음은 장유의 작품이다.

나 죽겠다 울어대니 어찌 그리 우는가?	我死也何爲者
소리마다 애끊을 듯 울다간 또 그치네.	聲聲悽斷叫復止
죽는 게 겁나더냐 정말 죽고 싶은 게냐	問是怕死還欲死
그윽한 숲 깊은 나무 거처하기 딱 좋고	幽林深樹好棲遲
암수가 먹고 마셔 서로 좇아 나는구나.	雌雄飮啄飛相隨
조롱 속 비취새는 널 부러워할 텐데	籠中翡翠應羨爾
네 삶이 즐겁거늘 어이해 죽겠다나.	爾生可樂何死爲

©박웅

소리소리 애간장을 끊을 듯 주걱새가 울어댄다. 시인은 새에게 이것이 '파사怕死' 즉 죽기가 무섭다는 뜻인지, '욕사欲死' 곧 죽고 싶다는 의미인지 모르겠다고 묻는다. 제 짝도 있고 살기 좋은 보금자리도 있다. 주는 모이 받아먹으며 조롱 속에 갇혀 온갖 귀여움을 독차지하는 비취새는 정작 주걱새의 자유를 선망할 것이다. 마음만 먹으면 얼마든지 즐거울 수 있는 삶이거늘 왜 자꾸만 죽겠다고 하느냐는 힐난이다. 유몽인도 「사거조死去鳥」란 작품을 남겼다.

주걱새 죽겠다고 울어대니	死去鳥鳴死去
인간에 그 무슨 괴롬 있는지	人間有何苦
진종일 나 죽겠다 외쳐대누나.	長日號號我死去
요순도 죽고 없고 주공 공자도 죽었으니	堯舜死周孔死
맹분과 하육인들 돌아갈 곳 그 어디랴.	孟賁夏育歸何所
한나라는 황초평黃初平을 보지 못했고	漢不見黃初平
진나라는 안기생安期生을 듣지 못했네.	晉不聞安期生
어제 자칭 여동빈呂洞賓이란 이를 만나니	昨遇人魂稱洞賓
내 죽은 지 몇천 년인지 모른다 하네.	云我死去不知幾千春
그래서 죽어 죽어 신선이 되려는 겐가.	所以死去死去做仙人

역시 이 새가 진종일 죽겠다고 외치는 데서 시상을 열었다. 하긴 따지고 보면 요순도 죽고 주공과 공자도 세상에 없다. 천하장사 맹분과 하육의 힘으로도 죽음은 어쩔 수 없었다. 진晉나라 때 신선 황초평黃初平은 신선술을 익혀 수백 년을 살았다고 했다. 하지만 한나라 때 이미 그의 자취는 찾을 길이 없었다. 진秦나라 때 신선으로 천 년을 살았다는 안기생도 진晉나라 사람들은 듣도 보도 못한 이름이 되고 말았다. 그런데 어제 꿈속에 스스로 여동빈이라 일컫는 사람을 만났더니 자기

가 죽은 지 몇천 년이나 되었는지 모르겠다는 말을 하는 것이 아닌가? 그렇다면 죽어 신선이 되는 것이야말로 영원한 삶을 얻는 길이 아니겠는가 말이다. 그래서 저놈의 새가 어서 빨리 죽어 신선이 될 요량으로 저렇게 '죽어 죽어' 하며 울고 있는 모양이라고 너스레를 떨었다.

접동새의 정체

접동새가 처음 등장하는 것은 고려가요 「정과정곡」에서다. 그런데 막상 접동새의 정체는 모호하다. 접동새는 소쩍새일까? 두견이일까? 이 또한 두 새에 대한 옛사람들의 뿌리 깊은 혼동 때문에 단정지어 말하기가 어렵다.

> 내 님을 그리워 우니다니
> 산 접동새가 비슷하요이다.
> 아니시며 거치르신달 아으
> 잔월효성殘月曉星이 알으시리이다.
> 넋이라도 님은 한데 녀져라 아으
> 벼기더시니 뉘러시니잇가.
> 과過도 허물도 천만 없소이다.
> 말힛말이신저 살읏븐뎌 아으
> 님이 나를 하마 잊으시니잇가
> 아소 님하 도람 들으샤 괴오소서.

정서鄭敍가 동래로 귀양가 오래되었는데도 임금이 자신을 부르지 않자, 이를 원망하여 불렀다는 노래다. '접동 접동' 하며 우는 소리는 두견이보다는 단연 소쩍새 울음에 가깝다. 새벽별에 지는 달빛을 말한 것을 보아도 소쩍새로 여겨진다. 자신은 임이 그리워 접동새처럼 밤을 새워 피 토하며 우는데 임은 허물도 없는 나를 까맣게 잊고 돌아보지 않으니 원망스럽기 짝이 없다고 했다. 그러니 이제라도 지난날의 약속을 어기지 말고 말짱한 거짓말에도 속지 말고 다시 자신을 사랑해달라고 했다. 접동새는 훌쩍 건너뛰어 김소월의 「접동새」로 이어진다.

접동
접동
아우래비 접동

진두강 가람가에 살던 누나는
진두강 앞마을에
와서 웁니다.

옛날 우리나라
먼 뒤쪽의
진두강 가람가에 살던 누나는
의붓어미 시샘에 죽었습니다.

누나라고 불러보랴
오오 불설워
시샘에 몸이 죽은 우리 누나는
죽어서 접동새가 되었습니다.

아홉이나 남아도는 오랍동생을

죽어서도 못 잊어 차마 못 잊어

야삼경 남 다 자는 밤이 깊으면

이 산 저 산 옮겨가며 슬피 웁니다.

여기서도 접동새는 소쩍새로 그려져 있다. 게다가 북한에서는 소쩍
새의 공식 학술 명칭이 접동새다. 소쩍새는 원금怨禽이라 그 울음을 들
으며 슬픈 전설을 많이 만들어냈다. 며느리를 미워한 시어머니가 며느
리에게 밥을 안 주려고 작은 솥에 밥을 짓게 했다. 늘 제 몫이 없었던
며느리는 굶어 죽고 말았다. 그 넋이 새로 태어나 밤마다 시어머니를
원망하며 '솥작다 솥작다'고 운다는 전설이 있다.

김소월의 시 「접동새」에서는 의붓어미 시샘에 죽은 누이가 아홉이
나 되는 오랍동생을 못 잊어 밤마다 진두강 마을 앞으로 와서 '접동
접동 아우래비 접동' 하며 울어댄다고 했다. '아우래비'의 울음이 '아홉
이나 되는 오랍동생'의 연상으로 이어졌다. 김소월은 「산」에서 "불귀不
歸, 불귀, 다시 불귀/ 삼수갑산에 다시 불귀/ 사나이 속이라 잊으련만
/십오 년 정분을 못 잊겠네"라며 불여귀不如歸, 즉 두견이를 노래하고
있는 것을 보면 접동새가 소쩍새이고 불여귀는 두견이임을 다시 확인
할 수 있다.

권환도 「접동새」란 작품을 남겼다.

접동새가 운다 그러나 나는 어쩐지

새 우는 소리같이 들리지 않았다

빈 골 우거진 숲속에서

외롭게 우는 접동새

할아버지는 정색하여 말씀하셨다

불여귀不如歸 불여귀

귀촉도歸蜀道 귀촉도

접동새는 꼭 이렇게 운다고

어머닌 그러자 자신 있게 정정하셨다

'계─ 집 죽고

자─ 식 죽고

계─ 집 죽고

자─ 식 죽고'

접동새는 틀림없이 이렇게 운다고

남색 하늘에 수놓은 흰 구름을

바라보는 내 귀에는 그러나

발음도 정확하게 이렇게 들렸다

'고향이 그리워

바다가 보고 싶어'

우리 세 사람은 그래서

저문 해 보리밭 언덕에서

붉고 푸르고 누런 세 가지 공상의 나라를 제각기 지었다.

금언체 한시의 시적 발상이 그대로 살아 있는 현대시다. 할아버지는 접동새의 울음소리를 듣고서 '불여귀 귀촉도' 하는 소리로 들었고, 어머니는 '계집 죽고 자식 죽고' 하며 운다고 했으며, 어린 나에게는 '고향이 그리워 바다가 보고 싶어' 하는 소리로 들렸다는 것이다. 보리밭 언덕에서 새 울음소리를 들으며 제가끔 상상의 나래를 펼쳤다. 같은 새들 두고 다양한 울음소리로 듣게 되는 과정을 보여주는 흥미로운 예시다. 그런데 막상 여기에 보이는 새 울음소리는 소쩍새보다는 두견이 울음소리에 가깝다. 북한 출신의 김소월과 충청도 태생의 권환 사이에 혹 접동새에 대한 생각이 달랐을 수도 있겠다.

죽 마시는 홀짝새

이렇듯 새 울음소리는 듣기에 따라 정말 다르다. 이밖에도 소쩍새가 우리 생활 속에서 워낙 친근한 새였으므로 그 울음소리와 관련된 재미난 시가 꽤 있다. 근세에 지어진 『동시총화東詩叢話』란 시화집에는 홀짝새 이야기가 나온다.

게으른 아낙네 방아 찧더니	懶婦農卽舂
겨우 죽 한 종지 끓여가지고,	纔成粥一鍾
부뚜막서 맛있게 먹는 그 소리	廚中甘飮響
산새가 흉내도 잘 내는구나.	山鳥善形容

시화에 딸려 전하는 이야기는 이렇다. 고려 때 시를 잘 짓는 재상이 금강산에 놀러 갔다. 그런데 웬 중 하나가 바위를 베고 누워 재상이 지나가는데도 모른 채 예를 표하지 않았다. 화가 난 재상이 이를 벌주려 하다가 말했다. "네가 능히 시를 짓는다면 죄를 용서해주리라." 그러고는 홀적조忽寂鳥를 제목으로 주고 '용舂' '종鍾' '용容' 세 글자를 운자로 내걸었다. 중이 그 말이 떨어지기가 무섭게 시를 지어 바쳤는데, 그게 바로 위에 있는 시다. 우리나라 말에 후루룩 마시는 소리를 "홀짝홀짝"이

라고 하는데, 소쩍새의 울음소리를 이렇게 들었던 것이다.

한편 이학규는 「금언십장禽言十章」 가운데 한 수에서 소쩍새의 울음소리를 '속적다速摘茶'로 들어 '빨리 차를 따라'라는 의미로 풀었다. 음과 훈을 따서 장난친 것이다.

속적다(어서 빨리 찻잎 따라)	速摘茶
봄날이 깊어간다.	春將晩
간밤 앞산에 비 내려	前山昨夜雨
묵은 나무에 새 잎 돋았네.	灌樹齊生芽
새싹이 잎이 되면 농사일 바빠지니	新芽作葉農事急
내일 아침엔 집에 있지도 못하겠구나.	恐爾明朝不在家

소쩍새는 솟적다새라고도 부른다. '속적다'는 바로 이것을 음차한 것이다. '빨리 찻잎을 따라'는 뜻이다. 간밤에 내린 봄비를 맞아 찻잎에 일제히 움이 돋았다. 참새 혓바닥만 한 여린 잎을 따서 덖으면 작설차雀舌茶가 된다. 이 여린 새싹이 자라 잎이 되면 차 맛이 써서 먹을 수가 없다. 그때가 되면 본격적인 농번기에 접어들어 찻잎 딸 겨를도 없다. 아니 당장 내일부터 바빠져서 집에 한가로이 앉아 있을 여가가 없을지도 모르겠다는 말이다. 농촌에 대한 가벼운 소묘다.

『속어면순續禦眠楯』이라는 음담패설집에는 세 여자가 한밤중에 들려오는 소쩍새 소리를 들으며 주고받는 이야기도 나온다. '소쩍소쩍' 우는 소리를 듣다가 한 여자가 촉나라가 작다고 '촉소蜀小'라 운다고 하자, 다른 여자는 솥이 작아 '정소鼎小'라 운다고 했다. 그러자 나머지 한 여자는 '양소陽小', 즉 '좆작'이라 운다고 하여, 자기 남편의 음경이 너무 작은 것을 한탄했다는 이야기다. 이런 다양한 음차의 예는 소쩍새가 얼마나 생활 가까이에 있었던 새인지를 잘 말해준다.

비둘기는 강한 귀소성을 지녔다. 훈련을 받은 통신용 비둘기는 수천 킬로미터의 거리도 문제없이 되돌아간다. 한나라 때 서역 정벌에 나섰던 장건과 반초 같은 장수가 이미 비둘기를 통신공구로 이용한 기록이 있다. 당나리 때 명재상 장구령도 비둘기를 이용해 천 리 밖에 소식을 보냈다. 그래서 비둘기를 비노飛奴, 즉 하늘을 나는 하인이라고 불렀다.

스물여섯

아내를 내쫓는 비둘기

하늘을 나는 하인

비둘기는 기록상으로도 5000년 전부터 사람들이 길들여 기른 새다.
사람들이 비둘기를 즐겨 기른 것은 대개 세 가지 목적에서였다. 서신을 전달하는 통신용이 첫째이고, 아름다움을 감상하자는 관상용이 둘째이며, 맛있는 고기를 얻기 위한 사육용이 셋째다.

우리나라에서도 18세기 들어 관상용 비둘기 사육이 성행했다. 이덕무의 『이목구심서』에는 비둘기 기르는 아이의 이야기가 나온다.

마땅히 아끼지 말아야 할 것을 아껴 바람을 얻지 못하는 것은 어리석음에 얽매여 있기 때문이다. 우리 집 행랑채에 사는 소년 하나가 비둘기 길들이는 것을 몹시 좋아했다. 입만 열면 비둘기 이야기뿐이었다. 거의 춥고 배고픈 줄도 모를 지경이었다. 개가 비둘기 한 마리를 물어갔다. 소년은 쫓아가서 이를 빼앗았다. 어루만지며 울면서 아주 슬퍼했다. 그러더니 털을 벗겨 구워 먹었다. 먹으면서도 오히려 슬퍼했다. 하지만 맛은 아주 좋았다. 이것은 어짊인가? 욕심인가? 어리석음일 뿐이다.

비둘기를 길들여 정성껏 기르다가 개에게 물려 죽자, 슬퍼 엉엉 울면서 비둘기 고기를 구워 먹는 소년을 보고 떠오른 생각을 적었다. 소년의 비둘기는 관상용과 식용을 겸했던 모양이다.

비둘기는 강한 귀소성을 지녔다. 훈련을 받은 통신용 비둘기는 수천 킬로미터의 거리도 문제없이 되돌아간다. 한나라 때 서역 정벌에 나섰던 장건張騫과 반초班超 같은 장수가 이미 비둘기를 통신공구로 이용한 기록이 있다. 당나라 때 명재상 장구령張九齡도 비둘기를 이용해 천리 밖에 소식을 보냈다. 그래서 비둘기를 비노飛奴, 즉 하늘을 나는 하인이라고 불렀다. 동양뿐 아니라 고대 이집트나 로마, 아라비아 지방에서도 통신용 비둘기를 이용해 소식을 전하곤 했다. 비둘기는 통신수단

「옥잠군합도玉簪群鴿圖」, 구서우산谷守山, 중국 현대.

「군합도群鴿圖」, 구서우산, 중국 현대.

이 발달한 오늘날에도 특수 조건 아래서 정보를 전송하기 위한 수단으로 가국의 군대에서 사육되고 있다. 영국과 독일, 프랑스의 박물관에는 전쟁 중에 큰 공을 세워 상을 받은 비둘기의 표본이 진열되어 있기도 하다.

오늘날 비둘기는 아주 흔한 새가 되었다. 도시의 미관을 더럽히는 주범이기도 하다. 그렇지만 비둘기는 여전히 평화의 상징으로 각종 행사 때마다 단골로 등장한다. 공원에서 아이들이 비둘기에게 먹이를 주는 광경은 참 평화롭다.

관상용 비둘기의 종류와 성질

미국 버클리대학 도서관에 소장되어 있는 아사미 문고 중에 『발합경鵓鴿經』이란 책이 있다. 책이라봐야 고작 9쪽에 지나지 않는다. 앵가관鸚哥館이란 당호를 가진 사람이 지었다고 적혀 있다. 이규경의 『오주연문장전산고』에도 「발합변증설鵓鴿辨證說」이란 글이 있다. 여기에는 『발합경』을 유득공이 지은 것이라고 소개하면서 역시 전문을 수록해놓았다.

「발합변증설」에서는 '산구가합山鳩家鴿'이라 하여 멧비둘기는 구鳩라 하고, 집비둘기는 합鴿이라 부른다고 구분했다. 유득공은 『발합경』에서 관상용 비둘기 사육에 관한 자세한 내용을 소개했다. 당시 조선에서 관상용 비둘기를 꽤나 즐겨 길렀음을 보여주는 흥미로운 자료다. 이 책에는 모두 23종이나 되는 관상용 비둘기가 소개되어 있다. 상품 8종과 하품 15종이 있다. 상품만 소개하면 다음과 같다.

점오點烏(까막점이): 흰 바탕에 검은 꼬리. 정수리에 검은 점이 있다.

전백全白(전백이): 순백색이다.

승僧(양비둘기): 갈색이다. 목털은 흐린 홍색으로 유금 빛이 감돈다. 날개와 꼬리 끝에 연한 흑색의 가장자리 선이 있다. 날개 가운데 연한 흑색과 자흑색으로 된 두 줄의 띠가 있다. 마치 중들이 입는 가사와 같아서 중이라 부른다.

전항백纏項白(염주비둘기): 흰빛이나 갈색에 가깝다. 날개와 꼬리 끝에 연한 흑색의 가선이 있다. 목은 마치 연홍의 고리를 두른 것 같아서 염주라고 부른다.

자단紫段: 자줏빛 바탕에 흰 꼬리를 가졌다. 자줏빛 비단 한 단이라는 말이다.

검은층黔隱層: 검은 바탕에 흰 꼬리, 흰 정강이를 지녔다. 가슴에 흰 점있는 것을 돈錢이라 한다. 검은 것이 한 층임을 말한다. 검은黔隱의 '은'은어조사다. 사람 이름 중에 맹시사孟施舍나 유공유庾公 등이 있는 것과 같다.

자허두紫虛頭: 머리부터 목과 가슴까지 자주색이다. 등에서부터 날개와꼬리까지는 희다.

흑허두黑虛頭: 머리부터 가슴까지 검은색이다. 등부터 날개와 꼬리까지는희다.

중국의 현대 화가 구서우산谷守山이 그린 비둘기 떼 그림에는 위 글에서 소개하고 있는 여러 종류의 비둘기가 보인다. 온통 흰 것은 전백이다. 흰 비둘기도 가만히 보면 머리 위에 뿔깃이 있는 것과 없는 것이 있다. 뿔깃 있는 놈은 날개와 꼬리 끝에 연한 흑색의 가선이 있다. 머리부터 목까지 자주색이고 나머지 흰 것은 자허두다. 자줏빛의 자단도 보인다.

하품으로 소개하고 있는 15잡목襍目은 잡종이거나 교배종들이다. 실점오家點烏, 자점오紫點烏, 다대점오多臺點烏, 흑허미黑虛尾, 자허미紫虛尾, 흑승黑僧, 고달전항백古達纏項白, 자어농紫魚濃(자주얼룩), 흑어농里魚濃(검

은얼룩), 가치어농加治魚濃(까치얼룩), 자관자紫貫子, 흑관자黑貫子, 자휘항紫
揮項, 흑휘항黑揮項, 덕거마리德去摩尼(도코마리), 긴고두緊高頭, 무은無隱(민
짜), 모외模外(뫼), 마리摩尼(머리), 장돌이長突伊(장도리) 등이 그것이다. 오
늘날 조류도감에 나오는 비둘기보다 훨씬 더 자세하고 다양한 종이 소
개되고 있다.

실점오의 실은 검은 점이 실낱처럼 가늘다 하여 붙여진 이름이다.
점오와 전백이를 교배하면 이것이 나온다. 어농魚濃은 '얼룩'이라는 순
우리말을 한자로 표기한 것이다. 도코마리도 우리말을 한자로 표기했
다. 긴고두는 정수리에 높이 솟은 긴 깃이 있는 것을 말한다. 무은은
긴 깃이 없는 민머리라는 우리말이다. 이밖에 산의 우리말인 뫼를 모
외로, 머리를 마리로, 망치처럼 뭉툭한 부리를 지녔다고 해서 장도리란
이름을 붙였다.

이런 이름들을 보면, 당시 민간에서 관상용 비둘기 사육이 생각 이
상으로 성행했음을 짐작할 수 있다. 이어지는 글에서는 종과 종 사이의
교배에 대해 예를 들었고, 「상相」에서는 좋은 비둘기를 판별하는 방법에
대해 자세히 적었다. 비둘기의 성질을 정리한 항목은 다음과 같다.

○ 정해진 짝이 있어 무리지어 살아도 잡란스럽지 않다. 떨어지거나 죽
는 경우가 아니면 짝을 바꾸는 법이 없다. ○ 갠 날을 좋아한다. 날이 흐
리면 집에 틀어박혀 날지 않는다. ○ 나무숲에 몰려 앉지 않는다. ○ 콩
이나 벼, 홍람화紅藍花 씨를 먹는다. ○ 몸은 무거운데 다리가 약해, 걸음
걸이가 뒤뚱뒤뚱한다. 먼저 목을 뺀 뒤에 발을 끌어당긴다. 물을 마시거
나 모이를 쫄 적엔 거의 엎어질 것 같다. ○ 한 번에 알 두 개를 낳는다.
하나는 암컷이 되고 하나는 수컷이 된다. 15일간 품는다. ○ 장난칠 때
는 꼬리를 흔들며 털을 헝클고 아래위를 보면서 운다. 곁에 암컷이 있으
면 오래도록 서성이며 떠나지 못한다. 암수가 서로 혀를 빠는 까닭에 비

「유홍백자생劉紅百子生」, 류쿠이링, 중국 현대.

「합무죽소鴿舞竹簫」, 류쿠이링, 중국 현대.

「낭원춘소閬苑春韶」, 류쿠이링, 중국 현대.

둘기의 성품을 음란하다고 말한다. ○ 날 적에는 집 둘레를 몇 바퀴 돌다 올라간다. 순장희巡場戲, 즉 마당돌이 놀이라고 한다. ○ 비둘기는 성품 이 사치스럽다. 비둘기를 기르는 집에서는 비둘기 집을 만들어 아로새기 는 장식을 지극하게 꾸민다. 비둘기가 살펴보다가 모여드는 경우가 있다. 4월 초파일에는 연화등蓮花燈 위로 날아와 모인다. ○ 비둘기 똥은 독성 이 매우 강하다. 뱀이나 독사, 냄새나는 벌레 따위가 감히 접근하지 못한 다. 지붕 기와를 썩게 할 수도 있다. 산가에서 비둘기를 기르면 범도 피한 다고 한다.

비둘기는 새 중에서 금슬이 좋다고 알려져 있다. 그림에서도 비둘기 는 으레 두 마리가 다정하게 있는 모습으로 그려진다. 「쌍합도雙鴿圖」는 바위 위에 앉은 비둘기 두 마리를 그려놓았다. 대나무와 바위, 즉 죽 석竹石이 축수의 뜻임은 앞에서도 말한 바 있다. 그러니 이 그림은 부 부가 해로하기를 축원한 그림이다. 아래 비둘기의 머리가 검고 위는 흰 것에서 검은 머리 파뿌리 되도록 오래 살라는 백두해로의 의미를 읽을 수도 있을 듯하다. 천즈포의 그림도 같은 의미로 읽힌다. 두 마리 다 머리가 희다.

『발합경』에는 비둘기 집에 관한 기록도 있다. 대개 여덟 칸으로 만들 어 용대장龍隊藏이라고 부르는데, 비둘기는 따로 있기를 좋아해서 반드 시 각각 거처케 한다고 했다. 이 비둘기 장의 모양이 「태평성시도」에 나 온다. 제1폭 중앙에 보이는데 지붕 위에 앞서 언급한 것과 같은 여러 종류의 비둘기들이 열을 지어 앉아 있고 그 위쪽에 여섯 칸으로 만든 용대장이 보인다.

매에게 방울과 시치미를 달듯이 작은 쇠방울과 붉은 깃털을 비둘기 꼬리에 매달아 장식할 때도 있었다. 비둘기가 날아가면 방울 소리가 울 려 멈추는 곳을 알기 위해서였다. 하지만 꼬리가 빠지기 때문에 잘 하

「태평성시도」(제1폭), 비단에 채색, 113.6×49.1cm, 조선 후기, 국립중앙박물관.

「쌍합도雙鴿圖」, 장자오허蔣兆和, 중국 현대.

「추사秋思」, 장덕천張德泉, 중국.

「쌍합도」, 천즈포, 167.0×93.0cm, 현대, 중국 군사박물관.

지는 않았다. 비둘기는 겁이 많아 작은 기미에도 날아가므로 잡기 어려웠다. 비둘기 잡는 그물은 한 자가 넘는 넓은 그물 양쪽에 족대를 두어 부채 모양으로 만든다. 이것을 다리 뒤에 끼고서 천천히 다가가 덮쳐 잡았다.

서거정의 「화합華鴿」은 위에서 말한 비둘기의 다양한 특성을 잘 정리해놓았다.

수놓은 비단 장막 구슬 창을 비추는데　　　　綉圍羅幀暎珠櫳
새장에서 꺼내어 비둘기를 풀어놓네.　　　　閑放飛奴出細籠
비단 등꽃과 같아 한낮 해에 떨쳐 나니　　　　錦背華明翻晝景
금방울 바람 맞아 구름 허공 울리누나.　　　　金鈴風繁響雲空
옛 벗에게 글 전하니 은정이 고맙구나　　　　傳書故舊恩情好
뜨락에서 먹이 얻음 의취야 같다 해도　　　　得食庭除意趣同
집닭과는 한가지로 보아서는 안 된다네　　　　莫把家鷄一樣看
이채로움 분명히 무리 중에 빼어나니.　　　　分明異彩出群中

비둘기를 새장 속에 넣어 기른 것과, 꽁지깃에 금방울을 매달아 전서傳書, 즉 편지를 전하는 심부름꾼으로 활용한 일을 적었다. 금배화명錦背華明이라 하여 비단처럼 알록지며 화려한 무늬를 두고 감탄했다. 집에서 기르는 새라 해도 닭과는 견줄 수조차 없다고 했다.

비를 부르고 아내를 내쫓는 새

구한말 김윤식金允植(1835~1922)은 「희부사금언戱賦四禽言」이란 재미난 시를 남겼다.

내창內倉의 서쪽에서 비둘기 아내 쫓고 　　　　斑鳩逐婦內倉西

미끌미끌 진창 마당 뜸부기 소릴 듣네. 　　　　滑滑庭泥聽竹鷄

자고새 어인 일로 가지도 못하는가 　　　　　何事鷓鴣行不得

빗속에 뻐꾸기는 앞 시내를 건너가네. 　　　　雨中脫袴渡前溪

1구의 '축부逐婦'는 비둘기를, 2구의 '죽계竹鷄'는 뜸부기를 말한다. 3구의 '행부득行不得'은 자고새를, 4구의 '탈고脫袴'는 뻐꾸기의 별칭이다. 내창 가는 길에 비를 만나, 빗속에 길을 가다가 장난삼아 지은 시다. 비가 오니 비둘기는 아내를 쫓아내고, 뜸부기는 길이 미끄럽다고 '니활활' 하며 운다. 진창에 발이 빠져 못 가겠다고 자고새도 거들고, 뻐꾸기는 앞 시내 건너려면 바지 벗고脫袴 가라고 충고하더란 것이다.

어째서 비둘기는 제 아내를 쫓아내는 새가 되었을까? 비둘기 집은 까치집이나 다른 새들의 것처럼 둥지가 견고하지 못하다. 나뭇가지 같은 것으로 조잡하게 그릇이나 술잔 모양으로 간신히 얽어놓는다. 이 허술하고 비좁은 둥지 때문에 옛사람들은 흥미로운 연상을 했다.

협소한 둥지에는 한 쌍의 비둘기가 같이 있기 어렵다. 비가 오면 수비둘기는 암비둘기를 내쫓아버리고 저 혼자 편히 지낸다. 날이 개면 수컷은 암컷을 다시 부른다. 사실이라면 비둘기 수컷은 아주 이기적인 얌체인 셈이다. 『전가잡점田家雜占』이란 책에는 이 이야기를 이렇게 적어놓았다. "비둘기가 울 때 응답하는 소리가 있으면 암컷을 부른다고 한다. 날이 개였을 때 이렇게 운다. 응답하는 소리가 없는 것은 암컷을 내쫓는다고 한다. 비가 올 때 그렇다."

비둘기를 달리 환우喚雨 또는 축부逐婦라는 별칭으로 부르는데, 이런 전설에서 나왔다. 날이 개면 수컷의 울음에 암컷이 화답하고, 비가 올 때는 수컷의 울음만 들리며 암컷의 대답은 없다. 암컷의 화답 여부로 일기예보를 삼은 흥미로운 이야기다. 이 고사를 송나라 때 이욱李昱은

「조구嘲鳩」란 작품에서 이렇게 노래했다.

한 쌍의 비둘기	雙鵓鳩
깃털도 알록달록.	毛斑斑
찌푸려 비오면 지어미 쫓고	陰雨逐婦去
날씨가 개면 되불러오네.	晴天呼婦還
아아! 네 짝은 참으로 힘들겠다	嗟哉爾婦良不易
사랑하고 미워함이 잠깐에 달렸으니.	愛憎只在須臾間

비오면 성가시다고 내쫓고, 개면 언제 그랬느냐는 듯이 불러오니, 암컷 노릇이 참 힘들겠다고 골린 것이다. 구한말 최영년도 「국국麴麴」이란 작품을 남겼다.

비가 오니 어찌 부를 수 있나	雨來寧可呼
비 그치면 삼가 쫓지 않으리.	雨去愼莫逐
아내여 돌아오라 아내여 돌아오라	婦歸來婦歸來
빨리 와 술 빚자 어서 와 술을 빚자.	催作麴催作麴
날씨 보니 봄 제사가 가까웠는데	天氣近春社
술이 여태 안 익은 걸 생각해야지	可念酒不熟
보아라 저 살구꽃 산 집에 화사한 걸.	看看杏花繁山屋

멧비둘기의 울음소리를 음차해서 국국麴麴이라 했다. 집 나간 아내에게 어서 돌아와 봄 제사에 쓸 술을 빚자고 청유하는 내용이다. 조선후기 신위는 「존구尊鳩」라는 시에서 역시 비를 부르는 비둘기의 울음소리에 주목했다.

차맛 혀끝 감돌기에 잠깐 낮잠 들었더니	茶味回甛小睡成
깊은 골목 멀리서 비둘기가 우는구나.	遠於深巷一鳩鳴
푸른 산 그리메는 구름처럼 흐릿하고	靑山影正雲容幻
초록나무 둥근 그늘 낮인데도 적막하다.	綠樹陰圓午寂生
비 부르는 네 성질은 농사일과 관계되나	喚雨性關農野候
시어미 성냄 부끄러워 물소리를 내는구나.	嗔姑恥作勃溪聲
새소리를 분명하게 이해할 순 없겠지만	禽言縱未分明解
날더러 성에는 가지 말라 하는 게지.	似勸幽人莫入城

차 한잔 마시고 잠깐 달게 낮잠을 잤다. 오늘은 성안에 볼일을 보려고 길을 나설 참인데, 멀리서 비둘기가 운다. 비가 오려나 싶어 내다보니 아닌 게 아니라 먼 산은 희뿌옇고 나무 그늘도 더 호젓한 느낌이 든다. 6구는 고사가 있는 듯하나 분명치 않다. 시어머니에게 야단맞은 며느리가 부끄러워 흐느껴 우는 소리 같다는 의미로 읽힌다. 그 소리가 내게는 시냇물이 불어나 내는 소리 같다. 비둘기는 지금 시인에게 아무래도 오늘 큰비가 올 것 같으니 밖에 나가지 말라고 권하고 있는 듯하다는 것이다.

실제로 비둘기는 비를 아주 싫어한다. 내 연구실 창가에는 비둘기가 자주 온다. 비가 내리면 창가에 바싹 붙어 흐느끼듯 나직한 목소리로 운다. 목으로 골골 넘어가는 울음소리는 이런저런 상상을 불러일으킨다. 옛사람들은 비둘기가 "계집 죽고 자식 잃고 비둘뜰뜰 비둘뜰뜰" 하며 운다고 생각했다.

이와 비슷하게 비둘기의 울음소리를 '여아부與我婦'로 들어 '계집 주고'란 뜻으로 푼 시도 있다. 유득공의 「사금언四禽言」 가운데 한 수다.

여아부!(계집 주고)　　　　　　　　　　　　　　　　　　與我婦

여아부!	與我婦
내 아내 나처럼 부족하지만	我婦如找拙
잘난 아내 똑똑해도 내 짝 아닐세.	巧婦雖巧非我耦
봄 되면 한빙처럼 제 짝 찾아 날아가리	春來解逐韓憑飛
청릉대 아래는 안개에 잠겨 있네.	靑陵臺下鎖煙荇

비둘기 울음소리를 '여아부與我婦', 즉 "계집 주고"쯤으로 읽은 것이다. 내 아내가 비록 잘난 것이 없지만 어떤 예쁜 여인보다 내게는 더 아름답다. 그런 아내가 죽었다. 5구의 한빙은 고사가 있다. 전국시대 송나라 강왕康王 밑에 있던 한빙의 아내 하씨가 몹시 아름다웠다. 왕은 미모를 탐해 그의 아내를 빼앗았다. 한빙이 원망하자 왕은 그를 가두었다. 한빙은 끝내 자살해 죽었다. 왕이 그의 아내를 데리고 청릉대에 올랐다. 그녀도 대 아래로 뛰어내려 자살했다. 남편과 함께 묻어달라는 유서를 남기고서였다. 왕은 노해서 두 사람을 함께 묻지 않고 서로 바라보는 곳에 묻게 했다. 그러자 무덤에서 큰 나무가 돋아나 열흘 만에 두 무덤 사이에 아치 모양으로 이어져 가지가 서로 엉겼다. 또 새 한 쌍이 늘 나무를 떠나지 않고 살면서 아침저녁 목을 서로 부비며 슬피 울었다. 사람들은 이 나무를 상사수相思樹라 불렀다. 유득공은 한빙의 이 고사를 끌어와 짝을 잃은 비둘기가 제 짝을 찾아 우는 울음소리로 풀이한 것이다.

유득공은 또 그의 『고운당필기古芸堂筆記』에 「발합팔목鵓鴿八目」이란 항목을 남겼다. 그는 당시 서울에서 비둘기 사육이 상당히 성행했음을 밝히고 앞서 본 상품 8목에 대해 설명했다. 그의 아들 유본학柳本學은 아버지를 이어 「발합부鵓鴿賦」를 지었다. 상당히 긴 작품이지만 여기에 전문을 소개한다.

「화조8폭병풍」(제3폭), 작가미상, 108.5×43.6cm, 19세기 초, 순천대박물관.

어찌 새들의 많은 무리 중에서	何羽族之繁醜兮
집비둘기 새장에서 길러 키우나.	有籠畜之家鳩
어지러이 뒤섞인 채색의 깃털	繽雜綵之翎毛兮
순수하고 귀한 자질 몸을 닦았네.	禛純質而身脩
기름져 윤이 남은 뱁새가 양보하고	山鷦讓其脂澤兮
게다가 함께 살려 하지도 않는다네.	又棲息之不侔
암수의 사랑이 자못 정성스러워	頗情惓於牝牡兮
모래톱 징경이와는 같지 않다네.	異王雎之河洲
새겨 꾸민 새장 걸고 자갈을 깔아두니	掛鵰笯之礧碌兮
참으로 새의 성질 기뻐하는 바일세.	實禽性之攸喜
비록 난다 해도 높이 날진 못하지만	雖翔飛而靡高兮
하는 짓 저와 같음 눈여겨보네.	眄作態之如彼
혹 집 둘레를 빙빙 도는데	或盤旋而繞屋兮
제 집인 줄 알고는 다시 멈추지.	認其居而還止
혹 날개 소리 푸드덕대다	或翅聲之膈膊兮
때로 무리 끌고 와 부딪쳐 일어나네.	時引類而衝起
혹 무리지어 뜨락에서 걸으니	或群步於階庭兮
그 여린 발가락 어찌 이리 꼭 맞는가?	何妥帖其纖趾
혹 누각에서 시끄럽게 울어대어	或鬧聲於樓舂兮
목 속에 둥근 혹이 가득 차 있는 듯.	汝癭盈其頸裏
벌레를 해치는 것이 아니요	匪蟲蟻之伊害兮
낟알과 누런 콩을 쪼아 먹는다.	啄玉粒與黃荳
꽃잎을 떨구는 법도 없으니	匪花藥之損落兮
봄날 낮에 어여쁘게 장난치누나.	戲窈窕於春晝
사람 봐도 의심을 품지 않으니	匪見人而猜疑兮
길들여 책상맡에 부를 수 있네.	馴可致諸几右

이것을 먹여 길러 마음이 기뻐지니	哺養斯可怡情兮
어찌 무익하다 말을 하리오.	繄何言其無益
여유 있는 사람의 아끼는 바라	游閒子之所愛兮
평소의 습성 따라 등급도 어지럽다.	紛品第其素癖
시장에서 사다가 품에 안고 돌아오니	購諸市而袖來兮
값 또한 비싸지만 아깝지 않네.	價亦高而匪惜
아침에 풀어놓고 저녁엔 거두나니	勤朝放而暮收兮
그 화려한 자태는 오래되었지.	伊華風之誰昔
옛사람은 너를 비노飛奴라고 불렀거니	古人謂此飛奴兮
나 또한 편지를 네 편에 부치려네.	余亦要付書尺
진실로 능히 불러 방울로 장식하매	苟能致而鈴餙兮
동산 속 붉은 매와 경쟁을 하는구나.	賽園中之頰赤
정상情狀을 기록함에 빠뜨림이 없으니	記情狀之無遺兮
『이아』에 상세한 주석을 단 셈일세.	是爾雅之詳釋

　시장에서 비싼 돈을 주고 사 비둘기를 품에 안고 와서 자갈을 깔아 둔 용대장에 넣어 기른다. 용대장은 화려한 채색과 조각으로 꾸민 것이다. 습성에 따라 등급도 여럿이다. 아침에 풀어놓고 저녁에 불러들인다. 비노飛奴라 하여 편지 심부름을 시킬 수도 있다. 길들여지면 사람을 무서워 않고 사람 가까이까지 온다. 비둘기를 기르면서 마음도 기쁘게 되니 비둘기를 기르는 것은 쓸데없는 짓이 아니다. 끝에서는 자신의「발합부」가 옛 국어사전이라 할 수 있는『이아』의 비둘기 항목에 대한 상세한 주석이라고 자부했다. 이 또한 조선 후기에 비둘기가 널리 사육되었음을 알려주는 중요한 자료라고 할 수 있다.

옛 기록에 비둘기는 죽지 않는 새로 나온다. 『후한서後漢書』 「예의지禮儀
志」에는 이렇게 적혀 있다.

> 8월에 고을에서는 호적에 있는 백성을 살펴 나이가 새로 일흔이 된 사람
> 은 옥지팡이를 내려주고 쌀죽을 먹인다. 여든 살과 아흔 살 노인에게는
> 예를 더하여 길이가 한 자가량 되는 옥지팡이를 하사하는데, 지팡이 끝
> 에 비둘기 모양으로 장식을 한다. 비둘기는 죽지 않는 새다. 노인이 오래
> 살라는 의미다.

지팡이 손잡이 부분에 비둘기 머리 모양으로 조각을 했다. 비둘기가
죽지 않는 새라고 여겨 장수를 축원하는 의미를 담은 것이다. 지팡이
를 흔히 구장鳩杖이라 하는 것은 여기서 나왔다. 고대에는 구리로 비둘
기 모양을 주물해서 지팡이 끝에 장식으로 꽂아 사용했다.

한나라 때는 비둘기가 특히 사랑받았다. 한 고조 유방의 목숨을 비
둘기가 구해준 일이 있었기 때문이다. 『진주선眞珠船』에 그 이야기가 실
려 있다.

> 형양 현滎陽縣 판저진板渚津 들판 위에 액정厄井이란 우물이 있다. 부로들
> 은 말한다. 한나라 고조가 항우를 피해 이 우물로 들어갔다. 비둘기 두
> 마리가 그를 구해주었다. 한나라 조정에서 매년 정월 초하루에 한 쌍의
> 비둘기를 놓아주는 것은 여기서 시작되었다.

무슨 이야기인가 하니, 항우에게 쫓겨 목숨이 경각에 달린 유방은
다급한 김에 근처 우물 속에 숨었다. 그러자 비둘기 두 마리가 우물 위

「화조도」, 종이에 채색, 71.0×34.0cm, 가회민화박물관.

에 앉아 울었다. 뒤쫓아온 추격병은 우물 위에 새가 우는 것을 보고는 사람이 없다고 판단해 그냥 돌아가버렸다. 그래서 그 은혜를 기리기 위해 매년 정초에 비둘기 한 쌍을 풀어주는 행사를 가졌다는 것이다. 하지만 정초에 비둘기를 놓아주는 풍습은 한나라 이전 문헌에도 나타난다. 『열자列子』「설부說符」에 나온다.

한단邯鄲 사는 백성이 정월 초하루에 조간자趙簡子에게 비둘기를 바쳤다. 간자가 크게 기뻐하며 후한 상을 주었다. 객이 그 까닭을 물었다. 간자가 말했다. "정월 초하루에 방생하여 은혜 베풂을 보이려 한다." 객이 말했다. "백성이 주군께서 방생하려는 것을 아는 까닭에 마침내 이를 잡으려다 죽는 사람이 많습니다. 주군께서 방생하실 것 같으면, 차라리 백성에게 잡지 못하도록 하는 것이 낫겠습니다. 잡아서는 놓아주니 은혜보다 허물이 많습니다."

조간자는 정월 초하루가 되면 비둘기를 방생해서 자신이 은혜로운 군주임을 과시하곤 했다. 그래서 백성은 그에게 잘 보이려고 다투어 비둘기를 잡아다가 바쳤다. 그러다보니 비둘기를 잡으려다 오히려 사고를 당해 죽는 경우가 적지 않았다. 그래서 객은 임금에게 잡아서 놓아주기보다 차라리 잡지도 놓아주지도 않는 것이 더 큰 은혜라고 꼬집었던 것이다. 대개 이런 습속을 통해 볼 때 비둘기는 수천 년 전부터 사람들과 가까이 생활했고, 또 장수를 상징하거나 행운을 가져다주는 길조로 인식되었음을 알 수 있다.

이와는 조금 다르지만, 앞서 『발합경』에서 비둘기 똥에 맹독 성분이 있어 산가에서 기르면 범의 해도 막을 수 있다고 한 것이 있다. 그래서인지는 모르겠으나 절에서도 비둘기를 길렀다. 신위의 「사합寺鴿」이란 시를 보자.

「고목금구도枯木錦鳩圖」, 당희아唐希雅, 24.7×26.1cm, 당나라.

「도구도桃鳩圖」, 휘종 황제, 28.5×26.1cm, 송나라.

비둘기는 전생에 부처님이었거니	鶻鴿前身是淨名
몇 생을 닦고 닦아 금생에 이르렀나.	幾生修得到今生
짝 지어 대웅전의 원앙 기와 깃들어 살며	雙棲寶殿鴛鴦瓦
앵무처럼 언제나 관음보살 염불하네.	長念觀音鸚鵡情
종소리에 향적 공양 익숙히 내려앉고	慣下齊鍾香積供
파도 같은 범패 소리 엄숙하게 참례하네.	肅參梵唄海潮聲
산 바위에 고개 숙임 부처임을 알아서니	點頭山石皆知佛
새 마음 어이 홀로 밝은 지혜 갖추었나.	何獨禽心具慧明

대웅전 위 기와 틈에 집 짓고 사는 비둘기 한 쌍을 노래했다. 정명淨名은 부처님의 이름이다. 비둘기의 울음소리를 마치 연신 관음보살을 외우는 염불로 들은 것이 재미있다. 향적공香積供이란 절에서 먹는 절밥의 다른 이름이다. 종이 울려 식사 때가 되면 으레 스님들이 제 모이를 줄 줄 알고 절 마당에 내려앉는다. 또 범패 소리가 파도 소리처럼 울려 퍼지면 마치 그 의식에 동참하겠다는 듯이 엄숙한 자세를 취한다. 바위 속에 숨은 부처님을 알아 고개를 조아리기도 한다. 그러니 비둘기가 참 지혜롭다는 것이다.

「고목금구도枯木錦鳩圖」는 당나라 당희아唐希雅가 부채에 그린 그림이다. 비둘기가 앉아 있는 나무는 산초나무다. 열매가 주렁주렁 많이 달리는 산초나무는 다자多子를 상징한다. 송나라 휘종 황제 조길趙佶의 「도구도桃鳩圖」는 당희아의 그림을 염두에 두고 그린 것이다. 색채의 화려함이 조금 다르고 앉아 있는 가지도 산초나무가 아니라 복숭아나무 가지다.

화조도, 종이에 채색, 99.0×29.5cm,
가회민화박물관.

기러기란 양기陽氣를 따라 남북으로 이동하므로 일정한 둥지가
없다. 열 마리 백 마리가 무리를 이룬다. 한가로이 날다가는
조용히 모여 물가 모래톱 사이에서 잔다. 이때 안노雁奴, 즉 보
초 기러기를 시켜 사방을 둘러싸게 하고 잡으러 오는 것에 대비
한다. 대장은 중앙에 있다. 사람이 만약 틈을 엿보아 조금만 다가
가면 보초가 문득 급히 알린다.

스물일곱

기러기가
물어온 소식

갈대들이 손을 저어

달 밝은 가을밤에
기러기들이
찬 서리 맞으면서
어디로들 가나요
고단한 날개 쉬어가라고
갈대들이 손을 저어
기러기를 부르네

산 넘고 물을 건너

머나먼 길을

훨훨 날아 우리 땅을

다시 찾아왔어요

기러기들이 살러

가는 곳

달아 달아 밝은 달아

너는 알고 있겠지

기러기 하면 먼저 떠오르는 윤석중 선생의 동요 「기러기」다. 가을이 깊어가면 먼 북녘으로부터 기러기 떼가 날아온다. 따뜻한 남쪽 나라에서 추운 겨울을 나려는 것이다. 찬 서리 맞으면서 대오를 이루어 날아가는 기러기. 강변의 갈대숲은 이리 와 좀 쉬어가라고 연신 손짓해 부른다. 따뜻하고 정다운 광경이다.

전국시대 위나라 양왕의 묘에서 출토된 죽간에는 이렇게 적혀 있다.

우수雨水가 닷새 지나면 기러기가 온다. 기러기가 안 오면 먼 데 사람이 복종치 않는다. 백로白露에 기러기가 온다. 기러기가 안 오면 먼 데 사람이 배반한다. 소한小寒에는 기러기가 북녘으로 향한다. 기러기가 북녘으로 향하지 않으면 백성이 임금을 생각지 않는다.

봄날 추위가 끝나면 기러기는 북상한다. 또 가을 찬바람이 불면 남하한다. 우수 무렵 북상하는 기러기를 보고 백로에 남하하는 기러기를 본다. 이때 기러기가 오지 않으면 먼 곳에서 모반이 일어날 징조라고 했다. 때가 되면 저 왔던 곳으로 돌아갈 줄 아는 기러기의 이동으로 지기地氣와 인사人事의 변화를 짐작했던 옛사람들의 생각을 알 수 있다.

「노안蘆雁」, 안중식, 비단에 채색,
158.0×67.6cm, 1909, 국립중앙박물관.

기러기는 계절을 물어오는 전령이다. 기후의 변화를 민감하게 알아차리므로 후안候雁이라고노 한다.

기러기는 이동할 때 정연한 대오를 이룬다. 여기에는 엄연한 차례가 있다. 고공비행 시 느린 속도로 날 때는 일一자 모양의 대오를 지어 나아간다. 대오의 선두에는 경험이 가장 풍부한 기러기가 선다. 우두머리가 속도를 내야겠다고 판단하면 일자 대형은 브이v자 대형으로 바뀐다. 그러다가 조금 쉬어가려 하면 다시 일자 대형으로 정렬한다. 이렇게 기러기가 허공에 쓰는 일一 또는 인人자 모양의 대오를 두고 사람들은 안항雁行, 안자雁字 또는 안진雁陣이라 했다.

조류학자들은 기러기가 V자 대열을 이루면 그냥 혼자 날 때보다 무려 71퍼센트를 더 오래 날 수 있다는 것을 밝혀냈다. 맨 앞에서 날아가는 새의 날갯짓으로 발생한 공기 중의 양력揚力은 날개 바깥쪽 공기를 상승시킨다. 바로 뒤에서 나는 새는 이러한 상승 기류의 힘을 빌려 크게 힘들이지 않고 날 수 있다. 먼 거리를 날아야 하는 그들은 이 V자 편대를 통해 에너지를 아낄 수 있게 된다. 가장 앞서 가는 기러기는 그만큼 상대적으로 많은 힘을 소모하게 되므로 중간중간에 위치를 교대하며 힘을 나눈다.

혹 중간에 한 마리가 대오에서 이탈하면 날갯짓이 몹시 힘겹게 느껴진다. 잠시 이탈했다가도 금세 대열에 다시 합류한다. 뒤쪽의 기러기는 계속 울음소리를 내면서 선두의 기러기에게 위치 신호를 보내고 동시에 힘내라고 격려한다. 중간에 낙오자가 생기면 기러기 두 마리가 대열에서 이탈하여 다친 기러기를 보호한다고 한다. 이렇듯 기러기는 단결과 협동정신, 두터운 신의, 일사불란한 행동, 그리고 명확한 방향감각이 있다. 그들은 헤어지면 죽고 뭉치면 산다는 말을 몸으로 증명하는 듯하다.

서거정의 「안항雁行」을 보자.

「노안蘆雁」, 장승업, 종이에 엷은색, 144.0×41.3cm, 1886, 개인.

몇 줄 기러기 글자 허공에 울며 쓰다	數行雁字咄書空
형님 아우 차례대로 늦바람에 내려앉네.	弟弟兄兄落晚風
묻노라 누굴 위해 소식을 전하는가	借問爲誰傳信字
고향 그린 사람은 누각 위에 있는데.	望鄉人在畫樓中

한 줄 두 줄 기러기 떼가 날아온다. 한 일一자도 썼다가 사람 인人자도 쓴다. 허공엔 여기저기 기러기 떼가 써놓은 글자가 끼룩끼룩 울며 떠간다. 형님 아우 차례대로 저물녘 바람에 내려앉는다. 북녘에서 날아온 기러기는 고향을 지나왔겠지. 기러기가 허공에 쓰는 글자는 고향 소식을 알려주려는 것일 게다. 가을 밤, 나는 고향이 그리워 누각 위에 올라 고향 하늘을 그린다. 기러기야 너는 또 누구에게 무슨 소식을 전하자고 하늘 가로 날아가는 것이냐.

다음은 김휴金烋(1597~1638)의 「안진雁陣」이다.

차례차례 끼룩끼룩 날며 울면서	秩秩又庚庚
아득하고 아스라이 사라져가네.	冥冥而杳杳
삭풍한설 속에서 봄에 날다가	春飛朔雪裏
가을엔 남녘 하늘 위로 향하네.	秋向南天表
가고 옴이 각각 때에 따르니	去來各隨時
몸가짐이 보통 새와 같지 않구나.	處身殊凡鳥
새그물 참으로 겁이 나거니	網羅眞可畏
기장 쌀 욕심은 내지 말거라.	且莫謀粱稻

이른 봄, 아직 눈발이 날리는 추위 속에 북녘으로 날아가서는 가을 서리 속에 남쪽을 찾아 다시 온다. 떠날 때와 머물 때를 구분할 줄 안다. 있을 곳에 있지 몸가짐을 함부로 하지 않는다. 차례를 지켜 질서 있

게 이동한다. 다만 근심은 허기를 채우려고 논에 앉았다가 사람들이 곳곳에 쳐놓은 그물에 걸리는 것뿐이다.

갈대를 무는 까닭

옛사람들은 기러기가 이동할 때 입에 갈대를 물고 난다고 믿었다. 진晉나라 최표의 『고금주』에 관련 기록이 있다.

> 기러기가 황하 이북에서 강남으로 건너갈 때는 비쩍 말라서 아주 높이 날 수 있다. 그래서 사람들이 쏘는 주살을 겁내지 않는다. 강남은 땅이 비옥하다. 매번 북쪽으로 돌아올 때가 되면 뚱뚱해져서 높이 날지 못한다. 사냥꾼에게 잡힐까 염려해서 늘 몇 자 길이의 갈대를 물고서 날아오는 주살에 대비한다.

입에 문 갈대가 어떻게 사냥꾼의 화살을 막아준다는 것인지에 대한 설명은 없다. 이 문제는 이런저런 논란을 낳아, 청나라 진원룡陳元龍의 『격치경원格致鏡原』에는 다음과 같은 글이 실려 있다.

> 『추봉오어推蓬寤語』에, "기러기는 북쪽으로 돌아갈 때 반드시 갈대를 입에 무는데 장성을 넘어가 이를 버린다"고 했다. 『회남자淮南子』에서는 "기러기가 기력을 아끼느라 갈대를 물고서 주살을 피한다"고 했다. 세속에 전하는 말로는 바다를 건널 때 갈대를 던져 뗏목으로 삼아 기운을 차린다고 한다. 어떤 이는 갈대를 주어 세금으로 낸다고도 하는데 말도 안 되는 소리다. 바다를 건널 때 뗏목으로 삼는다지만 어째서 가을에 올 때는 없고 봄에야 비로소 갈대를 문단 말인가? 갈대로 주살을 피한다는 주장

도 그렇다. 올 때는 무엇으로 피한단 말인가? 또 상림원에서 기러기를 쏘게 하다면 갈대로야 어찌 피할 수 있겠는가? 내가 살펴보니, 기러기는 바람을 타고서 난다. 봄과 여름에는 남풍이 불기 때문에 북녘으로 날고 가을과 겨울에는 삭풍이 불므로 남쪽으로 난다. 가을과 겨울을 남쪽에서 나면 먹을 것이 많아 몸이 붇기 때문에 갈대를 빌려 바람의 힘을 빌리려는 것일 뿐이다. 북쪽 변방에 바람이 높으면 필요 없게 되어 안문관雁門關에다 이를 던진다. 이렇게 적어두고 분명한 것을 기다린다.

기러기가 북녘으로 돌아갈 때 갈대를 입에 무는 이유를 세 가지로 추정했다. 첫째, 바다를 건널 때 지친 날개를 쉬어가려고 그 갈대를 물에 던져 뗏목으로 삼기 위해서다. 둘째, 사냥꾼의 화살을 피하기 위해서다. 셋째, 바람의 힘을 빌리기 위해서다. 그 자신도 분명치 않았던지 훗날 이에 대해 밝혀줄 사람을 기다리겠다며 글을 맺었다.

일본에도 안욕雁浴에 얽힌 재미난 이야기가 있다. 오주奧州의 변방으로 매년 가을이 되면 기러기가 바다를 건너온다. 기러기들은 한결같이 한 자 남짓 되는 나뭇가지를 이곳에 떨군다. 이 나뭇가지는 머나먼 바닷길을 건너오는 동안 지치면 물 위에 던져 그 위에서 휴식을 취하기 위해 지녔던 것이다. 마침내 육지에 도달하면 나뭇가지는 더 이상 필요하지 않으므로 이곳에다 버리고 간다는 것이다. 엄청나게 많은 나뭇가지가 쌓이므로 마을 사람들이 이를 주워 모아 땔감으로 삼아 목욕물을 덥힌다. 그래서 이것을 안욕雁浴, 즉 기러기 목욕이라고 한다는 것이다.

기러기가 갈대를 입에 물고 북녘으로 날아간다는 이야기는 과학적인 사실과 관계없이 사람들 입에 오르내렸다. 김후신이 그린 「노안도蘆雁圖」에도 모래톱에 내려앉는 기러기 떼와 갈대숲을 그렸다. 왼편의 기러기는 갈대꽃을 물어 당기고 있다. 강백년姜栢年(1603~1681)은 「함로안啣蘆雁」, 즉 갈대를 문 기러기 시를 남겼다.

「노안도蘆雁圖」, 김후신, 23.0×28.0cm, 조선 후기, 개인.

무리 날며 살필 때는 보초를 세워두고	警察群飛自有奴
물가 따라 날 때는 굳이 갈대 입에 무네.	若爲遵渚强嘲蘆
나는 새가 생각 없다 말들을 하지 마라	莫言禽鳥無情物
천기天機를 미리 살펴 제 몸을 지키나니.	也占天機保爾軀

　물가를 따라 날 때 굳이 갈대를 입에 무는 것은 제 몸을 지키기 위
한 지혜라고 했다. 그 또한 기러기가 갈대를 무는 것이 높이 솟아 날아

오는 화살을 피하기 위해서라고 생각한 듯하다. 1구에서, 무리지어 이동할 때 보초를 세워둔다는 말은 좀더 살펴볼 자료가 있다.

기러기 떼는 밤에 잠잘 때 꼭 보초를 세워둔다. 외적의 침입으로부터 자신들을 지키기 위해서다. 이 보초 기러기를 안노雁奴라 하는데 여기에 대해서도 옛글에 이런저런 언급이 적지 않다. 최연崔演(1503~1549)의 「안노설雁奴說」을 읽어보자.

기러기란 양기陽氣를 따라 남북으로 이동하므로 일정한 둥지가 없다. 열마리 백 마리가 무리를 이룬다. 한가로이 날다가는 조용히 모여 물가 모래톱 사이에서 잔다. 이때 안노雁奴, 즉 보초 기러기를 시켜 사방을 둘러싸게 하고 잡으러 오는 것에 대비한다. 대장은 중앙에 있다. 사람이 만약틈을 엿보아 조금만 다가가면 보초가 문득 급히 알린다. 뭇 기러기가 경보를 듣고 일어나 높이 날아오른다. 그물도 칠 수가 없고 주살 쏘는 사람도 별 소용이 없다. 보초는 주인을 지키느라 제 짝이 있는 경우가 드물다. 불로 기러기를 잡으려는 사람은 어두운 곳에 몰래 숨어 기다리면서 등불을 도자기 속에 감춰둔다. 몽둥이를 지닌 사람이 뒤따른다. 살금살금 다가가서 가까워지면 등불을 잡고 조금 치켜 든다. 보초는 즉각 놀라 우짖는다. 대장도 잠을 깬다. 그러면 급히 그 불을 숨긴다. 조금 있다가 다시 조용해지면 또 앞서처럼 등불을 든다. 보초는 또 서둘러 알린다. 이렇게 서너 차례 하면 여러 번 놀랐는데도 잡으러 오는 사람이 없으므로 대장은 도리어 보초가 속였다고 생각해서 다투어 이를 쪼아댄다. 사람이 이때 다시 등불을 들면 보초는 쪼일까봐 두려워서 다시 알리지 않는다. 사람이 마침내 이를 쫓아가 남기지 않고 일망타진한다.

잠시 동안의 편안함을 위해 충성스런 보초 기러기의 경고를 무시했다가 마침내 큰 화를 당한 기러기 무리에 관한 이야기다. 최연은 이어

「노안蘆雁」, 전 김식, 종이에 엷은색, 24.4×16.1cm, 16~17세기, 국립중앙박물관.

지는 글에서 나라의 임금, 집안의 가장을 경계하는 말을 덧붙였다. 간교한 자에게 속아 충성스럽고 어진 이를 내친다면 망하지 않을 나라가 없다고 했다.

옛 그림 중 기러기를 그린 것에는 예외 없이 갈대가 함께 등장한다. 기러기와 갈대를 함께 그린 그림을 노안도蘆雁圖라 한다. 노안蘆雁은 노안老安의 뜻으로 오래오래 편안히 사시라는 축수도의 일종으로 즐겨 그려졌다. 서거정의 「노안도蘆雁圖」를 보자.

가을바람 땅을 쓸어 물결 일렁 부는데	西風剗地吹淅瀝
맑은 강 아득해라 하늘 함께 푸르도다.	澄江渺渺共天碧
남쪽 나라 찾아가는 기러기 날아와서	飛飛忽有南來雁
낮게 갈대 스치니 눈처럼 어지럽다.	低拂蘆花紛似雪
천하가 가을이나 강남땅은 따스하니	江南地暖天下秋
볕을 따라 만족 알면 다시 무얼 구하리오.	隨陽知止餘何求
호수와 산 어디에고 주살 없는 곳 없으니	湖山無處不繒繳
좋은 곡식 욕심일랑 삼가 내지 말려무나.	愼勿枉作粱稻謀

기러기가 갈대밭을 스쳐 지나가는 모습을 그린 그림에 붙인 제화시다. 따뜻한 남쪽 나라에서 추운 가을을 나면서 지지知止, 즉 만족하여 그칠 줄 안다면 부족할 것이 없다고 하여 '노안老安'의 뜻을 슬쩍 비췄다. 좋은 곡식을 욕심 내다가 주살에 걸려 죽지 말라는 말은 노년에 욕심 부리다 욕을 당하지 말고 곱게 늙으라는 말로도 읽힌다.

결혼 예물

혼인 절차에 전안례奠雁禮란 것이 있다. 새신랑이 처가에 도착하여 산 기러기를 드리는 의식을 말한다. 권득기權得己(1570~1622)의 「전안奠雁」이란 글에는 전안례의 절차를 이렇게 적고 있다.

> 사위는 문에 이르러 말에서 내린다. 주인은 문밖에서 사위를 맞아 두 손을 맞잡고 예를 표한 뒤 들어온다. 사위는 기러기를 잡고서 뒤따른다. 장막이 쳐진 곳에 이르면 주인은 지리로 나아간다. 사위는 북쪽을 향해 무릎을 꿇고, 기러기를 땅에 내려놓는다. 주인집 하인이 이를 받으면 사위는 머리를 조아려 엎드렸다 일어나고 두 번 절을 올린 뒤 일어선다. 하인이 촛불을 잡고 인도해 들어온다. 사위는 그를 따라 들어와 조금 기다린다.

하필이면 왜 혼인의 약속으로 기러기를 가져왔을까? 기러기를 혼례의 폐백으로 사용한 것은 고대부터였다. 당나라 가공언賈公彦은 『의례소儀禮疏』에서 이렇게 설명하고 있다.

목기러기, 소나무, 43.0cm, 20세기, 온양민속박물관.

「설로쌍안도雪蘆雙雁圖」, 작가미상, 송나라.

혼례에는 존비를 따지지 않고 모두 기러기를 폐백으로 쓴다. 정현鄭玄의 주에서는 그 뜻이 음양에 순응하여 왕래하는 것을 취한 것이라고 했다. 음양에 순응하여 왕래한다는 것은 기러기가 잎 지면 남으로 날고 얼음이 녹으면 북으로 가는 것을 말한다. 지아비는 양이요 지어미는 음이 되니, 이제 기러기를 쓰는 것은 또한 부인이 남편에게 순종한다는 뜻을 취한 것이다.

기러기에게서 음양화합과 여필종부女必從夫의 뜻을 취했다. 조선 후기 여성 규범서인『규합총서閨閤叢書』에는 또 이렇게 적고 있다.

추워지면 북녘에서 남으로 오고 더우면 남쪽에서 북녘 안문雁門으로 돌아가니 신의가 있다. 날 때 차례가 있어 앞에서 울면 뒤에서 화답하니 예의가 있다. 짝을 잃으면 다시 짝을 얻지 않으니 절개가 있다. 밤이 되면 무리를 지어 자는데 하나가 보초를 서고, 낮에는 갈대를 물어 주살을 피하니 지혜가 있다. 예폐禮幣로 쓰는 까닭이다.

기러기는 신信·예禮·절節·지智의 덕을 갖추고 있기 때문에 혼인의 예물로 쓴다고 한 것이다. 그런가 하면 천상의 북두제신北斗諸神 가운데 인간의 수명을 담당하는 자미성군紫薇星君에게 기러기를 바쳐 백년해로와 수복강녕, 자손의 번영을 빈다고 보는 견해도 있다. 기러기가 북녘으로 날아갈 새이므로 북두제신에게 그 맹서를 전할 수 있으리라는 생각도 얼마간 담겨 있는 듯하다.

지금도 짝 잃은 외기러기란 말을 흔히 사용한다. 기러기는 부부간의 신의를 지키는 새이므로, 고안孤雁 즉 짝 잃은 기러기는 옛 한시에서도 심심찮게 등장한다. 중국의『양주부지揚州府志』에는 기러기의 신의와 관련해 이런 이야기가 실려 있다.

누생婁生이란 이가 있었다. 그는 주살을 쏘아 새 잡는 것으로 생활했다. 하루는 기러기 한 마리를 잡아 새장 속에 가둬두었다. 암컷이 허공을 맴도는데 우짖는 소리가 몹시 애처로웠다. 한참 뒤에 몸을 던져 내려앉았다. 수컷이 새장에서 목을 빼어 늘이자 서로 목을 걸고 죽었다. 누생이 덤불 속에 이를 묻어주고, 그물을 찢고 주살을 부쉈다. 직업을 바꿔 몸을 마쳤다. 또 강남에 있는 한 절의 중이 그물을 쳐서 기러기 한 마리를 잡았다. 새장을 창 앞에 두었다. 가을밤이었다. 달빛 속에 외로운 기러기 울음소리가 들려왔다. 새장 안에 갇혀 있던 기러기가 서로 울며 화답했다. 조금 있다가 처마 밑으로 내려앉았다. 중이 급히 창을 열고 살펴보니 두 기러기가 목을 걸고서 새장 곁에서 함께 죽어 있었다.

대개 기러기에 대한 이런 인식 때문에 기러기는 고대로부터 결혼의 폐백으로 사용해왔다. 다음은 이옥李鈺(1760~1815)의 「아조雅調」에서 전안례의 광경을 묘사한 시다.

조각한 기러기는 임이 들었고	郞執木雕雁
저는 한 쌍 꿩 받들어 올린답니다.	妾奉合乾雉
그 꿩 울고 기러기가 높이 날도록	雉鳴雁飛高
우리 둘의 사랑은 끝이 없으리.	兩情猶未已

신랑은 나무로 조각한 기러기를 안고 있고 신부는 박제한 꿩을 받들어 올린다. 박제한 꿩이 소리쳐 울고 나무로 새긴 기러기가 높이 날 때까지 두 사람의 사랑은 끝이 없으리라고 했다. 앞서 보았듯 기러기는 한 번 짝을 맺으면 죽더라도 다른 짝을 찾지 않는다. 그래서 기러기는 상대방에 대한 변함없는 신의를 의미한다. 꿩은 길조로 '하늘 닭'이라 하여 천신의 사자로 생각했다. 우리나라 혼인 풍습은 시대와 지역에

따라 다른데, 조선 후기에는 보통 초례청에 산 닭 암 수 두 마리나 닭 모양으로 만든 한 떼鵝를 두었다. 원래는 닭이 아닌 꿩을 놓았던 것을 후대에 꿩이 귀해지자 닭으로 대신하게 된 것이다. 꿩 대신 닭이란 속 담은 여기서 나왔다. 서울의 혼례 풍속에는 신부가 신랑에게 말린 꿩 고기를 합에 담아 바치는 것이 있다. 지금은 폐백닭이라고 해서 삶은 닭을 장식해 쓰고 있다.

혼례식에 기러기를 쓰는데 기러기는 철새이다보니 제 계절이 아니면 구할 수 없었다. 그래서 때에 맞춰 쓰려고 기러기를 잡아서 가둬놓고 기르기까지 했다. 이에 한시에는 농안籠雁, 즉 사로잡혀 조롱 속에 든 기러기를 노래한 것이 적지 않다. 기준奇遵(1492~1521)의 「병안病雁」도 비슷한 내용이다.

새장 속에 이미 묶이고 보니   樊籠已見縶
벌레 쥐가 도리어 대드는구나.   蟲鼠還相侵
강과 바다 그 어찌 좁으랴마는   江海豈不廣
해진 날개 어이해 다시 펴보나.   弊翼那更任
창주滄洲의 안개에 이슬이 흰데   露白滄洲煙
찬 갈대숲에는 달빛이 밝다.   月明寒葦林
그리움에 한 번씩 길게 우나니   相思一長鳴
구름 하늘 향한 마음 자주 놀란다.   幾驚雲霄心

구름 위를 날던 높은 뜻을 접고 곡식을 탐하다 덫에 걸려 새장에 갇힌 신세가 되고 말았다. 예전 같으면 거들떠보지도 않았을 벌레나 쥐가 업신여겨 능멸한다. 날개는 이미 꺾이어 추레해졌다. 결국 사람의 손에 잡혀 고기로 먹힐 날을 기다릴 뿐이다. 이따금 목을 빼어 길게 우는 것은 저 하늘 위의 자유를 그리워함이다.

「책가도」, 종이에 채색, 106.0×32.5cm, 가회민화박물관.

기러기를 올리는 전안례는 후대로 오면서 나무로 새긴 기러기로 대체되었다. 진안례가 끝나면 신부의 어머니가 나무 기러기를 치마폭에 안고 신부가 있는 방 안으로 던진다. 이때 기러기가 누우면 첫딸을 낳고 바로 서면 첫아들을 낳는다는 속신도 생겨났다.

옛 그림 중에는 길상吉祥의 의미를 담은 문자 그림이 전한다. 이 가운데 믿을 신信자의 도안에는 언제나 청조靑鳥와 기러기가 등장한다. 뒤쪽에 실린 「문자노('信')」에는 입에 편지를 문 기러기와 사람 얼굴을 한 파랑새가 나온다. 그 아래에는 "상림 가을바람에 변방 기러기는 소식을 전해오고, 요지瑤池의 벽도碧桃에서 파랑새는 슬피 운다上林秋風, 塞鴻傳信, 瑤池碧桃, 靑鳥哀啼"고 적혀 있다.

요즘 흔히 쓰는 말에 '기러기 아빠'란 말이 있다. 자식을 나라 바깥으로 유학 보내고 아내마저 자식들 돌보기 위해 떠나보낸 뒤 아버지 혼자 남아 열심히 돈 벌어 가족 뒷바라지하는 가장을 두고 하는 말이다. 이 말 역시 신의 있는 기러기의 의미를 담고 있지만 사실은 하중희 작사로 이미자가 부른 「기러기 아빠」란 노랫말에서 나온 표현이다.

산에는 진달래 들엔 개나리
산새도 슬피 우는 노을 진 산골에
엄마 구름 애기 구름 정답게 가는데
아빠는 어디 갔나 어디서 살고 있나
아—아— 우리는 외로운 형제
길 잃은 기러기.

윤선도尹善道(1587~1671)의 시조 「견회요遣懷謠」에도 이와 비슷한 작품이 있다.

문자도(8폭 중 제4폭), 종이에 채색,
103.2×34.4cm, 20세기 전반,
호림박물관.

뫼는 길고 길고 물은 멀고 멀고

어버이 그린 뜻 ㅇ 있고 땋고 희고 아고

어디서 외기러기는 울고 울고 가느니

　어버이 없이 혼자 건너가는 인생길은 차고도 매운 길이다. 길고 긴 산을 건너 가없는 물을 건너 쓰디쓴 인생길을 울며 가는 기러기 이야기다. 하지만 부부의 신의를 다짐하고 자식의 축복을 빌던 기러기가 오늘날 '기러기 아빠'처럼 처량한 의미로 쓰이는 것은 왠지 좀 씁쓸하다.

새야 새야 파랑새야 녹두 남게 앉지 마라. 녹두꽃이 떨어지면 청포장사 울고 간다. 새는 새는 남게 자고 쥐는 쥐는 궁게 자고 우리 같은 아이들은 엄마 품에 잠을 자고 어제 왔던 새 각시는 신랑 품에 잠을 자고 뒷집에 할마시는 영감 품에 잠을 자고.

스물여덟
희망의 새,
파랑새

가까이에 있는 행복

벨기에의 작가 마테를링크의 동화 「파랑새」는 가난한 나무꾼의 아이인 틸틸과 미틸 남매가 파랑새를 찾아 온 세상을 돌아다니는 이야기다. 남매는 병든 딸을 위해 파랑새를 찾아달라는 마법사 할멈의 부탁을 받고 개·고양이·빛·물·빵·설탕 등의 요정과 함께 상상의 나라, 행복의 정원, 미래의 나라, 추억의 나라 등을 찾아 밤새 헤맨다. 어디에서도 파랑새는 찾지 못한 채 꿈을 깨고 보니 파랑새는 바로 머리맡 새장 속에 있었다. 진정한 행복은 가까이에 있음을 일깨워주는 아름다운 동화다. 이후 파랑새는 행복을 상징하는 새가 되었다.

파랑새는 파랑새목 파랑샛과에 속하는 새로 30센티미터가량의 제법 큰 몸집을 지녔다. 선명한 청록색을 띠는 몸에 머리와 꽁지는 검다. 주로 곤충을 잡아먹고 산다. 여름 철새로 나무의 썩은 구멍이나 딱따구리의 옛 둥지에 깃들어 산다. 5월경에 처음 날아와서는 둥지를 차지하려고 격렬한 싸움을 벌이기도 한다. 일본에서는 파랑새를 불법승佛法僧이라 하고, 중국에서는 삼보조三寶鳥라고 부른다. 모두 불교와 관련된 이름을 붙였다.

동양에서도 이 새는 기쁨과 희망을 상징하는 것으로 노래되어왔다. 푸른빛이 주는 신비함 때문인 듯하다. 신화 전설 속에서 청조靑鳥는 서왕모西王母에게 먹을 것을 물어다주고 소식을 전해주는 신조神鳥로 나온다. 한나라 반고班固가 지은 「한무고사漢武故事」에는 이렇게 적혀 있다.

7월 7일, 한 무제가 승화전承華殿에서 재齋를 올렸다. 정오가 되자 갑자기 파랑새 한 마리가 서방으로부터 날아와 승화전에 앉았다. 한 무제가 동방삭에게 묻자 동방삭이 말했다. "이것은 서왕모가 오려는 조짐입니다." 조금 있자 서왕모가 도착했다. 까마귀처럼 생긴 파랑새 두 마리가 서왕모를 곁에서 모시고 있었다.

이 이야기가 널리 읽히면서 파랑새는 서왕모의 소식을 알려주는 사자의 의미로 쓰였다.

이룰 수 없는 안타까운 꿈

1989년 전 새롭게 발굴되어 화제로 불러 모은 『화랑세기花郎世紀』에는 「청조가」란 노래가 실려 있다. 이 책은 일제강점기 박창화가 지은 위서다. 화랑 사다함이 미실을 사랑했는데, 전쟁에 나갔다 돌아와보니 이미 궁중으로 들어가 전군殿君의 부인이 되어 있었다. 이에 상심한 사다함이 지어 불렀다는 노래가 바로 「청조가」다. 그 내용이 몹시 구슬퍼 당시 사람들이 다투어 이를 외워 전했다고 한다.

파랑새야 파랑새야	靑鳥靑鳥
저 구름 위의 파랑새야.	彼雲上之靑鳥
어이해 내 콩밭에 머물렀니?	胡爲乎止我豆之田
파랑새야 파랑새야	靑鳥靑鳥
내 콩밭의 파랑새야.	乃我豆田靑鳥
어이해 다시 날아들어 구름 위로 가버렸니?	胡爲乎更飛入雲上去
왔거든 모름지기 가지를 말지	旣來不須去
또 갈 걸 어이해 찾아왔더냐.	又去爲何來
부질없이 눈물만 비오듯 하고	空令人淚雨
애간장 다 녹아 죽게 되었네.	腸爛瘦死盡
내 죽어 무슨 귀신이 될까?	吾死爲何鬼
나는야 죽어서 신병神兵이 되리.	吾死爲神兵
전군에게 날아들어 호신護神이 되어	飛入殿君護護神
아침마다 저녁마다 전군 부처夫妻 보호하여	朝朝暮暮保護殿君夫妻
천년만년 길이길이 스러지지 않게 하리.	萬年千年不長滅

콩밭에 내려와 앉는 파랑새는 대뜸 동학혁명 당시의 "새야 새야 파랑새야 녹두밭에 앉지 마라"를 연상시킨다. 파랑새 민요를 염두에 두고 이런 상상을 펼쳐 보였다. 중간의 몇 글자는 원문이 이지러져 판독이 어려운데 문맥으로 추정해서 새겨보았다.

자기 밭에 날아왔던 파랑새가 다시 구름 위로 훨훨 날아가버렸다. 남은 것은 애간장이 다 썩어 문드러지는 그리움과 하염없는 눈물뿐이다. 파랑새는 미실이고, 하늘 위는 자신의 힘이 미칠 수 없는 궁궐 안이다. 사다함은 그리움을 못 견뎌 죽어가면서도 죽어 호신護神이 되어 애인이었던 미실과 그녀의 남편 전군殿君을 영원토록 지켜주겠노라고 했다. 『화랑세기』에는 미실이 천주사天柱寺에 가서 사다함의 명복을 빌자 그날 밤 사다함이 미실의 품에 뛰어드는 꿈을 꾸었는데 바로 임신을 해 하종공夏宗公을 낳았다는 이야기가 덧붙여져 있다. 하종공은 모습이 사다함과 아주 비슷했다 한다.

조선시대에 널리 사랑받은 소설 『숙영낭자전』에도 파랑새가 나온다. 세종 때 경상도에 살던 부부가 부처님께 빌어 선군을 얻었다. 선군은 천상 선녀가 화생한 숙영과 부부의 인연을 맺어 행복하게 살았다. 어느 날 남편은 과거를 보러 서울로 떠나고 부인은 남편이 급제하여 돌아오기만을 기다린다. 그러나 부인은 시부모의 학대와 모함을 못 견뎌 가슴에 칼을 꽂고 자살하고 만다. 사람들이 칼을 뽑으려 해도 뽑히지 않았다. 선군이 과거에 급제하여 돌아와보니 부모는 거짓으로 숙영이 외간 남자의 침입으로 죽임을 당했다고 했다. 선군이 가슴에 꽂힌 칼을 뽑자 뽑힌 자리에서 파랑새 한 마리가 날아갔다. 파랑새가 아내를 죽게 만든 범인을 알려주니 그를 죽이고 숙영을 제사했다. 그러자 숙영이 다시 살아나 두 사람은 행복하게 살다가 선녀의 인도를 받아 하늘나라로 올라갔다.

이렇게 파랑새는 우리 옛 노래에서도 꿈과 희망의 상징으로 나타난다. 다만 문헌의 파랑새가 지금 우리가 말하는 파랑새인지는 분명치 않다. 문헌으로 보면 파랑새는 작고 귀여우면서도 귀티 나는 새일 듯한데 실제로는 거칠고 우악스럽기 때문이다. 푸른빛만으로 보면 오히려 유리새 계통으로 보는 것이 어떨까 싶다.

매월당 김시습은 파랑새의 울음소리를 듣고 「문청조성유감聞靑鳥聲有感」이란 시를 남겼다.

꿈에 부용성서 보허자 노래 듣다가	夢聽步虛芙蓉城
잠 깨니 파랑새의 울음소리 들려온다.	睡罷初聞靑鳥聲
얼키설키 뒤엉킨 살구나무 가지에	間關睍睆紅杏枝
집 모롱이 기운 햇볕 숲을 뚫고 환하도다.	屋頭斜日穿林明
박명한 제 신세를 원망하여 호소하듯	初如怨訴妾薄命
영항永巷에서 은혜 입음 가벼움을 탄식하듯.	後似永巷承恩輕
쫓겨난 신하가 상강湘江 가를 배회하며	又如放臣逐客在湘南
「이소離騷」를 곰곰 읽어 불평한 맘 울먹이듯.	細讀離騷鳴不平
산중의 늙은이가 향기를 맡으려고	山中老人會寧馨
널 인해 꿈을 깨어 뜰 가운데 노니누나.	爲爾夢覺遊中庭
세 개인지 다섯 갠지 풀싹 새로 돋았고	三个五个草芽抽
한 잎인지 두 잎인지 꽃잎은 날리누나.	一片二片花飄零
봄바람아 물렀거라 근심 겨워 못 살겠다	減却春風愁殺人
방주의 새 풀들은 어이 저리 푸르른가.	芳洲之草何靑靑
세월은 새가 날듯 쉴새없이 흘러가니	年光鼎鼎一飛鳥
어지러운 뜬세상을 뉘 능히 멈추리오.	擾擾浮世誰能停
파랑새야 파랑새야	靑鳥靑鳥
저 멀리 곤륜산 꼭대기서 건너온 줄 내 아노니	知爾遠涉崑崙巓
돌아가 서왕모께 말씀을 전해다오	歸來煩語西母前
날 위해 삼천 년 사는 복숭아를 주시라고.	遺我碧桃三千年
내 손수 천 그루 복숭아를 심어서	我欲手栽千樹桃
인간 세상 얽힌 근심 다 녹여버리련다.	銷盡人間愁纏綿
말 마치자 빙빙 돌다 어느새 날아가니	言訖翶翔忽飛去
푸른 하늘 아득하고 구름 안개 걷히었네.	碧天遼闊收雲烟

여기서도 파랑새를 서왕모의 전설과 결부시켰다. 자다가 파랑새 울

©박웅

음소리에 잠을 깼다. 여름이 오는 길목에서 처음으로 파랑새의 울음소리를 듣다가, 그 파랑새더러 곤륜산으로 가서 서왕모에게 한 알만 먹으면 삼천 년을 살 수 있다는 반도蟠桃 복숭아를 달라는 말을 전해달라고 부탁을 한다. 그 복숭아를 심어 인간 세상의 온갖 시름을 다 잊고 신선처럼 살고 싶다고 했다. 그러자 파랑새는 내 말귀를 알아듣기라도 했다는 듯이 허공으로 훨훨 날아가버리더라는 것이다.

옛 시조에 나오는 파랑새는 이렇다.

청조야 오도고야 반갑다 님의 소식
약수弱水 삼천 리를 네 어이 건너온다
우리 님 만단정회를 네 다 알까 하노라

약수는 서왕모가 사는 곤륜산 둘레를 감돌아 흐르는 강물이다. 이 강물 위에는 가벼운 새 깃털도 가라앉고 말아 그 이름이 약수다. 이 강물에는 배를 띄워봤자 그대로 가라앉고 만다. 약수를 건너는 방법은 허공으로 날아가는 수밖에 없다. 인간은 그 누구도 다다를 수 없는 곳이다. 그 곤륜산으로부터 청조가 애타게 기다리던 임의 소식을 전해주기라도 하려는 듯 날아온다. 너는 내 임의 소식을 잘 알고 있겠지? 나에게 어서 알려주려무나. 전할 길 없는 안타까운 사랑의 마음을 시인은 이렇게 파랑새에 얹어 노래했다.

그런가 하면 문둥이 시인 한하운韓何雲(1920~1975)은 파랑새에게서 자유를 보았다. 다음은 그의 시 「파랑새」다.

나는
나는
죽어서

파랑새 되어

푸른 하늘
푸른 들
날아다니며

푸른 노래
푸른 울음
울어 예으리

나는
나는
죽어서
파랑새 되리

    푸르름은 희망이고 또 슬픔의 빛깔이다. 푸른 하늘 푸른 들을 마음껏 날아다니며 푸른 노래 푸른 울음을 원 없이 우는 그런 파랑새가 되고 싶다고 했다. 그의 슬픈 삶에 비추어볼 때 더 슬프고 간절하게 읽힌다.

    파랑새 증후군이란 말이 있다. 가까운 데서 만족을 얻지 못하고 실현 가능성이 없는 비현실적인 계획이나 꿈을 세워놓고 멀리 있는 행복을 찾아 헤매는 것을 빗대어 하는 말이다. 인생의 행복은 결코 먼 곳에 있지 않다. 늘 손 닿을 수 있는 가까운 곳에 있다. 단지 우리의 눈과 귀가 욕심에 사로잡혀 그 소리를 듣지 못하고 그 빛깔을 보지 못할 뿐이다.

녹두밭에 앉지 마라

새야 새야 파랑새야

녹두밭에 앉지 마라.

녹두꽃이 떨어지면

청포장수 울고 간다.

녹두꽃이 피는데 파랑새가 녹두밭에 앉자 녹두꽃이 땅에 떨어진다. 녹두꽃이 떨어지면 녹두 열매를 맺지 못할 테고 녹두 열매를 맺지 못하면 청포묵을 못 만드니 청포장수가 헛걸음을 하여 울고 간다는 것이다.

흔히 이 노래는 동학혁명 당시 녹두장군 전봉준(1855~1895)을 빗대어 말한 참요讖謠로 알려져 있다. 위 노래에서 녹두밭은 전봉준이 이끄는 농민군을 가리키며, 파랑새는 그들을 탄압하는 일본 군대, 청포장수는 조선 민중을 가리킨다고 흔히 알려져왔다. 전봉준은 키가 작지만 다부진 체격을 지녀 어릴 적 별명이 녹두였다. 1892년 고부군수 조병갑의 학정을 못 견뎌 농민군을 이끌고 봉기하여 동학혁명을 일으키자 사람들은 그를 녹두장군이라고 불렀다. 이렇게 볼 때 녹두꽃이 떨어지는 것은 전봉준이 일본군에 패하여 죽는 것을 의미한다. 청포장수가 울고 간다는 것은 그 녹두꽃이 지지 않고 열매를 맺어 그 녹두 열매로 청포묵을 담그라는 소망이 수포로 돌아간 것을 슬퍼한다는 말이다. 즉 전봉준의 봉기가 좋은 결실을 맺어 백성이 더 이상 굶주리지 않는 세상이 되기를 바랐는데 꽃이 다 져서 열매 맺지 못하게 된 것을 슬퍼한다는 뜻이다.

위 노래에는 전봉준을 중심으로 한 농민군에 대한 민중의 뜨거운 열의가 담겨 있어 패주한 농민군의 영혼을 진혼하기 위한 만가輓歌로 불려왔다. 호남 지방에서는 오랫동안 자장가로도 전해진다. 그 자장가는 이렇다.

새야 새야 파랑새야 녹두 남게 앉지 마라.
녹두꽃이 떨어지면 청포장사 울고 간다.
새는 새는 남게 자고 쥐는 쥐는 궁게 자고
우리 같은 아이들은 엄마 품에 잠을 자고
어제 왔던 새 각시는 신랑 품에 잠을 자고
뒷집에 할마시는 영감 품에 잠을 자고.

그런데 이와는 달리 조금 다른 의미로 전하는 민요도 있다.

새야 새야 파랑새야
전주고부 녹두새야
어서 바삐 날아가라
댓잎솔잎 푸르다고
봄철인 줄 알지 마라
백설 분분 흩날리면
먹을 것이 없어진다.

앞에서는 녹두꽃을 떨어지게 하는 새가 파랑새였는데 여기서는 파랑새가 곧 녹두새라고 했다. 일설에 파랑새는 곧 팔왕八王새를 말한다고도 한다. 팔왕八王은 전봉준의 전全자의 파자다. 이렇게 보면 팔왕새는 바로 전봉준이 된다. 위 노래는 댓잎 솔잎이 푸른 것을 보고 봄철인 줄 알고 나온 파랑새더러 아직은 때가 아니니 흰 눈이 쏟아져 굶어 죽게 되기 전에 어서 빨리 돌아가라는 내용을 담고 있다. 이렇게 읽으면 위 노래는 시절을 잘못 읽어 결국 죽음에 이르고 만 전봉준을 애도하는 내용이 된다.

앞에서는 파랑새가 녹두꽃을 지게 만들어 청포장수를 울게 만드는
새로 등장하고, 위에서는 파랑새가 곧 녹두새라 하여 청록빛을 띤 이
새를 녹두장군 전봉준으로 동일시하고 있다. 참요란 원래 이처럼 정확
한 의미를 잘 알기 어려운 노래다. 과연 어떻게 읽는 것이 바르게 읽는
것일까?

동학군이 전라감영을 지키던 군대와 싸워 이긴 고부의 황토재에 세
워진 동학혁명기념탑에는 위의 노래 말고도 아래의 노래가 돌에 새겨
져 있다.

> 가보세 가보세
> 을미적 을미적
> 병신 되면 못 가보리.

이것은 또 무슨 소리인가? '가보세'는 갑오세甲午歲를 연철한 것이니,
동학혁명이 일어난 해다. 그러니 첫 줄은 갑오년으로 가보자는 말이다.
을미적은 결단을 내리지 못하고 미적거리는 모양이다. 하지만 한자음
으로는 을미乙未적이니 이 또한 '을미년'에 미적거리다 큰일을 성취하지
못했다는 뜻이 된다. 을미년은 전봉준이 죽은 해다. 병신도 병신病身의
뜻과 병신丙申년이란 의미가 쌍관된다. 병신년이 되고 나면 아무 소용이
없다는 의미다. 이 또한 갑오농민혁명의 실패를 뼈아프게 생각하는 민
중의 안타까움이 담겨 있다.

정말 파랑새는 녹두꽃이 피는 시절에 녹두밭에 즐겨 앉아 한 해 녹
두 농사를 망치는 새일까? 앞서도 보았듯 파랑새는 팔왕새의 의미도
담고 있고 녹두장군 전봉준의 이야기와도 겹쳐 있어 파랑새가 정말로
녹두밭에 앉아 녹두꽃을 지게 하는지의 여부를 따지는 것은 별 의미

「해당청금海棠青禽」, 장승업,
74.9×31.0cm, 간송미술관.

「큰유리새」, 작가미상, 청나라.

가 없다. 일반적으로 파랑새는 희망과 자유의 상징으로 노래되는 데 반해 여기서 파랑새는 오히려 그 희망을 짓밟는 새로 나온다.

파랑새는 활엽수가 많은 인가 부근에 서식하며, 높은 고목나무에 앉아 있는 것을 자주 볼 수 있다. 이 새는 둥지를 차지하기 위해 자기들끼리 격렬하게 싸우기도 한다. 그런 욕심 사나운 모습이 「새야 새야 파랑새야」에 투영되어 있다고 볼 수도 있을 것이다. 장승업의 그림 「해당청금海棠青禽」과 청나라 화가의 그림 「큰유리새」에는 꽃가지에 다정히 마주 앉은 큰유리새를 그려놓았다. 파랑새를 그린 옛 그림은 찾아보기 어렵다.

옛사람들은 시어머니가 아프다며 하늘로 올라갔다 내려갔다 하며 우짖는 노고지리를 효부의 넋이 화한 새라고 믿었다. 시어머니가 죽어도 곡조차 하지 않고 돌아서서 좋아 웃기까지 하는 깃이 새대다. 그런데 시어머니 아프다며 저렇듯이 다급하게 하늘로 오르내리며 걱정을 하니 너를 보며 인간 세상을 부끄러워한다고 했다.

스물아홉

고자질쟁이
종다리

동창이 밝았느냐

동창이 밝았느냐 노고지리 우지진다
소 치는 아이는 상기 아니 일었느냐
재 너머 사래 긴 밭을 언제 갈려 하나니.

우리나라 사람이면 누구나 외울 법한 남구만의 시조다. 해 뜨기가 무섭게 명랑한 소리로 나른한 봄잠을 깨우는 새는 노고지리다. 옛날에는 모두 노고지리라고 불렀는데 지금은 종다리 또는 종달새라고 부른다. 참새목에 속한 새로 참새 비슷하게 생겼지만, 머리 꼭대기

깃이 길어 세울 수 있다.

종다리 생각을 하면 학생들을 데리고 경주로 답사 갔던 봄날이 생각 난다. 아침 일찍 경주 남산 등반을 시작해서 오후 3시가 지나 산에서 내려왔다. 녹초가 된 학생들을 황룡사지로 데려와 거기서 백일장을 열었다. 오후 5시까지 황룡사와 분황사 일대를 자유롭게 거닐며 작품 하나씩을 써내게 했다. 그동안 나는 황룡사 넓은 건물 터 위에 앉아 5월의 따스한 햇살과 신선한 바람을 쐬었다. 이리저리 거닐며 돌무더기에서 와당 조각 몇 개를 줍기도 했다.

그런데 자꾸만 그 드넓은 풀밭이 소란스러운 거였다. 멧비둘기 떼가 이리저리 날아다니고 노고지리, 바로 종다리란 녀석들이 무슨 큰일이라도 난 듯이 수선을 떨며 100미터도 넘게 하늘 꼭대기까지 곧장 올라갔다간 내려왔다. 한 녀석이 내려오면 다른 녀석이 교대로 올라가고 하는 것이다. 그 부산스런 모습이 우습기도 하고 재미있기도 해서 시간 가는 줄 모르고 녀석들을 따라 눈길이 연신 하늘 꼭대기까지 오르내리곤 했다.

종다리의 한자 이름이 운작雲雀인 것은 이 녀석들이 구름 위까지 솟았다가 내려오곤 하는 동작에서 말미암은 것이다. 그 행동이 꼭 하늘에 무언가 알릴 일이 있는 것 같다 해서 고천자告天子 또는 규천자叫天子란 별명도 얻었다. 하늘에 고자질하는 녀석이란 뜻에 가깝다. 다른 이름에 무당새도 있고 잠시도 가만있지 못하고 들까부는 행동 때문에 깝죽새란 이름도 지어주었다.

시어머니 아파요!

노고질 노고질(시어머니 아파요!)   老姑疾老姑疾

넓은 들서 펄펄 날며 제 짝 부르다	曠野飄搖叫儔匹
위로 하늘 호소하고 땅으로도 내려오니	上訴雲天下搶地
천 번을 오르내려도 그 마음 한결같네.	上下千回心若一
이웃집 못된 며느리 얼굴 단장 뽐을 내며	隣家驕婦矜治容
시어미 아프건 낫건 상관도 아니하네.	姑疾姑瘳弗顰咥
그 누가 네 며느리처럼 홀로 효성스러워	孰如爾婦獨孝慈
병났다 허둥대며 근심 걱정 품을까?	遑遑疾病懷憂恤
늙은 시어미 병났는데 약은 안 쓰고	老姑疾如勿藥
며느리는 희희낙락 봄날을 논다네.	婦子嬉嬉弄春日

권두경權斗經의 「노고질老姑疾」이란 작품이다. 노고지리를 한자로 '노고질'로 적어놓고, 뜻으로는 '시어머니 병났어요!'로 풀었다. 들판에 때 아닌 소동이 벌어졌다. 노고지리가 연신 하늘로 올라갔다 내려갔다 하면서 '늙으신 시어머니께서 병이 났다'고 수선을 떤다. 아마도 제 짝을 찾아서 이 다급한 소식을 알리려는 게라고 시인은 생각했다.

그런데 옆집 며느리는 어떤가? 시어머니가 아프건 말건 얼굴 화장하느라고 바쁘다. 시어머니 아픈 것은 관심조차 없다. 예쁘고 곱게 단장한 후 희희덕거리며 봄나들이를 나간다. 정말 노고지리만도 못한 인간의 심보가 아닌가? 노고지리를 슬쩍 끌어와 제 할 도리를 하지 않는 며느리의 부덕不德을 나무랐다.

양경우도 「노고질老姑疾」이란 작품을 남겼다.

노고질 노고질(시어머니 아파요!)	老姑疾老姑疾
사람들 말이 네가 효부의 넋이라 하니	人言汝是孝婦魂
그래서 곰살궂게 아녀자 소릴 내며	故作昵昵兒女語
시어머니 아프다고 안타까워하는구나.	老姑在疾爾所冤

시어머니 죽어도 곡도 않음 다반사인데	姑亡不哭世滔滔
시어머니 병환이야 다시 말해 뭣하리.	老姑之疾復何論
시어머니 아파요 시어머니 아파요	老姑疾老姑疾
네 효성 이 같으니 사람이 새만도 못하도다.	爾旣孝可以人而不如鳥

옛사람들은 시어머니가 아프다며 하늘로 올라갔다 내려갔다 하며 우짖는 노고지리를 효부孝婦의 넋이 화한 새라고 믿었다. 시어머니가 죽어도 곡조차 하지 않고 돌아서서 좋아 웃기까지 하는 것이 세태다. 그런데 시어머니 아프다며 저렇듯이 다급하게 하늘로 오르내리며 걱정을 하니 너를 보며 인간 세상을 부끄러워한다고 했다.

새와 관련된 시나 설화에는 일반적으로 며느리와 시어머니 사이의 갈등, 또는 전처의 자식을 구박하는 의붓어미의 횡포가 빈번하게 나타난다. 많은 경우 약자 편인 며느리 입장에서 시어머니의 폭력적 행동을 나무라는 내용을 새의 입을 빌려 노래하는 것이 보통이다. 반면 노고지리의 경우는 시어머니 봉양을 잘하는 새로 나온다.

노구솥을 진 사람

아비는 가마솥 지고, 어미는 세발솥 이고	父負釜母負鼎
누이는 냄비솥 이고, 나는 노구솥 졌네.	妹負鐺吾負鍋
부끄럽고도 부끄러워라	負負復負負
세금 못 내 집 버리고 달아나서는	逋租去棄家
밭두둑 사이에서 오르내리네.	決起田間上復下
관리가 잡으러 와도 난 두렵지 않아요	官使來捕吾何怕
그대 어찌 날더러 노구솥을 지게 하나	君何令我負鍋也

나는 노구솥 지는 걸 좋아하지 않아요.　　　吾非樂爲負鍋者

유몽인의 「부와자負鍋者」다. 와鍋는 노구솥이니 부와자를 뜻으로 풀면 '노구솥을 질 이'가 된다. 이를 줄여 '노구질이', 즉 노고지리가 된다. 앞서와는 전혀 다른 방식으로 읽었다. 같은 새를 두고 이렇듯 서로 다르게 읽어 의미를 한없이 확장시킬 수 있는 것이 바로 금언체 한시의 특징 가운데 하나다.

여기서 노고지리는 세금 독촉을 피해 떠도는 유랑민으로 탈바꿈한다. 떠도는 백성의 피폐한 삶을 노고지리의 울음소리에 가탁했다. 첫 구의 '부부부父負釜'나 3구의 '부부부부부負負復負負'는 모두 같은 음으로 되어 있어 말장난의 기미가 있다. 특히 3구의 '부부負負'는 부끄러운 형용을 나타내는 말이면서, 동시에 앞서 네 사람이 각기 솥을 하나씩 지고 있는 모습을 나타낸다.

들판에서 우지지며 하늘로 날아올랐다 다시 내려왔다 하는 이 새의 생태를 가지고 시상을 얽었다. 노고지리가 노구솥을 지고서 집을 버리고 들판에 나앉은 것은 세금을 못 내서였다. 왜 시도 때도 없이 오르내리는가? 잡으러 온 관리를 피하려 함이다. 내게는 날개가 있으니 관리가 잡으러 와도 조금도 무섭지 않다. 난들 노구솥을 진 노고지리가 되고 싶었겠는가? 먹고살 길이 기가 막혀 그리되었을 뿐이다.

누굴 위해 명리를 붙좇으려고	爲誰趨名利
넓은 길 가운데를 치달리느뇨.	奔馳紫陌中
바람 먼지 풀풀 일어 얼굴을 덮고	風塵惹人面
영욕 따라 하늘을 원망하누나.	榮辱怨天公
눈에 가득 사는 일은 슬픔뿐이니	滿目悲生事
갈림길서 길 막힘을 울음 운다오.	臨岐泣路窮

침 뱉고 사절하고 떠나가버려	不如唾謝去
계수나무 높에 구름만 못하셨구나.	高臥桂化叢

　김시습의 「위수추리爲誰趨利」다. 이번에는 종다리의 울음소리를 이렇게 들었다. 도대체 누구를 위해 명리를 좇느냐고 되물었다. 애를 써본 댓자 얼굴은 바람먼지만 뒤집어쓸 뿐이다. 잘되면 내 덕이요 안 되면 남의 탓이다. 공연히 하늘을 향해 종주먹을 들이대며 원망을 쏟아붓는다. 눈뜨고 보이는 것은 슬픔뿐 갈림길에 서서도 갈 길이 막혀 울고 있다. 차라리 훌훌 떨쳐버리고 은자들이 숨어 사는 계수나무 숲을 찾아가는 것이 어떻겠는가? 오늘도 종다리는 자꾸만 하늘 높이높이 솟아오르며 나에게 무엇 때문에 그렇게 고단하게 사느냐고 충고를 한다. 티끌세상에서 명리를 향한 허망한 집착을 벗어던지지 못해 결국 제 몸을 망치고 마는 모리배謀利輩를 풍자하고 은자의 삶을 살아가는 것이 배짱 편하겠다는 다짐을 담았다.

새야 새야 무당새야

　새야 새야 무당새야 안시성에 가지 마라
　샛바람이 부는 것이 눈동자를 가릴러라
　친정살이 좋다더니 고초당초 더 맵더라
　비단 백 필 짜내다가 남 좋은 일 한단 말가

　충남 지역에 전하는 작자를 알 수 없는 구전민요다. 무당새는 원래 참새목 멧새과에 속한 다른 새인데 예전에는 노고지리를 그렇게도 불렀다. 안시성을 들먹인 것은 다소 엉뚱해 보인다. 안시성에는 눈을 뜰

수조차 없는 샛바람이 맵게 부니 무당새더러 그곳에는 가지 않는 것이 낫겠다고 했다. 안시성 전투에서 양만춘은 당나라 군대를 맞아 참으로 장한 승리를 거두었다. 당나라는 결국 안시성 함락을 포기하고, 배후에 고구려군을 둔 채 고구려를 침공했다가 참혹한 패배를 당했다. 안시성에서 비록 고구려군이 승리를 거두었지만 군사들의 고통은 이루 말할 수 없었다.

시집살이가 고되다 해서 친정살이는 좋을 줄 알았는데 고추보다 맵고 당초唐椒보다도 더 맵다고 했다. 비단 백 필을 짜고 나서도 눈치가 보여 님을 위해 옷 한 벌 짓기는커녕 시장에 내다 팔아 남 좋은 일만 하고 말았다고 했다. 안시성에 간 무당새가 매운바람에 눈을 뜰 수 없듯이 친정살이 몇 년에 느는 것은 눈치밖에 없다는 푸념을 이렇게 노래했다. 이 무당새 노래가 갑오농민혁명 때 파랑새로 둔갑해서 "새야 새야 파랑새야"로 바뀌었다는 주장도 있다. 이 무당새가 바로 파랑새라는 것이다.

현대시에서도 노고지리는 그 모습을 자주 보인다.

푸른 하늘을 제압하는
노고지리가 자유로왔다고
부러워하던
어느 시인의 말은 수정되어야 한다

자유를 위해서
비상하여본 일이 있는
사람이면 알지
노고지리가
무엇을 보고

©박웅

노래하는가를
어째서 자유에는
피의 냄새가 섞여 있는가를
혁명은
왜 고독한 것인가를

혁명은
왜 고독해야 하는 것인가를

김수영의 「푸른 하늘을」이란 작품이다. 4·19혁명 직후에 지은 작품이다. 노고지리가 하늘 높이높이 솟아오르며 노래한다. 하지만 시인은 노고지리가 푸른 하늘을 제압한 것이 아니라고 한다. 노고지리는 무엇을 보며 노래하는가? 피 냄새 섞인 자유를 얻고자 그는 하늘로 하늘로 올라간다. 좌우 돌아보지 않고 그냥 곧게 곧게 제자리 날갯짓만으로 하늘 끝까지 솟아오르는 종다리의 몸짓에서 시인은 혁명의 고독을 읽고 피의 냄새를 맡았다. 사람들은 그 높은 비상의 자유로움만 찬미하는데 시인은 고독하고 또 고독해야만 하는 혁명의 피 냄새를 기억하겠다고 했다.

큰물저
야단인데도
종다리처럼 명랑하다.

지저구
저지구
소리마저 닮았구나.

그 웃음
흐드러 피면
나비 절로 날은다.

박병순朴炳淳의 시조 「종다리처럼」이다. 여기서는 앞서 김수영 시의
심각한 인상이 간데없다. 지저구 지저구 잠시도 쉬지 않고 조잘대는
종다리의 명랑한 웃음소리만이 가득하다. 종다리 웃음소리가 들판에
자지러질 때 나비 떼도 나풀나풀 꽃잎 위를 난다. 사실이지 종다리는
명랑한 새다.

상긋 풀 내음새
이슬에 젖은 초원

종달새 노래 위로
흰 구름 지나가고

그 위엔 푸른 하늘이
높이 높이 열렸다

이호우의 「초원」이란 시다. 풀 내음 싱그런 초원은 아직 아침이슬이
마르지 않았다. 종달새 노랫소리를 따라 고개를 들다보면 하늘을 지나
가는 흰 구름이 눈에 들어온다. 흰 구름 끝에 푸른 하늘이 드높게 활
짝 열려 있다. 이슬 젖은 초원 위에서 종다리 날갯짓을 따라서 올라간
눈길이 흰 구름을 지나 푸른 하늘 높은 곳까지 올라갔다. 후각과 청
각, 그리고 시각이 모두 상쾌해진다.

원앙은 새로 결혼하는 신부의 혼수품에도 빠지지 않고 등장한다. 신혼부부가 베는 베개와 이불에는 꼭 한 쌍의 원앙새를 수놓았다. 원앙금침이 그것이다. 원앙새처럼 금슬 좋고 다복하게 살라는 바람이 담겨 있나. 그래서 원앙새는 옛 그림에도 비교적 자주 등장한다. 원앙새를 그릴 때는 흔히 연잎과 연밥을 함께 그린다.

서론

금슬 좋은 부부, 원앙

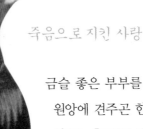

죽음으로 지킨 사랑

금슬 좋은 부부를 나타낼 때 흔히 원앙에 견주곤 한다. 진晉나라 때 최표는 『고금주』에서 이렇게 적고 있다.

원앙은 물새다. 오리의 종류다. 암컷과 수컷이 절대로 서로 떨어지지 않는다. 사람이 한 마리를 잡아가면 남은 한 마리는 제 짝을 그리다가 죽고 만다. 그래서 원앙을 필조匹鳥, 즉 배필새라 한다.

또 『회안부지淮安府志』에는 이런 내용이 실려 있다.

1470년(성화成化 6) 11월 중, 염성鹽城 대종호人踪湖에 사는 어부가 주살로 원앙새 수컷 한 마리를 잡았다. 배를 갈라 가마솥 가운데 넣고 삶았다. 암컷이 따라와 날며 울며 떠나가지 않았다. 어부가 가마솥을 열자마자 펄펄 끓는 국물 속으로 뛰어들어 죽었다.

이시진은 『본초강목』에서 "수컷은 '원鴛' 하고 울고, 암컷은 '앙鴦' 하며 운다"고 했다. 하지만 실제로 원앙의 부부관계는 번식기에만 유지되고 번식기가 끝나면 각자 행동한다. 또 이듬해에는 다시 새로운 짝을 찾아 구애 행동에 들어간다. 그렇더라도 번식기 동안의 원앙 부부는 잠시도 떨어지지 않고 함께 행동하므로 다정한 부부의 사랑을 상징하는 새로 자리잡았다.

이규보의 「원앙희작鴛鴦戲作」이란 작품이 있다.

푸른 연못 따스한 봄 주름 비단 무늬 펴고	碧池春暖縠舒紋
종일 짝져 잠시도 떨어지질 않는구나.	盡日雙浮不暫分
미인에게 손쉽게 보여주지 말려무나	莫使美人容易見
잠시라도 낭군을 놓아주려 않을 테니.	片時勿欲放郎君

봄날 물 불어 넘실대는 연못 위에 비단옷 곱게 차려입은 원앙 한 쌍이 하루 종일 물 위를 떠다니며 잠시도 떨어지지 않는다. 시인은 저 원앙의 다정한 모습을 여자에게 쉽게 보여주어서는 안 된다고 말한다. 원앙의 다정한 모습을 보고 그녀도 사랑하는 임 곁을 결코 떠나려들지 않겠기에 한 말이다. 그렇게 되면 남정네들이 꼼짝없이 한눈을 팔 수 없게 되지 않겠는가? 제목에 '희작'이란 말이 붙었듯이 농담 삼아 한

「물가의 원앙溪流鴛鴦」, 전 이명윤,
비단에 채색, 152.7×55.0cm,
16세기, 국립중앙박물관.

「물가의 원앙溪流鴛鴦」, 이징,
종이에 채색, 158.0×77.5cm,
19세기, 국립광주박물관.

쌍 원앙의 다정한 모습을 그렸다.

성현의 「원앙편鴛鴦篇」은 호흡이 제법 긴 시다.

그대 못 봤나 초나라 대부 집에 예쁜 아씨 있음을.	君不見楚大夫家有傾城姝
경성傾城의 미인이란 명성 온 나라에 가득터니	傾城之名滿國都
하루아침 금문포로 옮기어 들어왔네.	一朝移入金門鋪
옥대는 높고 높아 백 척도 더 되건만	玉臺崔嵬高百尺
한 목숨 가볍기 홍모鴻毛인 양 던져졌네.	性命輕似鴻毛擲
한마음 깊은 맹세 한빙 묘에 의지코자	一心永誓依韓墓
오색빛 찬란한 고운 옷도 원치 않네.	不願五色輝襜翟
무덤 앞 짝지은 새 그 이름 원앙이라	塋前匹鳥名鴛鴦
짝져 날고 노래하고 짝지어 빙빙 도네.	雙飛雙語雙回翔
목 기대고 함께 날며 봄볕을 희롱터니	交頸比翼弄春芳
하루라도 헤어짐은 차마 못 견디겠네.	不忍一日相分張
사람이나 새나 모두 절개를 지녔구나	人兮鳥兮俱有節
매서운 붉은 마음 길이 스러지지 않네.	耿耿丹心長不滅
그대 못 봤나, 북방 아가씨들 어여쁨 뽐냄을	君不見燕趙佳兒誇窈窕
사람과는 견주어도 새만은 못하리라.	可以人而不如鳥

언뜻 보아 알 수 있듯 이 시에는 고사가 있다. 앞서 비둘기를 설명하면서도 잠깐 소개한 적이 있다. 진晉나라 간보干寶가 지은 『수신기搜神記』에 나온다.

송나라 강왕康王의 마름인 한빙이 아내 하씨를 얻었는데 아름다웠다. 강왕이 그 아내를 빼앗자 한빙이 원망하였다. 왕은 그를 가두고 형벌을 주려 했다. 얼마 뒤 한빙은 자살했다. 그 아내 하씨는 남몰래 그 옷을 썩게 만들었다. 왕이 그녀를 데리고 누대 위로 올라갔다. 그녀는 마침내 대 위에서 떨어졌다. 좌우에서 붙들려 했으나 옷이 썩어 붙잡히지 않고 죽었다. 허리띠에 유서가 있었다. "왕께는 제가 사는 것이 좋겠지만, 저는 죽는 것이 낫습니다. 원컨대 시신을 한빙과 합장해주소서." 왕은 성나 들어주지 않고 마을 사람을 시켜 매장하여 무덤이 서로 바라다뵈게 했다. 왕이 말했다. "너희 부부가 서로 사랑해 마지않으니 만약 능히 무덤이 합쳐지면 내가 방해하지 않으리라."

며칠 사이에 문득 두 무덤 끝에서 가래나무가 돋아나더니, 열흘 만에 굵기가 한 아름이나 되었다. 몸을 굽혀 서로를 향해 갔다. 뿌리는 아래에서 얽히고, 가지는 위에서 만났다. 또 원앙새 암컷과 수컷이 있어 항상 나무 위에 살았다. 아침이나 저녁이나 떠나지 않고 목을 서로 기대면서 구슬피 울었다. 그 소리가 사람들을 감동시켰다. 송나라 사람이 슬퍼하여 마침내 그 나무를 상사수相思樹라고 불렀다. 상사相思란 말의 기원은 여기서 나왔다. 남쪽 지방 사람들은 원앙새가 한빙 부부의 화신이라고 말한다.

말하자면 원앙새는 한빙 부부의 죽음으로 지킨 애절한 사랑을 증거하는 화신인 셈이다. 원앙은 오릿과의 새인데도 특별하게 나무 위에 둥지를 틀고 살기 때문에 이런 전설이 생긴 듯하다.

구한말 안국선安國善의 소설 「금수회의록禽獸會議錄」에는 원앙새의 연설 장면이 나온다. 호랑이에 이어 연단에 오른 원앙은 한 남자에 한 여자가 짝을 지어 사는 인륜을 저버리고 처첩을 여럿 두는 남자들의 악행과 음란함을 신랄하게 성토한다. 그러고는 원앙새에 얽힌 다음과 같은 이야기를 들려준다.

사람들도 우리 원앙새의 역사를 짐작하기에 이야기하는 말이 있다. 옛날에 한 사냥꾼이 원앙새 한 마리를 잡았다. 암컷이 수컷을 잃고 수절하

「문행쌍금도文杏雙禽圖」, 오빈, 120.4×56.0cm, 명나라.

며 지낸 지 1년 만에 또 그 사냥꾼의 화살에 맞았다. 사냥꾼이 원앙새를 잡아서 집으로 돌아와 털을 뜯는데, 날개 밑에 무언가가 있었다. 자세히 살펴보니 지난해에 자기가 잡았던 원앙새 수컷의 머리였다. 암컷이 수컷 과 함께 있다가 수컷이 사냥꾼의 화살을 맞아 떨어지자, 경황없는 중에 수컷의 대가리를 집어가지고 숨어서 일시의 난을 피했던 것이다. 짝 잃 은 한을 잊지 않고 수컷의 대가리를 날개 밑에 끼고 구슬피 세월을 보내 다가 또한 사냥꾼에게 잡혔다. 사냥꾼이 이를 보고 정절이 지극한 새라 하여 먹지 아니하고 깨끗한 땅에 장사를 지내주었다. 이후로 다시는 원 앙새를 잡지 아니하였다. 우리 원앙새는 짐승이지만 절개를 지킴이 이러 하다.

1년 전 죽은 제 짝의 머리를 날개 밑에 품고 지낸 원앙새 암컷의 변 치 않는 사랑을 칭찬하며, 아내가 죽자 수절은커녕 며칠도 못 가 새장 가를 들려고 분주하며 남편이 죽자마자 개가할 길을 찾느라 바쁜 인간 의 더럽고 추악한 행실을 성토했다. 원앙새가 어떻게 인식되고 있었는 지를 잘 보여주는 예화다.

연밥 따는 아가씨의 심술

한시에 채련곡採蓮曲이란 것이 있다. 중국 남방의 민가로 연밥 따는 강 남 아가씨들의 춘정에 겨운 모습을 담고 있다. 드넓은 호수 위로 연밥 이 주렁주렁 매달렸고 연밥 따는 아가씨들은 봄날을 맞아 공연히 마음 이 싱숭생숭하다.

먼저 성간의 「채련곡」을 읽어보자.

원앙모양 향로 뚜껑青磁鴛鴦形香爐蓋, 높이 12.0cm, 12세기, 국립중앙박물관.

「원앙도」, 종이에 채색, 120.0×34.0cm, 가회민화박물관.

「원앙도」, 비단에 채색,
94.0×29.0cm, 가회민화박물관.

5월이라 야계엔 날씨가 화창하고	耶溪五月天氣新
야계의 아가씨는 다리도 희고 곱네.	耶溪女子足如霜
어울려 야계 위에서 연밥을 따니	相將採蓮耶溪上
파아란 머리 장식 햇볕 받아 반짝인다.	翠微匈葉輝艶陽
연밥은 따고 따도 한 줌 안 되고	採採蓮花不盈掬
백사장 쌍쌍 원앙 샘이 나누나.	却妬沙上雙鴛鴦
원앙은 짝져 날고 내 님은 못 만나	鴛鴦雙飛不得語
노 저어 돌아오며 속상해하네.	蕩槳歸來空斷腸

야계耶溪는 월나라에 있던 시내 이름이다. 전설적인 미인 서시西施가 이곳에서 빨래하다가 월왕越王의 눈에 띄었다. 그러니까 야계의 아가씨란 어여쁜 아가씨란 말과 같은 뜻이다. 미끈하게 빠진 고운 다리를 걷고 화창한 봄날 어여쁜 아가씨가 연밥을 딴다. 곱게 꾸민 머리꾸미개가 햇볕에 반짝인다. 5구에 묘미가 있다. 마음이 싱숭생숭해서 일이 손에 잡히지 않는단 말을 이렇게 했다. 그녀를 심란하게 한 것은 다름 아닌 물 위에서 짝져 노니는 한 쌍의 원앙이었다. 임 앞에 사랑을 고백하려 했지만 말을 건네보지도 못했는데 하루 종일 약 올리듯 찰싹 달라붙어 잠시도 떨어지지 않는 한 쌍의 원앙이 원망스러웠던 것이다.

신흠의 「채련곡」도 묘미가 있다.

이웃 마을 아가씨 버선 벗고서	東隣女兒脚不襪
눈같이 흰 다리로 시냇가를 오가네.	兩足如霜踏溪渚
시내 저편 배에 탄 이 뉘 집 도령일까	溪頭蕩槳誰家郎
연꽃을 꺾어 쥐고 웃으며 소근대네.	手折荷花笑相語
배를 옮겨 함께 가서 뵈지 않더니	移舡同去不知處
별포에서 쌍쌍 원앙 놀라 날아가더라.	別浦驚起鴛鴦侶

이웃집 아가씨가 버선도 신지 않은 뽀얀 맨발로 시냇가를 이리저리 오간다. 그때 시내 저편에서 멋진 도련님이 슬그머니 배를 타고 오더니만 아가씨의 어여쁜 자태에 정신을 잃고 이런저런 수작을 건넨다. 연꽃을 꺾어 아가씨에게 건네주며 깔깔 웃기도 하고 무어라 소곤거리기도 한다. 마침내 두 사람은 마음이 맞았는지 아가씨가 도련님의 배에 올라 함께 노를 저어 연잎 무성한 그늘 사이로 숨어버렸다. 어디로 갔나 하고 고개를 갸웃대는데 저 아래편 물가에서 원앙새 한 쌍이 난데없는 침입자에 깜짝 놀라 푸드득 날아가는 모습이 눈에 들어온다. 아련한 맛이 있다. 이렇게 채련곡에는 으레 원앙새가 등장한다. 남녀의 사랑을 환기시키는 촉매 역할이다.

한편 원앙은 새로 결혼하는 신부의 혼수품에도 빠지지 않는다. 신혼부부가 베는 베개와 이불에는 꼭 한 쌍의 원앙새를 수놓았다. 원앙금침이 그것이다. 원앙새처럼 금슬 좋고 다복하게 살라는 바람을 담았다. 그래서 원앙새는 옛 그림에도 비교적 자주 등장한다. 원앙새를 그릴 때는 흔히 연잎과 연밥을 함께 그린다.

연꽃의 의미는 이렇다. 보통의 식물은 꽃이 핀 뒤 열매를 맺는다. 하지만 연꽃은 꽃과 열매가 동시에 자란다. 연蓮은 또 연連과 음이 같다. 그래서 연꽃과 연밥은 빠른 시일 안에 연달아 귀한 아들을 낳으라는 의미를 담고 있다. 그러니까 한 쌍의 원앙새가 연자蓮子 즉 연밥 아래 서 있다면 부부의 화목과 자손의 번영을 기원하는 축복의 뜻을 담은 그림이 된다. 「하화원앙도荷花鴛鴦圖」가 그 전형적인 예다. 고려청자 연적에도 원앙새가 연꽃을 입에 물고 있는 것이 있다. 역시 같은 의미로 읽을 수 있다.

「하화원앙도荷花鴛鴦圖」, 류지유喩繼高, 중국 현대.

나는 문득 그대가 그립다. 까왁 까왁 까왁 비 맞고 짖어대는 네 울음소리에 내 애가 다 녹는다. 이 비가 긋고 나면 시리도록 파아란 하늘이 열리겠지. 서러운 빛깔이 짙어가겠지. 황량한 가을 벌판에서 까악까악 울어대는 갈까마귀 무리의 울음소리를 듣고 있자니. 타관 땅을 저렇듯 떠돌고 있을 그대 모습이 자꾸 떠올라 애가 다 녹을 것만 같다.

서른하나
까마귀가 있는 풍경

무덤가의 청소부

제사 끝난 들머리에 날은 저물어	祭罷原頭日已斜
지전 뒤적이는 곳에 갈까마귀 우짖네.	紙錢飜處有鳴鴉
사람들은 돌아가고 산길은 적막한데	山蹊寂寂人歸去
팥배나무 꽃잎을 빗방울이 때리누나.	雨打棠梨一樹花

권필의 「한식寒食」이란 작품이다. 한식 성묘 길의 소묘다. 아침 길을 나서 산소에 제 올리고 자리를 걷으니 어느새 해는 뉘엿해졌다. 지전紙錢을 뒤적거려 불씨를 재우자 하늘로 오르는 재를 보고

놀라 제사 음식을 기웃대던 갈까마귀가 까옥대며 날아오른다. 까마귀의 날갯짓을 따라 고개를 들어 휘 돌아보니 산길은 어느새 적막하다. 제사지내러 왔던 사람들도 다 돌아가고 나만 남았다. 적막한 풍경이다. 거기에 부슬부슬 비까지 내려 나무 가득 소담스레 피어난 팥배나무 꽃망울을 친다. 내 마음도 덩달아 부슬부슬 젖는다.

까마귀에도 여러 종류가 있다. '오烏'는 몸통이 온통 검고 자라서는 늙은 어미에게 먹이를 물어다 먹인다. 그래서 '반포조反哺鳥'라고도 하고 '자오慈烏'라고도 부르는 효성스런 새다. 2구의 '아鴉'는 갈까마귀 또는 큰부리까마귀로 부른다. 덩치가 까마귀보다 조금 작고 배 아랫부분이 희다. 성질이 고약하여 제 어미를 먹일 줄 모른다.

제사를 마치고 자리를 정돈하는데 갈까마귀가 제사 음식을 탐해 뒤뚱뒤뚱 다가오다 제풀에 놀라 푸드득 달아난다. 사는 일이 참 덧없다. 사랑하던 어버이는 어느새 흙 속에 누워 계시고, 살아 올바로 봉양치 못했던 지난날이 회한이 되어 가슴을 친다. 우는 갈까마귀에게서 시인은 생전에 효도하지 못한 자신의 모습을 보았다. '수욕정이풍불지樹欲靜而風不止, 자욕양이친불대子欲養而親不待'라 했다. 나무는 고요하고자 하나 바람이 그치잖고, 자식이 봉양코자 해도 어버이는 기다리지 않는다. 그때 진즉에 철이 들었더라면 오늘의 이 회한이 조금은 덜했을 것이 아닌가.

적막한 산중에 비까지 내려 가뜩이나 우중충하던 내 마음에도 비가 내린다. 활짝 피어난 팥배나무 꽃잎을 빗방울이 때리니 갓 핀 꽃잎은 또 속절없이 진창 위로 떨어지겠구나. 왔다가 가는 것이 인생이라지만 겨우내 씨눈을 아껴 모진 추위를 견뎌 꽃 피운 그 보람이 몹시도 서운하다. 최기남崔奇男(1586~1668 이

「고목한아도古木寒鴉圖」, 작가미상, 원나라.

후)의 「한식寒食」 한 수를 더 읽어보자.

봄바람에 보슬비 긴 방죽을 지나가고　　　　　東風小雨過長堤
풀빛은 안개처럼 아스라해라.　　　　　　　　草色如烟望欲迷
한식날 북망산 산 아랫길엔　　　　　　　　　寒食北邙山下路
들까마귀 날아올라 백양 숲서 우누나.　　　　野烏飛上白楊啼

청명이나 한식 무렵엔 으레 봄비가 부슬부슬 내린다. 산소 가는 길
에 봄바람이 연해 불고, 보슬비까지 내려 옷을 적셨다. 어느새 봄풀은
파릇파릇 돋아나 긴 방죽 길을 연둣빛으로 물들였다. 건너다 뵈는 앞
길이 아슴아슴 아스라하다. 2구의 '미迷'는 사실은 가눌 길 없는 내 마
음이다.

북망산은 본래 중국 낙양 북쪽에 있는 산 이름이다. 이곳에 공동묘
지가 있어 귀인과 현인들이 모두 묻혔기에, "낙양성 십리허에 높고 낮
은 저 무덤은 영웅호걸이 몇몇이냐"고 민요에서도 노래했다. 이제 와서
북망산은 그저 공동묘지의 범칭으로 일컬어진다.

한식날 여기저기서 제사를 지내고 사람들이 돌아가자 배고픈 들까
마귀는 성묘객이 떠나기 무섭게 제사 음식을 탐해 달려든다. 그러다
가 문득 사람을 보곤 놀라 훌쩍 날아 무덤가에 둘러선 백양나무 위로
올라가 까옥까옥 울어댄다. 정작 울고 싶은 것은 나인데 공연히 제가
울고 있다.

가을 들판 저물녘의 적막함

갈까마귀는 까마귀보다 몸집이 작다. 부리도 다른 까마귀 종류에 비해

가늘고 짧다. 목 뒤와 배 가슴이 흰색을 띤다. 한자로는 한아寒鴉다. 하지만 옛 한시에 보이는 한아는 떼까마귀와 갈까마귀의 구분을 두지 않고 섞어 썼다. 갈까마귀는 무리지어 다니며 월동하는 겨울 철새다. 월동 중에는 농경지 근처에서 집단 서식해 농작물에 큰 피해를 입힌다.

단풍잎은 오강에 싸늘도 한데	楓葉冷吳江
우수수 반산엔 비가 내리네.	蕭蕭半山雨
갈까마귀 보금자리 정하지 못해	寒鴉栖不定
낮게 돌며 사당 언덕 서성거리네.	低回弄社塢
아스라이 먼지 구름 자욱한 성에	渺渺黃雲城
안타까이 붉은 잎 물들은 마을	依依紅葉村
먼 데 있는 그대가 그리웁구나	相思憶遠人
네 소리 듣자니 애가 녹는다.	聽爾添鎖魂

김시습의 「한아서부경寒鴉栖復驚」이다. 문집의 바로 앞에 실린 작품이 「낙엽취환산落葉聚還散」, 즉 낙엽이 바람에 몰려들었다가 다시 흩어지는 광경을 보고 계절의 변화에 놀라는 내용이어서, 여기에 다시 갈까마귀의 무리를 보고 '다시 놀란다復驚'고 했다. 가을이 왔다. 부쩍 높아진 하늘에 강가의 단풍잎은 공연히 오싹해서 몸을 사린다. 거기에 추적추적 비마저 내리니 이제 이 비 맞고 잎들은 낙엽이 되어 흙으로 돌아가겠구나. 낙목귀근落木歸根이랬다. 잎이 땅에 떨어져 다시 뿌리의 힘을 돋우는 물리의 순환이야 모를 바 아니지만 그래도 빈 하늘에 빈손을 올리고 선 나뭇가지들을 보면 왠지 사는 일이 허망하게만 여겨진다.

그래서였을까. 한아寒鴉, 즉 갈까마귀도 보금자리를 정하지 못하고 사당이 있는 언덕배기에 모여 이리저리 배회하고 있다. 고개를 돌려보면 성에는 먼지 구름만 자욱하고 건너다보이는 마을은 붉게 물든 잎으

「만아晩鴉」, 도치陶冶, 29.2×51.7cm, 명나라.

로 불이 붙었다. 부슬부슬 겨울을 재촉하는 비가 내린다. 갈까마귀 떼는 심란함을 견디지 못해 집 근처를 낮게 돌며 까왁까왁 까왁신다. 붉게 물든 단풍잎을 바라보다가 나는 문득 그대가 그립다. 까왁 까왁 까왁 비 맞고 짖어대는 네 울음소리에 내 애가 다 녹는다. 이 비 긋고 나면 시리도록 파아란 하늘이 열리겠지. 서러운 빛깔이 짙어가겠지. 나는 문득 그대가 그립다. 황량한 가을 벌판에서 까악까악 울어대는 갈까마귀 무리의 울음소리를 듣고 있자니, 기댈 곳 없는 타관 땅을 저렇듯 떠돌고 있을 그대 모습이 자꾸 떠올라 애가 다 녹을 것만 같다.

권헌의 「아鴉」를 한 수 더 보자.

쓸쓸히 먼 성벽서 울음 우노니	蕭蕭啼遠堞
어둑어둑 들 구름만 아득하여라.	慘慘野雲幽
줄 끊기매 가슴속 한 깊어만 가고	絃斷繾添恨

「아서도鴉棲圖」, 스단石魯, 중국 현대.

바람 높아 근심을 불러오누나.	風高却引愁
새끼들 기느느라 털심이 빽고	將雛勤母肥
나무 가려 서둘러 먼저 깃드네.	擇樹急先投
맑은 새벽 붉은 해를 재촉하는데	清曉催紅日
타향에서 저절로 허옇게 센 머리.	他鄉自白頭

아내가 먼저 세상을 뜬 뒤 그리움을 얹어 지은 시인 듯하다. 멀리 보이는 성가퀴에 갈까마귀가 쓸쓸히 앉아 있다. 아득한 들판 너머론 어두침침한 구름이 자욱하다. 돌아보면 그대는 간곳없고, 세월은 한스러움과 근심겨움만 남긴 채 또 저만치 떠나가버렸다. 자식 기르느라 보금자리 마련하느라 어두운 밤을 지새우고 이제 광명한 새벽을 맞을까 했더니 나는 홀로 타관 땅을 서성이는 흰머리의 나그네일 뿐이다. 저 집 없이 헤매는 갈까마귀나 흰머리로 타관을 전전해온 나나 다를 것이 하나 없다. 갈까마귀가 있는 풍경은 늘 이렇듯 쓸쓸하다.

앞서 실린 그림 명나라 화가 도치陶治(1496~1576)의 「만아晚鴉」는 저물녘의 떼까마귀다. 낙목한천落木寒天, 황량한 벌판 빈 가지 위로 떼까마귀가 나무 가득 날아들고 있다. 부옇게 흐린 시계視界 너머로 찬 겨울이 다가서는 느낌이다. 중국 현대 화가 스단石魯(1919~1982)이 그린 「아서도鴉棲圖」 역시 잎 다 진 빈 가지 위에 떼를 지어 앉아 있는 적막한 풍경을 그려놓았다.

시어머니 못됐다

예전 금언체 한시를 살펴보면 시어머니와 며느리 사이의 갈등을 노래한 작품이 적지 않다. 근세에 엮인 편자미상의 『동시총화』에는 『고부기담_{姑婦奇譚}의 한 대목을 인용했다. 『고부기담』은 구한말 시어머니와 며느리가 주거니 받거니 하며 지은 연구시_{聯句詩}로 인구에 널리 회자되었던 작품이다. 첫 두 구는 시어머니가 한 말이고 다음 두 구는 며느리의 화답이다.

시어머니 그 무엇이 그리 나빠서	姑有何惡
까마귀는 '고악 고악' 울어대는고?	而烏嗔姑惡姑惡
며느리도 잘못한 거 하나 없는데	婦亦無曲
저 새는 '부곡 부곡' 말을 하네요.	而禽言婦曲婦曲

고악 고악 울어대는 까마귀를 보고서 시어머니가 먼저 한마디를 했다. 시어머니가 나쁘다_{姑惡}니, 그래 무엇이 나쁘다고 저렇게 '고악 고악' 하고 울어댄단 말이냐? 그러자 며느리가 이렇게 답한다. "그러면 어머님! 며느리도 아무 잘못이 없는데 저 새는 왜 자꾸 며느리가 잘못했다_{婦曲}며 '부곡 부곡' 울어대는 건가요?" 결국은 주거니 받거니 한 셈이 되고 말았다.

이 시는 금언체 시가 지닌 희작적_{戱作的} 성격을 잘 드러내면서 순간적인 상황을 통해서도 얼마든지 새로운 명명이 가능함을 잘 보여주는 예에 해당된다. 여기서 '부곡 부곡' 우는 새는 원문에 "부곡은 새 우는 소리인데 두견이의 종류다"라고 한 것으로 보아 뻐꾸기다. 뻐꾸기는 앞서 보았듯이 포곡_{布穀}·법금_{法禁}·복국_{復國} 등 여러 방법으로 음차되고 있지만 여기서는 부곡이라 했다.

시어머니가 못됐다고 고악_{姑惡}이라 우는 새는 본래는 까마귀가 아니다. 송나라 소동파의 「오금언_{五禽言}」에 이미 그 이름이 보인다. 원래 흰배뜸부기를 말한 것인데 시어머니의 학대를 견디다 못해 죽은 며느리의 넋이 화해서 된 새라고 했다. 중국 음으로는 '구어'쯤으로 들렸을 이 소리를 우리 음으로 '고악'으로 읽다보니 우리나라에서는 이 새가 까마귀로 눈갑되었다. 많은 시인이 「고악姑惡」이란 시를 남겼다.

게을러 바느질 않는다 시어머니 화내지 마오.	姑也休嗔懶不針
봄 근심에 꿈은 많아 비단이불 끼고 있죠.	春愁多夢擁羅衾
네가 능히 시어머니 나쁘다고 말해주니	爾能解說吾姑惡
깊은 규방 젊은 아낙의 마음을 아는도다.	正得深閨少婦心

홍석기洪錫箕는 재주가 뛰어나 아무리 험한 운자를 주어도 즉석에서 시를 짓곤 했다. 한번은 친구와 함께 길을 가다가 마침 소나무 위에서 까마귀 한 마리가 깍깍대는 것을 보았다. 친구가 갈까마귀를 제목으로 하고, '침針' '금衾' '심心'을 운자로 주어 골탕 먹이려 하자, 그가 즉석에서 지었다는 시다.

시어머니는 아침부터 몹시 화가 났다. 며느리라고 들어온 것이 봄날 해가 중천에 떴는데 일어날 생각도 않고 이부자리에 누워 있으니 화가 날 만도 하다. 그러자 며느리가 혼자 하는 말이다. "어머니! 저 게으르다고 나무라지 마세요. 게을러서 바느질하지 않는 게 아니구요, 봄날이 하도 노곤한 데다 이런저런 꿈도 많아 도무지 자리에서 일어날 수가 없는걸요." 그러고 나서 문밖에서 고악 고악 울어대는 까마귀를 보고, 네가 어떻게 우리 시어머니가 못된 것을 알아차리고 고악 고악 우느냐고, 어쩌면 그렇게 내 마음을 잘 아느냐고 속 시원해한 내용이다.

고악 고악!(시어머니 나쁘다)	姑惡姑惡
시누이 시샘 시동생 고자질 며느리 괴롭구나.	女姑兒慇婦恩薄
일생 동안 고생고생 가난한 집 며느리로	一生辛苦貧家婦
밤엔 삼을 길쌈하고 낮엔 술을 빚어 파네.	夜績絲麻晝酒酪

고악 고악 시어머니 정말 나쁘다   姑惡姑惡姑果惡

횃불 들고 그 누가 시어머니 부끄럽게 하려나.   束縕誰令姑發怍

김안로의 「고악姑惡」이다. 마지막 구는 『한서』 「괴통전蒯通傳」에 나오는
고사를 인용했다. 며느리가 밤중에 고깃덩어리를 잃었는데 시어머니가
며느리를 도둑으로 몰아 내쫓았다. 며느리가 쫓겨나다가 평소 친하게
지내던 마을 아낙에게 들러 이 일을 이야기하며 인사하자 아낙이 솜방
망이를 만들어 그 집에 가서 불씨를 청하면서 간밤에 개가 고기를 얻
어서 서로 싸우며 물어뜯어 죽이니 횃불을 만들어 가서 싸움을 말리
자고 하였다. 시어머니는 공연한 트집으로 며느리 쫓은 일이 소문날까
봐 서둘러 가족을 보내 며느리를 불러오게 했다는 이야기다. '속온束縕'
은 솜을 묶어 만든 횃불을 말한다.

시인은 이 고사를 바탕으로 시대 식구들의 갖은 구박과 설움을 겪으
면서 밤엔 길쌈하여 옷감 짜고 낮에는 술을 걸러 팔아 생계를 꾸려가
는 가난한 집 며느리의 처지를 동정했다. 그러면서 이 못된 시어머니를
예전 마을 아낙이 그랬던 것처럼 부끄럽게 해줄 사람이 없겠느냐고 했
다. 최영년도 「고악고악姑惡姑惡」에서 이렇게 노래했다.

며느리 되면 온통 시어머니 나쁘다고 말하고   爲婦盡道姑性惡

시어미 되면 모두 며느리 못됐다고 말하지.   爲姑皆謂婦性惡

며느리야 며느리야! 삼가 시어머니 나쁘다 말을 말아라

                                                婦兮婦兮愼莫謂姑性惡

며느리가 나쁘지 않으면 시어머니도 감히 못되게 못한단다.

                                                婦不惡姑不敢惡

단순한 풍자를 넘어 교훈적인 어조를 담았다. 그런가 하면 산까마귀

울음소리를 음차하여 배고파 죽은 아이의 넋을 달래는 노래도 있다.

파병초!(할미는 떡을 굽고) 아이는 배고파 울고	婆餠焦兒啼飢
저문 날 늙은이 홀로 거친 밭을 가누나.	日斜翁獨耕荒陂
할미는 떡 준비해 늙은이 먹이려 기다리니	婆具餠餌待翁餉
한 조각 아이 몫으론 주린 배 어이 채우랴	一片兒分寧飽飢
옹알옹알 울며 떡 찾는 소리 그치지 않으니	吾伊啼索兒不歇
날아가는 봄 새 소리 더욱 구슬프고나.	飛作春禽聲更悲

김안로의 「파병초婆餠焦」란 작품이다. 파병초는 산까마귀의 울음소리를 음차한 것이다. 뜻으로 풀면 '할미가 떡을 굽네!'가 된다. 이 새에 얽힌 슬픈 전설이 있다. 아버지가 먼 데 나가서 돌아오지 않자 어머니는 산꼭대기까지 아버지 마중을 나갔다가 망부석이 되고 말았다. 그래서 아이는 부모를 잃고 먹지도 않고 울다가 죽어 산까마귀가 되었다는 이야기다. 송나라 매성유梅聖兪의 「사금언四禽言」 가운데 「산오山鳥」에 이 새 이야기가 나온다.

위 시는 이 전설을 각색해서 다른 이야기로 만들었다. 해 다 저문 녘에도 들일을 마치지 못한 할아버지는 저녁때가 되었는데도 집으로 돌아오지 못한다. 손자는 배고파 떡 달라고 우는데 할머니는 하루 종일 들일에 지친 할아버지 드리려고 우는 손자에게 떡을 줄 수가 없다. 물론 상상 속에서 그려본 상황이다. 산까마귀가 옹알대는 어린아이 목소리로 "할머니 떡 구워요! 배고파요 떡 주세요" 하며 운다. 봄날 참혹한 보릿고개는 넘어가려면 한참이나 남았는데 사람이나 새나 허기진 배를 견딜 수가 없다.

극성스런 제주도의 까마귀 떼

언젠가 『제주일보』에 실린 사설을 보니 제주도에 까치들의 극성이 이만저만이 아닌 모양이다. 단감 재배 농가에도 이루 말할 수 없는 피해를 안겨주고 텃새 철새는 물론 둥지에서 품고 있는 알마저도 까치의 포식 대상이 되어 생태계에 심각한 파괴력을 끼친다는 소식이다. 이 까치는 원래 제주도에 없던 것을 몇십 년 전 누군가가 길조라고 몇 마리 들여온 것이 번식하여 이 지경에 이르렀다는 소식이다. 이제 제주도에서는 사냥꾼을 동원해 이 해로운 새를 집단 사냥해 아예 씨를 말리기로 작정했다는 이야기도 함께 들려왔다.

한편 조선시대에는 까치 떼 대신 까마귀 떼가 난리였던 모양이다.

제주도의 까마귀, 제주도의 까마귀	耽羅烏耽羅烏
천하에 까마귀 다 있다 해도	天下有烏
제주도의 까마귀 같은 건 없네.	無如耽羅烏
네 무리 어찌 그리 많이도 울며 날고	爾群一何多飛鳴
어찌 그리 사람 집 근처까지 오느냐.	一何逼人廬
사람들 네 모습과 소리를 싫어하여	人皆憎爾形與聲
마당에 많던 돌 너 맞히느라 하나도 없네	庭中之石打爾無
까마귀가 울면 사람이 병들어 죽는다 하나	或言烏鳴人病死
사생은 하늘에 달린 것 까마귀가 어찌하랴만.	死生在天烏奈如
다만 능히 시끄럽게 어지럽혀서	秖能作鬧擾
또한 한 가지 근심 더하기에 충분쿠나.	亦足添一虞
대낮에도 사람 곁서 부뚜막을 엿보다가	白晝傍人窺廚竈
기물을 차 깨뜨리고 밥과 고기 훔쳐가네.	蹴破器物偸殘魚
닭이 알을 낳아도 병아리를 못 까니	有雞生卵不成雛

네가 모두 훔쳐 먹어 둥지엔 알이 없네.　　　　　被爾攫食巢無餘

집에서야 닭이 농사 까마귀는 아끼잖아　　　　　人家惜雞不惜烏

감히 장차 병아리로 네 무리를 배불릴까?　　　　肯將雞雛飽爾徒

활을 당겨 쏘아봐도 아무런 소용없고　　　　　　彎竹注之能覺虛

날개 쳐서 쫓으려도 웅크려 가만있네.　　　　　　拍翅欲去蹲仍居

나무 심은 본래 뜻은 좋은 새 오라 함인데　　　　種樹本要來祥禽

좋은 새 오지 않음 네가 살기 때문이라.　　　　　祥禽不來爲爾棲

밤중엔 높은 나무 위에서 잠을 자고　　　　　　　夜宿高樹上

새벽엔 하마 벌써 서로를 불러댄다.　　　　　　　曉已鳴相呼

바람 불고 파도 쳐서 모두들 근심이라　　　　　　風喧海吼共愁亂

내 외론 꿈 태백산 어귀도 이르지 못하누나.　使我孤夢不到太白山之隅

나무를 찍자니 나무가 아깝고　　　　　　　　　欲斫樹樹可愛

멀리로 내쫓자니 마땅한 방법 없네.　　　　　　欲遠驅計亦疎

내 장차 옆집 사냥꾼에게 부탁하리　　　　　吾將往請東家之獵夫

사냥꾼의 탄환은 사슴 옆구리도 뚫으니　　　獵夫金丸穿鹿脇

널 쏘아 죽임도 잠깐 사이이리라.　　　　　　射汝殺汝在須臾

　　김낙행金樂行(1708~1766)의 「탐라오耽羅烏」란 작품이다. 제주도의 무서운 까마귀 떼 이야기다. 제주도에 귀양가 있을 때 집 안은 물론 부뚜막까지 쳐들어와 그릇 뚜껑을 차서 깨뜨리며 밥이고 고기고 간에 사정없이 먹어치우던 까마귀 떼의 가증스런 행동에 지칠 대로 지쳐 원망과 저주를 퍼부은 것이다. 집에 닭이 알을 낳아도 다 먹어치워 병아리조차 부화할 수 없다. 참다못해 화살로 쏘아본들 워낙 무리가 많아 아무 소용이 없고, 작대기로 쳐도 가만 앉아 꿈쩍도 않고 맞는다는 것이다. 밤에는 나무 가득 새까맣게 올라 잠을 자다가 날이 밝기가 무섭게 까악까악대며 먹을 것을 찾아 집 근처로 몰려든다.

풍파가 심한 날은 안 그래도 심란한 마음에 멀리 태백산 아래 동해 바닷가 고향 집을 꿈에서나마 가볼까 싶어도 까마귀 떼의 우는 소리 때문에 잠들 수가 없다. 견디다 못해 그는 이웃집 사냥꾼을 청해다 사슴의 옆구리도 능히 뚫을 수 있는 총알로 모두 죽여버리고 말겠다고 했다.

지금은 어떤지 몰라도 몇십 년 전까지도 제주도의 까마귀 떼는 유명했던 모양이다. 「백치 아다다」의 작가 계용묵은 「탐라점철」이란 글에서 제주도의 까마귀를 이렇게 묘사했다.

물 맑고 산 아름다운 이 섬에 보기만 하여도 정 떨어지는 까마귀가, 듣기만 하여도 흉물스런 탁한 목소리로 까왁까와 밤낮 난동을 친다. 물이 맑으면 노래 맑은 물새라도 살 법하고 산이 아름다우면 빛 고운 산새라도 살 법한데 이렇단 물새 이렇단 산새 한 마리 없이 이 어인 까마귀란 말인가. 빛이 까만 새가 하필 까마귀뿐이랴만 그래도 다들 발이나 주둥이가 색다른 빛을 지녔더라. 주둥이도 발도 왼통 새까맣게 몸을 더럽힐 법이야 어디 있는가. 제주에는 바람이 세다. 어쩌면 바다에 바람이라니 바람이 셈은 당연한 바람일 것이요, 바다엔 파도라니 파도가 셈은 바다의 운치를 돕는 것으로 오히려 상줄 바로되 이 바람이 파도 소리에 까마귀 소리가 어울려 제주의 해가 뜨고 해가 지고 한다는 것은 모름지기 제주의 욕이 아닐 수 없다. 어쩌다간 한두 마리도 아니요, 수천 수만으로 세일 수도 없는 떼 까마귀가 하늘을 뒤덮고 흉물스러운 소리를 지르며 떠돌다 가는 행길이나 지붕이나 해안에까지도 격에 맞지 않게 새까맣게 나려와 깔려서는 어쩌자는 노릇인지 목춤을 추어가며 까왁신다. 아무리 까마귀 제 소리라고 해도 지붕 위에 따라 올라앉아서 방 안을 들여다보며 까왁심을 볼 때 기분이 좋을 사람은 없으리라.

당시만 해도 척박하기 그지없었을 제주도에서, 그의 눈에도 수천 수만의 부리로 아들을 뒤덮고 길을 뒤덮으며 까왁시는 까마귀 떼가 몹시도 인상적이었던 모양이다.

일제강점기까지만 해도 지붕 위고 어디고 할 것 없이 수천 수만 마리로 떼를 지어 횡행하던 까마귀들이 지금은 다 어디로 갔을까? 어쩌다 그 자리에 까치 떼가 들어와 사냥꾼을 동원할 생각까지 하게 만든걸까? 애써 지은 감귤농사 다 망치고, 다른 새들 발도 못 붙이게 하는 고약한 행태 때문에 속이 부글부글 끓을 제주도민의 입장을 생각하면 딱하기도 하려니와 그 왕성한 번식력과 적응력으로 우리나라 전역에서 가장 흔한 새가 되어버린 까치의 입장도 난처하기 그지없을 것이다.

우리말로 된 옛 문헌을 보면, 꾀꼬리는 곳고리, 곳골, 굇고리, 굑고리 등으로 나온다. 「동동」에서도 곳고리새라고 표기했다. 이때 '곳'은 '곳–곳–꽂–꽃'으로 되고, '고리'는 '꼬리'의 옛말로 보아, 꽃꼬리새, 즉 꽃처럼 어여쁜 꼬리를 지닌 새란 뜻으로 풀기도 한다. 아주 선명한 노란빛의 깃털과 아름다운 자태를 떠오르게 하는 이름이다.

서른둘

수다스런
꾀꼬리

사랑을 잃고서

꾀꼬리는 고구려 유리왕의 「황조가黃鳥歌」에 처음 나온다. 유리왕은 주몽의 아들로 고구려 2대 왕이었다. 처음엔 다물후多勿侯 송양松讓의 딸을 왕비로 삼았다. 즉위 3년째 되던 해 골천鶻川에 이궁離宮을 지었다. 그해 10월 왕비 송씨가 죽었다. 왕은 계실繼室로 두 여자를 얻었다. 화희禾姬는 골천 사람, 치희雉姬는 한나라 사람의 딸이었다. 두 여자는 서로 총애를 다투어 화합하지 않았다. 왕은 양곡涼谷이란 곳에 동궁과 서궁을 지어 각각 거처케 했다. 왕이 기산箕山으로 사냥을 나가 7

일을 돌아오지 않았다. 그 사이에 두 여자가 싸웠다. 화희가 치희에게 "한나라의 천한 것이 어찌 이다지 무례한가?" 하며 욕했다. 치희는 화가 나서 떠나버렸다. 왕이 뒤늦게 이를 듣고 뒤쫓아갔다. 치희는 분해 돌아오지 않았다. 왕이 나무 아래 쉬고 있을 때 꾀꼬리가 날아와 모였다. 이에 느낌이 일어 노래 불렀다. 그것이 바로 「황조가」다.

펄펄 나는 꾀꼬리	翩翩黃鳥
암수 서로 기대었네.	雌雄相依
내 외로움 생각자니	念我之獨
뉘와 함께 돌아갈꼬.	誰其與歸

화희는 골천 사람이다. 골鶻은 송골매이고, 치희의 치雉는 꿩이다. 그러니 송골매가 꿩을 내쫓은 셈이 된다. 화희의 화禾가 벼를 나타내므로 어떤 이는 농경문화와 수렵문화의 대립 구도로 이해하기도 한다. 돌아오지 않는 치희를 생각하다가 왕은 한 쌍의 다정한 꾀꼬리를 보았다.

꾀꼬리는 여러 가지 이름이 있다. 황조黃鳥 외에도 황율류黃栗留, 황유리黃流離, 이황鸝鶊, 금의공자金衣公子, 창경鶬鶊 등이 있다. 여기서 흥미로운 것은 유리왕이란 이름이다. 『삼국사기』에는 유리왕을 유리瑠璃, 유리類利, 유류孺留 등으로 적는다고 했다. 모두 '유리'로 읽는다. 꾀꼬리의 별명이 율류栗留, 유리流離인 것과, 같은 이름의 유리왕이 꾀꼬리 노래를 지은 것은 과연 우연의 일치일까? 나는 유리왕이란 이름이 왕이 꾀꼬리 노래를 부른 것과 무관치 않다고 생각한다.

조선 후기 유득공은 「이십일도회고시二十一都懷古詩」에서 이 일을 이렇

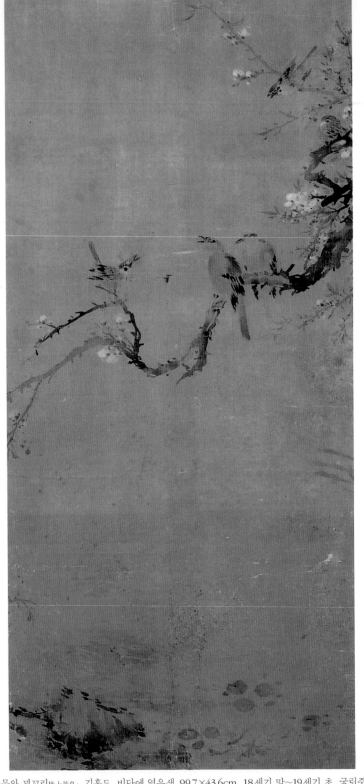

「복숭아나무와 꾀꼬리桃上黃鳥」, 김홍도, 비단에 엷은색, 99.7×43.6cm, 18세기 말∼19세기 초, 국립중앙박물관.

게 노래했다.

지난날 부여에서 새총을 쏘던 꼬마	昔日夫餘挾彈兒
동명왕의 아들인 유리왕일세.	東明王子號琉璃
깊은 나무 속에서 꾀꼬리 우짖으니	數聲黃鳥啼深樹
화희가 치희를 욕하던 일 비슷해라.	猶似禾姬罵稚姬

유리왕이 어린 시절 새를 잡으려다 물동이 이고 가는 아낙의 항아리를 쏘아 깨뜨린 일을 1, 2구에서 적고, 3, 4구에서는 화희와 치희의 일을 말했다. 여기서는 암수 서로 정답다는 「황조가」의 내용과는 달리 시끄럽게 떠드는 꾀꼬리의 울음소리를 화희가 치희에게 표독스레 독설을 퍼붓는 것으로 슬쩍 바꿔 노래했다.

꾀꼬리는 고려가요에도 나온다. 남녀 간의 애절한 사랑을 1월부터 12월까지 달거리체로 노래한 「동동」 4월조가 그것이다.

4월 아니 잊어
아으 오실셔 꾀꼬리 새여.
므슴다 녹사錄事님은
옛날을 잊고 계신가.
아아 동동다리.

꾀꼬리는 여름 철새다. 4월이 온 것을 잊지 않고 꾀꼬리 새는 옛 나뭇가지를 찾아와 명랑하고 쾌활한 노래를 부르고 있다. 그런데 내가 사랑하는 녹사님은 무슨 일로 옛날을 까맣게 잊고 돌아오지 않느냐는 푸념이다. 이 또한 떠나간 님을 살뜰히 못 잊는 여인의 마음을 애타게 표현했다. 오래된 옛 노래에서 꾀꼬리는 이렇듯 암수의 다정한 모습을

「버드나무 위의 꾀꼬리柳上黃鳥」, 『산수인물영모화첩』,
백은배, 종이에 채색, 23.9×31.6cm, 19세기, 국립중앙박물관.

상징하는 새로 등장한다.

철새 관념이 없던 옛사람들은 늘 보이던 새가 없어지면 딴 곳으로 갔다고 생각하지 않고 다른 새로 화생化生하거나 겨울잠을 잔다고 여겼다. 꾀꼬리를 두고 『본초강목』에서는 "겨울에는 밭 속으로 들어가 겨울잠을 잔다. 진흙으로 제 몸을 알처럼 감싸고 있다가 봄이 되면 비로소 나온다"고 했다. 『형주지荊州志』에도 이렇게 적혀 있다. "농부들이 겨울에 밭 가운데를 누세 자쯤 파면 알처럼 둥근 굳은 흙을 얻을 수 있다. 꾀꼬리가 그 속에 있는데 깃털도 없다." 참 엉뚱하면서도 재미있는 상상을 했다.

비단을 짜는 황금 북

우리말로 된 옛 문헌에 꾀꼬리는 곳고리, 곳골, 굇고리, 괵고리 등으로 나온다. 「동동」에서도 곳고리새라고 표기했다. 이때 '곳'은 '곳→곶→꽂→꽃'으로 되고, '고리'는 '꼬리'의 옛말로 보아, 꽃꼬리새, 즉 꽃처럼 어여쁜 꼬리를 지닌 새라는 뜻으로 풀기도 한다. 아주 선명한 노란빛의 깃털과 아름다운 자태를 떠오르게 하는 이름이다.

꾀꼬리는 나는 속도가 매우 빠르다. 숲속에서 사방상하로 정신없이 왔다 갔다 한다. 그 신속한 모양이 마치 베틀에서 실꾸리를 감은 북이 왔다 갔다 하는 것과 비슷해서 중국에서는 꾀꼬리를 금사金梭, 즉 금빛 나는 북이라고 불렀다. 중국 사종가謝宗可의 「앵사鶯梭」란 작품을 읽어보자. 첫 네 구만 인용한다.

혼자서 봄바람에 금실 옷을 짜나니	自織春風金縷衣
붉은 꽃 푸른 잎을 왔다 갔다 나는구나.	穿紅度翠往來飛

버들 방죽 긴 실이 어스름 감겨 있고	柳堤暗卷絲千尺
꽃 두둑 넓은 비단 가로로 걸려 있다.	花塢橫抛錦萬機

황금빛 꾀꼬리가 부지런히 오가는 것을 두고 황금빛 북이 금실 옷감을 짜기 위해 베틀 위를 휙휙 오가는 것으로 시인은 생각했다. 꾀꼬리는 꽃과 버들 사이를 쉴새없이 들락거리며 비단을 짠다. 어느새 버들 방죽엔 꾀꼬리가 자아낸 푸른 실이 천 척 길이로 휘늘어져 있고 꽃 두둑엔 꾀꼬리가 짠 비단이 끝도 없이 펼쳐져 있다. 흥겨운 상상이다.

다음은 조언유의 「청앵가聽鸎歌」다.

계절이 삼춘三春의 때에 이르니	時當三春候
새들이 기운을 먼저 얻누나.	禽鳥得氣先
깃 털며 우는 비둘기 있고	拂羽有鳴鳩
피 토하며 우는 두견새 있네.	吐血有啼鵑
제비는 진흙 물고 들보 위에 집 지으니	燕唧泥雕樑上
지지배배 시끄럽게 꼬리를 퍼득인다.	聲嘍嘍尾翩翩
그래도 꾀꼬리 좋은 소리만 못하거니	不如流鸎懷好音
한 노래 또 한 노래 쉴새없이 들려온다.	一歌一歌歌相連
금석악기 아니면서 악기 소리 연주하고	非金非石彈金石
관현악기 아니건만 관현악을 연주하네.	非管非絃奏管絃
소리마다 짝 부르니 교태 있고 여유로워	聲聲喚友態自嬌意自閒
가만히 들어보면 원망하고 호소하듯.	側耳聽之如怨如慕如訴焉
그늘진 수양버들 푸른 실 사이에서	陰陰垂楊青絲
날아갔다 날아오니 마치 북을 던지는 듯.	飛來飛去擲梭然
날마다 매끄럽게 꽃 아래서 지저귀니	日日間關花底滑
정성스런 노래는 마치 인연 있는 듯.	丁寧語若有緣

「버들가지 위의 꾀꼬리」, 종이에 채색, 66.0×28.5cm, 가회민화박물관.

「양류무춘풍도楊柳舞春風圖」, 진수인, 135.5×61.0cm, 광저우미술관.

이 소리에 동녘이 환하게 밝아와도	趁此東方白
서편의 늦은 잠은 그 누가 깨우리오.	誰打西遼眠
끊어질 듯 이어지며 쉴새없이 조잘대니	綿綿蠻蠻且喈喈
화창한 봄기운이 도처에 펼쳐진다.	能使和氣到處宣
새야 새야 네 이름 『본초강목』 올랐으니	有鳥有鳥登本草
율류란 한 이름이 세상 길이 전해지리.	栗留一名世相傳

봄날 아침 노곤한 잠을 깨우는 꾀꼬리 소리를 듣고 그 상쾌한 느낌을 노래했다. 꾀꼬리는 금석악기도 아니고 관현악기도 아니면서 온갖 악기 소리를 다 낸다. 짝을 부르는 그 소리는 절로 교태가 넘쳐흐르고 듣는 이의 마음조차 여유롭게 한다. 수양버들 푸른 실 사이로 휙휙 나는 모습은 비단 짜는 북과 같다. 꾀꼬리 울음소리에 먼동이 튼다. 꾀꼬리 울음 따라 봄날의 화기가 사방에 퍼져나간다.

김홍도의 「여상청앵도驪上聽鶯圖」에는 나귀를 타고 가던 선비가 물가를 따라 난 길을 가다 말고 버들가지에 앉은 두 마리 꾀꼬리의 쾌활한 노랫소리에 정신을 잠시 빼앗긴 모습이 담겼다. 화면 위쪽에 있는 시를 풀면 이렇다.

어여쁜 님 꽃 아래서 갖은 소리 연주하듯	佳人花底簧千舌
시인 술잔 앞에 놓인 노란 감귤 두 개인 양.	韻士樽前柑一雙
수양버들 강 언덕에 금북이 왕래터니	展乳金梭楊柳崖
안개비를 끌어와 봄 강에 옷감 짜네.	惹烟和雨織春江

첫 구의 '황簧'은 관악기의 주둥이에 장치된 떨림판이다. 갖은 소리로 지저귀는 꾀꼬리 울음소리가 마치 어여쁜 아가씨의 피리 소리 같다고 했다. 2구의 술잔 앞에 놓인 노란 감귤 두 개는 꾀꼬리의 노란 빛깔

佳人花底黃千言韻土樽
前柑了攘虛戰生撥掃
杪崖茄嫻和雨緣去江

　嘉新漢子士松飯道
　人重文邹神

　檀園寫

「여상청앵도驢上聽鶯圖」, 김홍도, 종이에 엷은색, 117.2×52.0cm, 조선 후기, 간송미술관.

이 황금빛 감귤처럼 때깔 곱다는 이야기다. 여기서도 금북이 나온다. 수양버들 휘늘어진 강변에 잠시도 가만있지 못하고 이리 갔다 저리 갔다 휙휙 날며 조잘대는 꾀꼬리를 마치 금실 북이 베틀 위를 부산하게 오가는 것으로 연상했다. 봄 강물엔 때마침 안개비가 자옥하다. 금북이 뻔질나게 오가더니 봄 강물 위에 어느새 아련한 비단을 짜놓은 것이다. 그 연상이 참으로 멋지다.

보리밭에 말 들어갔다

꾀꼬리는 원래 수다스럽다. 그 새의 울음소리를 두고 풀이가 분분했다. 고려 때 시인 임춘은 「모춘문앵暮春聞鶯」에서 "농가에 오디 익고 보리 이삭 팰 때, 초록 나무 이따금씩 꾀꼬리 소리 들리네田家葚熟麥將稠, 綠樹時聞黃栗留"라고 노래했다. 『시경』 「갈담葛覃」의 '꾀꼬리 나네黃鳥于飛'에 대한 풀이에서도 "꾀꼬리는 오디가 익을 때 뽕나무 사이로 찾아오는 까닭에 세속에서는 그 울음소리를 '보리 누르고 오디는 익었나?'라고 한다"고 적고 있다. 한시 중에는 이 꾀꼬리의 울음소리를 가지고 지은 재미있는 시가 꽤 있다. 먼저 유득공의 「김가맥전유마金家麥田有馬」란 작품을 보자.

김가맥전유마(김가네 보리밭에 말 들어갔다!)	金家麥田有馬
감가네 남정네는 버들 아래 잠을 자네.	金家丈人眠柳下
꼬리치며 이리저리 고개 숙여 먹어대니	搖尾纏纏垂頭吃
슬프다 초록 물결 붉게 변해버렸네.	可憐綠浪行爲赭
아내는 술 빚자고 아이는 떡 찾는데	婆言釀酒兒索餻
남정네 구슬 눈물 주룩주룩 쏟아지네.	丈人珠淚涓涓瀉

김가맥전유마金家麥田有馬는 혀를 굴리는 꾀꼬리의 울음소리를 차음한 것이다. 꾀꼬리는 보리 이삭이 패가는 늦봄에 높고 경쾌한 목소리로 노래를 한다. 그런데 시인은 이 꾀꼬리의 울음소리를 김가네 보리밭에 말이 뛰어들었다고 다급히 알려주는 경보로 들었다. 밭주인은 시원한 버드나무 그늘 아래서 낮잠이 곤하게 들었다. 말은 제멋대로 보리밭을 이리저리 짓밟고 다니며 이삭이 패기 시작한 보리를 맛있게 먹어치운다. 푸른 물결 넘실대던 보리밭은 이제 여기저기 붉은 맨 땅이 드러나 보인다. 그제야 꾀꼬리 울음소리에 잠이 깬 밭주인은 정신이 번쩍 들어 발을 동동 구르지만 때는 이미 늦었다. 이 혹심한 보릿고개를 넘기고 보리타작하고 나면 술 빚고 떡을 쪄서 배불리 먹자던 가족과의 다짐이 하도 허망해서 연신 눈물만 줄줄 흘리고 있다. 실제 풍경은 아니고 꾀꼬리 울음소리를 두고 흔히 하는 민간의 말을 끌어와 해학을 해본 것이다.

꾀꼬리 울음소리를 이렇게 듣는 것은 꽤 널리 퍼져 있었던 모양이다. 이양오도 「맥전유마麥田有馬」란 작품을 남겼다.

보리밭에 말 있네 보리밭에 말 있네	麥田有馬麥田有馬
뉘 집 목동인지 숲속에서 잠자누나.	誰家牧童眠林下
봄 왔으니 말 먹일 곳 어딘들 없으리오	春來牧馬那無處
곳마다 우거져서 들판 가득 풀밭일세.	處處離離草連野
이웃 노인 고함치며 오는 소리 못 듣는가	爾不聞隣家老父惡聲來
무성한 싹 먹어치우니 진실로 애달파라.	吃盡芃芃良可哀

역시 위와 비슷한 설정이다. 목동 녀석이 춘곤증을 못 이겨 숲속에서 단잠에 빠진 사이에 고삐 풀린 말이 남의 보리밭에 뛰어들어 웃자란 보리를 맛있게 먹고 있다. 기겁한 이웃 노인은 고래고래 고함치면서

달려온다. 하지만 때는 이미 늦었다.

유봉인노 「행체黑啼」란 시에서 백시 꾀꼬리 울음소리늘 누고 나음과 같은 시를 남겼다.

꾀꼬리 울음소리 무슨 애길까?	黑啼何所似
연거푸 '묘미롱' 외쳐대누나.	連呼猫尾弄
백 길 나무 높이높이 날아오르니	高高飛上百尺樹
고양이 꼬리 장난쳐도 걱정이 없네.	猫尾雖弄吾何恐
'보리밭에 술 있으니 빨리 달려가야지'	麥田有酒宜疾驅
듣거나 말거나 주인에게 전해주소.	傳語主人聽不聽
봄 그늘 막막하고 버들은 실 같은데	春陰漠漠柳如織
암수 서로 화답하니 누가 네게 시키더냐.	雄唱雌酬誰汝令

꾀꼬리가 뭐라고 우는가 귀를 기울여보니 '묘미롱猫尾弄', 즉 고양이 꼬리로 장난치자는 소리였다. 쉴새없이 고양이 꼬리로 놀아보자고 꾀꼬리가 외쳐댄다. 하지만 높은 나무 꼭대기서 떠드는 소리니 실제로 고양이 꼬리를 물며 장난치다가 고양이에게 물려 죽을 염려는 없겠다고 한 것이다. 다시 5구에서는 앞서 보았듯 보리밭에 말 들어갔다는 소리와 비슷하게 '보리밭에 술 있으니 빨리 달려가라'고 꾀꼬리가 운다. 주인이 믿든 말든 그 말을 좀 전해달라고 했다. 봄 그늘 짙은 버들가지 위에서 수놈이 '묘미롱' 하며 울면, 암놈은 '맥전유주' 하며 맞받는다는 것이다. 이런 시도 있다.

곡구니농 곡구니농(골어귀가 진창일세)	谷口泥濃谷口泥濃
초여름 한가운데 안개비 부실부실	烟雨濛濛初夏中
무논에 모를 심어 농사일을 서두르세.	水田秧稠促農功

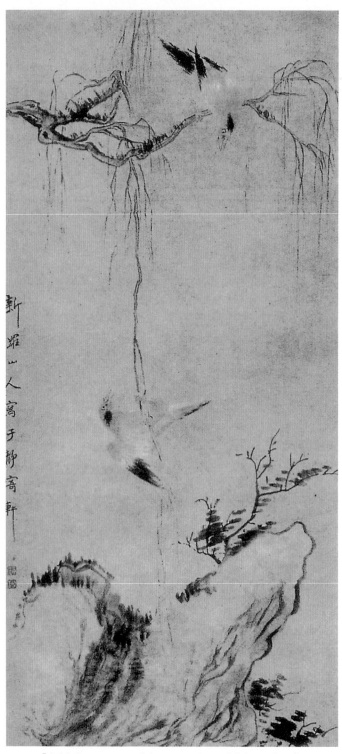

「황리수류도黃鸝垂柳圖」, 화암, 25.4×24.6cm, 베이징 고궁박물원.

골 어귀가 진창이니 모판을 옮기세	谷口泥濃移秧叢
꾀꼬리는 한 해 풍년 노래를 한다.	金衣公子歌年豐
골 어귀는 진창이고 맑은 바람 불어오니	谷口泥濃時暘風
격양가에 배 두드리며 늙은이는 기뻐하네.	擊壤鼓腹嬉老翁

금의공자金衣公子라 했으니 이 또한 꾀꼬리를 노래한 것이다. 꾀꼬리가 이번에는 '곡구니농谷口泥濃' 하며 운다. 골짝 어귀가 온통 진창이라고 운다. 땅이 완전히 풀리고 물도 넉넉하여 모심기에 알맞은 철이 돌아왔음을 알린다는 뜻이다. 때마침 비도 부슬부슬 내리고 꾀꼬리는 좋은 시절 빨리빨리 농사일을 서두르라고 운다. 농부들 구슬땀을 걷어가라고 바람도 알맞게 맞추어 부니 농부는 절로 신명이 나서 배를 두드리며 격양가를 부른다. 꾀꼬리의 수다스런 울음소리는 이래저래 많은 생각을 떠오르게 했던 모양이다.

애끊는 새끼 사랑

꾀꼬리는 그 날개 빛이 화려하고 노랫소리가 듣기 좋다. 그래서 옛날부터 새장 속에 가둬놓고 사육하기도 했다. 『삼국지』에 나오는 조조는 위나라 때의 유명한 시인이기도 했다. 그 아들 조비曹丕도 뛰어난 시인이었다. 조비는 「앵부鶯賦」란 작품을 남겼다.

그물 든 사람이 날 잡음을 원망하니	怨羅人之我困
좁은 그물 갇히어 애통하여라.	痛密網而在身
궁한 슬픔 돌아봐도 고할 곳 없으니	顧窮悲而無告
내 목숨 스러짐을 알 수 있겠네.	知時命之將泯

좋은 집에 올라가 바치어져서	升華堂而進御
위엄 있는 밝은 임금 받들게 됐지,	奉明后之威神
오직 오늘의 요행을 얻어	唯今日之僥倖
죽음을 면하고 살게 되었네.	得去死而就生
새장에 갇히어 살게 되면서	托幽籠以棲息
맑은 바람 그리워 슬피 운다네.	厲淸風而哀鳴

새 그물에 잡힌 꾀꼬리가 임금에게 예물로 바쳐져서 새장에 갇힌 채 슬픈 노래를 부르는 정황을 노래한 것이다. 꾀꼬리를 잡아 새장에 기르는 일이 있다보니 새끼와 떨어진 어미 꾀꼬리의 이야기가 문헌 설화에 여럿 나온다. 제 새끼를 사랑하지 않는 어미가 어디 있을까마는 꾀꼬리의 새끼 사랑은 유난했던 모양이다. 먼저 중국의『학림옥로鶴林玉露』란 책에 나오는 이야기다.

무주婺州 고을 고목 위에 꾀꼬리 둥지가 있었다. 나졸 하나가 둥지를 뒤져서 새끼를 가져갔다. 군수 왕몽룡王夢龍이 마침 책상에 앉아 일을 보고 있었다. 꾀꼬리가 갑자기 날아 내려오더니 한 나졸의 두건을 움켜쥐고 가버렸다. 나중에 새끼를 가져간 나졸이 아닌 것을 알았는지 두건을 물고 돌아왔다. 그러고는 둥지를 뒤진 나졸의 두건을 급히 움켜쥐고 가버렸다. 군수가 연유를 따져 묻고는 그 나졸을 매질하여 쫓아냈다.

새끼를 잡아간 나졸의 두건을 가져가 군수에게 혼이 나게 한 꾀꼬리의 이야기다. 『옥당한화玉堂閑話』에 실린 이야기는 또 이렇다.

몇 해 전 어떤 사람이 꾀꼬리 새끼를 잡아와 대나무로 만든 새장 속에 넣어 길렀다. 암컷과 수컷이 날개를 접고서 새벽부터 밤까지 새장 밖에

「유지황조도榴枝黃鳥圖」, 작가미상, 25.4×24.6cm, 베이징 고궁박물원.

서 슬피 울었다. 먹지도 마시지도 않았다. 그래서 새끼를 새장 밖에 내놓았다. 그랬더니 다시 와서 새끼를 먹였다. 사람이 그 앞에 있어도 조금도 무서워하지 않았다. 그러던 어느 날 새끼를 새장에서 내놓지 않았다. 암수가 새장 둘레를 빙빙 돌며 울다가 들어갈 방법이 없자, 한 놈은 물에 뛰어들고 한 놈은 새장에 부딪혀 죽었다. 배를 갈라 살펴보니 창자가 마디마디 끊어져 있었다.

말 그대로 창자가 토막토막 끊어진 단장斷腸의 새끼 사랑에 대한 이야기다. 우리말에 애끓는다는 말이 있다. 애가 탄다고도 한다. 애는 창자를 가리키는 순우리말이다. 애끓는다는 것은 애가 끊어진다는 뜻이다. 조선 중기 어숙권魚叔權의 『패관잡기稗官雜記』에도 비슷한 이야기가 실려 있다.

가정 임오년(1522)에 내가 서해의 옥곡에 유람갔다. 주인 홍준洪濬이 꾀꼬리와 새끼를 한 마리씩 얻었다. 꾀꼬리는 새장 속에 두고 새끼는 다른 곳에 두어 서로 보지 못하게 했다. 하루는 어쩌나 보려고 새끼를 가져다가 새장 속에 넣어주었다. 꾀꼬리가 갑자기 외마디 소리를 지르더니 땅에 고꾸라져 죽고 말았다. 아이들이 장난삼아 그 배를 갈라보았다. 창자가 일고여덟 마디로 끊어져 있었다. 내가 슬퍼하며 기이하게 여겨 마음으로 늘 이상하게 생각했다.

꾀꼬리의 유난스런 자식 사랑의 이야기가 이렇듯 꽤 여러 문헌에 나오는 것을 보면 여느 새와 다른 특별한 점이 있었던 모양이다. 창자가 마디마디 끊어졌다는 것은 과학적으로 어떻게 설명해야 좋을지 모르겠다.

꾀꼬리의 방언학

정지용의 수필 「꾀꼬리」에는 꾀꼬리의 사투리에 대한 이야기가 나온다. 옛 시를 보면 새의 울음소리를 가지고 여러 재미있는 연상을 하고 있다. 새들의 울음소리는 암수에 따라 다르기도 하지만 계절에 따라서도 달라진다. 또 지방마다 사투리가 있듯이 새들의 울음소리도 지역에 따라 다르다. 먼저 정지용의 수필을 함께 읽어보자.

> 꾀꼬리도 사투리를 쓰는 것이온지 강진골 꾀꼬리 소리는 다른 듯하외다. 경도京都 꾀꼬리는 이른 봄 매화 필 무렵에 거진 전찻길 옆에까지 내려와 울던 것인데 약간 수리목이 저가지고 아담하게 굴리던 것이요. 서울 문밖 꾀꼬리는 아카시아꽃 성히 피는 철 이른 여름에 잠깐 듣고 마는 것이나 이곳 꾀꼬리는 늦은 봄부터 여름이 다 가도록 운다 하는데 한 놈이 여러 가지 소리를 내는 것입니다. 바로 장독대 뒤 큰 둥그나무가 된 팽나무 세 그루에서 하루 종일 울고 아침 햇살이 마악 퍼질 무렵에는 소란스럽게도 꾀꼬리 저자를 서는 것입니다.
> 꾀꼬리 보학譜學에 통하지 못하였고 나의 발음 기관이 에보나이트판이 아닌 바에야 이 소리를 어떻게 정확하게 기록하여 보내드리리까? 이골 태생 명창 함동정월咸洞庭月의 가야금 병창 「상사가相思歌」 구절에서 간혹 이곳 꾀꼬리의 사투리 같은 구절이 섞이어 들리는가 하옵니다. 그는 그럴싸하게 들으니 그렇게 들리는 것이지 어떻게 그럴 수 있겠습니까. 꾀꼬리도 망령의 소리를 발하기도 하는 것이니 쭉쭉 찢는 듯이 개액객거리는 것은 저것은 표독한 처녀의 질투에서 나오는 발악에 가깝기도 합니다.

전남 강진으로 여행을 갔다가 거기서 들은 꾀꼬리의 울음소리가 서울이나 일본 교토에서 듣던 소리와 현저히 다른 것을 느꼈다. 교토의

「백한과 꾀꼬리白鵰黄鶯」, 전 이영윤, 비단에 채색, 152.7×55.0cm, 16세기, 국립중앙박물관.

꾀꼬리가 약간 수리목이 져가지고 아담하게 굴리는 데 반해, 강진의 꾀꼬리는 표독한 처녀의 질투에서 나오는 발악에 가까운 소리라고 한 것이 참 재미있다.

강진의 꾀꼬리가 표독한 처녀의 질투에서 나오는 발악처럼 들렸던 것은 아마도 여름 꾀꼬리의 울음소리를 들었기 때문인 듯하다. 전남 지역에서는 5월이 지나면 꾀꼬리가 개고마리가 된다고 말한다. 이때가 되면 변성기가 와서 꽥꽥대는 소리로 변하기 때문에 그렇다는 것이다. 일반적으로 꾀꼬리는 번식기가 되면 수컷이 암컷을 유혹하거나, 다른 수컷에게 자신의 영역을 알리기 위해 아름다운 노래로 지저귄다. 새의 노랫소리인 Song은 번식기의 수컷에게서만 들을 수 있다. 그러나 이런 아름다운 노래 외에 Call이라고 하는 울음소리도 있다. 이것은 주로 적의 침입으로부터 둥지와 새끼를 지키기 위한 경계성 짙은 찢어질 듯 강한 음색의 단순한 소리다. 이것이 바로 정지용이 수필에서 적고 있는 "쪽쪽 찢는 듯이 개액객거리는" 소리요, "표독한 처녀의 질투에서 나오는 발악"인 셈이다.

또 지역에 따라 새들은 서로 다른 소리를 내는데 그것은 새들이 해마다 같은 지역을 찾아오고 대대로 물려 내려오는 학습 효과로 음색이나 소리가 달라지기 때문이다. 여기에 대해서는 조류학자들이 연구 결과를 보고한 것이 적지 않다. 박새, 흰배지빠귀, 휘파람새 등에 대한 연구가 있다.

새 중에는 벌레를 먹는 것이 있다. 수풀 속이나 거름 흙 또는 늪에서 벌레를 잡을 수 있다. 고기를 먹는 것도 있다. 이것들은 산야에서 사냥하여 얻을 수 있다. 다만 솔개만은 성질이 벌레를 잡아먹지도 못하고, 재주가 꿩이나 토끼를 사냥하지도 못해 하루 종일 빈 마을 사이를 맴돌며 멀고 가까운 곳을 엿보다가, 병아리 따위를 훔치곤 한다.

🐦 서른셋
솔개의
남의 둥지 빼앗기

탐관오리의 화신

남이 애써 이룩해놓은 것을 빼앗아 차지하고 마는 얌체족들은 인간에게만 있는 것이 아니다. 1908년 10월 28일자 『대한매일신보』에는 「의장청조」란 작품이 실려 있다. 지팡이를 짚고 서서 새 울음소리를 듣는다는 것인데 모두 10수의 연작이다. 이 가운데 솔개를 노래한 한 수를 소개한다.

새가 새가 날아든다. 무수無數 연조鳶鳥 날아든다.

네 심장心腸은 어찌하여 어물전魚物廛에 배회하며

기인투식欺人偸食 위주爲主하고 오작소烏鵲巢를 탈거奪居하니

탐관혼貪官魂이 네 아니냐.

솔개가 어물전 근처를 배회하다가 주인이 잠깐 한눈파는 사이에 잽싸게 허공을 차고 내려와 생선을 낚아채 달아난다. 기인투식欺人偸食, 즉 사람을 속여 먹을 것을 훔치는 나쁜 짓을 일삼고, 거기다가 까마귀나 까치가 애써 만들어놓은 둥지를 빼앗기 일쑤니 그 심보가 꼭 탐관오리와 같다고 나무란 것이다.

성호 이익의 한시에는 황새의 둥지를 차지한 솔개의 이야기가 보인다.

황새의 묵은 둥지에 솔개가 주인 되니	鸛有弊巢鳶作主
황새 와서 제 집 찾자 솔개 외려 성을 낸다.	鸛來尋居鳶反猜
황새 비록 수고로이 처음 집을 지었지만	彼雖辛勤始開基
솔개 또한 가꾸느라 공을 많이 들여왔네.	此亦經營切費米
솔개는 가벼이 날아 낚아채기 잘하고	小者輕飛固善攫
황새 부리 뾰족해서 쪼기를 잘한다네.	大者利嘴能啄之
아아! 둘 가운데 그 누가 옳을까?	嗚乎二物孰是非
하늘 보고 웃을 뿐 내 어이 이를 알리.	仰天一笑吾何知

시의 원 제목은 「희부연관쟁소戱賦鳶鸛爭巢」다. 솔개와 황새가 둥지를 다투는 것을 보고 장난삼아 지은 것이다. 황새가 버리고 간 둥지를 솔개가 차지했다. 나중에 황새가 돌아와서 제 둥지를 내놓으라고 하자 솔개는 성을 내며 황새에게 대든다. 비록 이 집을 처음 지은 것은 황새겠지만 살기에 마땅치 않아 버리고 간 집을 보수하고 고쳐서 이제 겨우 쓸 만한 집으로 만들어놓았다. 고친 공은 생각지 않고 내 집이니

까 내놓으라니 참을 수가 없다는 것이다. 솔개에게는 날렵한 비행술과 날카로운 발톱이 있고, 황새에게는 뾰족한 부리가 있어서 둘의 싸움은 쉽게 결판이 나지 않을 모양이다. 자! 그렇다면 처음 둥지를 지은 황새가 이 둥지의 주인일까? 아니면 버리고 간 빈 둥지를 번듯하게 고쳐서 살고 있는 솔개가 주인일까? 난처한 문제라며 시인은 고개를 갸웃하고 말았다.

병아리를 채가는 폭군

아무래도 옛 시문에 보이는 솔개는 그리 좋은 이미지를 지닌 것 같지 않다. 이익의『관물편』에는 또 이런 이야기가 실려 있다.

새 중에는 벌레를 먹는 것이 있다. 수풀 속이나 거름 흙 또는 늪에서 벌레를 잡을 수 있다. 고기를 먹는 것도 있다. 이것들은 산야에서 사냥하여 얻을 수 있다. 다만 솔개만은 성질이 벌레를 잡아먹지도 못하고, 재주가 꿩이나 토끼를 사냥하지도 못하여, 다만 하루 종일 빈 마을 사이를 맴돌며 멀고 가까운 곳을 엿보다가, 병아리 따위를 훔치곤 한다. 내가 이를 보고 말하였다. 아! 사람 또한 이 같은 자가 있다.

하루 종일 주인 없는 빈 마을 사이를 맴돌며 기회만 엿보다가 병아리 따위를 낚아채가는 솔개를 보고 이익은 '사람 또한 이 같은 자가 있다'고 했다. 병아리를 채가는 것도 제 자신의 노력이 아닌 것은 아니지만 꿩이나 토끼를 사냥하지도 못하고 벌레도 잡아먹지 못하면서 남이 애써 가꾸어놓은 것을 훔쳐 달아나는 도둑놈에다가 솔개를 견준 것이다.

박지원의 「전가田家」란 시가 있다. 농촌의 가을 풍경을 참으로 아름답게 묘사한 작품이다.

늙은이는 참새 지키려 남쪽 비탈에 앉았는데	翁老守雀坐南陂
개꼬리 수수 이삭엔 참새가 매달렸네.	粟拖狗尾黃雀垂
큰아들 둘째 아들 모두 밭에 나가 있어	長男中男皆出田
시골집은 하루 종일 사립문이 닫혀 있다.	田家盡日晝掩扉
솔개가 병아리 채가려다 헛짚어 못 잡으니	鳶蹴鷄兒攫不得
박꽃 핀 울타리에 뭇 닭 울음 시끄럽다.	群鷄亂啼匏花籬
젊은 아낙 광주리 이고 조심스레 시내 건너는데	小婦戴筐疑渡溪
벌거숭이와 누렁이가 졸랑졸랑 따라간다.	赤子黃犬相追隨

읽기만 해도 그냥 한 폭의 그림이 펼쳐진다. 다 늙어 힘없는 할아버지는 농사일을 거들지 못하고 남쪽 비탈 뙈기밭에 심어놓은 농작물을 참새 떼로부터 지켜보겠다고 허수아비 대신으로 앉아 있다. 이따금씩 후여후여 하고 새들을 쫓아보지만 얄미운 참새 녀석은 어느새 개꼬리같이 탐스럽게 익어 고개 숙인 수수 이삭에 거꾸로 매달려 제 배를 채우느라 정신이 없다.

풍요로운 가을 들판이다. 식구대로 모두 밭일을 나간 집에선 무슨 일이 벌어지고 있을까? 아까부터 솔개 한 마리가 지붕 위 하늘을 빙빙 선회하더니 아니나 다를까 쏜살같이 마당으로 날아와 병아리 한 마리를 낚아챈다. 아차차! 헛발질이다. 간신히 솔개의 손아귀를 벗어난 병아리 떼와 어미 닭은 온통 난리가 났다. 박꽃은 아무 일 없다는 듯이 울타리 가에 피어 있고 어미 닭은 꼬꼬댁거리며 새끼들을 호박 덩굴 아래로 숨긴다. 그러고도 가쁜 숨을 몰아쉬며 새끼들 단속에 여념이 없다.

ⓒ박웅

집에서 일어난 소동을 전혀 알 길 없는 젊은 아낙은 들일 나간 남정네들 새참을 내갔다가 이제 돌아오는 길이다. 시내를 건너는데 징검다리를 딛는 발걸음이 자꾸만 불안해서 발아래로 자주 신경이 간다. 그 뒤로 고추를 내놓은 꼬마가 집에서 기르는 누렁이와 장난을 치면서 제 엄마의 치마꼬리를 잡고 간다.

이덕무의 『이목구심서』에도 솔개 이야기가 나온다.

정조사正朝使가 북경에서 돌아올 때 장사꾼이 어미 원숭이를 사가지고 왔는데 임신한 상태였다. 우리나라 땅에 들어오자 슬퍼하며 머뭇거리니 장사꾼이 너그러이 이를 위로하였다. 중간에 새끼를 낳자 사람이 소매 속에 넣고 가다가 이따금 꺼내서 젖을 먹게 하였다. 하루는 원숭이가 제 급히 새끼를 내놓기를 청하더니, 머리에 이고 사람처럼 서서 가는데 솔개가 낚아채가버렸다. 원숭이가 슬픔을 능히 견디지 못하자 사람이 또 위로하기를, "네가 비록 슬퍼한들 어쩌하겠느냐?" 하니 원숭이는 마치 마음을 푸는 것 같았다. 여관에 이르자 갑자기 닭을 잡아 털을 뽑고서 머리에 이더니 솔개가 낚아채간 곳을 맴돌았다. 솔개가 또 내려와 낚아채니 원숭이는 비로소 솔개를 잡아 이를 찢어 죽였다. 장사꾼이 낮잠 자기를 기다려 그 고삐를 풀어 목을 매고는 죽었다. 아! 이는 진실로 금수이면서 사람의 마음을 지녔다 할 만하다. 저 사람의 탈을 쓴 짐승 같은 자들이야 어찌 족히 귀하게 여기겠는가? 원숭이가 사람에게 묶임을 당한 데다 또 새끼까지 잃고 보니 죽지 않고서야 어쩌하겠는가?

제 새끼를 사랑하는 마음은 미물이라고 해서 다를 것이 없다. 솔개에게 새끼를 잡아먹힌 원숭이가 털 뽑은 닭을 머리에 이고 솔개를 유인해서 이를 찢어 죽인 이야기다. 어미 원숭이는 그 슬픔을 못 이겨 목을 매어 죽었다.

이 글을 읽다보니 여러 해 전 일본 후쿠오카의 원숭이 공원에 갔을 때 일이 자꾸 떠오른다. 수천 마리의 원숭이가 자연 상태로 사는 그곳에서 원숭이 한 마리가 죽은 제 새끼를 품에 안고 있었다. 안내인의 설명으로는 벌써 보름째 저러고 있다는 것이었다. 죽은 새끼의 다리는 이미 썩어 곧 몸에서 떨어질 듯 간들거리고 있는데 어미는 여전히 제 새끼를 품에 안고 쓰다듬고 안아주고 했다. 이런 것을 보면 때로 사람이 짐승만도 못하다는 생각이 들곤 한다.

비 소식을 몰고 오는 전령

한편으로 솔개의 울음소리를 음차한 금언체 한시 몇 수가 남아 있다. '우래雨來' '우래을雨來乙', 또는 '비오飛吾'로 표기하는데, 이로 보아 '비오' 또는 '비올'로 읽고 비가 온다고 말하는 것으로 들었음을 알 수 있다. 솔개의 다른 이름에 풍백風伯이란 것이 있다. 송나라 때 이석李石이 엮은 『속박물지續博物志』에는 "아침에 솔개가 울면 큰 바람이 분다"고 적혀 있다.

먼저 조선 중기 양경우가 지은 「우래을雨來乙」 한 수를 살펴보자. 그는 솔개의 울음소리를 '비올'로 들었다.

비올 비올!   雨來乙雨來乙
네 소리 듣기 싫고 네 모습은 추하다.   爾聲甚惡形甚麤
해당화 꽃비 내려 밭 마르지 않았는데   棠花雨足田不涸
무슨 일로 집 머리서 하루 종일 우는 게냐.   何事屋頭長日呼
병아리를 잘 길러서 관가에 바치려 하니   養得鷄兒應官供
울타리 속 병아리는 넘보지 말려무나.   爾勿俯視柵中雛

섬뜩한 소리로 '비올 비올' 하며 아침부터 지붕 위에서 솔개 한 마리가 하루 종일 울고 있다. 해당화 시절에 꽃을 재촉하는 비가 넉넉하게 내려 밭에도 물이 넉넉하니 다시 비가 오지 않아도 아무 염려가 없다. 그런데 왜 그렇게 하루 종일 울어대느냐고 솔개를 나무랐다. 솔개의 속셈은 무서운 울음소리를 듣고 울타리 속으로 숨어 들어가 발발 떨고 있는 병아리를 낚아채는 데 있다. 하지만 저 병아리는 잘 키워서 관가에 바쳐야 하는 것이니 제발 딴 생각 말고 딴 데로 가라고 했다.

유득공의 「동금언東禽言」 4수 중에도 「우래雨來」 한 수가 있다. 작품 아래에 '연야鳶也'라는 주가 달려 있다.

비오 비오!	雨來雨來
젊은 아낙 쫑알대며 홰나무 우러르며	小姑呢喃仰高槐
열흘 장맛비에 오늘 하루 개었기에,	十日霪雨一日霽
우리 님 비단적삼 빨아서 널었는데	洗郎羅衫張罷毽
비 오면 비가 오면 어찌한단 말인가?	雨來雨來何爲哉

홰나무 꼭대기에 솔개 한 마리가 앉아서 아까부터 '비오 비오' 하며 울고 있다. 긴 장맛비에 잠깐 든 햇볕이 반가워 미뤘던 빨래를 서둘러 해놓고 활짝 널어둔 아낙네는 솔개의 비 온다는 소리에 애써 한 빨래가 다 젖고 말까봐 고개를 올려 쳐다보고 있다.

어쨌거나 옛글에서 솔개는 악역을 도맡는 새로 나온다. 제 스스로 둥지를 짓지 않고, 남이 지어놓은 둥지를 슬그머니 차지하고 들어오는 얌체 근성을 지녔고, 남의 새끼를 잡아먹는 나쁜 놈이다. 그렇지만 이 솔개도 이제는 우리 주변에서 쉽게 찾아볼 수 없는 새가 되고 말았다. 마당에 놀던 병아리 떼가 사라지면서 솔개도 우리 곁을 떠나버렸다. 그 많던 솔개는 모두 어디로 가버린 걸까?

네 소리 비록 심히 독해도 세상 사람 모두 다 너처럼 독해 상서롭지 못한 것이 어찌 너뿐이랴. 아첨하여 교묘히 혀를 놀리고 번득이며 간사한 눈빛을 하지. 얼굴 빤히 보면서 함정 만드니 빠지면 꼼짝도 할 수가 없네. 너를 세상 사람과 견주어보면 어찌 알리. 외려 복이 되지 않을 줄.

서른넷

불효의 새,
올빼미

못된 새를 죽인 이야기

조관빈趙觀彬(1691~1757)의 『회헌집悔軒集』에는 「일악조설瘞惡鳥說」이란 글이 실려 있다. 못된 새를 죽인 이야기란 뜻이다. 그 내용을 소개하면 다음과 같다.

임신년 봄 내가 강화에 머물러 있을 때 일이다. 정당正堂의 남쪽에 홰나무 한 그루가 있었는데 까치 두 마리가 그 위에 둥지를 틀었다. 온 병영의 장수와 아전들이 모두 길조라며 좋아들 했다. 나 또한 전부터 몇 차례 경험이 있던 터여서 이를 자못 기이하게 여겼다. 땔감의 잔가지를 주워서 둥지 짓는 것을 돕게 했지만 모진 바람이 불어와 둥지가 땅에 떨어질까봐 걱정이 되어 밖에 있을 때나 안에 있을 때나 눈을 떼지 못했다. 둥지가 마침내 완성되었고 나도 마침 바로 돌아오게 되었다.

부府의 아전이 와서 나와 이야기하다가 말이 까치의 둥지에 미치게 되었다. 아전이 말하기를 내가 병영을 떠난 뒤에 어디서 왔는지 모르는 못된 새가 까치를 쫓아내고 그 둥지를 차지해버리고는 편안히 살 수 없게 하므로 까치는 이따금 와서 우짖을 따름이라는 것이다. 이 말을 듣고 나도 몰래 분한 마음이 일어났다. 그래서 그놈의 새가 어떻게 생겼는지 물어보니, 올빼미 종류인데 몸집이 조금 작고 부리가 날카로우며 발톱이 뾰족하니 못된 종자가 분명하다고 했다. 내가 말했다. "까치는 영물이다. 어찌 저 새가 제멋대로 못된 짓을 하게 내버려둔단 말이냐. 병영 막사에 남아 있는 비장들에게 명령을 내려 총을 잘 쏘는 자를 시켜 쏘아 죽이도록 해라." 이렇게 해서 세 마리를 잡았는데 그중 한 마리는 산 채로 잡아 내게 가져왔다. 내가 그 모습을 살펴보니 과연 아전의 말과 같았다. 마침내 어린 하인 중 성질이 사나운 녀석에게 맡겨 묶어다가 가차 없이 발로 차서 죽이게 했다.

그러고는 옆에 있던 사람들에게 말했다. "이러한 못된 것들은 흉악하고 요망한 기운에서 나온 것이니 하늘 이치로 보아 마땅히 있어서는 안 될 것들이다. 그러나 벌레 가운데는 뱀이 있고 짐승 가운데는 범이 있으며 새 중에는 또 올빼미 종류가 있는데, 이것은 그중에서도 심한 것이다. 그렇지 않다면 조물주가 물건을 만들 때 기운이 혹 잘못 불어넣어져서 선과 악이 뒤섞여 살게 되었고, 악한 것이 반드시 선한 것을 해치게 만드는 것일까? 요임금은 산택山澤을 태우고 주공周公은 맹수를 몰아냈으니 위대한 성인이 백성을 위해 해로운 것을 제거하는 지극한 뜻을 여기에서 볼 수 있다. 그러나 그때 일은 이미 아득히 멀고 이러한 법도 폐해진 지가 오래되었다. 새나 짐승 가운데 흉악한 놈들이 제멋대로 날뛰며 새끼를 낳아 번식하는데도 죽여 끊어버릴 수가 없다면 도리어 상서롭고 착한 동물이 그 해를 입게 될 것이니 이것이 무슨 이치란 말인가? 내가 둥지의 까치를 위해 못된 새를 죽인 것은 또한 옛 성인이 산택에 불을 놓고 맹수를 몰아낸 뜻을 본받고자 하는 것이다. 그렇지만 이 같은 종류는 매우 많으니 그 누가 이를 모두 죽일 수 있겠는가?" 총을 잘 쏘아 맞춘 자를 권면하지 않을 수 없어 돈과 베를 내려 후하게 상을 주었다. 그러고 나서 붓을 휘둘러 이 글을 쓴다.

올빼미가 까치를 몰아내고 그 둥지를 차지해버렸다. 까치는 널리 길조로 인식되어왔으므로 집에 까치가 둥지를 틀면 상서로운 일이 있을 것이라 하여 모두들 기뻐하곤 했다. 까치가 강화도의 병영 앞뜰에 둥지를 틀기에 무슨 좋은 일이 있으려나 싶어 기뻐했는데 못된 올빼미가 나타나 둥지를 빼앗았다는 말을 듣고 격분하여 조총을 쏘아 올빼미를 죽였다. 그것도 한 마리가 아니라 세 마리나 죽였다. 그중 한 마리는 멀쩡히 살아 있는 것을 끈으로 묶어놓고 발로 차서 죽였다. 올빼미는 예전에는 불길하고 재수 없는 새로 여겨졌기에 이런 봉변을 당한 것이다.

선악의 가치 기준에 따라 새들을 판단해서 남의 둥지를 빼앗았다고 총을 쏘아 죽이는 것은 지금 입장에서 볼 때는 다소 어처구니없는 일로 여겨진다. 인간의 선악 판단을 기준으로 착한 새와 못된 새를 구분하여 악을 징치懲治하는 장면은 옛사람들의 도덕적 가치관을 다시금 생각하게 한다.

재앙을 불러오는 재수 없는 새

서양에서 올빼미는 지혜자의 상징이다. 어린이 만화영화에서도 올빼미는 돋보기를 걸치고 나무에 앉아 주인공의 어려운 사정을 들어주고 해결책을 들려준다. 사람보다 수십 배나 뛰어난 시력을 지녀 암흑 속에서도 물체를 또렷이 보는 그 속성에서 끌어와 잘 알 수 없는 사물의 이치를 훤히 꿰뚫어보는 현자로 자주 등장한다.

반면 동양에서 올빼미는 집에 와서 울면 그 집 주인이 죽고 그 집에 재앙이 드는 아주 불길하고 재수 없는 새로 알려져왔다. 『시경』에 「치효鴟鴞」편이 있다. 치효는 올빼미의 한자 이름이다.

올빼미야 올빼미야!	鴟鴞鴟鴞
내 자식을 이미 잡아먹었으니	旣取我子
내 집은 헐지 말아다오.	無毁我室

여기서 올빼미는 다른 새의 새끼를 잡아먹고 그 집까지 차지해버리는 못된 새로 그려져 있다. 또 『금경』에는 괴복怪鵩이라 하고, "일명 휴류鵂鶹라고도 한다. 강동 지역에서는 괴조怪鳥라고 부른다. 울음소리를 들으면 재앙이 많이 생기므로 사람들이 이를 미워하여 귀를 막곤 한다"고 적혀 있다. 화조禍鳥로도 불렸다.

한漢나라 때 유명한 문인 가의賈誼(기원전 200~기원전 168)가 장사 땅에

귀양가 살 때, 자기가 거처하던 집 횟대 위로 올빼미가 날아들었다. 이 지방에는 올빼미가 인가에 날아들면 그 집 주인이 죽는다는 속설이 있었다. 가의는 자신의 운명을 슬퍼하며 「복조부鵩鳥賦」, 즉 올빼미의 노래를 불렀다. 이후 올빼미는 더욱 불길한 징조를 나타내는 새로 깊이 각인되었다.

한나라 때 유향의 『설원』에 재미있는 우화가 실려 있다. 올빼미가 비둘기를 만나니 비둘기가 어딜 가느냐고 물었다. 올빼미가 마을 사람들이 모두 내 울음소리를 싫어하므로 동쪽으로 이사가려 한다고 했다. 그러자 비둘기는 네 울음소리를 고치면 되겠지만 고칠 수 없다면 동쪽으로 이사해봤자 소용없을 거라고 하더라는 이야기다.

조선 중기의 권필도 올빼미를 노래한 것이 있다. 「야좌취심주필성장삼수夜坐醉甚走筆成章三首」 가운데 셋째 수다.

숨어서 사는 집은 구석진 거처	幽居所居屋
집 둘레엔 묵은 나무가 많네.	繞屋多古木
새 있어 한밤중 울어대는데	有鳥半夜鳴
어린애 울음소리 비슷하구나.	聲如小兒哭
그 이름 올빼미라 부른다 하니	其名曰訓狐
울면은 주인에게 재앙이 오지.	鳴則主人厄
주인이 올빼미에게 이야기했네.	主人語訓狐
"네 소리 비록 심히 독해도	爾聲雖甚毒
세상 사람 모두 다 너처럼 독해	舉世皆爾曹
상서롭지 못한 것이 어찌 너뿐이랴.	不祥爾豈獨
아첨하여 교묘히 혀를 놀리고	呢呰弄巧舌
번득이며 간사한 눈빛을 하지.	睗睒張奸目
얼굴 빤히 보면서 함정 만드니	對面設機阱

빠지면 꼼짝도 할 수가 없네.　　　　　　　　　　陷人動不測

너를 세상 사람과 견주어보면　　　　　　　　　　以爾比世人

어찌 알리, 외려 복이 되지 않을 줄."　　　　　　　焉知不爲福

　　훈호訓狐는 올빼미의 다른 이름이다. 6구까지는 올빼미에 대한 속신
俗信을 설명했다. 이하 8구에서 끝까지는 주인이 올빼미에게 하는 말이
다. 올빼미의 뾰족한 부리와, 깊은 밤 나무 위에서 어린애 울음같이 울
어대는 음험한 소리, 밤중에도 불길하게 번득이는 간사한 눈빛. 이 새
의 이러한 외형과 생태는 재수 없는 새, 불길한 징조로 올빼미의 이미
지를 굳혀놓았다. 하지만 올빼미를 싫어하는 세상 사람들은 어떤가.
간이라도 꺼내줄 듯한 교언영색의 아첨, 잠시도 가만있지 못하고 번득
이는 교활한 눈빛, 밤도 아닌 대낮에 상대의 면전에서 덫을 놓아 빠뜨

리는 권모술수. 기실 올빼미보다 더한 존재가 인간 아닌가. 이 시는 올빼미에 가탁하여 교활한 권모술수로 남을 음해하고 해악을 끼치는 인간들을 풍자하고 있다.

옛 문헌 설화에도 올빼미는 자주 등장한다. 조선시대 『태평한화太平閑話』라는 설화집에는 집 근처에서 올빼미가 울면 그 집안사람이 올빼미를 따라 계속 같은 소리를 내서 끝까지 지지 않아야 하는데 만약 올빼미에게 지면 그 집에 재앙이 온다고 적고 있다. 이어 안선생이란 사람이 집 근처에 와서 우는 올빼미 소리를 듣고 밤새도록 대응해서 소리를 내다보니 나중엔 지쳐 죽을 지경이 되었다. 그런데도 올빼미가 계속 울자 그는 하인들을 불러다가 교대로 울게 하여 마침내 아침이 되어 올빼미가 울음을 그칠 때까지 계속했다는 이야기를 소개했다. 김정국의 『사재척언』에도 비슷한 이야기가 실려 있다.

조선시대에는 올빼미가 주로 집에 화재를 불러온다는 속신이 널리 퍼져 있었던 모양이다. 유몽인의 『어우야담』에는 올빼미 때문에 생긴 여러 차례의 불상사를 적고 있다. 명례방에 살 때 아침에 일하는 아이가 놀라 소리치는 것을 듣고 나가보니 부엌 들보 위에 올빼미가 앉아 있는 것이었다. 그래서 막대기로 이 새를 쳐서 떨어뜨렸는데, 그날 밤 큰집 사랑채에 큰불이 났다. 또 이런 일도 있었다. 아내를 잃고 장례를 치르는데 올빼미가 제사를 준비하던 종의 아내 가슴에 앉았다. 요괴롭다 하여 여자를 접근치 못하게 했는데, 그날 밤에 어린 종이 실수로 산기슭에 불을 떨궈 묘막墓幕을 다 태워버렸다. 또 대낮에 올빼미가 사람에게 와 닿았다. 불조심을 시켰음에도 불구하고 그날 밤 불이 나서 이웃집을 반 넘어 태운 일도 있었다. 이런 설화를 보면 올빼미가 조선시대에 어떤 새로 인식되었는지 잘 알 수 있다.

한편 까마귀가 반포조反哺鳥라 하여 부모에게 먹이를 가져다 먹이는 효성스런 새로 알려진 데 반해 올빼미는 은혜를 저버리고 제 어미를 잡아먹는 패륜적인 불효조로 알려졌다.

중국 양나라 때 유협劉勰이 엮은 『유자劉子』에는 "올빼미는 그 새끼를 백 일 동안 품어 기른다. 날개가 생겨나면 어미를 잡아먹고 날아간다"고 했다. 『금경』에서도 "올빼미는 둥지에 있을 때는 어미가 이를 먹여 기른다. 날개가 생기면 어미의 눈알을 쪼아먹고 날아가버린다"고 했다. 물론 아무런 과학적 근거가 없는 말이다.

이런 속설 때문에 올빼미는 공연한 수난을 많이 겪었다. 『둔제한람遯齊閒覽』에는 또 이렇게 적혀 있다. "올빼미는 어미를 잡아먹는 불효를 행하는 까닭에 옛사람이 국을 끓이고, 또 나무에다 그 머리를 내걸었다. 그래서 후인들이 적의 머리를 내걸어 무리에게 보이는 것을 일러 효수梟首라고 하였다." 효수형이란 목을 베어 장대에 매달아 사람들에게 이를 구경하도록 하는 형벌이다. 옛사람들이 이 새가 어미를 잡아먹는 불효조라 하여 몸뚱이는 국을 끓여 먹고 머리는 나무에 매달았으므로 이를 본떠 사람의 머리를 장대에 매다는 것을 효수라 했다는 것이다. 올빼미는 이래저래 억울하고 원통한 점이 많았을 듯하다.

옛 문헌에서 부엉이와 올빼미가 특별히 구분되었던 것 같지는 않다. 부엉이는 휴류鵂鶹라 하는데 막상 그 설명을 보면 올빼미와 혼동되고 있다. 휴류休留는 머물지 말라는 뜻이다. 그러니까 재수 없으니 이곳에 머물지 말고 다른 데 가라는 뜻으로 부엉이의 울음소리를 본떠 이름 지은 것이다.

부엉이가 '봉황' 하며 울음을 우니 　　　　　　　　　　鵩鶹聲鳳凰

이름과 실지를 어이 살피랴.	名實安可詳
칠흑 밤에 그 모습 감추어두고	黑夜藏其形
흉내내어 조양朝陽에서 울음을 우네.	倣象鳴朝陽
암컷이 '갓갓' 하고 웃기만 하면	其雌笑呵呵
아녀자들 허둥지둥 달아난다네.	兒女走遑遑
우맹이 손숙오 흉내를 내고	優孟亂叔敖
동시가 서시 따라 찡그렸다지.	里婦效西子
신新의 왕망 주공 이름 참칭을 하니	新莽僭周公
천하에 시비가 어지럽구나.	天下眩非是

유몽인의 「휴류조鵂鶹鳥」다. 시인은 부엉이의 울음소리를 '봉황'으로 들어, 부엉이가 자꾸만 저를 봉황새라고 우긴다는 의미로 읽었다. 유머다. 칠흑 같은 밤중에 제 모습을 감추고서 부엉이는 자꾸만 '봉황 봉황' 하고 울어댄다. 한밤중에 우는 야행성의 이 새는 마침내는 스스로를 봉황으로 착각해 아침 해가 떴는데도 계속 '봉황 봉황' 하며 울어댄다. 이를 보다 못한 암컷이 웃자 그 음산히 웃는 소리에 놀라 길 가던 아녀자들이 달아나더라고 했다. 실제로 부엉이는 푸드득 날 때는 '갓갓' 하며 우는데 그 저음의 소리가 마치 숲속에서 귀신이 키득이며 웃는 소리 같아서 듣는 사람들이 깜짝 놀라 무서워 달아난다고 한 것이다.

우맹이 죽은 손숙오의 흉내를 낸 초나라의 군신을 다 속인 일이 있다. 그렇지만 천하 미녀 서시西施의 찡그림을 흉내내다 온 마을 사람들의 혐오감만 불러일으켰던 동시東施와, 예악문물 제도를 주나라의 그것으로 되돌리겠다고 호언장담하다가 제풀에 망하고 말았던 신나라 왕망의 일도 있다. 부엉이가 '봉황'이라고 운다 해서 봉황새가 될 수 없다. 가짜는 가짜다. 그런데 세상은 시비가 전도되어 어느 것이 진짜인지 누가 옳은지조차 분간할 수 없게 되고 말았다는 것이다. 논의가 이쯤 되면 단순한 해학을 넘어 풍자의 의미가 한 자락 깔린다.

부엉이는 귀신 수레 몬다고 말하는데	鵩鵩自是鬼車伴
한밤중 가증스레 괴상한 새 우짖는다.	中夜可憎怪鳥喝
낮에는 몰래 숨어 눈에 뵈지 않다가	當晝潛藏眸不見
어둠 틈타 오가면서 먹을 것을 구하네.	乘昏踐踝口能求
정성 다해 봉황새를 흉내내보다가	一心莫擬鸞鳳族
두 날개는 제비 참새 기꺼이 따라가네.	雙翼肯隨燕雀流
화복과 길흉이야 상관할 바 아니지만	禍福吉凶非管我
간간이 귀에 들려 근심 일으키는구나.	兩三聲入使人愁

조언유의 「야문휴류夜聞鵩鵩」란 작품이다. 밤중에 부엉이 소리를 듣고 쓴 시다. 부엉이는 귀거鬼車, 즉 귀신이 탄 수레를 끄는 전령이라는 속신이 있다. 그런 새가 낮에는 숨어 있다가 어둠을 틈타 먹이를 찾아 오간다. 우는 소리는 앞서 유몽인의 시에서 보았듯 '봉황 봉황' 하며 봉황의 소리를 흉내내지만 실제 하는 짓은 제비나 참새만도 못하다. 인간의 화복길흉이야 사람의 뜻으로 안 되는 것이지만 한밤중 문득 들려온 부엉이 울음소리 때문에 공연히 불길한 예감이 든다고 했다.

부엉부엉 울어야 속이 풀리지

한시의 이런 불길하고 재수 없는 느낌과는 달리 현대시에서 부엉이는 매우 정겹고 긍정적인 의미를 담고 있다.

꾀꼬리 사설
두견의 목청
좋은 줄을 누가 몰라

도지개 지내간 후
쪼각달이 걸리며는

나는야
부엉부엉 울어야만
풀어지니 그러지.

　조운의 「부엉이」란 시조다. 꾀꼬리처럼 두견이같이 곱고 슬픈 노래를
부르고 싶지만 깊은 밤중만 되면 '부엉부엉' 하고 저 깊은 속에서부터
치밀어 올라오는 울음을 울어야만 마음속에 맺혀 있던 설움이 풀린다
고 했다.

미움과 욕으로 일삼는 대낮에는
정녕 조상을 꺼려서 차라리 눈을 감는 것이
약보다는 좋은 효험이라 생각하였다.

부엉이는 또한
싸움으로 일삼는 낮에사
푸른 나무 그늘 바위틈에서
착하디착하게 명상하는 기쁨이
복이 되곤 했었다.

모든 영혼이 쉬는 밤
또 하나의 생명과 영혼이 태어나는 밤

이 밤이 좋아서 신화는
부엉이를 눈을 뜨게끔 하였다.

어둠 속에서
별이 반짝이며 이슬을 보낸다.
나무가 숨 쉬며 바람을 보낸다.
꽃이 피려고 향을 풍긴다.

한하운의 「부엉이」다. 미움과 욕이 난무하고 싸움만 일삼는 대낮에는 차라리 눈을 감고 외면한다. 모든 영혼이 쉬고 또 하나의 생명과 영혼이 태어나는 밤이 좋아서 부엉이는 어둠 속에서 눈을 뜬다. 별이 보내는 이슬, 나무가 숨 쉬는 바람, 꽃이 피려는 향기를 느낀다.

쏙독새는 중국이나 일본의 시에는 등장하는 일이 거의 없다. 그런데 정작 우리나라에서는 매우 다양한 이름으로 불리며 이런저런 전설과 함께 많은 사랑을 받아 시에 제법 등장한다. 선인들은 이 새가 '쏙독 쏙독' 하며 울므로 쏙독새라고 불렀다. 때로는 '쏙쏙쏙쏙' 하며 1초에 4회 정도로 빠르게 연속적인 소리를 낸다.

서른다섯

무채를 잘 써는
쏙독새

모기를 토해내는 새

쏙독새는 여름 철새다. 낙엽처럼 보이는 위장색을 지녔고 야행성 조류라 관찰하기 어렵다. 낮에는 나뭇가지 위나 수풀 속에 가만히 앉아 꼼짝도 않고 있으므로 눈에 띄지 않는다. 둥지를 따로 틀지 않고 알을 낳는다. 영어 이름은 정글 나이트자Jungle Nightjar(학명은 *Caprimulgus indicus*)다. 저녁 무렵부터 새벽 사이에 활동하며 모기나 나방, 딱정벌레, 메뚜기 등 곤충류를 먹고 산다. 다리가 짧은 데다 힘이 없어 거의 걷지 못한다. 알을 품을 때도 곧장 하늘로부터 알 위로 내려온다. 위장색이 뛰어나 발견하기 어렵고 낮에 이를 발견하여 건드려도 날지 않고 가만있는다.

쏙독새는 입이 크고 부리 주변에는 털이 나 있는데, 곤충을 감지하기 위해 진화된 것으로 알려져 있다. 쏙독새의 발은 여느 새와 달리 발가락의 일부분이 빗처럼 되어 있다. 그 발가락을 이용하여 부리 주변의 털을 손질하고 밤중에 먹이를 잡는 데 이용하기도 한다.

진晉나라 때 곽박郭璞이 엮은 『이아주爾雅注』에서는 "문모蚊母는 오복조烏鸔과 비슷한데 크기가 더 크고 황백색의 무늬가 섞여 있다. 울음소리는 집비둘기 소리와 같다. 지금 강동에서는 문모라고 부른다. 속설에 이 새가 항상 모기를 토해내므로 이로 인해 이렇게 부른다고 한다"고 했다. 쏙독새는 날 때 입을 벌리고 모기를 잡아먹는데, 옛사람들은 이것을 모기를 토해내는 것으로 오해했던 모양이다. 이와 비슷한 기록으로 당나라 때 진장기陳藏器가 펴낸 『본초습유本草拾遺』에서는 쏙독새에 대해 "이 새는 크기가 닭만 하고 검은빛이다. 남쪽 연못가 갈대밭에서 살고 강동에 또한 많다. 그 소리는 마치 사람이 구토하는 것 같은데 매번 모기 한두 되씩을 토해낸다"고 했고, 송나라 때 맹관孟琯은 『영남이물지嶺南異物志』에서 "토문조吐蚊鳥는 청역青鵙과 비슷한데 부리가 크다. 늘 연못가에 있으면서 고기를 잡아먹는다. 소리를 한 번 낼 때마다 모기가 그 입에서 무리지어 나온다"고 했다. 그래서 이 새의 옛 이름은 문모蚊母, 또는 문조蚊鳥라고 했다. 또 이 새가 낮에는 지상에서 쉬거나 가로 걸린 나무줄기에 딱 붙어 있으므로 화북華北 지방에서는 첩수피貼樹皮라고도 부른다. 일본에서는 야응夜鷹이라 부르는데 매와는 날개빛이 비슷한 것을 제외하고는 모습은 물론 습성도 완전히 다르다.

채칼질이 능숙해서

쏙독새는 중국이나 일본의 시에는 등장하는 일이 거의 없다. 그런데 우리나라에서만큼은 매우 다양한 이름으로 불리며 이런저런 전설과 함께 많은 사랑을 받아 시에 제법 등장한다. 선인들은 이 새가 '쏙독 쏙독' 하며 울므로 쏙독새라고 불렀다. 때로는 '쏙쏙쏙쏙' 하며 1초에 4회 정도로 빠르게 연속적인 소리를 낸다.

유몽인은 「숙도조熟刀鳥」란 시에서 이 새를 이렇게 노래하고 있다.

쏙독새 '독독독독'	熟刀鳥聲篤篤
사실은 칼도 없고 도마도 없는데	既無刀更無机
온종일 독독독독 무를 써네.	終日篤篤割蘿蔔
절집에 손님 와서 밥 달라 하니	僧房有客來索飯
도마질하는 소리 쉴 새가 없네.	刀机相薄聲相續
산속 새 공교로운 재주 배워서	山中鳥巧能學
'독독독독' 그렇게 울어댄다오.	是以鳴篤篤

'숙도熟刀'는 쏙독새의 '쏙독'을 음차한 것으로 '칼질이 능숙하다'는 뜻이다. 이 새의 울음소리가 마치 익숙한 칼솜씨로 무채를 썰 때 나는 소리처럼 빠른 연속음으로 '독독독독' 하며 울기 때문이다. 쏙독새의 울음소리를 음식 준비 하느라 도마질하는 소리로 연상했다. 하루 종일 쏙독새는 칼도 도마도 없이 혼자서 무채를 잘도 썬다. 연속적으로 들려오는 그 소리를 듣다보니 나도 모르게 배에서 꼬르륵 소리가 난다.

배고파 들른 절집에선 밥 한 그릇 내올 기미도 보이지 않는데, 산속 새가 나그네 시장한 것을 헤아리고는 조금만 기다리라며 부지런히 도마질을 계속하더라는 것이다. 이 새의 울음소리에서 도마질 소리를 연

상한 이름은 이밖에도 여럿 있다. 경상도 지역에서는 이 새를 쭉지새라
고 부른다. 그 지역 방언에 무채 써는 것을 쭉지 친다고 하므로 이 새
가 무채를 잘 썬다 하여 쭉지새라 불렀다. 강원도 평창, 인제 등에서는
이 새를 채칼새로 부르고, 북한에서는 외쏙독이로 부른다. 도마 위에
오이(외)를 올려놓고 썰 때 나는 소리 같다 해서 붙여진 이름이다.

　쏙독새를 도마질을 잘하는 새로 인식한 것은 백석의 시에도 보인다.
그의 「배꾼과 새 세 마리」에는 세 마리 새가 등장한다. 이중 쏙독새에
해당되는 부분만 보면 다음과 같다.

　들물 몰라 썰물 몰라 걱정하던 이 배꾼
　들물 알고 썰물 알아 걱정도 없으련만
　그러나 웬일인지 자나 깨나 걱정이네

그러자 새 한 마리 뱃군 보고 물었네.
"뱃군 아저씨, 뱃군 아저씨, 무슨 걱정 그리 해요?"

이 말 들은 뱃군이 대답하는 말
"무채 없어 걱정이다 외채 없어 걱정이다"

이때에 새 한 마리 얼른 하는 말
"그런 걱정 아예 마오 무채 왜채 내 썰을게."

이때부터 쑥쑥새는 저녁이면 채 썰었네
쑥쑥쑥쑥 채 썰었네
무나물 외나물을 무치노라고
(…)

그러자 이 뱃군은 걱정 근심 하나 없이
무채나물 외채나물 저녁 찬도 맛있었네
쑥쑥새가 썰어 무친 채나물로

여기서는 쑥쑥새라는 다른 이름으로 불렸다. 무채 써는 소리를 '쑥쑥쑥쑥'으로 들었기 때문이다. 이 시는 1957년에 북한에서 출판된 『집게네 네 형제』에 수록된 것이니 북한에서는 이 새를 쑥쑥새로도 부르고 있음을 알 수 있다.

한편 쏙독새의 울음소리는 듣기에 따라 '쯧쯧쯧쯧'으로 들리기도 한다. 이렇게 들으면 머슴아이가 소를 몰며 '이려 이려, 쯧쯧쯧쯧' 하는 소리가 된다. 일부 지방에서 이 새를 두고 머슴새로 부르는 것은 이런 까닭에서다. 이를 한자식으로 적어 호독조呼犢鳥라고도 했다. '호독'이란 '송아지를 부른다'는 뜻이 되고, '호독'과 '쏙독'은 소리 면에서도 비슷한 점이 있어 이렇게 불렀다. 「호독조呼犢鳥」는 서산대사의 『청허집淸虛集』에 실려 있다.

전날엔 목동이요 지금은 새가 되어	前是牧童今是鳥
해마다 그 옛날 봄바람을 사랑하네.	年年猶愛舊春風
산 깊고 숲 빽빽해 찾을 곳이 없건마는	山深樹密無尋處
보슬비 내리는 속에 "쯧쯧쯧쯧" 부르누나.	呼犢一聲烟雨中

전생에 소에 꼴을 먹이던 목동이 새로 화하여 태어났다. 옛날 소를 몰고 꼴 먹이던 그 봄 동산의 따스한 바람을 못 잊어서 해마다 봄이 오면 그 동산을 찾아와서 운다. 3구를 보면 소 먹이던 목동이 잠깐 한눈을 파는 사이에 소가 달아나 찾을 수 없었고, 목동은 하루 종일 부슬부슬 내리는 봄비 속에서 그 비를 쫄쫄 맞으면서 '쯧쯧쯧쯧 쯧쯧쯧쯧' 송아지를 찾으며 운다는 것이다.

위 시를 읽고, 노산 이은상은 「호독조전설呼犢鳥傳說」에서 다섯 수의 연작시조로 다음과 같이 노래했다.

돌아보아 연화봉蓮花峯은 반 남아 구름인데

금강대金剛臺 안개비 속에 호독조 우는 소리

그 누구 저 새 이야길 청성스리 지어냈노

옛날 저 아랫동네 남의 집 살던 아이
어느 날 이 산에 와서 송아지 풀을 뜯기다
천자千字 책 익히는 바람에 송아지를 잃었더라오

깜짝 놀라 일어나 숲속을 헤매면서
애타게 불러도 송아지는 안 보이고
그대로 해가 저물자
부슬비조차 오더라오

주인댁 매가 무서워 돌아갈 수도 없고

밤새껏 비를 맞으며

송아지 찾아 쏘다니다

지쳐서 숲속에 쓰러진 양

숨이 그만 지더라오

그 아이 죽은 넋이 이 산에 새가 되어

비오는 저녁이면 송아지 부르면서

숲속을 날아다닌대서

호독조라 하더라오

남의 집 소를 치던 아이가 천자문을 익히느라 한눈을 파는 사이에 꼴 먹이던 송아지를 잃고 말았다. 하루 종일 부슬비 속에 송아지를 찾다가 결국 찾지 못한 목동은 주인의 매가 무서워 집으로 돌아가지도 못하고 비 내리는 숲속 추위와 굶주림 속에 헤매다가 그만 죽고 말았다. 그 아이의 넋이 새로 화해 비가 오는 밤이면 저렇듯이 '쯧쯧쯧쯧' 하며 송아지를 찾아 온 숲을 헤맨다는 것이다. 이것이 '호독조'에 얽힌 전설이다.

유몽인의 「우아자牛兒子」도 이 호독조 전설과 관련이 있다.

청산 속에서 송아지를 부르지만	牛兒子呼之靑山裏
산 깊어 간 자취 찾을 길 없네.	山深迷去跡
송아지 오지 않고 산은 이미 어둡구나	牛兒子不來山已夕
저녁 바람 성내 불고 주린 범은 울부짖네.	夕風怒飢虎吼
애써도 못 찾으니 노인에겐 뭐라 할까	求之不得何以告老人
새의 넋은 밤마다 봄 숲에서 우는구나.	飛魂夜叫千林春
송아지 여기 있어요.	牛兒子在此

송아지 여기 있으니 절 야단치지 마세요. 　　　在此在此莫吾嗔

쏙독새가 송아지 찾는 소리를 내며 밤새도록 울고 있다는 이야기다. 앞의 전설과 일치한다. 이밖에 이학규의 「금언십장」 가운데 「숙득執得」 이란 작품이 있다.

숙득 숙득 　　　　　　　　　　　　　　　執得執得
암수 서로 좇아 나네. 　　　　　　　　　　雄雌逐逐
높은 둥지엔 비바람이 매섭고 　　　　　　高巢饒風雨
낮은 가지엔 도끼질이 겁나지. 　　　　　卑枝斧斤逼
인가에도 깃들일 수가 없으니 　　　　　人家不可依
언제나 구워서 먹으려 드네. 　　　　　常令親炮炙

새 울음소리를 '숙득'으로 들은 것으로 보아 이 또한 쏙독새 울음소리의 음차로 보인다. 이 새가 높은 가지에도 둥지 치지 않고 낮은 가지에도 둥지 치지 않는 생태를 알아 이것으로 시를 지은 것이다. '숙득'을 여기서는 어디로 가야 할까 망설인다는 뜻으로 풀었다. 높은 가지도 안 되고 낮은 가지는 겁나고 인가도 무섭고 하니 도대체 어디에 둥지를 틀어야 할지 모르겠다는 것이다. 이런 시들의 존재는 이 새가 늘 생활 가까이에 있어 오랜 세월을 두고 지속적인 관심의 대상이 되었음을 보여준다.

빨리빨리 서두르자

이밖에도 1920년 6월에 간행된 『개벽』 창간호에 실렸다가 압수, 삭제된 시에 「옥가루」란 작품이 있다. 이 가운데 역시 쏙독새가 보인다.

황혼남산黃昏南山 부흥이 사업 부흥하라고 부흥부흥復興復興 하누나
만산모야晚山暮夜 속독새 사업독촉事業督促 하여서 속속속속速速速速 웨
이네
경칩驚蟄 맛난 개구리 사업 저 다 하겠다 개개개개皆皆皆皆 우숫다

「옥가루」의 제재는 '사업'에 있는데, 이때 집이란 바로 빼앗긴 조국을
일컫고 사업은 나라 되찾는 일이다. 재미있는 것은 새 울음소리의 음
차다. 부엉이는 '부엉부엉' 울지 않고 나라 찾는 사업을 다시 일으키자
고 '부흥부흥' 운다. 앞서 무채를 썰며 도마질에 한창 빠져 있던 쏙독새
가 여기서는 어서 빨리 독립하자고 '속속속속' 울고 있다는 것이다.

한 가지 새를 두고 나라마다 부르는 이름이 다른 것은 어쩔 수 없지
만 우리나라에서도 쏙독새를 두고 숙도조熟刀鳥, 쭉지새, 쑥쑥새, 머슴
새, 호독조, 숙득조孰得鳥 등의 여러 이름으로 불렀다. 중국에서는 이
새를 문모라 하여 모기를 토해내는 새로 인식했음은 앞서 살핀 바 있
다. 여느 새와는 달리 이러한 인식의 흔적이 우리나라에서는 전혀 발
견되지 않는다.

새는 그저 새일 뿐이지만 한밤중 집 가까운 숲속에서 연속음으로 들
려오는 그 울음소리가 상상을 낳고 전설을 낳으며 긴 세월 노래되어왔
던 것이다. 새 울음소리에는 그 민족의 원형적인 심성이 스며 있다.

진창이 미끄러워 진창이 미끄러워 진창 미끄러우니 삼가 나아가지 말라. 어제 성남에선 큰 군대 무너져서 바퀴 굴대 부서지고 수레는 전복됐지. 진창이 미끄러워 진창이 미끄러워 엎어진 수레 앞에 있으니 그대 못 돌아가리. 물에 빠지는 것이야 괜찮지만 진창에 빠지면 옷이 더럽혀지네.

🐦 서른여섯

뜸부기,
진창이 미끄러워

오빠 생각

최순애 작사 박태준 작곡의 「오빠 생각」은 일제강점기에 즐겨 불렀던 동요다.

뜸북뜸북 뜸북새 논에서 울고
뻐꾹뻐꾹 뻐꾹새 숲에서 울 제
우리 오빠 말 타고 서울 가시면
비단구두 사가지고 오신다더니

기럭기럭 기러기 북에서 오고
귀뚤귀뚤 귀뚜라미 슬피 울건만

서울 가신 오빠는 소식도 없고

나뭇잎만 우수수 떨어집니다

뜸북새가 논에서 울고 뻐꾹새가 숲에서 울 때 서울로 간 오빠는 기러기 오고 귀뚜라미 울도록 소식 한 장 없다. 말 타고 서울 간다는 표현, 비단구두를 기다리던 소녀가 늘 특별한 느낌을 준다. 우리에게 뜸부기는 늘 이 노래와 함께 존재한다. 1970년대까지만 해도 뜸부기는 논이나 들판에서 흔히 볼 수 있는 새였다. 하지만 1980년대 이후 농약 사용이 급증하면서 아예 자취를 감춰버렸다.

구한말 최영년의 「백금언」 중 「두음북逗陰北」이란 작품이 있다. 두음북은 뜸북을 한자로 표기한 것이다. 그는 이것이 수계水鷄, 즉 물닭의 울음소리라 했다. 모두 뜸부깃과의 새다.

푸릇푸릇 물속의 풀	靑靑水中草
먹다 쉬다 저절로 담백하구나.	食息自淡如
푸른 산엔 어째서 살지를 않니?	何不棲碧山
흰 구름 좋은 집이 되어줄 텐데.	白雲好爲廬
산속엔 범과 표범 너무 많아서	山中多虎豹
물에서 사는 것이 산보다 낫죠.	水居勝山居
푸릇푸릇 물속의 풀	靑靑水中草
성정이 저절로 거짓이 없네.	性情自眞如
어째서 강남으로 향하질 않지?	何不向江南
붉은 콩이 좋은 집이 되어줄 텐데.	紅荳好爲廬
남쪽엔 무더위 찌는 듯해서	南中多炎熱
북쪽 집이 남쪽 보다 훨씬 나아요.	北居勝南居

뜸부기더러 왜 푸른 산에서 살지 않느냐고 물었다. 흰 구름 이불 덮고 먹을 것도 많으니 물가보다 살기에 낫지 않겠느냐고 하지만 싫단다. 산속엔 목숨을 노리는 위험한 짐승이 많다. 물풀만 먹기 지겹지 않느냐고, 강남에 가서 사는 것이 어떠냐고 또 물었다. 맛난 콩도 많으니 좀 좋으냐고. 하지만 싫단다. 푹푹 찌는 무더위는 딱 질색이라고, 북쪽 지방 그늘이 제일 좋다며 오늘도 뜸부기는 '두음북逗陰北', 즉 '북쪽 그늘에 머물겠다'며 운다.

미끄러운 진흙탕

뜸부기의 울음소리를 옛 시에서는 '이활활泥滑滑'로 표현했다. 진흙이 너무 미끄러워 걸을 수가 없다는 뜻이다. 원래는 중국 사람들이 새의 울음소리를 이렇게 듣고 표기한 것이다. 우리나라에서도 이를 소재로 쓴 시가 적지 않다. 먼저 김안로의 「이활활泥滑滑」을 보자.

진창이 미끄러워 진창이 미끄러워	泥滑滑泥滑滑
조수 든 물가엔 강물이 넘실넘실.	潮回渚深江汨汨
개구리밥 갈대 싹에 봄날은 아득한데	蘋花苕穎春茫茫
양 언덕 아가씨들 얼굴이 달덩일세.	兩岸游女顔如月
진창 깊어 원앙 물가 다가가지 못하는데	泥深莫近鴛鴦渚
님의 말은 용처럼 깜짝할 새 가버렸네.	郞馬如龍去超忽

중국 강남땅의 풍광을 상상 속에 그려본 것이다. 조수가 밀려든 물가는 수면이 높아져서 강물이 출렁댄다. 비가 많이 와서 길은 온통 발목이 푹푹 빠지는 진창이다. 양편 물가에서 빨래하는 아가씨들은 하나

©박웅

같이 얼굴이 달덩이처럼 어여쁘다. 개구리밥 떠다니고 갈대에 새싹 돋는 봄날, 춘정에 겨운 아가씨들은 덩달아 마음이 싱숭생숭해진다. 원앙새가 정답게 노니는 물가에 다가가서 다정한 사랑을 훼방놓고 싶지만 진창이 깊어 다가갈 수가 없다. 잠깐 한눈팔며 딴짓하는 사이에 정작 두근대며 기다리던 나의 멋진 왕자님은 늠름하게 말을 타고 순식간에 내 앞을 지나쳐버렸다. 안타깝고 속상하다.

서거정도 「이활활泥滑滑」 한 수를 남겼다.

진창이 미끄러워 진창이 미끄러워	泥滑滑泥滑滑
구름 산 안개 물 구슬피 바라보네.	悵望雲山烟水闊
강호는 풍파 없고 배와 노는 온전하여	江湖無波舟楫完
닻 들고 노를 저어 새벽 출발 재촉한다.	擧纜鼓枻催曉發
심양 강에 밤 정박해 강머리 올라서선	夜泊潯陽江盡頭
진창 깊고 길 미끄러워 한동안 근심하네.	泥深路滑須暫憂

역시 중국 강남땅을 배경으로 했다. 도처에 물이 들어 길이 미끄럽다. 육로로는 안 되겠다 싶어 배를 타고 갈 작정을 했다. 하루 종일 뱃길을 달려 밤중에야 겨우 심양 강에 배를 대었다. 이제는 육로로 갈 수밖에 없는데, 여전히 진창은 앞길을 막고 길은 미끄럽기 짝이 없다. 도대체 난감하기만 하다. 뜸부기 울음소리의 연상으로 관습적 정서를 얹어본 것일 뿐 특별한 의미는 없다.

최규서의 「금어禽語」는 앞서와는 또다른 분위기다.

진창이 미끄러워 진창이 미끄러워	泥滑滑泥滑滑
진창 미끄러우니 삼가 나아가지 말라.	泥滑滑愼無前
어제 성남에선 큰 군대 무너져서	昨日城南大軍陷

바퀴 굴대 부서지고 수레는 전복됐지.　　　　　輪摧軸絶車仍顚

진창이 미끄러워 진창이 미끄러워　　　　　　泥滑滑泥滑滑

엎어진 수레 앞에 있으니 그대 못 돌아가리.　　覆轍在前君莫歸

물에 빠지는 것이야 괜찮지만　　　　　　　　溺於水尚可

진창에 빠지면 옷이 더럽혀지네.　　　　　　溺於泥汚人衣

　미끄러운 진창길은 굳이 나서지 말 일이다. 억지로 가려다간 바퀴의 굴대만 부서지고 마침내 수레가 뒤집히고 만다. 수레가 엎어지면 놓고 갈 수도 없고 되돌아갈 수도 없어 진퇴양난이다. 물에 빠지는 것은 헤엄이나 친다지만 진창에 빠지면 이러지도 못하고 저러지도 못한 채 옷만 더럽혀진다. 어찌 해볼 도리가 없게 된다.

피죽 피죽 쌀 적고 물은 많아 죽이 잘 익질 않네. 작년엔 큰물 지고 재작년엔 가뭄 들어 세금도 내지 못해 농부들 통곡하네. 죽 먹어 배곯아도 주림은 면하리니 피죽도 넉넉잖다 그대여 싫다 마오.

서른일곱

피죽 달라 우는
직박구리

배고픈 호로록피죽새

조선시대 어휘사전인 『물보物譜』에
는 '제호로提壺蘆'란 새를 '후루룩피륙새'
라고 적어놓았다. 예전 문헌에서 제호로提葫蘆,
제호提壺, 직죽稷粥, 호로록葫蘆漉 등의 이름으로 불리는
새는 바로 직박구리다. 집단생활을 하며 시끄럽게 울어대는
이 새는 눈 뒤로 밤색의 반점이 있고 배에서 꼬리 쪽으로
가면서 흰색 반점이 더 많아진다.

피죽 피죽   稷粥稷粥

쌀 적고 물은 많아 죽이 잘 익질 않네.   米少水多粥難熟

작년엔 큰물 지고 재작년엔 가뭄 들어	前年大水往年旱
세금도 내지 못해 농부늘 동곡한다.	官租未輸農大哭
죽 먹어 배곯아도 주림은 면하리니	喫粥不飽猶免饑
피죽도 넉넉잖다 그대여 싫다 마오.	勸君莫厭稷粥稀

조선 중기 장유의 「직죽稷粥」이다. 직稷은 '피'이니, 직죽이라 써놓고 '피죽'으로 읽는다. '호로록피죽'은 새 울음소리를 음차한 것이다. 직박구리의 울음소리가 멀건 피죽을 호로록 마시는 소리 같대서 붙여진 이름이다. 춘궁기에 주로 우는 이 새의 속성 때문에 이런 이름이 붙었다. 하지만 실제 직박구리의 울음은 그렇지가 않아 혹 직박구릿과의 다른 새를 가리킨 것일 수도 있다. 자꾸만 '피죽 피죽' 하며 새가 운다. 온 식구가 먹을 큰 솥에 한 움큼의 쌀을 넣고 물을 가득 부어 죽을 끓이니 멀건 죽이 잘 풀어지지 않는다. 가뭄 끝에 홍수 난다더니 먹고살 길이 캄캄해진 농부들은 그저 푸른 하늘을 올려다보며 통곡밖에 할 일이 없다. 그렇지만 그나마 죽이라도 있어 굶어 죽기는 면하지 않으냐며 너무 원망하지 말라고 피죽새는 계속해서 '피죽 피죽' 하며 운다는 것이다.

양경우도 「직죽稷粥」 한 수를 남겼다.

피죽 피죽	稷粥稷粥
피 끓여 죽 쑤어도 나쁘지 않다네.	煎稷作粥也不惡
지난해 추수 못 해 백성 주려 괴로워	去年失秋民苦飢
푸성귀도 없는데 하물며 피죽이랴.	茹草不辭況稷粥
조밥꽃 쌀밥꽃은 먹지도 못하는데	粟飯花稻飯花喫不得
피죽이라 외쳐본들 무슨 보탬 되리오.	汝呼稷粥復何益
고을 아전 장부책을 손에 들고 와서는	里胥手持官帖來

거두는 세금은 종류도 많구나.	租稅之徵多色目
아아! 피죽으로 주린 배를 채우지도 못하거늘	嗚呼稷粥充腸不可得
민가의 세금이 어디에서 나온다냐.	民家租稅從何出

직박구리가 하루 종일 '피죽 피죽' 하며 울어댄다. 피죽은커녕 뜯어 먹을 풀도 없는데 '피죽 피죽' 하고 울어대니 듣는 심사만 더 사나워진다. 그 와중에 고을 아전은 환곡 장부를 들고 와서 세금 독촉이 한참이다. 피죽도 못 먹는 생활에 세금 낼 돈이 어디 있겠는가?

새들의 울음소리는 이렇듯 그 새가 활동하는 계절적 특성과 백성의 삶의 애환이 함께 녹아들어 있다. 다시 채지홍蔡之洪(1683~1741)의 「답이금언答二禽言」 가운데 호로록피죽새를 노래한 한 수를 더 읽어보자.

피죽도 없네 피죽도 없네	稷粥稀稷粥稀
죽 없다고 어이 근심을 하나?	粥稀何愁爲
아침에 한 그릇 저녁에도 한 그릇	朝一盂暮一盂
내 굶주림 요기하기 충분하다네.	足以療吾飢
고량진미 맛진 음식 원하는 바 아니니	膏粱異味本非願
지극한 즐거움을 이 사이서 맛본다네.	至樂須從此間知

솥이 작다고 우는 소쩍새와 피죽도 없다고 우는 피죽새의 울음을 듣고 그 울음에 대해 대답하는 방식을 취했다. 주제는 안빈낙도다. 붉은 대문집에서는 가마솥을 줄줄이 걸어놓고 흰 쌀밥을 가득가득 짓겠지만 참된 선비는 비록 세 끼를 잇기 어려워도 그런 허망한 부귀는 부러워하지 않는다고 했다. 솥이 비록 작지만 작으면 작은 대로 만족하며 살겠다는 것이다. 또 피죽새에게는 피죽도 드물다고 하지만 하루 두 번 죽이라도 먹을 수 있으니 그것으로 충분하지 않느냐고 했다. 고

량진미 좋은 음식이 있다 해도 거기에는 마음을 쏟지 않고 내가 내 분수를 지켜 얻는 지극한 즐거움을 두 끼의 죽 식사 사이에서 찾겠노라는 것이다.

술 한잔 먹자 제호로

그런가 하면 호로로 우는 직박구리의 울음소리를 달리 들어 제호로提胡蘆 또는 제호提壺로 듣기도 했다. 뜻으로 풀면 호리병을 손에 든다는 것이니 술 한잔 먹자는 말이다. 고려 때 최승로崔承老(927~989)의 시에 보인다.

밭 있어도 뉘 있어 씨를 뿌리나　　　　　有田誰布穀

술병을 들어봐도 술이 없구나.　　　　　無酒可提壺

산새들도 그 무슨 마음 있는지　　　　　山鳥何心緒

봄 맞아 제멋대로 노래 부르네.　　　　　逢春謾自呼

1구의 '포곡布穀'은 뻐꾹새다. 뜻으로 풀면 '씨 뿌려라'가 된다. 2구의 '제호提壺'는 직박구리다. 밭은 있어도 정작 씨 뿌릴 사람은 없는데 뻐꾹새는 철도 없이 계속 씨 뿌리라고 울어대고, 마실 술 한 잔도 없는데 직박구리는 자꾸만 술 한잔 하라고 권하더라는 것이다. 생각 같아서는 밥을 배불리 먹고 술 한잔을 걸치고 나서 신명나게 봄 파종을 하고 싶지만, 일손도 없고 술은커녕 먹을 밥도 없는 참혹한 춘궁의 시절이었던 모양이다. 이인로도 「제천심원벽題天尋院壁」이란 작품에서 직박구리를 노래했다.

©박웅

손님을 기다려도 오지를 않고	待客客未到
중을 찾았지만 중마저 없네.	尋僧僧亦無
오직 숲 밖에 새만 남아서	惟餘林外鳥
술 한잔 하시라고 자꾸 권하네.	款款勸提壺

친구를 만나기로 하고 천심원을 찾아갔지만, 오기로 한 친구는 안 오고 절에는 스님 한 사람 없어 컬컬한 목을 축이지 못한 채 무료히 앉아 있는데, 자꾸만 직박구리가 술 한잔 하라고 권하더라고 했다.

구절마다 드러나지 않게 새 이름을 하나씩 넣어 지은 재미있는 작품 하나를 함께 읽어보자. 이성중李誠中(1330~1411)의 「희작금언이기원산지흥戲作禽言以寄圓山之興」이란 작품이다.

묵정밭에 씨 뿌리자 봄은 다 가니	東菑布穀春將老
남포서 술 마시려던 바람 어그러졌네.	南浦提壺願始違
진흙탕길 미끄러울 젠 갈 수 없는데	泥滑滑時行不得
두견새는 어이해 돌아가라 재촉하나.	杜鵑何事更催歸

시의 의미는 이렇다. 봄이 다 가기 전에 남포서 만나 봄놀이를 하자고 했지만 농사일에 골몰타보니 봄이 다 가고 말았다. 또 비가 많이 내려서 길이 온통 진창인데 두견새는 자꾸만 어서 돌아가라고 길을 재촉하더라는 것이다. 이렇게만 읽으면 이 시는 별 재미가 없다. 그런데 가만히 보면 구마다에 새 이름이 하나씩 삽입되어 있다. 1구에는 '포곡布穀', 즉 뻐국새가, 2구에는 '제호提壺', 즉 직박구리가, 3구에는 새 이름이 두 가지나 들어 있는데, 뜸부기를 말하는 '니활활泥滑滑'과 자고새의 울음소리에서 딴 '행불득行不得'이 그것이다. 두견새가 돌아감을 재촉한다는 것은 그 새의 다른 이름이 '불여귀不如歸'임을 환기할 때 이해가 된다.

이때 각 구절에 삽입된 새 이름은 독자에게 마치 퍼즐 풀기와도 같은 지적 유희를 선사한다. 다만 의미는 의미내로 선여 어색하시 잃게 백미이 분명해야 한다.

이렇듯 같은 직박구리의 울음소리를 듣고 어떤 때는 배고파 죽겠다고 피죽 달라는 소리로 들었고, 목이 컬컬할 때는 술 한잔 먹자는 소리로 들었다. 배고프면 배고픈 대로 배부르면 배부른 대로 선인들은 새 소리와 더불어 고단한 한 시절을 그렇게 건너갔던 모양이다.

가공언賈公彦 453

가도賈島 216

가의賈誼 551, 553

간보干寶 490

「갈담葛覃」(『시경』) 527

「감회感懷」 139

강재항姜再恒 121, 329

「거사련居士戀」 28

『격치경원格致鏡原』 447

「견회요遣懷謠」 459

『계만총소溪蠻叢笑』 254

『계서야담溪西野譚』 33

계용묵 514

고경명高敬命 255, 285, 401

『고금주古今注』 83, 447, 486

『고려사高麗史』 133

「고부기담姑婦奇譚」(『조선어속고』) 297

『고부기담姑婦奇譚』 508

「고악姑惡」(김안로) 510

「고악姑惡」(홍석기) 509

「고악고악姑惡姑惡」 510

「고의팔수古意八首」 233

「고지조高枝鳥」 295

「고풍古風」 263

공자孔子 59, 116, 168, 404

『공자가어孔子家語』 168, 375

「공작관기孔雀館記」 245

「공작부孔雀賦」 244

「공장작公倉雀」 138

곽박郭璞 563

「관노응박치觀老鷹搏雉」 337

『관물편觀物篇』 111, 148, 540

「괴통전剻通傳」(『한서』) 510

「구름Nephelai」 374

「국국麴麴」 427

「군작행群鵲行」 43, 46

권두경權斗經 478

권벽權擘 244

권응인權應仁 373~374

권필權韠 139, 233, 366, 401, 500, 553

권헌權攇 138, 337, 505

권환 407, 409

『규합총서閨閤叢書』 455

『금경禽經』 181, 240, 341, 397, 551, 556

『금경주禽經注』 386

「금계錦鷄」 257

『금수회의록禽獸會議錄』 491

「금어禽語」 576

「금언禽言」 401

「금언십장禽言十章」 411, 570

『금화경독기金華經讀記』 92

「기러기」 441

기준奇遵 457

「김가맥전유마金家麥田有馬」 527

김구주金龜柱 234

김낙행金樂行 513

김세렴金世濂 287

김소월 406~407, 409

김수영 484~485

김시습金時習 209, 388~389, 465, 481, 504

김안로金安老 209, 370, 389, 510~511, 574

김약련金若鍊 61

김윤식金允植 425

김이만金履萬 121

김정국金正國 58

김종직金宗直 325

김진규金鎭圭 384

김휴金烋 446

ㄴ

나원羅願 181

『남방이물지南方異物志』 240

「노고질老姑疾」(권두경) 478

「노고질老姑疾」(양경우) 478

「노안도蘆雁圖」 452

『녹앵무경綠鸚鵡經』 228

『논어』 115~116, 119, 175~176

능운한凌雲翰 303

ㄷ

『다심경多心經』 226

단성식段成式 225

「답이금언答二禽言」 580

「대승음戴勝吟」 216

『도덕경』 147

「동금언東禽言」(「우래雨來」) 547

「동동」 286, 290, 519, 521

『동시총화東詩叢話』 409, 507

「두견설杜鵑說」 381~382

「두견행杜鵑行」 388

두보杜甫 221, 230, 233, 388

「두음북逗陰北」(「백금언百禽言」) 573

『둔제한람遯齊閒覽』 556

「득의시得意詩」(『용재수필容齋隨筆』) 50

등춘鄧椿 158, 245

ㄹ

「리어왕」 375

ㅁ

마테를링크, 모리스 462

「만수시萬壽詩」 311

매성유梅聖兪 511

「맥전유마麥田有馬」 528

맹관孟琯 563

『맹자』 115

『명험기冥驗記』 226

「모춘문앵暮春聞鶯」 527

「문두견聞杜鵑」 393

「문두견부聞杜鵑賦」 393

「문청조성유감聞靑鳥聲有感」 465

『물류상감지物類相感志』 293

『물보物譜』 578

「물총새의 사냥법」 190

「미장조迷藏鳥」 373

ㅂ

『박물지博物志』 36

박병순朴炳淳 485

박상朴祥 393

박용래 303

박이장朴而章 393

박인로朴仁老 216

박죽서朴竹西 32

박지원朴趾源 228, 245, 541

반고班固 463

『발합경鵓鴿經』 20, 228, 416, 420, 435

「발합부鵓鴿賦」 429

「발합팔목鵓鴿八目」(『고운당필기古芸堂筆記』) 429

방천리房千里 240

「배꾼과 새 세 마리」 565

「백금언百禽言」 116, 573

「백두조白頭鳥」 283

「백로白鷺」 13, 177

「백치행白雉行」 360

「벌곡조伐谷鳥」 372

「법금法禁」 368

「병안病雁」 457

「보은작報恩鵲」(『잡기고담雜記古談』) 36

『보한집補閑集』 39

「복조부鵩鳥賦」 553

복효근 190

『본초강목本草綱目』 167, 181, 221, 241, 255, 261, 344, 359, 368, 487, 521, 525

『본초습유本草拾遺』 563

「부득함어취조부得含魚翠鳥」 184

「부와자負鍋者」 480

「불여귀不如歸」 388, 390, 393

「비취翡翠」 187

「사거조死去鳥」 404

「사근역沙斤驛」 187

「사금언四禽言」(「산오山烏」) 511

「사금언四禽言」(유득공) 428

「사리화沙里花」 131

「사시화조도四時花鳥圖」 303

「사인혜암순謝人惠鵪鶉」 266

『사재척언思齋摭言』 58, 555

사종가謝宗可 521

「사합寺鴿」 435

「산」 407

『산가청사山家淸事』 99

「산진응山陳鷹」 332

「산치山雉」 348

『삼국사기三國史記』 38, 55, 318, 359, 517

『삼국유사三國遺事』 220, 319

『삼자경三字經』 72

「상체常棣」(『시경』 소아小雅) 286

『상학경相鶴經』 83

「새들의 의회The Parliament of Foules」 374~375

「새야 새야 파랑새야」 475

「새타령」 154, 158

「서강성현사書江城縣舍」 367

서거정徐居正 183, 257, 283, 388, 425, 443, 452, 576

서보광徐葆光 311

서산대사 567

서유구徐有榘 92, 97

『석담일기石潭日記』 120

『설문說文』 36

『설문해자說文解字』 222

『설원說苑』 345, 553

성간成侃 137, 493

성대중成大中 327

『성수시화惺叟詩話』 383

성현成俔 24, 355, 490

셰익스피어, 윌리엄 375

소강절邵康節 383~384

소동파蘇東坡 145, 293, 508

소세양蘇世讓 266

『속어면순續禦眠楯』411

손조서孫肇瑞 184

『송계만록松溪漫錄』373

송순宋純 202, 205

『송와잡설松窩雜說』121

송익필宋翼弼 140

『수서隋書』83

『수신기搜神記』490

『수암집修巖集』379

「숙득孰得」(『금언십장禽言十章』) 570

『숙영낭자전』465

『순자旬子』168

「순지분분鶉之奔奔」(『시경』 용풍鄘風) 260

「술회述懷」32

『시가점등詩家點燈』225

『시경詩經』18, 87, 260, 286~287, 289,
　　377, 397, 527, 551

『시용향악보時用鄕樂譜』372

『식의심경食醫心鏡』355

신광한申光漢 266, 393

『신서新序』376

「신연新燕」110

신위申緯 348, 427, 435

신흠申欽 201, 497

「쌍연雙燕」121

「아鴉」505

아리스토파네스 374

안국선安國善 491

「안노설雁奴說」450

안사고顔師古 254

「안진雁陣」446

「안항雁行」443

「암상당금치자웅월계화잡초嵒上唐錦雉
　　雌雄月季化雜草」257

「앵무」(두보) 230

「앵무」(이규보) 233

「앵무곡鸚鵡曲」234

「앵무능언장鸚鵡能言章」(『예기禮記』) 225

「앵부鸚賦」531

「앵사鸎梭」521

「앵제鸎啼」529

「야문두견夜聞杜鵑」384

「야문휴류夜聞鵂鶹」558

양경우梁慶遇 368, 478, 545, 579

양왕襄王 210, 377, 441

「양응자설養鷹者說」329

『양주부지揚州府志』455

어숙권魚叔權 534

『어우야담於于野談』115, 326, 341,
　　383, 555

「열계전烈鷄傳」(『두암집斗庵集』) 61

『영남이물지嶺南異物志』563

「영두견기평강부詠杜鵑寄平江賦」393

「영신연詠新燕」119

「영연詠燕」120

「영일본국사신소헌쌍공작詠日本國使臣
　　所獻雙孔雀」244

「영취조詠翠鳥」183

「예의지禮儀志」(『후한서後漢書』) 433

「오금언五禽言」508

『오산설림초고五山說林草藁』33

「옥가루」571

『옥당한화玉堂閑話』532

왕건王建 215

「요화백로蓼花白鷺」176

『용재총화慵齋叢話』24, 355

「우래을雨來乙」545

「우아자牛兒子」 569

「운악유렵기雲岳遊獵記」 327

「원앙변鴛鴦篇」 490

「위수추리爲誰趨利」 481

유경숙劉敬叔 250, 255

「유구곡維鳩曲」 372

「유두류록遊頭流錄」 325

유득공柳得恭 101, 399, 416,
　428~429, 517, 527, 547

『유몽영幽夢影』 111

유몽인柳夢寅 114~115, 118, 277, 295,
　326, 341, 343, 384, 398, 404, 480,
　529, 555, 557~558, 564, 569

유본학柳本學 429

유숙柳潚 287

『유양잡조酉陽雜俎』 225

유의경劉義慶 226

유진柳袗 379, 383~384

유향劉向 345, 376, 553

육구몽陸龜蒙 184, 186

육전陸佃 237

윤선도尹善道 459

「응계설鷹鷄說」(『동문선』) 64

『응골방鷹鶻方』 325

「응자鷹子」(『해좌집海左集』) 336

「응제어병육십이영應製御屏六十二詠」
　255

『의례소儀禮疏』 453

「의아기義鵝記」 147

「의장청조依杖聽鳥」(『대한매일신보』) 371,
　538

「의해義解」(『공자가어』) 375

이경동李慶仝 187

이광사李匡師 120

이교李嶠 360

이규경李圭景 225, 228, 241, 325, 347,
　416

이능화李能和 297

이달李達 103

이덕무李德懋 34, 94, 101, 228, 321,
　544

이륙李陸 33

이명오李明五 136

이목李穆 201

『이목구심서耳目口心書』 94, 413, 544

이섬李爓 325

이성중李誠中 584

이수광李睟光 401

이시진李時珍 167, 181, 221, 255, 261,
　344, 359, 487

이식李植 119, 244

이신李紳 263

「이십일도회고시二十一都懷古詩」 517

『이아爾雅』 145, 432

『이아익爾雅翼』 181

『이아주爾雅注』 563

이양연李亮淵 177~178, 187, 197, 373

이양오李養五 370, 401, 528

이우李堣 209

이욱李昱 426

『이원異苑』 250, 255

이은상 567

이이李珥 120

이익李瀷 78, 111, 148, 539~540

이인로李仁老 386, 581

이제현李齊賢 28, 131

이첨李詹 64

이학규李學逵 356, 411, 570

이행李荇 350

이호우 485

「이활활泥滑滑」(김안로) 574

「이활활泥滑滑」(서거정) 576

「일악조설殲惡鳥說」(『회헌집悔軒集』) 548
임상덕林象德 59
임춘林椿 315, 527

ㅈ

『자헌집柘軒集』 303
「작소鵲巢」(『시경』 소남召南) 377
「작소상량문鵲巢上樑文」 34
「작탁빙鵲啄氷」 47
「잡목백두오자웅雜木白頭烏雌雄」 285
「잡설雜說」 59
「장루기粧樓記」 225
「장암長巖」 133
장유張維 398, 402, 579
『장자』 115, 348
장자열張自烈 254
장조張潮 111
장필張泌 225
장하張何 211
「전가田家」 541
『전가잡점田家雜占』 426
「접동새」(권환) 407
「접동새」(김소월) 406~407
「정과정곡」 405
정범조丁範祖 110, 336
「정소鼎小」(유득공) 399
「정소鼎小」(유몽인) 398
「정소鼎小」(장유) 398
「정소鼎小」(최영년) 399
정수강丁壽崗 28
정약용丁若鏞 43, 64, 112
정윤의鄭允宜 367
『정자통正字通』 254
「제백두조좌형극도題白頭鳥坐荊棘圖」 277
「제변상벽모계령자도題卞相璧母鷄領子

圖」 66
「제비」 115
「세비의 하소연」 112
「제척령도題鶺鴒圖」 287
「제천심원벽題天尋院壁」 581
「제화암순장자題畵鵪鶉障子」 266
조경趙璥 47
조관빈趙觀彬 41, 548
「조구嘲鳩」 427
「조명유감鳥鳴有感」 140
조비曹丕 531
『조선왕조실록』 242, 359
조언유趙彦儒 145, 332, 334, 522, 558
「종다리처럼」 485
주보朱輔 254
『주서周書』 237
주세붕周世鵬 147
『죽간고적竹簡古籍』 377
『죽서기년竹書紀年』 375
「중부괘中孚卦」(『주역周易』) 250
『지봉유설芝峰類說』 401
「지아池鵝」 145
「지주蜘蛛」(『대한민보』) 372
「직조시織鳥詩」 211
「직죽稷粥」(양경우) 579
「직죽稷粥」(장유) 579
진계유陳繼儒 226
『진미공비급陳眉公秘笈』 226
진원룡陳元龍 447
진장기陳藏器 563
『진주선眞珠船』 433

ㅊ

차좌일車佐一 156
차천로車天輅 33
「채련곡採蓮曲」(성간) 493

「채련곡採蓮曲」(신흠) 497
채제공蔡濟恭 360
채지홍蔡之洪 580
「척령鶺鴒」 287
『천아행天鵝行』 149
『청구야담靑邱野談』 38
「청앵가聽鶯歌」 522
「청조가」 463~464, 468
『청파극담靑坡劇談』 33
『초사楚辭』 237
초서, 제프리Chaucer, Geoffrey 374
「초원」 485
『촉왕본기蜀王本記』 386
「촌구村鳩」 427
최규서崔奎瑞 390, 576
최기남崔奇男 501
최성대崔成大 197, 290
최승로崔承老 581
최연崔演 450
최영년崔永年 116, 254~255, 399, 427, 510, 573
최자崔滋 39
최표崔豹 83, 447, 486
『추봉오어推蓬寤語』 447
「축계설畜鷄說」 63
「취조翠鳥」 183
「치기사雉機詞」 356
「치매행雉媒行」 355
「치명雉鳴」 350
「치효鴟鴞」(『시경』 빈풍豳風) 397, 551

「타비跢悲」 179
「탁목啄木」(이목) 201
「탁목啄木」(이양연) 197
「타목사啄木詞」 197

「탁목조啄木鳥」 205
「탁목탄啄木歎」 202
「탁목행啄木行」 201
「탈고脫袴」(김안로) 370
「탈고脫袴」(이양오) 370
「탐라오耽羅烏」 513
「탐라점철」 514
『태평광기太平廣記』 70
『태평한화太平閑話』 555

「파랑새」(마테를링크) 462
「파랑새」(한하운) 468
「파병초婆餠焦」 511
『패관잡기稗官雜記』 534
「포곡布穀」 366
「푸른 하늘을」 484
「풍경風磬」 303

하달홍河達弘 63
『한거잡록閑居雜錄』 33
『한무고사漢武故事』 463
『한서주漢書注』 254
「한식寒食」(권필) 500
「한식寒食」(최기남) 502
「한아서부경寒鴉栖復驚」 504
『한죽당섭필寒竹堂涉筆』 321
한하운韓何雲 468, 560
허균許筠 100~101, 383~384
허신許愼 222
「현조행玄鳥行」 121
『형주지荊州志』 521
「호독조呼犢鳥」(『청허집淸虛集』) 567
「호독조전설呼犢鳥傳說」 567
「호응豪鷹」 334

홍매洪邁 50

홍석기洪錫箕 509

홍세태洪世泰 262

『화계畫繼』158, 245

『화랑세기花郞世紀』463, 465

「화학畵鶴」103

「화합華鴿」425

『환우기實宇記』386

황상黃裳 43, 46

「황작가黃雀歌」137

「황조가黃鳥歌」516~517, 519

『황화집皇華集』383

『회남자淮南子』447

『회안부지淮安府志』487

『효경孝經』360

「효조명체效鳥名體」156

휘종 황제 245, 251, 275, 302, 306, 438

「휴류조鵂鶹鳥」557

「흥덕왕과 앵무새」(『삼국유사』) 220

「희부사금언戲賦四禽言」425

「희부연관쟁소戲賦鳶鶴爭巢」539

「희작喜鵲」28

「희작금언이기원산지흥戲作禽言以寄圓山之興」584

새 문화사전

ⓒ 정민

초판인쇄 2014년 11월 10일
초판발행 2014년 11월 17일

지은이 정민
펴낸이 강성민
편집 이은혜 박민수 이두루
편집보조 유지영 곽우정
마케팅 정민호 이연실 정현민 지문희 김주원
온라인 마케팅 김희숙 김상만 한수진 이천희
독자모니터링 황치영

펴낸곳 (주)글항아리 | 출판등록 2009년 1월 19일 제406-2009-000002호

주소 413-120 경기도 파주시 회동길 210
전자우편 bookpot@hanmail.net
전화번호 031-955-8897(편집부) 031-955-8891(마케팅)
팩스 031-955-2557

ISBN 978-89-6735-134-2 03900

—

글항아리는 (주)문학동네의 계열사입니다

이 도서의 국립중앙도서관 출판예정도서목록(CIP)은
서지정보유통지원시스템 홈페이지(http://seoji.nl.go.kr)와
국가자료공동목록시스템(http://www.nl.go.kr/kolisnet)에서 이용하실 수 있습니다.
(CIP제어번호 : CIP2014030386)